Guérisons, Univers Parallèles

-

Expériences vécues

Et si la perception du monde n'était pas celle que l'on croit ?

Adrian Dvir, MSc

Note :

Ce livre n'est pas de la science-fiction, il est là pour rapporter les événements réels qui se sont produits impliquant l'auteur et plusieurs autres personnes avec lesquelles il était en contact étroit.

Toutes les informations médicales, psychologiques et physiologiques relatées dans ce livre ont été obtenues par les communications directes de l'auteur en tant que « personne de contact » (un canal ou un medium), ou par des communications reçues par d'autres personnes et ne représente pas les résultats de recherches scientifiques.

Ce livre n'est pas destiné à être utilisé comme prescription pour des traitements médicaux ou psychologiques de quelque nature que ce soit.

Pour cela il est recommandé d'épuiser d'abord toutes les voies des traitements conventionnels.

Préface à la version française

Une, deux, trois, plusieurs fois, j'avais prêté à des amis le livre en anglais d'Adrian Dvir. Tous étaient plus ou moins intrigués par les expériences décrites par Adrian, mais, après la lecture du livre, la plupart restaient interloqués. Croire ou pas ? Quoi prendre comme réalité de ce qui était écrit ? En tout cas personne ne restait indifférent.

Adrian Dvir fut mon cousin par alliance. « Fut », car ces faits décrits dans ce livre se sont déroulés dans les années 1995-1997. A ce jour, Adrian n'est plus de ce monde, il fut emporté en 2004 par une longue maladie rénale.

A l'époque, je vivais à Paris et lui et sa famille, à Rishon Le Zion, en Israël. Par ma famille j'avais entendu parler de ses diverses apparitions publiques, de ses traitements énergétiques qu'il pratiquait, toujours accompagné des êtres d'autres mondes. Les rendez-vous des patients pour les soins prenaient des semaines pour être accordés. Moi, ingénieur avec une spécialité en télécommunications, finalisant mon doctorat dans ce domaine, lui, ingénieur dans les mêmes domaines, je ne pouvais pas comprendre ce qui se passait, ce qu'il faisait.

Pendant l'été 1996 Adrian et sa famille sont venus à Paris en vacances, ce fut pour moi l'occasion de parler avec lui, de tester diverses expériences sur moi et sur mon environnement. Je me rappelle lors ces vacances avoir suggéré à Adrian d'écrire un blog (oui, je parle des années 1995-1996 avec les technologies de l'époque, le blog venait d'apparaitre, il était facile à s'y initier) avec les cas les plus intéressants de ce qu'il avait, que ce soit du domaine médical, de la physique, ou de tout autre événement bizarre et incroyable qu'il considérait digne d'intérêt à communiquer publiquement. Durant des années, avec un très grand intérêt, j'ai suivi ce qu'il faisait, j'ai commencé à m'ouvrir à des informations nouvelles, tout en faisant la part des choses, entre le réel et l'imaginaire.

Très souvent j'ai fait des tests. Je n'étais jamais intriguée, effrayée, non, rien, juste un peu surprise, parfois perturbée au début, curieuse par la suite, mais assez vite je passais à l'action avec l'énergie qui m'habite, pour voir, comprendre, tester, manipuler. Je reste ingénieur, avec un esprit cartésien et ce qui n'est pas dans les normes, j'essaie d'en connaître le fonctionnement car la logique prime avant tout.

J'étais épatée par ce que je découvrais et en parallèle, j'ai commencé avec frénésie à étudier tout ce qui me passait par la main, suivre des stages, aller à des cours, écouter des conférences ou suivre des ateliers dans le domaine très large du développement personnel. Ma vie, en partie, a changé en profondeur depuis. Actuellement, depuis plus de 25 ans, je continue à avancer, toujours en apprenant et en étant ouverte à tout.

Aujourd'hui, j'ai trouvé que c'est le moment de faire connaître le livre d'Adrian Dvir à un public francophone. En parallèle aux soins qu'il pratiquait, il était père, époux, tout en travaillant comme ingénieur. Son chemin de vie s'est arrêté trop vite. Ce livre redonne en état, les faits, les dialogues qu'Adrian avait notés scrupuleusement par rapport à ce qu'il faisait. Dans le texte, certains aspects technologies sont vieux ou dépassés, d'autres très en avance sur leur temps.

Ce n'est pas un livre médical, les traitements, les informations générales sur la santé et les procédures utilisées sont transcrites telles qu'elles ont été faites.

Ce n'est pas un livre scientifique, quelques expressions peuvent être parfois correctes, parfois non. Tout a été rendu dans un langage tel que je l'ai compris et interprété de la meilleure façon. Vous avez un contenu structuré, des faits, des événements, plongez dedans, vous allez en sortir déboussolés.

Merci à Marie Thérèse L. pour son aide à la relecture de ces textes en français.

Adrian, là où tu es, Shalom !

Joséphine Kohlenberg, Paris, Septembre 2023.

Avant-propos à l'édition originale

« Avec 40 % des Israéliens et 70 % des Américains qui croient en extraterrestres selon de récents sondages, le livre de Dvir ... attire l'attention des croyants et des sceptiques. «

Jérusalem Post

« ... le livre a beaucoup à offrir au lecteur désireux de regarder au-delà des formes habituelles de vie et entre courageusement dans des eaux inconnues. . . Le zèle et l'enthousiasme que vous avez pour votre travail se voit à chaque page et le lecteur sera inspiré et stimulé par votre véritable passion de ce sujet . . . Pas un livre pour les timides, il forcera le lecteur de réfléchir plus attentivement aux autres formes de vie et la manière dont elles peuvent aider et guider l'humanité. »

Directeur de rédaction, Pentland Press, Londres

« Aujourd'hui, non seulement je me sens mieux, mais je suis aussi personnellement engagé à promouvoir le travail d'Adrian. A mon avis, il a fait la percée du siècle. »

Jérusalem Post Magazine, Témoignage d'un client de Dvir

« Adrian tente de donner un sens à l'Univers dans lequel nous vivons, et l'Univers qui se déploie est au-delà de notre l'imagination la plus folle, peuplée d'un large éventail de créatures existant dans des planètes beaucoup plus développées que les nôtres, qui sont venus ici pour nous aider. «

Magazine d'une chaîne hôtelière en Israël

« Je lisais depuis trois jours, sans pouvoir me concentrer sur autre chose. Bien que je m'étais considérée être une personne ouverte d'esprit. . . le livre . . . m'a laissé étourdie. Je sentais que ma vie ne serait plus jamais la même.

Je n'ai pas douté d'un mot dans ce récit extraordinaire, peu importe à quel point certaines informations peuvent sembler fantastiques. . . Les sensations que j'ai ressenties dans la chambre spéciale d'Adrian étaient au-delà de tout ce que j'ai connu auparavant. Les visiteurs extraterrestres affirment que leur but ultime est d'aider l'humanité et de tout mon cœur je crois que cela est vraiment le cas - notre belle et polluée planète n'a-t-elle pas vraiment besoin d'aide ?

Je suis frappée par l'importance des informations fournies dans le livre pour nous, les humains. Il n'est pas juste de les cacher aux millions de personnes intelligentes. J'admire le courage d'Adrian et la détermination à dire au monde sans méfiance ce qui se passe sous nos propres yeux.

Les révélations que vous, heureux lecteur, trouverez dans le livre d'Adrian Dvir va changer votre vision de la vie car le temps aura raison de les entendre, de percevoir une nouvelle réalité et, éventuellement, de s'y attaquer.»

Ana Agranat, Ph.D, Ashkelon College, Université Bar-Ilan, Israël

« C'est avec beaucoup de courage et de détermination qu'Adrian Dvir a décidé de publier ses expériences très inhabituelles et ses rencontres personnelles recueillies dans son première livre, X3, Guérison, Entités et Extraterrestres. Dvir affirme qu'en tant que médium, il a été aidé par des entités, de ce monde et d'autres, dont l'objectif principal est de faire connaître ces sujets passionnants.

Dans le monde d'aujourd'hui, caractérisé par le développement accéléré de l'ère de l'information, des sujets qui, dans un passé pas si lointain, n'étaient considérés relevant du domaine de la science-fiction, bénéficient désormais du soutien d'une grande partie de la société. Des nombreux livres ont été publiés, en Israël et à travers le monde, sur des sujets aussi mystérieux que l'ouverture du troisième œil, la spiritualité, le mysticisme et l'acquisition de pouvoirs de guérison.

Des livres ont été écrits sur d'autres mondes et sur le contact avec des êtres impliquant une variété de messages offrant des informations sur le monde dans lequel nous vivons et sur d'autres mondes. Le livre de Dvir est un recueil de ses expériences personnelles. Rapporté à la première personne, le livre devient un récit convaincant pour le lecteur que des choses peuvent arriver à n'importe qui, à n'importe quel moment, même à vous, lecteur.

En tant que membre de l'Institut israélien de recherche sur OVNIs et journaliste qui écrit une chronique régulière sur le sujet, je suis approché par de nombreuses personnes qui ont vécu des expériences étranges et inexpliquées. Leurs récits sont généralement réservés et accompagnés de la peur de publication. Le livre de Dvir donne une lecture franche des sujets tout en ouvrant des aspects nouveaux et originaux. L'auteur encourage ceux qui sont curieux sur le sujet ainsi que ceux qui ont vécu des rencontres et d'autres preuves de témoigner que « nous ne sommes pas seuls ». Il légitime le signalement de tels événements.

J'étais présent à plusieurs séances de traitements dirigées par l'équipe d'extraterrestres sous la supervision de X3. J'ai vu l'énorme amélioration de la santé des personnes qui ont été traitées, des résultats tout simplement remarquables ! Le jour ne doit pas être loin où notre cercle des connaissances s'élargi pour englober la prise de conscience et la compréhension de ces processus.

Grâce à ma connaissance personnelle de l'auteur, j'ai pu vérifier que ses bases scientifiques, y compris un Diplôme d'Ingénieur en informatique, donne un éclairage professionnel sur les nombreuses questions qu'il soulève et que nos paradigmes scientifiques n'ont pas trouvé de moyens appropriés de les traiter.

Le premier draft de l'auteur contenait tellement de matériel qu'il a été contraint de le diviser en deux volumes. Le deuxième tome paraîtra bientôt. En attendant, nous, les lecteurs, devons prendre le temps de digérer et comprendre l'émerveillement de ces rencontres dont l'objectif principal est de profiter à l'humanité.»

Chani Salomon, Journaliste au Bureau Gouvernemental du journalisme -
1998 à 1999

Chapitre 1 : Introduction

La plupart d'entre nous, menons notre vie en courant tout le temps pour des moyens de subsistance, des loisirs et des divertissements, mais aussi pour l'épanouissement personnel et la réalisation de nos rêves. Nous sommes comme des nageurs pris dans un raz-de-marée d'événements, de circonstances et de possibilités.

Mon raz de marée personnel comprenait ma famille, mes études universitaires et mes envies de suivre le flux constant des nouvelles technologies en informatique, étant ingénieur en électronique et télécommunications.

J'ai nagé comme nous tous, jusqu'à ce que je devienne conscient que quelque chose d'étrange m'arrivait. Je peux me rappeler un jour particulier, pas si loin, il y a a quelques années, quand tout est arrivé. Mes premières réactions ont été l'hésitation, la confusion et l'incrédulité avec de la peur mélangée. Mais j'ai aussi ressenti une curiosité débordante, qui n'a fait que se renforcer avec le temps.

J'ai commencé à raconter les événements étranges qui ont suivi comme si je menais ma propre étude scientifique privée en tenant des cahiers et des enregistrements audio / vidéo détaillés. C'était ma façon de faire face, de saisir ce qui se passait. J'essayais de tout noter, ne rien oublier - et je suis toujours en train de le faire - juste pour comprendre. Certains faits et phénomènes sont au-delà notre capacité à comprendre et pourtant ils se produisent en réalité.

Ma vision du monde, de l'Univers et de l'existence a changé au-delà de tout ce que je savais jusque-là. Le monde physique tel que nous le connaissons, la vie et la civilisation existantes sur la planète Terre sont un point minuscule dans l'ensemble de l'Univers, dont le début et la fin sont insondables.

Mais, laissez-moi vous raconter tout ce qui m'est arrivé et les choses que j'ai vécues et peut-être que vous serez assez audacieux pour le croire.

Je n'ai pas commencé avec l'intention d'écrire un livre, c'était juste pour moi tenir un journal personnel des événements qui se passaient. Mes expériences étaient si extraordinaires et si lointaines de la réalité mondaine que je sentais que je ne pouvais pas en parler avec mes amis par peur qu'ils se moquent de moi.

Au lieu d'en parler, j'ai écrit et enregistré en vidéo tout ce qui m'est arrivé et qui me semblait important. C'est cette documentation que je partage maintenant avec mes lecteurs.

Plusieurs personnes, à un moment ou à un autre de leur vie, vivent quelque chose d'étrange et d'inexplicable, si loin de la réalité normale, qu'il est préférable de l'ignorer, de prétendre que cela ne s'est jamais produit ou de trouver un certain confort dans les explications de coïncidences aléatoires et oublier ensuite.

Je comprends certainement le désir de rester avec les pieds sur terre, d'être rationnel. Faire face aux réalités de la vie quotidienne doit primer sur l'exploration des mystères et entrer dans les zones obscures de la vie demande beaucoup de force intérieure.

J'ai rencontré beaucoup de gens qui considèrent tous les phénomènes paranormaux irréels car s'il n'y a pas d'explication scientifique, ils n'existent pas. De telles personnes ont tendance à croire qu'il n'y a aucune chance que nous découvrions de la vie ailleurs dans l'Univers. Ils étayent leurs croyances par des théories « scientifiques » concernant les barrières de distances dans l'Univers (c'est-à-dire la vitesse de la lumière étant la vitesse maximale possible atteignable, les distances trop grandes en années-lumière entre les planètes) et sont rassurés avec cette réalité.

La décision d'écrire ce livre n'a pas été facile à prendre. J'ai dû tenir compte des réactions de mes amis, famille et collègues. Au final, j'ai conclu que quel que soit le mal que ce livre fait à mes relations personnelles celui-ci est négligeable par rapport au bien qui peut apporter aux autres à partir des informations que je transmets.

Mes amis les extraterrestres, qui en règle générale ne demandent rien, suggéraient gentiment que la publication de ce livre est une étape importante et que cela mérite l'effort.

L'Auteur.

Chapitre 2 : Rencontres personnelles

C'était en 1982. C'était tôt le soir. J'étais juste rentré de ma base militaire et je me suis effondré, épuisé, sur mon lit. Allongé, pendant un moment quelque part entre le sommeil profond et l'état d'éveil, j'ai soudain eu l'impression qu'une main glacée avait touché mon genou. J'ai ouvert les yeux, mais il n'y avait personne dans la chambre.

En fait, à part mes parents qui étaient déjà couchés, il n'y avait personne dans l'appartement. Puis j'ai clairement entendu une voix dans ma tête. C'était une voix familière et, parlant en roumain, elle a dit : "Prenez garde sur mes enfants." J'ai senti mes cheveux se dresser sur mes bras et j'avais la chair de poule quand j'ai réalisé que c'était la voix de ma tante décédée quelques mois plus tôt.

****

L'incident suivant s'est produit des années plus tard, après mon changement de célibataire et soldat en mari et étudiant en génie électrique. J'étais allongé pour me reposer à côté de ma femme et là, les yeux fermés, j'ai senti la présence indubitable de quelqu'un d'autre dans la chambre.

Le sentiment s'intensifia jusqu'à ce qu'il devienne clair : c'était la présence de mon grand-père qui était décédé depuis plusieurs mois. Il a exprimé son envie de lire le journal.

****

Un samedi matin ensoleillé, je programmais joyeusement un logiciel graphique sur mon PC. Ma femme et mes deux enfants dormaient encore.

J'ai soudain eu l'impression d'un sentiment, comme si je captais des informations de quelqu'un et que ce quelqu'un était très satisfait de ce que je faisais. J'ai trouvé l'expérience assez étrange et je me demandais ce qui avait déclenché ce sentiment.

J'avais de plus en plus le sentiment que quelqu'un se tenait derrière moi, je me suis retourné pour regarder. Personne n'était là. En même temps, un visage a commencé à se dessiner dans mon esprit. Je ne pourrais voir que la moitié inférieure de l'image dans un premier temps. En jugeant les lignes et les rides, il semblait être le visage d'une femme âgée, c'était quelqu'un que je n'avais jamais vu auparavant.

Cette fois, j'ai décidé d'essayer de communiquer avec qui que ce soit. J'ai formé une question dans mon esprit : "Comment t'appelles-tu ?" "Olga", fut même la réponse avant que la question ne soit complètement formulée.

J'ai demandé "quel âge as-tu ?". "86", fut la réponse rapide. "Où es-tu, depuis ?" Alors que je posais cette question, il m'est soudainement venu à l'esprit que je communiquais avec un fantôme. Effrayé, j'ai coupé la communication.

****

J'ai accepté un nouveau poste d'ingénieur informatique dans une des plus grandes entreprises du pays. Ayant terminé le travail tard un soir, j'étais impatient de rentrer à la maison. Aussitôt que je suis monté dans ma voiture, j'ai entendu une voix dans ma tête dire "Attention !" et j'ai senti une présence à côté de moi.

La présence était très forte et il n'y avait aucun doute sur son identité. C'était mon père qui était mort d'un cancer plusieurs mois auparavant. J'étais abasourdi. J'ai pensé que je devais imaginer des choses, mais le sentiment de lui assis à côté de moi était trop fort et trop clair pour le rejeter.

J'ai essayé de "parler" avec lui dans ma tête, comme je l'avais fait auparavant avec la vieille dame, mais je n'ai pas réussi. Il y avait un sens de la communication, mais il semblait flou et finalement j'ai coupé.

Jusqu'à présent, je n'avais jamais entendu des voix audibles, ce qui m'a fait douter qu'il y ait eu communication avant. Je ne pouvais pas décrire l'expérience qu'en disant "il semblait que si . . . », me laissant dans le royaume inconfortable de l'incertitude. J'étais cependant certain d'une chose : la présence de mon père est restée constante au cours des jours suivants et j'ai trouvé cela très dérangeant. Cette fois, je ne me suis pas permis d'ignorer ce qui m'arrivait comme je l'avais fait dans le passé. J'ai décidé que si c'était réellement l'esprit de mon père, je ne le "renvoyais" pas avec mon silence. En même temps que j'étais arrivé à cette décision, j'avais sérieusement remis en question ma santé mentale.

Pendant plusieurs jours, à chaque fois que je montais dans ma voiture, il était là. Je ne comprenais pas ce qui se passait. Une partie de moi pensait que je devais l'imaginer et que j'allais vers quelques bouleversements psychologiques. A la recherche d'une "sécurité" psychologique, j'ai donc décidé de consulter mon médecin de famille. Il m'a rassuré en disant qu'il avait entendu parler de telles choses et sans soucis, elles vont s'en aller avec le temps. Non seulement la présence de mon père et les sentiments qu'il suscitait ne disparaissent pas, mais ils semblaient devenir plus intenses.

Un jour, je me suis garé à un endroit où mon champ de vision n'était pas très bon. J'ai mis la voiture en marche arrière, j'étais sur le point de démarrer quand j'ai entendu mon père dire tranquillement : "Attends un moment".

J'ai fait ce qu'il m'a demandé. En quelques secondes, un poids lourd surgit de derrière et dépassa ma voiture. J'étais stupéfait. Sans aucun doute, si j'avais démarré comme prévu, je serais entré en collision avec le camion, avec des conséquences pas heureuses. Cet événement m'a finalement convaincu que je communiquais avec quelque chose de plus que les créations de ma propre imagination.

****

Un soir à la maison je travaillais à l'ordinateur pendant que la radio était allumée en arrière-plan. La réception n'était pas très bonne et j'ai tendu la main pour l'ajuster. Peut-être que j'ai ajusté la "réception" dans ma tête en même temps, parce que j'ai soudain entendu la voix de mon père encore. Il m'a crié : "Écris, écris, écris ! ".

J'ai attrapé du papier et un stylo et j'ai commencé à écrire tout ce qui m'arrivait dans ma tête. Des mots et des phrases écrites sur le papier à un rythme rapide et régulier.

C'était ma première expérience avec la communication écrite. J'ai reçu des messages de mon père et de mon grand-père.

Soudain, il y eut une perturbation dans le flux de messages ; quelque chose n'était pas clair comme si quelqu'un que je ne connaissais pas était "sur notre fréquence". J'ai entendu une voix de femme me demandant de chercher son fils qui était mort. Je n'ai pas répondu à cette voix. Au lieu de cela, j'ai posé le stylo, j'ai pris le morceau de papier sur lequel j'avais écrit et je l'ai caché. J'étais nerveux et effrayé.

****

Quelques jours plus tard, quand j'ai retrouvé mon sang-froid, j'ai décidé d'essayer à nouveau.

Cette fois je me suis assis devant mon ordinateur et j'ai tapé : "Père, m'entends-tu ?" A ma grande surprise, je n'avais pas à attendre longtemps une réponse. Mes doigts volaient sur le clavier et je tapais tout ce qui me passait par la tête.

J'avais l'impression de mener un dialogue imaginaire avec moi-même, mais la conversation allait beaucoup trop vite pour que j'y réfléchisses pendant que je tapais.

Quand j'ai fini, j'ai lu ce que j'avais écrit. J'ai été étonné dans quelle mesure il s'agissait d'un dialogue logique et fluide. Les réponses aux questions reflétaient clairement le caractère et le style verbal de mon père. Ces communications ont continué et mes peurs ont grandi de jour en jour. Cependant, ma curiosité aussi et cela semblait annuler la peur.

Comme d'habitude, j'ai demandé beaucoup de questions, telles que "Expliquez-moi ce qui se passe ici." Mon père a essayé de répondre du mieux qu'il pouvait afin que je puisse comprendre.

Un jour, après avoir posé une question particulièrement difficile, la réponse est venue "au pluriel". J'ai demandé à mon père de m'expliquer et il m'a répondu qu'il n'était pas seul. Il a dit qu'il était avec un groupe de personnes comme lui, c'est-à-dire des esprits, qui tous essayaient de répondre à mes questions. Ensemble ils étaient plus compétents que lui tout seul et ils m'ont fourni des descriptions fascinantes de leur monde, tel qu'ils le comprenaient. Le processus a commencé à s'accélérer.

Les communications sont devenues plus fréquentes et j'ai commencé à lire sur ce sujet des livres, des magazines sur lesquels je pourrais mettre la main. Ma bibliothèque personnelle a régulièrement grandi, tout comme mes fichiers informatiques avec ces communications.

****

J'ai été réveillé une nuit par les pleurs de mon fils. Je me suis assis sur lit et j'ai vu ma femme marcher vers le balcon. Elle portait une robe de velours rouge brodée de fleurs.

J'ai essayé de me souvenir d'avoir vue la robe avant quand j'ai réalisé que ma femme n'avait pas une telle robe. Il m'est venu à l'esprit qu'en effet cette robe ressemblait plus à une robe du siècle précédent.

Je ne pouvais pas voir sa tête ou ses pieds très clairement et alors que je tournais ma tête pour suivre son mouvement, j'ai capté une image du coin de l'œil qui m'a choqué. Allongée dans le lit, endormie à côté de moi, c'était ma femme. La personne en rouge a lentement disparue alors qu'elle continuait à marcher vers le balcon.

****

En tant que personne instruite avec une formation scientifique et technologique, je n'ai jamais été attiré par les mystères ou le mystique. Ma façon logique et mûrement réfléchie de penser ne me permettait pas d'accepter l'inexpliqué.

En même temps, j'étais toujours prêt à admettre que nous ne savons pas tout ce qu'il y a à savoir, ce qui signifie que j'étais ouvert à de nouvelles idées. Le mystique, l'exalté et le pieux n'ont jamais été des sujets d'enquête pour moi.

Cependant, j'ai toujours apprécié la branche de la littérature connue sous le nom de science-fiction parce qu'elle combinait des connaissances technologiques avancées avec des possibilités futuristes et des fascinantes théories qui ont enflammé mon imagination. J'ai aimé méditer à des choses comme l'existence au bord d'un trou noir, ou des univers parallèles.

L'existence d'une vie extraterrestre quelque part dans l'univers me paraissait presque une certitude. La vie après la mort, en revanche, était quelque chose que je ne comprenais pas. Je n'avais pas réussi à trouver une explication à me satisfaire ou qui forme la base même d'une explication imaginaire dans un roman de science-fiction.

J'avais lu des livres sur l'existence de l'âme séparée du corps, mais je n'avais pas été convaincu. À part lire quelques livres, je n'ai jamais fait d'étude sur ce sujet.

Jusqu'à cette période de ma vie où j'ai commencé à avoir ces expériences étranges, je n'avais jamais participé à une séance de spiritisme, ni approché une personne se présentant elle-même comme médium.

Ma plus grande difficulté avec cette affaire était de ne pas pouvoir parler à n'importe qui de ce que je vivais. Mes amis et collègues me connaissaient en tant qu'ingénieur en informatique, une personne rationnelle et raisonnable. Comment pourrais-je leur dire que je parlais à des fantômes ?

C'est alors que j'ai décidé de contacter un medium et guérisseur professionnel, Valerio Borgush, afin de me convaincre que ce que je vivais n'était pas une création de ma propre imagination. Valerio a contacté mon père et m'a donné des informations sur des choses que seul mon père aurait pu savoir. J'ai posé une question adressée à mon père et j'ai reçu une réponse dans ma tête. Pas une seconde plus tard, Valerio répéta la réponse de mon père, mot pour mot. Pour moi, c'était la preuve que tous les deux on réceptionnait les mêmes communications. Comme cela Valerio a validé l'authenticité de mes expériences et il m'a aidé à accepter ce qui se passait.

J'ai raconté à Valerio mes étranges rencontres et comment de temps en temps je sentais une présence dans la pièce et je pouvais voir des personnages en arrière-plan.

Nous sommes vite devenus bons amis ayant et appréciant des longues conversations sur le sujet. Il m'a expliqué que le corps physique que nous définissons comme un être humain n'est qu'une petite partie de l'être total d'une personne.

Le corps suit le chemin de toute chair—il meurt et il est enseveli—mais le reste continue d'exister et de fonctionner. Tout ce que nous avons à faire c'est d'apprendre à entrer en contact avec lui. Pour illustrer cela, Valerio comparait le corps physique à une voiture et l'âme, au conducteur.

Quand la voiture est vieille et s'arrête de rouler, vous l'échangez pour un modèle plus récent.

Parfois, lors de mes conversations avec Valerio, j'avais des sensations étranges, la personnalité de Valerio semblait changer, comme si je parlais tout à coup avec quelqu'un d'autre. J'ai senti non seulement que Valerio était intéressé à satisfaire ma curiosité, mais aussi les « esprits » qui étaient en contact avec lui.

En allant le visiter un jour, j'ai été dérangé par un problème médical et je me suis demandé encore et encore sur : "Y a-t-il quelqu'un qui peut m'aider ?" Soudain, j'ai pris conscience d'une voix dans ma tête. C'était une voix grave qui m'a posé des questions précises sur mon problème. Le ton de la voix et le type de questions qu'il posait donnaient l'impression d'une personne intelligente et expérimentée, peut-être un médecin.

Dans mon esprit s'est formé l'image d'un visage rond avec une moustache et une barbe taillée. La conversation dans mon tête - la voix profonde qui pose des questions et moi qui réponds - a continué jusqu'au cabinet de Valerio. Je me suis demandé ce que je faisais, mais j'ai quand même continué la conversation. Quand je suis arrivé chez Valerio, je lui ai raconté toute l'expérience. Valerio éclata de rire et puis a dit : "C'était le Dr. Stephan, c'était un célèbre chirurgien autrichien. C'est un grand bavard, il pourrait te tenir éveillé toute la nuit. Je le laisserais tranquille."

****

J'étais à une fête dans une salle de banquet où la musique était si forte que les gens ne pouvaient communiquer qu'en gesticulant et en criant les uns après les autres. Une conversation normale était hors de question, alors pour remplir le temps entre les salades et le poulet, j'ai décidé d'essayer mon nouveau talent. J'ai tourné mon attention vers l'intérieur et j'ai demandé dans ma tête s'il y avait quelqu'un dans le coin.

Presque immédiatement, j'ai reçu une série de mots peu clairs dans une langue que je ne connaissais pas pour la comprendre. Cela ressemblait à de l'espagnol. Dans ma tête, j'ai répondu à la voix, essayant d'attirer l'attention de l'orateur et finalement nous avons commencé à communiquer en anglais.

Ma partenaire de conversation a fièrement raconté son enfance en Espagne et sa vie en Angleterre victorienne. Le contenu de la conversation, le ton de sa voix et les images que j'ai reçues avec une photo d'elle pendant ses années de gloire en Angleterre, ont créé une image d'un personnage qui était terriblement réel. Au cours de notre conversation, elle a révélé qu'après avoir vécu jusqu'à un âge avancé, elle était morte dans le voisinage de la salle de banquet et que son esprit habitait ce lieu. Vu le niveau de bruit, je pense qu'on a conversé avec plus de succès que le couple gesticulant l'un vers l'autre en face de moi.

****

Les événements relatés ci-dessus ne sont qu'un échantillon des nombreuses expériences qui m'ont mis sur la voie des nouveaux intérêts, des nouvelles pistes de recherche et, finalement, des nouvelles découvertes.

Chapitre 3 : Développement au sein d'un groupe

Alors que j'étais au milieu d'un livre sur la perception de l'aura humaine, j'ai "par hasard" rencontré Tania, une bonne amie de ma femme et ingénieur électricien de profession. Elle a la capacité de voir les auras et les entités spirituelles avec une grande clarté. Elle était dotée avec cette capacité, apparemment un don de famille, depuis sa petite enfance. Sa mère et ses enfants partagent aussi la même capacité. Elle m'a décrit mon aura en détail, voyant aussi un rayon cosmique violet s'étendant de ma tête vers le ciel. Elle a dit que mon aura était particulièrement large et forte et que mon troisième œil était grand ouvert. A travers le troisième l'œil, expliqua-t-elle, on peut voir des choses qui ne se voient pas à travers nos yeux physiologiques. Elle m'a identifié, comme elle-même, appartenant à une catégorie spéciale de personnes capables d'avoir de la perception extrasensorielle.

Inutile de dire qu'à la lumière des choses que je vivais, j'étais fasciné par ce qu'elle disait. Cependant, je sentais qu'elle retenait quelque chose. Finalement, Tania a révélé qu'elle appartenait à un groupe de personnes qui se réunissent régulièrement. Elle a promis qu'elle essaierait d'obtenir pour moi l'acceptation d'y participer.

Alors que Tania et moi nous nous rendions ensemble à ma première rencontre, je me demandais à quoi ressemblerait un groupe de personnes ayant des capacités extrasensorielles. Nous nous sommes arrêtés devant un bâtiment, quelque part dans la région centrale du pays.

A l'intérieur, une quinzaine de personnes étaient assises en cercle au centre d'une chambre immense. Alors que je m'approchais, tout le monde se tourna en regardant dans ma direction. Je suis resté calme. Un homme et une femme assis à côté m'ont demandé de me joindre à eux.

Pendant que nous parlions, j'ai réalisé qu'ils étaient les chefs du groupe. En peu de temps, il est devenu clair que j'avais réussi « l'examen d'entrée » et ils m'ont invité à rejoindre le cercle.

Tania m'avait expliqué au préalable que le cercle humain crée des énergies comparables à une induction de bobine. J'allais bientôt en faire l'expérience par moi-même. Au début de la réunion, inexplicablement, j'ai commencé à tousser de telle façon que j'ai dû quitter la pièce. Au moment où je suis sorti, la toux s'est arrêtée. Je suis retourné dans le cercle et j'ai recommencé à tousser. J'ai ressenti une sensation d'étouffement et une lourdeur inconnue. Il m'a fallu plusieurs réunions avant de m'acclimater et de m'habituer à la présence des énergies des autres membres du groupe.

Lors des réunions, tout le monde parlait ouvertement des êtres spirituels, des extraterrestres et des phénomènes paranormaux. Finalement, j'ai senti que moi aussi je pouvais parler librement de ce que j'avais éprouvé. (Et je le recommande chaleureusement à quiconque dans des difficultés similaires. Être ouvert apporte un énorme sentiment de soulagement.) Au sein du groupe, nous avons partagé des expériences remarquables et lors de certaines réunions, j'ai senti des événements étranges dans la pièce. Nous avons clairement perçu sans équivoque des variétés de présences étranges. L'air de la pièce deviendrait froid, ou deviendrait soudainement chaud, ou nous deviendrons insensibles aux sons, ce qui nous donnait l'impression que nous sommes tous avec du coton dans nos oreilles. Parfois nous nous sentions des étranges sensations physiques, comme si quelqu'un touchait doucement la tête de chacun.

Les membres du groupe pouvaient voir diverses images humaines mais aussi d'autres origines. Parfois, ils ont rapporté avoir vu des objets, tels que de petites pièces d'or des pyramides, ou des créatures qui semblaient demeurant dans les profondeurs des océans. J'ai moi aussi vu des aperçus de figures étranges.

La pensée a commencé à prendre forme dans mon esprit qu'il s'agissait d'un lieu de rencontre pour des êtres intelligents provenant des différents mondes et des différentes dimensions physiques. Entre autres, ils sont venus nous voir, notre activité et notre ouverture les intéressaient. Parfois, je me sentais comme un singe dans un zoo.

L'existence d'un monde parallèle au nôtre est devenue de plus et plus perceptible. Pourtant, dans le même temps, le nombre de questions sans réponse que j'avais, avait multiplié. Un obstacle psychologique très difficile attend ceux qui se lancent dans la voie de développement spirituel. J'ai lutté avec mes tentatives de concilier la réalité quotidienne avec la nouvelle réalité étrange des êtres spirituels, des extraterrestres des mondes invisibles dont l'existence chevauche notre monde matériel. J'ai vécu une période particulièrement difficile car, en tant qu'ingénieur, j'ai dû en quelque sorte concilier toute la physique, la chimie et les mathématiques que j'avais appris pendant mes 20 années d'éducation formelle avec cette nouvelle réalité que je vivais. Je n'ai jamais été à court de questions. Quelles sont les lois de la physique, de la chimie et de la biologie qui régissent les êtres spirituels et les extraterrestres? Qu'est-ce qu'ils mangent? Qu'est-ce qu'ils respirent? Comment voyagent-ils? D'où sont-ils venus? Pourquoi ne pouvons-nous pas les voir avec nos yeux? Qu'est-ce qu'ils veulent de nous? Il s'est avéré que quelqu'un écoutait. . .

C'était en juillet 1993, après avoir fini de lire un livre sur la physique de l'univers, "Une brève histoire du temps", par le professeur Steven Hawking. Je me suis assis devant mon ordinateur avec l'intention de résumer tous les points du livre qui n'étaient pas clairs pour moi.

Mon résumé s'est vite transformé en dialogue avec "quelqu'un" qui a eu la gentillesse de me répondre, avec des explications étonnantes à mes questions, des réponses qui dépassaient les connaissances actuelles. Par exemple, expliquer que le Big Bang n'était qu'un événement local dans un univers sans fin qui a toujours existé et existera toujours. Je l'ai remercié pour son temps et il a répondu avec humour, qu'il dispose d'un temps infini. J'ai compris plus tard que j'avais accidentellement pris contact avec un être d'un autre monde, un être extraterrestre !

Lors des communications ultérieures, il m'a expliqué que le monde physique tel que nous le connaissons n'est qu'un exemple d'existence et qu'il y en a beaucoup, beaucoup plus de formes d'existence, qui ne sont pas matérielles. Elles sont en fait si différentes de la physique connue que nous ne pouvons ni voir, ni entendre, ni sentir, tout comme les ondes radio (pas visibles) dépassent les capacités de nos sens physiques. Ces autres formes d'existence fondées sur de la matière non physique, contiennent des mondes avec des êtres intelligents. Nous, les humains, avec toute notre science, nous ne pouvons voir qu'une petite fraction de l'énorme variété de matière qui existe dans l'Univers. La majeure partie est au-delà de notre perception, cachée à nos sens. Dans ces formes cachées de la matière se trouvent toutes sortes des êtres intelligents, dont certains ressemblent à des êtres humains. À ce point, qu'il peut y avoir ceux qui disent : "Et alors ? Au-delà de la curiosité, pourquoi s'embêter avec toute cette question ? "

Comme je l'ai vite découvert, l'un des aspects les plus pratiques et les plus fascinants du contact avec cet univers caché c'était la pratique des guérisons.

Pendant cette période, j'ai eu mes propres problèmes médicaux, dont l'excès de poids qui me posait problèmes. À 145 kg, j'avais essayé diverses techniques pour maigrir, mais rien n'a fait des effets significatifs ou durables. Les experts ont décidé que je souffrais d'alimentation compulsive. J'étais d'accord avec eux, mais nous n'avons pas réussi à trouver la raison sous-jacente, ni la solution.

Dans une tentative de trouver mes propres réponses, j'ai lu des livres de psychologie et je suis tombé sur un traitement de régression induite par l'hypnose vers un traumatisme du passé. Sous l'hypnose, les patients retomberaient en enfance et revivaient des événements traumatisants de leur jeunesse. Dans un livre il était décrit qu'un patient avait régressé au-delà sa propre enfance et surpris, le psychologue traitant décrivait avec beaucoup de détails et de clarté les incidents qui lui étaient arrivés dans une vie antérieure.

Lire ceci a fait une profonde impression sur moi et, puisqu'aucun événement traumatisant n'avait été découvert dans ma vie actuelle, j'ai décidé d'explorer mes vies antérieures.

J'ai cherché quelqu'un qui pourrait m'aider et, encore une fois, Valerio Borgush, le médium bien connu et guérisseur à Rishon Le Zion, m'a été recommandé.

Après m'avoir examiné, Valerio a conclu que la source de mes problèmes résidait en fait dans des traumatismes des vies antérieures. À ma grande surprise, il n'y avait pas besoin d'hypnose. Valério a pu lire mes souvenirs de vies antérieures. Il est entré sans force dans un état de profonde concentration, il posa doucement sa main sur ma tête et ferma les yeux. Il a commencé à décrire ma vie d'esclave noir mort de faim il y a environ 200 ans. Pendant qu'il fouillait à travers mes souvenirs, j'ai soudain entendu un son de tambour. J'ai senti une célébration suivie de l'image d'une personne parée de plumes. C'était un homme beau, noir, d'ascendance mixte et j'ai réalisé que j'étais cet homme. La célébration était mon mariage avec une femme noire dont j'étais amoureux. Après cela, les images étaient beaucoup moins heureuses. Nous marchions dans un désert brûlant jusqu'à ce que nous tombions sur une petite flaque d'eau salée. Là, nous sommes morts.

Malgré le fait que Valerio pourrait comprendre et m'expliquer mes problèmes actuels via ces traumatismes de vies antérieures, il a dit qu'il ne pouvait pas me traiter. Cependant, j'étais déterminé à trouver quelqu'un qui pourrait.

En désespoir de cause, j'ai fermé les yeux et j'ai prié vers Dieu, j'avais l'impression qu'une source de lumière puissante était soudainement dirigée vers moi. J'ai ouvert les yeux, mais la lumière s'éloignait de moi. J'ai compris que quelqu'un, ou quelque chose, m'avait entendu, c'est la seule explication possible que j'ai trouvée pour la suite des événements. Ce quelqu'un m'a amené à rencontrer Chaya Levy, une femme des plus inhabituelles qui allait devenir une très bonne amie.

Pour Chaya, toute son éducation ésotérique consistait en la lecture de deux livres écrits par Erich Von Denikan : « Guerres des Dieux » et « Triangle des Bermudes ». C'était à travers un groupe de développement personnel qu'elle a découvert ses incroyables pouvoirs de perception extrasensorielle et sa capacité à communiquer avec les êtres spirituels. Chaya a commencé à utiliser ses capacités comme un moyen de gagner sa vie offrant ses services en tant que canal vers le monde spirituel. Peu à peu, des esprits bien intentionnés ont commencé à maintenir un contact continu avec elle, l'aidant dans son travail. Parmi eux, il y avait des médecins ou des psychologues au cours de leur vie. D'ailleurs certains sont devenus ses guides, l'enseignant et l'aidant à assister les autres.

Il est devenu clair que la capacité d'établir un contact, ou un canal, n'est pas le seul trait requis pour qu'une personne soit choisie pour recevoir de l'aide d'êtres spirituels de haut niveau.

La personne choisie, médium, doit être une personne fondamentalement positive qui a atteint un haut niveau de développement spirituel et qui est « verte », selon les mots de ces Êtres d'un autre monde. Les guides de Chaya disparaissaient périodiquement pour que d'autres puissent prendre leur place, selon le niveau de développement qu'elle avait atteint. Chaque guide lui a appris quelque chose. L'un d'entre eux se nommait Chang et lui a enseigné la médecine chinoise.

Un jour, Chaya sentit la présence de différentes sortes d'Etres. Ils étaient semblables aux Êtres spirituels humains, mais ils étaient plus « non humains », qu'humains. Ils semblaient être des Êtres spirituels d'une source extraterrestre, d'autres mondes. Au début Chaya a été effrayée par eux, mais elle s'est vite rendu compte que leur but en la contactant était le même que celui des autres Êtres « humains ». Ils étaient là pour l'aider. Avec son accord, ils ont construit un hôpital de campagne à côté de sa maison. Chaya, la Médium, devint Chaya, la Guérisseuse, et ensemble, ils ont commencé à traiter les gens d'une manière que je n'aurais jamais imaginée possible.

Mes lecteurs pensent sans doute que nous sommes maintenant entrés dans le domaine de la science-fiction, laissez-moi vous expliquer : les Êtres extraterrestres dont je parle n'apparaissent pas dans la dimension physique, matérielle. Pour la plupart des gens ils sont aussi imperceptibles que nos fantômes terrestres et esprits. Cependant, ces extraterrestres n'existent pas dans le même royaume ou dimensions que nos fantômes. Parce qu'ils sont faits de matière invisible que les humains ne peuvent pas percevoir, ils peuvent se déplacer librement parmi nous.

Je me souviens très clairement de ma première rencontre avec Chaya, le 26 avril 1994. Alors que je m'asseyais et lui parlais de mon problème, j'ai vaguement discerné l'image d'un balcon derrière Chaya avec une rangée d'Êtres assis derrière une table, nous regardant et parlant sans voix entre eux.

Durant cette période, Chaya nota tout ce que les Êtres lui disaient. À droite était assis un personnage impressionnant et autoritaire qui semblait irradier une grande lumière. A côté de lui était assise une silhouette féminine, plus petite, aux yeux immenses, avec laquelle j'ai fait connaissance au cours des jours suivants. C'était Ornea, une psychologue extraterrestre avec une voix grinçante. L'identité des autres n'était pas claire.

Les extraterrestres ont convenu que mon problème avait son origine dans un traumatisme de la vie passée et ont dit qu'ils pourraient m'aider. Après avoir exprimé ma volonté, ils ont commencé, ce qui ne pouvait être décrit que comme une danse macabre.

Certains des Êtres extraterrestres sont descendus du balcon et s'occupaient de ma tête. J'ai senti des courants, des picotements et d'autres sensations que j'ai difficilement à mettre en mots. Chaya s'est assise en face de moi et pendant 30 minutes m'a décrit les variétés d'appareils qui étaient utilisés pendant mon étrange traitement. Même si je me sentais bizarre le lendemain j'ai eu très mal à la tête, toutes les traces d'effets néfastes de traumatismes de vies antérieures ont disparu - comment expliqueriez-vous que j'ai perdu 30kg les mois suivants ? !

Ma silhouette changeante m'a convaincu plus que tout que le phénomène lié aux esprits et aux Êtres extraterrestres était bien réel. J'ai décidé de les tester à nouveau, maintenant avec un problème médical moins dramatique. Au cours des dernières années, je souffrais d'une incapacité croissante à écrire manuellement et plus souvent je préférais taper des textes sur l'ordinateur. Chaque fois que je mettais un stylo sur un papier, je ressentais une sorte d'inquiétude à la limite de la nausée. De plus, mon écriture est devenue presque illisible. La médecine conventionnelle ne pouvait fournir aucune explication raisonnable et n'avait certainement rien à offrir comme remède.

Les Êtres extraterrestres travaillant avec Chaya m'ont examiné et ils ont constaté que le problème était génétique. Ils ont identifié un problème dans un petit vaisseau sanguin crânien qui alimente en sang les nerfs reliés aux doigts de la main droite. En quelques minutes, le problème a été corrigé.

Depuis ce traitement, chaque fois que je m'assois avec un stylo et du papier et que j'écris, je me rappelle que c'est grâce à eux que je peux le faire.

Même si la médecine conventionnelle aurait pu localiser le problème, je doute qu'ils aient recommandé une chirurgie au cerveau pour réparer un minuscule vaisseau sanguin.

J'ai commencé à être fasciné par les aspects pratiques de guérison. J'ai eu un sentiment profond et intense que c'était ce que j'aimerais faire. J'ai été conseillé par les Êtres extraterrestres, via Chaya, d'avoir une ligne de conduite stricte : je devais consacrer beaucoup de temps à la Méditation guidée pour développer mes capacités extrasensorielles et parallèlement à cela, je devais suivre un cours de guérison spirituelle. De plus, les extraterrestres m'ont recommandé un guérisseur nommé Shlomo Kira qui pourrait continuer à m'aider avec mes propres problèmes médicaux.

Lors de ma première visite chez Shlomo, il m'a demandé de m'allonger sur un lit surélevé au milieu de son petit cabinet. Il disait tranquillement une prière puis étendit ses mains au-dessus de mon corps, sans jamais me toucher. Petit à petit, j'ai commencé à sentir des courants m'envahir, d'étranges coups et des picotements, dans les zones problématiques de mon corps, les sensations étaient exacerbées.

A nouveau j'ai discerné une ligne d'Êtres assis derrière une table sur un balcon et regardant ce qui se passait en dessous. Et encore, l'un d'eux rayonnait une lumière telle qu'il était impossible de le regarder droit dans les yeux. D'autres Êtres se tenaient autour de moi, me traitant d'une manière ou d'une autre. Les expressions faciales de Shlomo ont changé d'une manière étrange et ses mains bougeaient étrangement. Au bout d'un certain temps j'ai réalisé que ses mains étaient en effet déplacées pour lui, mais pas par lui-même. Après, nous avons parlé librement de tout ce qui s'est passé pendant le traitement. Shlomo, un ingénieur des matériaux de profession, s'est d'abord impliqué dans la guérison après que sa femme a été guérie d'une grave maladie par un guérisseur.

Parmi les nombreux Êtres spirituels, extraterrestres et humains, qui m'ont soigné pendant cette période (la dernière partie de 1994), j'ai réussi à entrer en contact avec deux des esprits humains. John, un chirurgien, ressemblait à un homme dégingandé dans la trentaine avec de longs cheveux blonds. Il est apparu plusieurs fois comme chirurgien en chef lors de mes traitements. Et puis il y avait le Dr Meir.

J'ai rencontré Dr Meir pour la première fois lorsqu'il est apparu chez moi pour le suivi du traitement que j'ai reçu dans le cabinet de Shlomo. J'ai découvert que les visites à domicile étaient une pratique régulière. Un soir, j'ai senti la présence des Êtres dans ma maison et ils m'ont demandé de finir mes activités tôt pour qu'ils puissent me soigner.

Allongé sur mon lit, j'éprouvais les mêmes sensations que lorsque j'ai été soigné par Shlomo, bien que je sois maintenant seul. Je n'ai pas réussi à établir un contact verbal avec le Dr Meir, mais nous communiquions néanmoins, télépathiquement, via des images visuelles.

Quand il a terminé son traitement sur moi, le Dr Meir m'a montré un grand bâtiment avec des couloirs spacieux, des hauts plafonds et un sol en marbre vert brillant. Dans une des chambres de ce bâtiment se trouvait le cabinet du Dr Meir. Je n'ai pas eu un message très clair, mais j'ai compris qu'il avait été médecin en Allemagne et que le bâtiment qu'il m'avait montré avait été son lieu de travail. Ensuite, j'ai vu la photo d'une femme à la quarantaine, les cheveux noirs tirés en arrière, vêtue d'une robe de soirée en velours scintillant, vert foncé. Ce n'était pas clair que ce soit sa femme ou sa fille, mais c'était évidemment quelqu'un d'assez important pour lui qu'il voulait partager avec moi.

Malgré les sensations physiques que j'ai ressenties pendant mes traitements avec Shlomo et mon contact avec le Dr Meir, j'avais encore du mal à considérer ces événements comme réels.

Cependant, j'ai été encore plus convaincu quand j'ai découvert que Shlomo Kira et Chaya Levy les avaient rencontrés et ensuite, ils avaient commencé à travailler avec les mêmes Êtres, confirmant les impressions et les informations des uns et des autres.

Le 14 décembre 1994, j'ai vécu une expérience de traitement particulièrement intéressante au cabinet de Shlomo. Il a commencé par me demander de fermer les yeux et de me détendre. Puis il m'a conduit par la méditation guidée. Avec les yeux fermés, on imagine s'engager dans des activités spécifiques tout en comptant à rebours, à partir de 100. C'est une technique qui aide à entrer dans un état différent de conscience, avec des résultats étonnants.

J'ai soudainement vu dans mon esprit une petite créature fragile au visage ridé. Il portait un costume de vêtements faits de ce qui ressemblait à une feuille d'aluminium souple. J'essayais de converser avec lui sans succès, quand j'ai réalisé que nous étions maintenant tous les deux dans un nouvel environnement étrange. Nous étions dans une immense pièce, semblable à un hangar pour un avion gros porteur. Il y avait une piste qui traversait le milieu du hangar et il y avait une voiture à six places. Six créatures, semblables à la première, étaient assises dans la voiture. Ils se sont arrêtés à ce qui ressemblait comme un centre de contrôle de vol dans un aéroport. Les opérateurs, tous similaire, m'ont souri poliment et m'ont reconnu d'un hochement de tête. J'avais un bon pressentiment envers ces créatures.

Ensuite, je me suis retrouvé dans un immense entrepôt bordé d'étagères. Chaque étagère contenait une de ces créatures. J'ai compris qu'ils étaient dans un état de demi-sommeil, comme une hibernation. Seul un petit nombre d'entre eux étaient éveillés prenant soin de ce qui semblait être leur vaisseau spatial. J'ai compris que la durée de vie de ces créatures à l'apparence fragile était apparemment sans fin. A l'origine ils sont venus d'un système solaire lointain et ont été dans cet état depuis des milliers d'années.

La raison pour laquelle j'ai reçu cette information n'était pas claire pour moi à l'époque. J'ai dit à Shlomo ce que j'avais vu pendant la méditation et il a confirmé qu'il était au courant. J'ai l'habitude que les scientifiques dépensent des millions de dollars pour construire d'énormes antennes pour capter les ondes radio à la recherche d'une vie intelligente loin dans l'Univers quand de la vie venue d'ailleurs est ici. Shlomo a dit que les extraterrestres se moquaient de nos tentatives et ils disaient que les scientifiques ne capteront rien car les communications par ondes radio sont si anciennes technologiquement et qu'elles ont été oubliées depuis longtemps par les extraterrestres.

Lors d'un précédent traitement le 4 novembre 1994, Shlomo m'a mis dans un état de méditation et m'a demandé de lui dire ce que je voyais dans la chambre. J'ai vu un extraterrestre debout à côté de celui qui ressemblait à un homme grand et mince avec cheveux comme de larges bandes de plastique. Il portait une cape en plastique et avait un visage étrange. Il a demandé à me parler, mais je ne pouvais pas l'entendre, alors Shlomo a relayé ses réponses.

J'ai demandé à lui poser plusieurs questions sur son identité et d'où il venait. Il répondit poliment qu'il s'appelait Arcady, il avait 800 ans et était sur Terre depuis 500 années à faire d'importants travaux scientifiques pour aider notre planète. Il faisait partie d'un groupe d'Êtres extraterrestres qui, collectivement, forment un Être plus complexe, dont l'origine est dans une autre galaxie sur une planète appelée Arcaea. Arcady demanda alors sur mon approche de la guérison et il a demandé si j'étais intéressé à aider à soigner les gens. J'ai répondu que je l'étais.

J'ai assisté à un cours de méditation guidée qui s'est tenu dans le charmant appartement sur le toit de Shlomo Kira avec 12 autres personnes. Sur le toit-terrasse, en cercle sous les étoiles, nous fermions les yeux et entrions dans un état de profonde relaxation.

Sous la direction de Shlomo, nous sommes entrés dans un état de conscience qui est quelque chose comme la rêverie – un état à mi-chemin entre le sommeil et l'éveil. La différence entre le sommeil et la méditation est que grâce à la méditation, l'état de conscience peut être surveillé et contrôlée. Au début, on suit les consignes du formateur. Plus tard, on peut entrer dans un état méditatif de manière indépendante - et c'est toujours accompagné d'étranges expériences. Ensuite, chaque personne raconte au groupe ce ils ont vu, entendu, vécu.

S'il n'y avait pas des similitudes entre ces histoires, j'aurais pensé que ce n'étaient que des imaginations folles. Cependant, il y a eu des moments où nous avons tous vu les mêmes choses, les mêmes Êtres et guides spirituels.

Parfois, il y avait un sentiment de mouvement à travers le temps et l'espace. Nous avons appris à nous contacter par télépathie. J'ai réalisé que des équipes d'Êtres et de guides spirituels entouraient à la fois notre formateur, mais aussi nous tous, travaillant très dur pour nous aider à chaque étape de notre apprentissage. Une partie de ces Êtres ressemblaient à des humains. D'autres étaient habillés en costumes argentés avec des draps blancs couvrant leurs visages. Mon sentiment était qu'ils les portaient pour cacher leurs caractéristiques non-humaines et éviter de nous effrayer car c'étaient des Êtres extraterrestres.

Au cours d'une réunion, j'ai senti quelque chose au-dessus de nous dans le ciel. J'ai essayé de concentrer ma perception extrasensorielle vers le haut et j'ai été impressionné par ce que j'ai vu. Au-dessus de nous se trouvait une énorme structure ronde, marron-orange qui ressemblait à un vaisseau spatial stationné à environ 50 mètres au-dessus de l'immeuble. Au début j'ai pensé que je devais sûrement l'imaginer. J'ai demandé aux autres participants au cours de se concentrer vers le haut et me dire ce qu'ils voyaient.

À mon grand étonnement, ils ont décrit exactement ce que j'avais vu. Je me tournai vers Shlomo et il a confirmé que le vaisseau spatial avait été garé au-dessus de l'immeuble pendant quelques mois. Il a affirmé que les extraterrestres quittent régulièrement leur activité habituelle et rejoignent l'équipe des êtres terrestres qui coordonnent les activités de notre cours. Un ascenseur, qui ressemblait à un tuyau transparent teinté en violet, reliait le vaisseau spatial au toit de l'immeuble.

Au cours d'une autre méditation, j'ai essayé de monter dans l'ascenseur et réussi à atteindre le sommet. Un extraterrestre s'est retourné et a demandé ce que je faisais là-bas. J'ai été renvoyé un peu décontenancé.

Quand le moment était venu dans la formation à la méditation, les Êtres extraterrestres nous ont proposé une visite organisée dans leur vaisseau spatial. C'était comme regarder à travers une brume ou marcher à travers un rêve. J'ai réussi à discerner les couloirs et les salles remplies d'équipements et de machines étranges. Une des chambres contenaient des petites créatures blanches et j'ai vu mon père assis parmi eux, ressemblant à un adulte à côté des enfants. C'était, en fait, des Êtres extraterrestres adultes, bien que très petits.

Après m'avoir présenté aux extraterrestres, mon père m'a emmené dans une petite pièce meublée d'une table et trois chaises. Mon père et moi nous nous sommes assis, sur la troisième chaise était assis un homme qui ressemblait à un vénérable prêtre chinois. Ils ont eu un échange que je ne pouvais pas comprendre, après quoi le chinois s'est approché de moi et a posé sa main sur ma tête. J'ai compris qu'il me donnait sa bénédiction pour un développement spirituel continu. Il apparaissait comme une figure importante et faisant autorité dans le vaisseau spatial et c'était important pour mon père que nous nous rencontrions.

Quelques mois après cette expérience, alors que je marchais à travers un parc avec mes enfants, j'ai senti la présence du prêtre chinois devant moi. Son image fantomatique était vêtue de ce qui ressemblait à une cape ecclésiastique d'Extrême-Orient avec des carrés métalliques dessus. On a un peu communiqué et j'ai compris qu'il avait été prêtre shintoïste dans sa vie et travaillait maintenant avec les êtres extraterrestres. Je ne l'ai pas revu depuis.

Le cours de méditation de Shlomo était rempli d'événements étranges. Par exemple, je me souviens avoir été emmené dans une grande chambre blanche avec un lit dans son centre. Sur le lit était quelque chose qui ressemblait à une grosse créature. J'ai compris que c'était une forme de créature vivante. Sa peau était ridée et plissée et j'ai compris qu'elle était malade.

Je ne savais pas pourquoi j'étais là, jusqu'à ce que je reçoive un message : « Guéris-la ! ». J'ai concentré toutes mes pensées et énergies et j'ai envoyé à la créature une bouffée d'énergie curative et aimante de tout mon cœur. Comme par magie, la créature a commencé à se tirer, sa peau est devenue lisse et brillante. Elle avait été guérie ! J'ai entendu des applaudissements dans mes oreilles et les murs devinèrent transparents comme s'il s'agissait des rideaux tirés en révélant des personnages qui nous regardaient. J'avais passé un test !

Au cours d'une autre séance de méditation, j'ai été emmené à travers des couloirs sombres jusqu'à une petite pièce faiblement éclairée où une créature gisait sur un lit surélevé.

Cette fois je savais ce que je devrais faire. Après sa guérison, deux personnages sont apparus et ont procédé à l'ouverture d'un passage elliptique à travers le mur. Deux portes lourdes s'ouvrirent lentement, l'une vers le haut et l'autre vers le bas. Au-delà des portes, j'ai vu un énorme espace rond ouvert et plein de lumière et j'ai compris qu'ils voulaient me montrer quelque chose.

Mes pouvoirs de guérison ayant été testés, cela me permettait d'entrer. Une fois la porte franchie, j'ai vu que la lumière provenait d'un nuage épais et brumeux qui, m'a-t-on dit, était composé de milliards d'êtres intelligents minuscules attachés les uns aux autres formant collectivement un Être Suprême – une sorte de super cerveau ou collection d'âmes.

Chaque âme a sa propre personnalité, ses souvenirs et ses expériences de vie utilisés pour l'ensemble du collectif. Quand j'ai demandé si un tel groupe d'âmes était le seul existant, on m'a dit qu'il y avait sur des anciennes planètes aussi des collectifs similaires. Peu importe ces visions, ce qu'elles signifiaient et pourquoi les extraterrestres me les ont montrés, ça reste toujours un mystère, mais cela deviendra peut-être clair à l'avenir.

Les résultats des séances de guérison de Shlomo sur moi ont commencé à se voir : je me sentais mieux et j'ai amélioré mes résultats au niveau des tests médicaux, tout cela m'a convaincu que ce n'était pas qu'un effet psychologique. J'ai recommandé Shlomo à mes amis et ma famille. À une occasion, j'ai vu Shlomo soigner un membre de ma famille qui souffrait de maux de dos chroniques. Pendant le traitement, j'ai discerné un faisceau de lumière faiblement brillant venant de quelque part au-dessus et descendant dans la tête de Shlomo. Ses mains étaient entrainées par des ondulations qui ressemblait à de faibles arcs-en-ciel.

Un Etre se tenait à côté de lui tenant un équipement qui m'a rappelé une agrafeuse électronique. L'Etre a mis l'instrument à côté d'autres équipements dans une boîte remplie de lumières étranges et j'ai compris qu'il rechargeait et stérilisait l'équipement.

J'ai aussi vu des armoires à côté de la boîte et, au-dessus du lit, un instrument avec des lumières de différentes couleurs, semblables aux plafonniers d'une salle d'opération. Une pièce complexe avec des machines était derrière moi, avec des tubes qui en sortaient, ce que j'ai compris c'était l'ordinateur et le centre de contrôle de l'ensemble du matériel.

Soudain, alors qu'il soignait encore le membre de ma famille, Shlomo m'a demandé de m'approcher de lui et de placer mes mains au-dessus des siennes sans les toucher. Me sentant quelque peu incertain et même craintif, je l'ai fait. Presque immédiatement j'ai senti un intense froid émanant de ses mains, bien que je ne les avais pas touchées. Il m'a demandé de mettre mes mains entre ses mains et le dos du patient, toujours sans se toucher. J'ai fait comme il a demandé et la sensation de froid s'est intensifiée. Généralement, je m'attendais à ressentir de la chaleur à proximité d'un corps humain, mais j'avais l'impression d'avoir inséré mes mains dans un congélateur. J'ai touché les mains de Shlomo et j'ai été surpris de sentir une chaleur normale. Shlomo m'a expliqué qu'il existe de nombreux types d'énergie et cette fois les Êtres utilisaient un type d'énergie qui induisait une sensation de froid.

À la fin de la séance de traitement, Shlomo m'a donné des instructions pour le suivi du traitement : pendant vingt minutes chaque jour je devais placer mes mains sur le point douloureux sur le dos de la patiente. Le lendemain à la maison, j'ai étalé une couverture épaisse sur la table de la salle à manger et j'ai demandé au membre de ma famille de s'allonger. J'ai prié brièvement et j'ai imposé les mains sur le point sensible. Après seulement quelques minutes, j'ai commencé à ressentir une chaleur intense dans mes mains et la patiente a mentionné qu'elle-même a senti une chaleur agréable et d'étranges vibrations à travers elle. Je me suis mis à transpirer à cause de la puissance des émotions que je ressentais. Après quelques minutes, j'ai essayé de lever mes mains pour terminer le traitement, mais elles sont restées là où elles étaient, se déplaçant comme de leur propre gré, du haut en bas de la moelle épinière de la patiente. Je sentais comme si j'avais le plein contrôle de mes mains, mais en même temps une force cachée me demandait de faire certains mouvements et donc j'ai obéi.

Après cette expérience, j'avais peur de refaire la procédure à nouveau le lendemain. Alors que je regardais d'un air dubitatif ma table recouverte par la couverture, j'ai vu la silhouette d'un homme âgé que je n'avais jamais vu. Il se tenait devant la table et avec des mouvements de pantomime m'a encouragé à continuer le traitement. Donc, j'ai continué.

Peu de temps après je me suis retrouvé avec vingt autres participants à un cours sur la guérison spirituelle présenté par Morris Dobkins. Parmi ces hommes et ces femmes il y avait des gestionnaires, des informaticiens, un policier et un médecin spécialisé en médecine conventionnelle, la médecine interne.

Pendant le cours, nous sommes fréquemment entrés en méditation à travers laquelle nous avons vérifié la présence de guides spirituels. Nous avons appris à la fois théoriquement et pratiquement comment ressentir le champ énergétique humain, ses méridiens et ses chakras, et comment les gérer. Tout le cours ressemblait à un énorme « événement ». En plus des vingt participants et de l'équipe d'enseignants (gens ordinaires, terriens comme nous tous !), nous étions toujours accompagnés d'un groupe d'Êtres qui participaient avec toutes leurs énergies pour nous diriger, nous enseigner et nous aider en bougeant nos mains, diriger nos énergies et même nous soigner si nécessaire.

J'étais très conscient de mes guides extraterrestres personnels qui m'ont aidé tout au long du cours. Une fois, j'ai senti leur présence dans ma voiture et je pense qu'ils se moquaient de moi. Il y en avait deux : un semblait être une femelle et l'autre un mâle. La peau du mâle était écailleuse mais pas comme celle d'un serpent et il avait des bras étranges et des doigts très longs avec lesquels il me chatouillait la nuque alors que le deux éclatèrent de rire.

Pendant la formation pratique du cours de guérison, mes guides extraterrestres étaient très utiles, ils me dirigeant souvent. Il y avait d'autres personnes dans le cours qui trébuchaient dans les énergies, toutefois mes guides m'ont donné des directives claires chaque fois.

Les professeurs étaient excités et curieux à leur sujet. Mes guides personnels arrivaient souvent avec du matériel mobile pour les traitements et ensemble nous avons accompli des guérisons assez étonnantes. Je ne suis pas tout à fait sûr, mais je pense que j'étais le seul étudiant qui avait comme guides des Êtres extraterrestres et il semblait que d'autres étaient accompagnés et entraînés par des Êtres « terrestres ».

L'une des enseignantes, elle-même guérisseuse chevronnée, souffrait de douleur en bas du dos. Au cours d'une de nos séances de formation pratique elle m'a demandé de la soigner. À un moment donné pendant le traitement, elle a dit qu'elle a ressenti une douleur aiguë soudaine dans la zone problématique. La douleur était localisée se concentrant sur un petit point spécifique. Je lui ai dit que c'était comme si elle avait un nodule sur une des vertèbres qui appuyait sur un nerf. Elle a déclaré se sentir comme si elle était coupée de l'intérieur et dans les quinze minutes qui ont suivi, le traitement était terminé.

Lors de notre prochaine rencontre elle nous a dit que pendant trois jours après le traitement elle a ressenti une gêne dans le dos comme si elle se remettait d'une opération. Une fois l'inconfort passé, la douleur qui l'avait ennuyée pendant des années était partie (et elle n'est jamais revenue).

Les Êtres extraterrestres qui ont accompagné ma formation venaient et partaient, une équipe était remplacée par une autre. Je suppose que ma formation a commencé bien avant que je m'inscrive au cours. Ce qui est certain, c'est qu'à partir de ce moment-là, j'étais conscient que je n'étais jamais seul. Quelqu'un guidait toujours mes pas. Un jour j'ai senti un bourdonnement dans mon oreille et je me suis précipité sur mon ordinateur pour prendre contact. Ornea, l'extraterrestre psychologue aux grands yeux marrons, m'a dit que des extraterrestres étaient venus aider les humains et m'avaient demandé si je voulais aider aussi. J'ai répondu que oui, je le ferai.

Avant la fin du cours de guérison, les extraterrestres m'ont recontacté. Cette fois, ils m'ont demandé de m'asseoir sur une chaise sur mon balcon et d'entrer dans un état de méditation. Quand j'ai fait ça, j'ai vu un écran blanc sur lequel des lettres d'une langue inconnue apparaissaient en succession rapide. Ensuite, j'ai vu des sphères violet foncé qui apparemment avaient parcouru une longue distance.

Les extraterrestres m'ont expliqué qu'il s'agissait d'âmes d'extraterrestres qui viennent d'autres planètes. D'ailleurs, ils m'ont fait comprendre que ces âmes sont partagées à la fois par les humains et par les extraterrestres, le message était, dans un sens large, que nous sommes comme des membres d'une même famille éloignés uns des autres. Puis, ils ont projeté l'image d'une pièce de ma maison et au-dessus se trouvait un énorme dôme. Là, j'ai compris qu'ils (les extraterrestres) demandaient ma permission pour construire une structure permanente autour de ma maison. J'ai donné mon consentement et c'est comme cela que ma maison est devenue le site d'un hôpital de campagne extraterrestre.

La construction de l'hôpital terminée, mon seul problème était de trouver des patients prêts à être traités. Il n'était pas facile de convaincre des malades d'aller chercher un traitement non conventionnel, et de surcroît auprès d'un guérisseur débutant. Je n'ai pas osé à parler aux patients potentiels, que ce soit sur les Êtres extraterrestres ou sur les hôpitaux de campagne. Au lieu de cela, j'ai offert des guérisons gratuites à mes amis et connaissances et j'ai regardé pour avoir des bénévoles parmi quelques amis et collègues qui ont accepté d'être mes cochons d'inde.

Un collègue, un ingénieur, a rassemblé son courage, il est venu me voir pour un traitement. Il s'allongea sur le lit, je me suis positionné à environ deux mètres de lui. Rempli d'appréhension avec prières sincères pour que cela fonctionne, j'ai commencé à me concentrer sur le rayonnement des énergies dans sa direction.

Il m'a soudainement regardé étrangement et, plein d'étonnement, il a dit qu'il sentait de forts courants électriques dans tout son corps. Tu peux imaginer mon soulagement, j'avais peur qu'il ne ressente rien et qu'il rit de moi. Après avoir reçu plusieurs traitements, son état s'est beaucoup amélioré, et ce n'est qu'alors que j'ai osé lui dire que des Êtres extraterrestres l'ont réellement traité. Il a écouté poliment, mais je ne pense pas qu'il y ait accordé beaucoup de crédit.

Un autre ingénieur est venu me voir pour un traitement avec le but de prouver que tout cela n'était qu'un tas de bêtises, mais il s'est levé de son premier traitement plein d'admiration et d'émerveillement. Le lendemain au travail, il n'arrêtait pas de parler à qui que ce soit écoutait son étrange expérience. Il est venu pour un deuxième traitement au cours duquel il a déclaré sentir clairement des fortes sensations physiques. Malheureusement, c'était un peu trop pour lui à absorber tout cela, il a eu peur et n'est jamais revenu.

Un troisième ingénieur de mon bureau souffrait de douleurs persistantes à la plante des pieds qu'aucun traitement médical n'avait jamais pu résoudre. Après seulement quelques traitements avec moi, la douleur a disparu sans laisser de traces.

Une voisine âgée est venue me voir pour le traitement d'une tumeur utérine bénigne, qui, dans la terminologie professionnelle, est un myome, une affection fréquente chez les femmes âgées. Après plusieurs traitements avec moi, elle est retournée voir son gynécologue qui lui a annoncé que le myome s'était inexplicablement réduit à une taille négligeable. Suite à ce succès, elle m'a envoyé sa famille, ses amis et ses collègues pour des traitements.

Lors d'une soirée mondaine, j'ai rencontré Shlomo Rollel qui était également intéressé par le sujet de la guérison. J'ai découvert qu'il avait une riche formation en psychologie, en yoga et en médecine alternative. Je lui ai suggéré de participer à un traitement de guérison d'un de mes amis. Je lui ai expliqué que les extraterrestres soignent les patients en faisant passer des énergies à travers les guérisseurs. Suivant mes instructions, il plaça ses mains au-dessus du malade. Peu à peu, il a commencé à sentir de plus en plus des courants forts. Ses mains commencèrent à bouger comme si elles étaient hors de sa propre volonté - les Êtres extraterrestres avaient pris les choses en main. Le traitement a eu un résultat positif et Shlomo est rentré chez lui essayer d'absorber ce qu'il venait de vivre.

Plus tard, j'ai proposé à Shlomo que je lui fasse un traitement. Il s'allongea sur la table d'examen et ferma les yeux. De la minute où le traitement a commencé jusqu'à la minute où cela s'est terminé, Shlomo a continué à parler régulièrement. Il a rapporté toutes les sensations physiques qu'il éprouvait.

Malgré ses yeux fermés, il y avait un parfait match entre ses sentiments et le placement de mes mains (qui étaient tout le temps au moins à 30 cm de son corps). Il a rapporté ressentir des courants, des sensations de picotements, une chaleur brûlante, et ainsi de suite. En plus des sensations physiques, il a décrit diverses images, telles que d'étranges équipements et des visages d'Êtres extraterrestres s'approchant et s'en éloignant.

L'un des Êtres extraterrestres signalés par Shlomo avait l'apparence d'une créature marine, puis a changé son apparence pour ressembler à une fleur – apparemment un homofluide (une explication suivra plus tard dans le livre, ce sont des extraterrestres d'autres mondes). Shlomo a également remarqué que la table d'examen semblait plus haute qu'il ne la savait en réalité. J'avais déjà entendu ce commentaire de la part d'autres personnes.

A la fin du traitement, qui a duré environ trois quarts d'heure, Shlomo a eu du mal à reprendre ses esprits, à revenir à la réalité d'ici et maintenant. Il avait des taches jaunes devant de ses yeux. Cela a duré un certain temps, alors je l'ai fait sortir de la salle de soins sur le balcon où il pouvait voir la lumière du soleil et la verdure, le ramenant à notre réalité.

La recherche de patients s'est poursuivie. Je suis tombé sur un vieil ami d'école qui travaillait dans l'informatique et je lui ai parlé de mon nouveau hobby. Je lui ai demandé s'il avait des problèmes médicaux qu'il voulait traiter, il a accepté. Au moment où il se coucha sur la table, avant même que je commence, il a vécu une sensation étrange. Il a dit qu'il avait vu une brume bleue autour de son corps – en fait il décrivait sa propre énergie du champ. En effet, l'énergie autour des zones que je traitais était d'un bleu pâle légèrement transparent. Il s'est avéré que cet ami avait été sensible au monde non physique depuis l'enfance et il souffrait encore des cauchemars des films, il avait des souvenirs relatifs avec le paranormal, fantômes et esprits. Un dilemme pour moi : comment pourrais-je lui dire que c'étaient en fait des esprits qui le soignaient ?

Les traitements ont été utiles et son état s'est amélioré avec le temps. Ce n'est qu'alors que j'ai abordé le sujet de qui était vraiment responsable des guérisons. Petit à petit, je lui ai expliqué que ce sont les "bons esprits" qui faisaient la guérison.

Quelque temps plus tard, lors d'un de ses traitements, je l'ai aidé, il est entré dans un état de méditation et je lui ai demandé de me dire ce qu'il voyait dans la chambre. Il est resté silencieux pendant un moment, puis, soudain, il a dit qu'il voyait une image floue. Comme l'image devenait claire, il a décrit un vieil homme chinois.

Je lui ai dit de demander à l'homme son nom. Non seulement qu'il a demandé, mais il a reçu une réponse — il s'avéra par la suite que mon ami excellait dans la prise de contact. Au cours des rencontres suivantes, il a commencé à voir les esprits et les Êtres extraterrestres impliqués dans son traitement et il a pu prendre contact et communiquer avec une facilité enviable.

Après ces expériences, il était même libéré de ses anciennes peurs. J'ai commencé à lui apprendre à administrer le traitement et nous avons continué à nous rencontrer afin d'établir des contacts et de se fournir une guérison mutuelle.

Je remercie ces amis et à bien d'autres qui se sont portés volontaires pour être mes premiers patients, j'ai acquis de l'expérience et la confiance en moi dans cette étrange activité. Pour cela je leur suis toujours reconnaissant. Peu à peu, de plus en plus de personnes sont venues me voir pour des guérisons et leurs problèmes médicaux ont été de plus en plus graves. Depuis ces premières guérisons j'ai travaillé en équipe avec les esprits et les Êtres extraterrestres. Ils font de leur mieux pour répondre à toutes mes questions et ils m'aident à comprendre beaucoup de choses.

Quand je demande, ils me donnent un petit cours sur la physique de l'Univers ou sur tout autre sujet qui m'intéresse. Dans les chapitres suivants je vais essayer de transmettre certaines de ces expériences que nous avons partagées.

Malgré les succès, j'ai été tourmenté tout au long de cette période avec des doutes. Je ne devrais peut-être pas dire catastrophiques, ils étaient constants et bienvenus, mais je sentais que ces doutes étaient justifiés. Ils ont prévalu malgré les innombrables preuves et expériences étranges.

Quand tout est dit et fait, il faut un énorme acte de foi et une ouverture d'esprit émotionnelle pour croire réellement que les énergies invisibles qui coulent dans mes mains guérissent les gens.

Croire dans l'existence des formes de vie qui n'ont pas de corps physique, croire en des Êtres extraterrestres dans une dimension physique différente qui ne peuvent pas être ni vus de nos yeux, ni se faire sentir de nos mains. Je cherchais constamment une sorte de preuve concrète, quelque chose de solide auquel je pourrais m'accrocher.

Aujourd'hui, je n'ai vraiment que deux sortes de preuves : l'une est la concordance des informations (c.-à-d. réception d'informations par contact télépathique avec des êtres spirituels et extraterrestres et leur confirmation par diverses autres sources), et l'autre - la principale source de preuve - le résultat positif des traitements.

J'ai souvent demandé aux extraterrestres des preuves physiques de leur existence et ils ont toujours répondu par un refus poli. L'explication que j'ai eu était que l'équipe médicale travaille sous les ordres d'une organisation centrale qui dicte ce qu'elle peut ou ne peut pas faire. Ils ont été autorisés à donner des soins médicaux sans laisser de traces physiques afin de ne pas créer panique parmi les habitants de notre planète. Bien que frustrant, c'est une explication raisonnable.

A titre de comparaison, tout zoologiste sait qu'afin d'étudier la faune dans son habitat naturel, il faut rester bien caché et convenablement camouflé. Les extraterrestres sont bien plus avancés technologiquement, au-delà de notre compréhension. Cette technologie s'étend aux moyens de camouflage qui les cachent efficacement de nos capacités de perception.

Credo et déclaration des objectifs des Extraterrestres
Le 22 mars 1996, j'ai reçu un remarquable message de l'équipe médicale extraterrestre qui travaille avec moi :

Extraterrestres : "La vie - le développement de mécanismes biologiques des systèmes complexes qui se reproduisent eux-mêmes - est l'événement le plus merveilleux de l'Univers.

Un événement supplémentaire et merveilleux se produisant dans l'Univers est le développement de la conscience, c'est-à-dire l'être conscient, conscient de lui-même et de son environnement. Ce sont les deux merveilles de la création et pour ces merveilles, notre gratitude va à une puissance supérieure, que nous connaissons sous le nom de Dieu. La probabilité mathématique que ces deux événements se produisent ensemble s'approche de zéro, et pourtant ils se produisent. Et à notre grande surprise, cela ne s'est pas produit une seule fois, mais de très nombreuses fois, elle continue de se produire aujourd'hui et continuera évidemment de se produire à l'avenir - le développement d'une nouvelle forme de vie qui se reproduit avec le développement simultané, au sein de ces formes de vie, de la pensée consciente.

La vie intelligente prend des formes nombreuses et diverses à travers de plusieurs types de matières. Certaines d'entre elles nous sont inconnues. Nos chercheurs se sont engagés dans un travail incessant d'efforts pour découvrir et étudier des nouvelles formes de vie qui se trouvent tout le temps dans l'espace infini de l'Univers. Votre planète est l'une des sources de vie que nous avons découvert et nous l'étudions actuellement.

Au-delà de la recherche scientifique pure, nous fournissons également une assistance aux civilisations en développement qui, selon nous, méritent notre aide. Certaines cultures évoluent dans une direction négative vers l'autodestruction, représentant un danger pour eux-mêmes et pour les autres cultures. Nous n'assistons pas une telle civilisation. D'autre part, pour les civilisations ayant un potentiel de développement sur la voie de la Lumière, c'est-à-dire un développement positif, nous donnons de nombreuses formes d'assistance. Notre objectif est d'aider ces civilisations en développement à atteindre, le plus rapidement possible, un état d'existence stable qui leur assurera une existence continue à long terme sans danger d'extinction. En d'autres termes, nous les aidons à accélérer leur développement technologique.

Le processus pour assurer l'aide nécessaire commence par une analyse approfondie de la civilisation afin de déterminer si oui ou non notre aide est justifiée. Si nous décidons de fournir cette assistance, nous décidons ensuite de la meilleure façon d'aider.

Cette étude de la civilisation est très vaste et elle est menée en coopération avec plusieurs organisations interplanétaires, organisations qui rassemblent une grande diversité de formes de vie sur des millions, voire des dizaines de millions de planètes peuplées, qui représentent la vie cultivée de l'Univers, des formes de vie avec conscience. Nous voulons que vous soyez conscients de l'importance de votre travail avec nous à l'échelle mondiale concernant votre propre planète, et aussi à l'échelle interplanétaire. Vous faites partie d'un grand effort.

Le traitement médical n'est qu'un élément des efforts visant à motiver les êtres humains à entrer en contact avec nous. Sans traitement médical, nous supposons que les points des contacts entre nous et les humains seraient minimes.

Un des objectifs des traitements est d'apprendre la nature des systèmes biologiques et psychologiques humains par le biais de cas d'études de malades. En même temps, nous sommes continuellement en train d'apprendre à soigner les humains et améliorer nos méthodes et nos techniques.

Vous avez sans doute remarqué le large éventail d'extraterrestres qui ont fait partie des équipes médicales. Ces équipes sont fréquemment remplacées par de nouvelles équipes pour permettre à un plus grand nombre de formes de vie à entrer en contact avec les humains. Plus nous avons des contacts, plus nous pouvons venir plus près de vous et vous offrir notre aide.

On pourrait dire que la plupart des planètes participant à cet effort sont au stade de l'évaluation initiale de votre planète. Chacune a le droit de décider par elle-même si elle veut faire partie aux efforts pour aider la planète Terre ou non, ou toute autre planète en développement n'importe où dans l'Univers. Par conséquent, chaque planète doit rassembler ses propres informations et forger sa propre impression. Les traitements médicaux menés à travers vous permettent que cela se produise, et que ce n'est que pour le bien. Nous aimerions que vous sachiez encore une chose. Nous sommes très satisfaits de vos activités. Les différents chercheurs ont tous donné des rapports positifs, ce qui augmente la possibilité que de plus en plus de planètes participent à aider la Terre. Nous voulions que vous soyez conscient de l'importance du travail que vous faites. "

Chapitre 4 : Vies antérieures

Je me suis allongé, j'ai fermé les yeux et je suis entré dans un profond état de méditation. J'imaginais la pièce dans laquelle je me trouvais : le plafond que j'ai vu dans mon esprit était différent de celui de ma chambre actuelle. Il était plus haut et rectangulaire avec un cordon noir pendant au centre. Il y avait aussi quelque chose qui pendait au cordon, mais je ne pouvais pas voir ce que c'était.

J'ai tourné mon regard imaginaire vers le bas et j'ai essayé de voir le reste de la pièce. Dans un coin, j'ai vu une partie d'une commode en bois marron avec des formes arrondies comme aucun meuble que j'avais vu auparavant. A proximité des tiroirs une chaise d'un style antique, faite en bois brillant, a commencé à prendre forme, à côté d'une table. Le capitonnage de cette chaise était en velours rouge bordé d'or, était en partie visible en dessous d'une nappe imprimée de fleurs et de motifs dorés délavés. Puis j'ai regardé vers le haut et cette fois je pouvais voir un luminaire suspendu au cordon noir. Il était d'une forme ronde en métal noir avec des bougies blanches dessus, toutes allumées.

Un bon ami à moi qui participait avec moi lors de ce cours de guérison, dirigeait ma méditation et, bien sûr, une équipe d'Êtres était présente.

Guérisseur : Qui es-tu ?

Je me suis regardé, je n'ai réussi à voir que mon ventre qui était couvert d'une chemise et quelque chose de sombre qui était décoré de fil d'or, en fait c'était une veste grise en velours.

Guérisseur : Quel âge as-tu ?

Je ne savais pas quoi répondre. J'ai regardé mes mains, elles étaient épaisses et ouvertes de taches comme celles d'un vieil homme. Je voulais voir mon visage, alors j'ai imaginé que je regardais dans un miroir et là je me suis retrouvé à regarder un homme gros avec des cheveux gris ou, plus précisément, des boucles argentées. Il avait l'air comme une personne à la soixantaine.

Guérisseur : Qu'est-ce que tu fais ?

Je regardai à nouveau mes mains. Cette fois, elles reposaient sur un bureau avec un document dessus. Le terme *mémoires* m'est venu à l'esprit. J'ai compris que j'avais écrit mes mémoires et, ce faisant, j'avais évalué et accepté ma vie. J'étais content de mes réalisations.

Guérisseur : Êtes-vous marié ? Avez-vous des enfants ?

En réponse, j'ai eu le sentiment que mes enfants étaient partis de la maison. Puis une femme apparut, d'un âge avancé, vêtue d'une robe de soie vert sombre.

Autour de son cou elle portait un gros collier d'émeraudes. Je ne pouvais pas voir sa tête, seulement une image générale alors qu'elle se précipitait et s'inquiétait.

Guérisseur : Comment t'appelles-tu et d'où viens-tu ?

Les noms Louis et Leon résonnaient dans ma tête.

Guérisseur : Pourquoi avez-vous choisi de visiter cette vie passée?

Cette fois-ci, la réponse est venue des Êtres spirituels.

Êtres : Ce fut une vie antérieure très réussie dans laquelle vous avez développé un caractère fort et sage. S'exposer à cette vie peut vous aider à faire face à certaines de vos peurs et à votre manque de confiance en vous dans votre vie actuelle.

Guérisseur : Quel travail faites-vous ?

La réponse me vint à l'esprit, j'étais consultant auprès d'un souverain. Il est devenu clair que j'étais entré dans le la vie d'un général ou d'un stratège à l'époque de Napoléon Bonaparte. Cela coïncidait avec ce que Valerio Borgush m'avait parlé des années auparavant d'une vie antérieure dans laquelle j'étais de la famille de Napoléon Bonaparte et je travaillais comme cartographe, préparant des cartes pour planifier des batailles. En même temps que mes cartes, j'offrais au souverain mes idées et suggestions, ce qui lui avait plu. Peu à peu, je suis devenu son consultant en stratégie, ou organisateur de batailles. Plus tard, j'ai reçu le grade de général en reconnaissance de mes contributions.

J'ai continué mon voyage dans le temps et je me suis vu dans une grande salle richement décorée. Au centre de la salle, étaient disposées sur une grande surface, des tables en bois. Des dignitaires, dont beaucoup avaient les cheveux gris, étaient assis autour de la table et parlaient fortement l'un à l'autre. Cette discussion animée m'a amusé et j'ai décidé que je voulais voir le visage de Napoléon.

Après juste quelques secondes, un visage a commencé à devenir net. C'était un petit homme qui était assis parmi les autres à la table de conférence. Son visage était petit et rond, comme un enfant, pas particulièrement beau, ses cheveux étaient noirs et lisses. Il avait un regard étrange, rusé, on y voyait du mal et peut-être un brin de folie. Apparemment, c'était Napoléon, comme je l'avais souvent vu pendant cette durée de vie.

Êtres : Le souverain vous accordait une très grande valeur. Il valorisait les gens intelligents en les nourrissant et en s'entourant d'eux. Si Napoléon vous appréciait pour vos compétences et vos talents, cela signifiait que vous valiez vraiment quelque chose.

J'ai commencé à me sentir content de moi et à l'aise avec ce que j'ai été.

Guérisseur : Revenez ici et maintenant ! Comme cela arrive souvent lorsque je reviens à moi après une profonde méditation, j'ai eu du mal à ouvrir les yeux. Quelques minutes passèrent à partir du moment où j'ai exprimé intérieurement le désir de revenir dans le présent et d'ouvrir les yeux, jusqu'à ce que je sois capable de faire cela, c'était long, comme si étant de retour dans le présent, mais planant encore derrière mes yeux, ne pouvant pas encore sortir dans le monde.

Guérisseur : Là où vous êtes allongé, je vois un vieil homme avec une longue barbe blanche.

J'ai compris que le guérisseur me voyait tel que j'avais été à la fin de cette vie antérieure, vêtu d'une robe blanche et couché dans le lit.

Ce que je viens de décrire est typique de ce qui se passe lors de l'entrée dans les mémoires d'une vie antérieure. Je suis entré par hasard et j'ai commencé par regarder un objet - dans ce cas, le plafond et le cordon noir. Le reste du processus était dirigé par le guérisseur et par mes propres intérêts.

Cependant, les choses que je voulais voir sont venues qu'avec beaucoup de difficulté et bien que des fragments d'images floues devenaient parfois plus claires, elles n'étaient jamais tout à fait claires. Rechercher des souvenirs de vies antérieures n'est pas comme regarder les choses avec les yeux physiques, c'est comme s'il y avait des archives d'images que je parcourais pour trouver celle dont je suis venu chercher.

J'exprime intérieurement un désir de voir ou de comprendre quelque chose et une image surgit en réponse. Au début, la procédure peut être épuisante, mais si vous comprendrez et persévérez, elle devient de plus en plus agréable, rendant l'effort bien méritant. Mais rentrer dans les souvenirs d'une vie antérieure est plus qu'une simple expérience amusante pour les curieux.

Il s'avère que la prise de conscience et la compréhension des mécanismes qui traversent les vies antérieures peut aider une personne à résoudre une variété de problèmes, y compris les plus difficiles qui n'ont pas de solution en médecine conventionnelle ou en psychiatrie.

Malheureusement, la psychiatrie conventionnelle qui utilise la technique de régression s'arrête au moment de la naissance (dans la vie actuelle), laissant une grande quantité d'informations antérieures inexploitées - des chapitres de vie qui contiennent parfois des traumatismes et des perturbations qui influencent la vie en cours.

Les esprits et les extraterrestres impliqués dans les traitements ramènent les patients dans des vies antérieures seulement lorsque cette action est considérée comme faisant partie intégrante du traitement médical.

Dans la plupart de ces cas ils trouvent ce qu'ils appellent des mémoires ouvertes qui doivent être fermées.

Les souvenirs ouverts sont soit des souvenirs des traumatismes des événements ou des souvenirs d'affaires inachevées qui "fuient" dans les cycles de vie ultérieures et perturbent le processus de pensée de la personne. La fermeture de ces mémoires s'obtient en les pénétrant et en les confrontant progressivement. Il n'y a pas de règles strictes sur ce type de traitement, mais généralement le guérisseur entre d'abord dans les souvenirs problématiques, alors que le patient les ignore encore.

Parfois, les patients peuvent apprendre à entrer seuls dans leurs vies antérieures problématiques avec les conseils d'un guérisseur et en utilisant la technique de l'imagination dirigée ; parfois l'aide des esprits et des extraterrestres est nécessaire, en plus du guérisseur, pour localiser les souvenirs problématiques.

J'ai eu plusieurs cas de souvenirs ouverts avec mes propres patients et les traitements, que je décrirai dans les paragraphes suivants, étaient très intéressants.

Quant à travailler avec des êtres spirituels et des extraterrestres, le processus est toujours intéressant et souvent surprenant. Je ne sais jamais qu'est-ce qui se produit pendant le traitement pour la simple raison que ce n'est pas moi qui dirige la procédure, je deviens l'outil des Êtres docteurs. Ils bougent mes mains et me guident par télépathie quant aux questions à poser et quelles réponses donner au patient.

Je suis l'agent ou le traducteur qui relie l'équipe de médecins invisibles au patient. Les extraterrestres me fournissent des explications alors que je leur demande sur ce qui se passe pendant le traitement et ils expliquent davantage après le traitement, pour ma propre compréhension personnelle.

D'aristocrate à roturier

C'est après avoir eu une certaine expérience des guérisons par régression qu'une jeune femme avec un problème médical très grave est venue me voir pour une guérison. Les médecins de la médecine conventionnelle l'avaient abandonné en la laissant avec son problème qui dégénérait en continu jusqu'à l'inévitable fin. Elle était dans un état d'esprit dépressif et elle avait admis à avoir eu des pensées suicidaires, bien qu'elle ne connût pas la source de ces pensées. Elle était confuse et avait effectivement cessé de vivre normalement.

J'ai constaté qu'elle était sous soins psychiatriques, mais elle s'était plainte que les médicaments que le psychiatre lui avait prescrits ne l'aidaient pas en causant de graves effets secondaires.

Après une séance de guérison avec elle, je me suis assis pour me reposer. Soudain je vu dans mon esprit une femme japonaise nommée Hiyoshi en costume traditionnel se promenant dans une maison bien entretenue avec un jardin japonais. Elle m'a regardé avec curiosité. Bien qu'elle soit la fille d'un dirigeant important et avait épousé un homme riche, elle était stérile et cela a fait d'elle une personne très amère. Je l'ai vue battre des domestiques et déverser sa colère sur les enfants des serviteurs qui étaient dans le jardin.

J'ai dit à la femme ce que j'avais vu. Bon nombre des caractéristiques et des émotions exposées par la femme japonaise semblait lui convenir très bien, par exemple, elle aussi ne pouvait pas tolérer les enfants. La femme a coopéré avec enthousiasme à la procédure que j'utilisais et ce qui s'est passé, il est vite devenu clair pour moi que dans des vies antérieures elle avait joui d'un statut aristocratique, alors que dans sa vie actuelle, elle était née dans une famille ordinaire. Ce fait de statut social la dérangeait inconsciemment, causant l'insatisfaction de sa vie actuelle et le désir d'en finir. À un certain moment, j'ai arrêté de parler à la patiente et je parlais directement à la partie de sa personnalité qui venait de la vie précédente, la femme japonaise. J'ai essayé de la convaincre que le cycle de vie auquel elle s'accrochait était fini et que dans son cycle actuel, elle est une jeune femme qui a toute la vie devant elle.

Une semaine plus tard, la jeune femme ne se souvenait de rien de la conversation avec la japonaise. L'ensemble des souvenirs de la femme japonaise et de sa vie passée avec tous de ses méfaits semblaient avoir été effacés. Peu à peu son état s'est amélioré et son désir de vivre a été ravivé, elle a retrouvé la santé et sa vie est redevenue normale.

Un fils de Sirius

Un jeune garçon, maladif de naissance et souffrant de platitude émotionnelle, est venu me voir pour un traitement. À un moment donné pendant la séance de traitement, j'ai pris conscience d'une musique ethnique lointaine qui semblaient être jouée dans un grand espace ouvert.

J'ai vu dans mon esprit une colline et sur la crête de la colline un grand prêtre mince à la peau brune qui était assis, les jambes repliées devant lui. À côté de lui étaient des cloches ou des instruments métalliques, tintant dans le vent. Il portait ce qui ressemblait à une cape de tissu marron et une simple tente faite du même matériel était posée sur le sol à gauche de mon champ de vision. Une sorte de cérémonie religieuse avait lieu avec beaucoup de personnes présentes, toutes vêtues de rouge, pieds nus et peau brune. J'ai revu de nouveau les instruments métalliques suspendus à des cordes et toutes sortes de perles colorées.

Après avoir vu ces images, j'ai compris que pour le garçon, la platitude émotionnelle résultait du fait qu'il avait été un prêtre birman dont la vie avait été consacrée à l'apprentissage, ignorant ses besoins physiques et émotionnels. Le corps émotionnel ou astral avait été rétréci et atrophié par manque d'utilisation.

La maladie du garçon dans sa vie actuelle avait une autre source qui était encore plus intéressante. Les Êtres extraterrestres m'aidant pour son traitement m'ont expliqué que l'âme du garçon, son énergie vitale, est arrivée sur Terre depuis la planète Sirius. La structure corporelle des formes de vie de Sirius n'est pas bien adaptée à la symbiose avec les corps physiques humains et cette incompatibilité a causé des problèmes médicaux au garçon depuis sa naissance.

Les extraterrestres ont ajouté que l'être de Sirius était un aventurier par nature qui habitait actuellement dans 22 corps différents, dans différentes dimensions. Il a laissé une femme et trois enfants sur sa planète natale et il est parti en quête d'aventure. Quand son vaisseau spatial s'est écrasé près de la Terre, il s'est réincarné dans un corps humain pour faire l'expérience de la vie sur cette planète. Une notification de ses allées-venues a été envoyée, disaient-ils, sur sa planète natale, où il était considéré comme disparu. Quelque temps plus tard, un médecin de la planète Sirius a été envoyé pour aider à soigner ce garçon.

Environ un an plus tard, j'ai rencontré un extraterrestre dont la planète natale était Sirius. Il s'appelait X3. Il est arrivé pour occuper le poste de médecin-chef du service médical de l'équipe qui travaillait avec mon amie Chaya Levy. À travers les extraterrestres, Chaya et moi avons appris que le système nerveux des êtres de Sirius est différent du nôtre, ce qui entraîne presque aucune expression émotionnelle. Vers la fin mai 1997, j'ai eu l'occasion de parler à X3 du garçon que j'ai soigné et qui était autrefois de Sirius. Notre dialogue suit :

Adrian : Est-il possible que la platitude émotionnelle du garçon était le résultat de sa vie de prêtre ?

X3 : Dans le cas des extraterrestres qui cherchent à se réincarner sur Terre en tant qu'êtres humains, il arrive parfois que le corps éthérique est mal adapté au corps physique. Un traitement spécial est nécessaire pour les aligner. Les corps doivent être séparés, des modifications requises sont faites et les corps sont réintégrés. Ni moi, ni Maya, ni une extraterrestre docteur en médecine et psychologue, nous ne savions pas comment faire cela. Je suppose qu'un spécialiste a été invité pour le faire.

Maya : Habituellement, l'extraterrestre qui se réincarne en humain prend toutes les caractéristiques d'un être humain mais a toujours dans son inconscient les souvenirs de son existence antérieure. Il se peut que le garçon que vous avez traité ait des souvenirs traumatisants de sa vie antérieure qui influencent également les caractéristiques de sa personnalité. Son état émotif est apparemment lié à son passé d'Etre de Sirius. Dans sa dernière vie, celle d'avant l'actuelle, il a choisi d'être prêtre en Birmanie parce que le mode de vie non émotionnel lui convenait. En examinant ses vies antérieures, sa vie de prêtre fut découverte en premier et seulement après, son passé de fils de Sirius.

X3 : Vos conclusions concernant sa platitude émotionnelle sont correctes.

Pensées étrangères

Un jeune homme d'environ 30 ans est venu me voir avec des plaintes de plusieurs problèmes physiques et un sentiment général de malaise. Après un examen, les extraterrestres et moi avons constaté qu'il était en assez bonne santé physique. Pendant l'examen préliminaire, sans aucune intention de ma part de recevoir, j'ai commencé à capter un ensemble d'images floues venant plus de la région de sa tête. Je me suis concentré sur elles et, en juger les habits, elles semblaient être des images d'un passé lointain.

J'ai compris à la spontanéité de leur apparition que c'étaient des souvenirs de vies passées qui périodiquement perçaient dans la conscience de l'homme et probablement pouvaient expliquer ses sentiments de malaise.

Je lui ai dit ce que j'avais capté et il était sans voix. Il m'a dit qu'il avait vécu avec la peur qu'il perdait la tête à cause d'idées étranges qui envahissaient soudainement ses pensées.

Par exemple, il avait un sentiment d'être très mal à l'aise car il devait de l'argent à des gens alors qu'il savait pertinemment que ce n'était pas le cas. Il avait peur de dire à qui que ce soit ces pensées de honte qu'ils ne le déclaraient fou.

Même s'il n'était pas totalement étranger au concept de vies antérieures, l'homme n'avait jamais imaginé qu'elles pourraient avoir quelque chose à voir avec ses problèmes actuels.

Je lui ai expliqué que parfois, pour une raison quelconque, la barrière entre les souvenirs inconscients des vies passées et l'esprit conscient est affaiblie et les souvenirs percent dans la conscience actuelle. Dans un tel cas, nous avons comme choix soit de renforcer la barrière afin que les souvenirs ne puissent pas passer ou aider la personne à comprendre ce qui se passe afin qu'elle puisse faire face aux souvenirs.

Parce que ce client semblait avoir une compréhension de base sur la réincarnation et un esprit ouvert, j'ai décidé du deuxième plan d'action. Je l'ai invité à s'allonger confortablement, à se détendre et à s'imaginer qu'il est seul dans une salle de cinéma avec personne d'autre que lui-même, assis, en regardant un film sur l'écran.

Je lui ai demandé d'imaginer que le film a commencé et me décrire ce qu'il voyait à l'écran. Au début, il n'a rien vu et pendant plusieurs minutes personne ne parla. Quand il a finalement commencé à parler, il y avait de l'excitation dans sa voix. Il a rapporté avoir vu des flashs d'images comme un collage d'épisodes.

Une fois qu'il a commencé à voir ces images et à les comprendre comme des souvenirs de vies antérieures, il a été visiblement soulagé. Peu à peu, il cessa d'être gêné par l'invasion de pensées étranges.

Lors d'une séance ultérieure avec le même jeune homme, j'ai regardé des détails de sa dernière vie. J'ai vu un agriculteur russe qui travaillait dur et qui évitait tout contact avec les gens, qui vivait seul à la lisière d'une forêt, loin de la ville la plus proche.

Quand j'ai raconté ces images au jeune homme, plein d'émotions, il m'a fait remarquer qu'il y avait similitudes de personnalité entre l'agriculteur et lui-même. La rencontre avec sa vie antérieure l'a aidé à mieux se comprendre lui-même.

Traumatismes d'un passé lointain

Un autre client est arrivé pour le traitement d'un problème s'est également plaint des mauvaises humeurs qui étaient fréquentes, sans plus de détails que cela. Les Êtres extraterrestres l'ont examiné et, à ma demande, ils ont donné l'explication suivante pour ses problèmes :

Extraterrestres : dans la première étape, nous nettoyons et mettons en ordre les informations. En d'autres termes, nous faisons un traitement général qui peut être défini comme un nettoyage de l'information dans l'esprit.

Une partie de ce processus de nettoyage comprend la fermeture / ouverture des souvenirs (c'est-à-dire les souvenirs traumatisants qui n'ont jamais été résolus et continuent de perturber la personnalité actuelle).

Des souvenirs partiels qui n'ont jamais été correctement catalogués, ils doivent être classés, de la même manière, traités, pour éviter d'encombrer inutilement l'esprit. Vous pouvez comparer le cerveau à une bibliothèque publique. La plupart des souvenirs sont organisés comme des livres sur une étagère, mais certains d'entre eux sont éparpillés sur le sol.

Ces livres perturbent le bon fonctionnement de la bibliothèque. Ramasser les souvenirs épars et les ranger à leur place sur les étagères aide généralement à soulager la charge émotionnelle d'une personne et lui permet à penser plus clairement.

Comme une partie standard du traitement, nous nettoyons cela petit à petit, les choses insignifiantes sont rangées sans impliquer l'esprit conscient de la personne. Pour les choses plus compliquées, des questions importantes, on exige l'implication consciente de la personne. Chaque personne a des souvenirs qui n'ont pas été classés et dérangent le bon fonctionnement du cerveau.

Au cours de la deuxième séance de la femme, j'ai commencé à recevoir des images d'une jeune femme tenant un petit enfant. Leurs vêtements étaient en lambeaux, ils semblaient courir loin d'une menace.

La femme avait été soudainement séparée de l'enfant contre son gré et jetée dans un endroit sombre. J'ai entendu clairement et à plusieurs reprises l'écho d'une lourde porte en métal claquée... J'ai décrit cela à la cliente, mais elle ne pouvait pas s'identifier à ces images, j'ai donc pris contact avec la femme emprisonnée et j'ai parlé avec elle. Cette femme de la vie passée était piégée dans un état de souffrance et d'isolement.

J'ai expliqué que l'expérience d'être chassée et emprisonnée était terminée, qu'elle vivait maintenant une nouvelle vie. Mon objectif était une tentative pour la rassurer, l'éclairer pour la sortir de son état difficile.

Lors de notre troisième séance, j'ai aidé la cliente à entrer dans un état de méditation guidée par imagination. Sous mon guidage, elle a réussi à prendre contact avec les souvenirs d'une vie passée, les affronter, les changer pour essayer d'améliorer leur affect émotionnel.

Elle a réussi de prendre la femme de la vie passée de son interminable état de misère pour la libérer. À la fin, de cette séance, j'ai donné à la cliente un exercice : entrer dans un état de méditation, prendre contact avec ses vies passées par elle-même. Les extraterrestres de mon équipe m'ont offert une explication.

Extraterrestres : Au moment où le contact est établi entre l'esprit conscient et la source du problème, le client essaie de comprendre ce qui s'est passé et tente de réparer ce qu'il manque. Le processus est en partie conscient et prend place automatiquement dans l'inconscient. Finalement, les souvenirs traumatisants des vies passées cessent d'être une perturbation. Ce cas particulier était bénin, la cliente a pu continuer seule ; cependant, au cas où elle trouve cela difficile, nous pouvions l'aider par un traitement qui permet un accès direct aux souvenirs.

J'ai parlé avec la cliente quelques mois plus tard, l'état émotionnel avait remarquablement changé. Comme avec d'autres clients, elle avait très peu de souvenirs de ce qui est fait pendant ses traitements, les souvenirs des vies passées étaient en ordre et le classeur scellé.

Blessé de guerre

À un moment donné une jeune femme est venue me voir avec un problème, pendant des années elle souffrait de douleurs inexpliquées du côté droit de son corps.

Malgré de nombreux examens, aucun des spécialistes auxquels elle s'était adressée n'avait pu trouver la raison de la douleur.

Au cours de l'examen, j'ai discerné un trou d'environ 5 centimètres de diamètre sur le côté droit dans un de ses corps d'une ancienne vie. J'ai demandé à l'équipe d'extraterrestres présents de me donner une explication.

Extraterrestres : Un trou traverse tous les corps sauf le corps physique - c'est la première fois que nous avons vu une telle chose.

Apparemment, elle avait été frappée dans une vie antérieure par une arme perfectionnée qui avait projeté des particules et endommagé son corps.

La blessure a laissé un trou à travers la chair, mais n'a pas affecté les organes vitaux, d'une manière ou d'une autre, la femme a survécu pour entrer dans une nouvelle vie sur Terre. Nous sommes très surpris qu'il n'y a pas d'autres dommages causés au corps physique, autre que des accès de douleur. Nous devons identifier la forme de vie intérieure qui a été blessée à l'origine.

J'ai pu alors voir les grandes lignes de la forme de vie à l'intérieur. C'était semblable à un humain, mais ça m'a aussi rappelé un lézard vert. Il avait des mains à trois doigts, une grosse queue et au lieu des yeux, un front entièrement composé d'une surface avec de nombreuses excroissances.

Extraterrestres : Elle est arrivée d'une planète gazeuse où la lumière ne pénètre pas et ne peut donc pas être utilisé comme moyen d'orientation. Les excroissances sur le front sont des récepteurs qui enregistrent la présence des autres à travers la lumière, des longueurs d'onde qui ne sont pas visibles à l'œil nu.

J'ai dit à la cliente ce que j'avais vu et je lui ai demandé d'imaginer tout en étant dans un état de méditation. Elle a eu une réaction très forte, ce qui m'a confirmé que j'avais capté quelque chose d'authentique.

Extraterrestres : La réaction de la cliente indique que nous avons abordé le problème principal. Elle a 17 corps différents. Nous avons nettoyé et stérilisé la blessure, mais elle doit revenir pour plus de traitement. En attendant, nous avons des devoirs à faire, nous devons apprendre à traiter le corps de cette forme de vie spécifique.

Lors de la deuxième session, les extraterrestres ont plâtré le trou avec du matériel que le corps absorbe et utilise pour grandir. Au cours de ces deux séances, la cliente a ressenti de très fortes sensations physiques, cependant, elle a eu d'abord un fort enthousiasme qui s'est transformé en dépression par la suite et elle n'est pas revenue pour un traitement ultérieur.

Extraterrestres : la cliente avait été impliquée dans une guerre interstellaire et, apparemment, ses souvenirs ne sont pas tout à fait agréables.

Réfugiés d'une planète lointaine
Lorsque j'ai commencé à traiter un jeune qui souffrait d'une courbure de la colonne vertébrale, j'ai perçu des images gri foncées et bleu, semblables à des surfaces de verre. Les images m'ont donné l'impression d'un tunnel avec un sentiment d'anxiété et de peur énormes, il semblait être orienté vers quatre lumières dans le ciel, un danger en quelque sorte.

Ensuite, j'ai vu un vaisseau spatial et son intérieur, qui comprenait un tuyau métallique épais. Pensant que c'était peut-être la salle des machines, j'ai demandé à l'équipe d'extraterrestres une explication.

Extraterrestres : Ce sont des réfugiés d'une planète lointaine. Ils ont été forcés de s'échapper de leur planète d'origine à cause d'une menace extérieure, peut-être des envahisseurs étrangers. Il y a environ 680 réfugiés dans le groupe.

J'ai perçu ensuite une image floue d'un être semblable à un humain. Dans la partie claire de l'image, j'ai vu un chapeau avec au-dessus des rayures blanches verticales.

J'ai eu l'impression que les êtres étaient voués à un culte quelconque, et la silhouette que j'ai vue était le chef du groupe.

Extraterrestres : Ils sont arrivés sur Terre il y a 400 000 ans et ils ont vécu dans des tunnels à travers l'avancée technologie qu'ils ont apportée avec eux. Quand la civilisation humaine s'est suffisamment développée, ils ont commencé à se réincarner en humains. Ce client particulier a eu 20 vies antérieures sur Terre. Le lien avec les membres du groupe a été perdu.

Les extraterrestres ont guéri la courbure de la colonne vertébrale, mais le lien entre cette histoire de vies passées et les problèmes de la vie actuelle du client et pourquoi les extraterrestres m'ont raconté cette histoire ne m'ont jamais été expliqués clairement.

Connexion à un lointain souvenir d'une forte personnalité
Un homme d'environ 40 ans est venu me voir pour le traitement de ce il a décrit comme un manque de vitalité physique et émotionnelle.

Extraterrestres : Physiquement, nous constatons qu'il est dans un état d'hypoactivité (le contraire d'être hyperactif), accompagné d'un manque d'énergie et d'un manque de motivation découlant d'un déséquilibre de certains processus métaboliques dans le corps. Ils ont promis de le soigner et de le guérir.

Afin de comprendre les raisons de son état émotionnel, les extraterrestres ont essayé d'introduire le client dans un état de méditation avec imagination guidée, mais ils ont échoué et le client s'est endormi. Au lieu de cela, les extraterrestres m'ont mis en contact avec l'inconscient du client.

Au début j'entretenais un dialogue télépathique avec ce qui semblait être la conscience ordinaire du client. Les réponses que j'ai reçues correspondaient à celles reçues dans une conversation ordinaire, mais avec certains ajouts. Parallèlement au dialogue télépathique, je recevais des images assez floues.

Par télépathie, j'ai demandé à l'inconscient du client de quoi il avait peur et j'ai reçu soudainement un flot d'images. Elles venaient d'un environnement inconnu, semblant appartenir à une forme de vie extraterrestre. J'ai eu l'impression de l'obscurité, de la brume et d'une technologie très avancée. C'était évident, à partir des images, mon client était engagé dans une lutte et une chasse et il avait peur d'une sorte d'arme qui s'enfonçait dans la chair comme un hachoir à viande.

Apparemment, il avait été contraint d'abandonner sa planète natale et d'émigrer sur Terre à l'époque préhistorique, bien avant le développement de la civilisation humaine. J'ai demandé à voir son image sur Terre et j'ai reçu une vision d'une créature préhistorique à tête de poisson. J'ai demandé à voir des images d'autres vies antérieures et j'ai reçu des informations et des images d'un marchand de chapeaux dans un pays de l'Est. J'ai demandé aux extraterrestres me donner une explication.

Extraterrestres : Les vies qu'il a vécues sur Terre étaient significatives par rapport à son personnage original qui est arrivé pour la première fois sur Terre. Ce que nous voyons c'est une ancienne personnalité forte et bien développée qui est en déclin.

Lorsque la séance de traitement fût terminée et que le client s'est réveillé, je lui racontai ce que j'avais reçu de lui et des extraterrestres.

Extraterrestres : Cela nous attriste de voir le dépérissement d'une forte personnalité. Certains de ses souvenirs proviennent d'une personnalité bien développée qui est dans un état de somnolence. Nous suggérons progressivement de relier le client aux souvenirs de sa vie passée afin de renforcer sa personnalité actuelle.

Il nous a fallu beaucoup de temps pour recueillir des informations sur la forme de vie originelle. Il appartenait à une race de géants qui étaient maladroits, mais généreux et très avancés intellectuellement. Ils sont considérés comme une espèce très rare aujourd'hui et seulement des traces de cette race subsistent. Au début nous n'avions pas pu savoir quelle était son origine. Sur leur planète maison, ils avaient une civilisation très avancée. Leur soleil était sombre - ce qu'on appelle un soleil noir - et ils vivaient à la fois à la surface de leur planète et sous terre. La planète était riche en eau et en humidité, mais la civilisation a été presque entièrement anéantie à cause de la guerre. Le peu de survivants sont dispersés dans de nombreuses planètes, peut-être qu'un jour ils seront réunis. Le client a une très bonne humeur, sa personnalité naturelle.

Lors d'une autre séance de traitement, les extraterrestres ont mis le client de dormir à nouveau.

Extraterrestres : Pendant le sommeil, le cerveau transmet des ondes alpha. Dans cet état, la conscience de la personne est au repos et n'interfère pas de sorte qu'il est plus facile d'entrer en contact avec le subconscient.

Nous vous avons connecté au client pour vous permettre de percevoir des images en fonction de votre capacité de perception visuelle.

Adrian : Comment puis-je recevoir des réponses à mes questions?

Extraterrestres : Grâce à un processus osmotique, c'est-à-dire un flux d'informations à double sens entre le guérisseur et le client et entre le guérisseur et les extraterrestres. Vous pouvez "converser" avec l'âme ou avec le subconscient.

Lors d'une autre séance, j'ai commencé comme toujours par une prière chuchotée alors que je levais mes mains.

Extraterrestres : Vous devez faire exactement ce que nous vous disons de faire : Connectez-vous avec le cerveau du client.

A peine ai-je fait cela, que je vis au milieu de son cerveau physique une boule verte de la taille d'une mandarine, aplatie, dans la région du sommet de la tête.

Sa partie inférieure semblait être reliée par un tube épais qui descendait vers la gorge, mais ensuite ce n'était pas clair. J'ai pénétré, par ma perception extrasensorielle, à l'intérieur de la boule verte et j'ai vu un tissu spécial de cellules bordées de bandes blanches et brillantes comme des fibres de lumière blanche, que j'ai arraché. Les fibres semblaient ne pas être utilisées.

Les extraterrestres ont relié ensuite les fibres de lumière au cerveau physique, leur permettant de passer entre les deux hémisphères du cerveau et de se connecter à la membrane crânienne de part et d'autre de la ligne de partage entre les hémisphères. J'avais l'impression qu'il y avait plus de fibres qui étaient connectées à l'hémisphère droite, mais je n'ai peut-être pas tout vu.

Adrien : Qu'est-ce que vous faites ?

Extraterrestres : nous avons connecté le cerveau de la forme de vie extraterrestre, qui est la boule verte, au cerveau physique du client et à son cerveau éthéré (la partie qui contient des souvenirs de la vie d'avant la réincarnation). Nous avons créé une association dans l'espoir que petit à petit, au cours de la prochaine année et demie, il en résultera le développement de la confiance en soi du client et une état émotionnel amélioré comme nous le souhaitions.

Adrien : Et moi qu'est-ce que j'ai fait ?

Extraterrestres : vous avez activé l'extraction du groupe de fibres nerveuses qui n'étaient pas utilisées dans le cerveau vert extraterrestre, en appliquant les énergies rayonnant de vos mains. Sans votre aide, ça aurait été une procédure beaucoup plus longue et compliquée.

Lors d'une autre session avec ce client, une tentative a été faite pour le mettre dans un état de méditation afin qu'il puisse prendre contact avec ses souvenirs les plus profonds.

Le client s'est endormi et j'ai commencé à recevoir des images d'une créature dans une cabine de contrôle d'un vaisseau spatial qui était attaqué ou il faisait face à une sorte de menace. Ces images ont été suivies par d'autres : la créature descendait les couloirs du vaisseau spatial et, tandis qu'il marchait, ses vêtements faisaient un bruit comme des chaînes traînant sur le sol. J'ai clairement senti une marche très lourde. Il s'arrêta devant une porte rouge et ronde, puis je l'ai vu descendre les escaliers dans un nouvel environnement primitif et sous-développé.

Extraterrestres : Il y a une barrière perturbant le contact avec le cerveau extraterrestre à l'intérieur du client. Cela est dû à la profonde dépression vécue par la créature extraterrestre dans le passé et c'était la raison de sa coupure de tout contact et son isolement.

Les extraterrestres ont engagé un dialogue avec le cerveau extraterrestre du client qui était dans un état de grave de déficit temporel (c'est-à-dire que le cerveau n'avait pas été conscient de ce qui lui arrivait depuis des milliers d'années) et l'ont mis « à jour », comme un ordinateur qui a besoin d'être updaté avec une version plus récente de logiciel.

Le Soi réduit

Chaque structure de personnalité possède en son intérieur une zone consacrée à Soi et une autre zone consacrée aux autres, comme les membres de la famille, amis, etc. La relation entre ces zones est différente pour chaque individu, mais normalement, il existe une répartition optimale entre les deux.

Lorsque cette relation est brisée, il en résulte des résultats intéressants. Par exemple, la répression du Soi pour le bien d'autrui fait partie intégrante de l'entraînement militaire, qui vise à former une unité de combat cohérente en minimisant l'individualité.

Les membres de sectes ou de groupes religieux fanatiques minimisent le Soi à l'extrême au nom de leur idéologie et de leurs doctrines de groupe. De la même manière, les gens qui regardent avec passion des feuilletons télévisés jour après jour, ont tendance à faire l'expérience des personnalités des acteurs de la télévision au détriment de leur propre Soi.

Certaines personnes ont une tendance générale à réduire le Soi et ils comptent sur les autres tout au long de leur vie, ils ont peur de vivre leur vie par eux-mêmes. Parfois, cette peur vient des expériences de la petite enfance ou des traumatismes des vies antérieures.

Par exemple, une jeune fille s'est plainte de troubles vagues, inexpliqués, de fatigue.

Extraterrestres : La fille permet aux énergies des autres de pénétrer en elle, alors que ses propres énergies restent limitées, son corps est dans un état très fatigué.

Ses propres énergies deviennent minimisées et insuffisantes pour le maintien de la santé physique. Elle a peur de vivre sa propre vie et dépend de la vie des autres. De plus, le lien entre son Être spirituel et son corps physique est trop faible et sa conscience de son propre corps physique est inférieur à la normale.

La jeune fille a déclaré qu'elle avait l'impression d'avoir vécu la mort plusieurs fois dans le passé. Quand nous lui avons demandé de s'expliquer, elle a dit qu'une fois sur la plage elle avait soudainement une sensation étrange - elle voyait tout autour d'elle, y compris les gens, d'une manière étrange et effrayante.

Extraterrestres : Cela semble être une description de l'âme quittant le corps pendant l'éveil. C'est quelque chose qui se produit généralement la nuit lorsque l'esprit conscient est endormi mais il est rare qu'il survienne pendant l'éveil. Une telle expérience peut être traumatisante pour quelqu'un qui ne comprend pas ce qui lui arrive.

La cliente a été mise dans un état de méditation et j'ai commencé à voir des scènes de son passé. J'ai reçu une image de plusieurs pierres rondes, de couleur marron comme la terre et empilées à l'intérieur d'un panier de paille plat dans le coin d'une cabane.

Allongée sur une natte de paille à côté d'un tas de pierres, se trouvait une vieille femme qui avait l'air de creuser dans la terre avec une grande peur. J'ai alors réalisé que les « pierres » étaient en fait des pommes de terre. J'ai donné cette information à la cliente et elle a dit que la femme avait peur des serpents qui sortent de terre pendant qu'elle creusait avec ses mains. La cliente s'est alors rappelé avoir eu beaucoup de rêves de serpents et qu'elle instinctivement se figeait de peur chaque fois qu'elle en voyait un.

Il semble que la cliente était une vieille femme solitaire vivant seule dans une cabane minable et délabrée. Pour survivre, elle volait des pommes de terre dans les champs des agriculteurs, creusant dans la terre pour les retrouver et les cacher dans sa cabane. Elle vivait au jour du jour, dans la crainte constante d'être attrapée ou mordue par un serpent. C'était une vie difficile, vivant dans l'isolement comme un animal.

La personnalité qui restait de cette vie passée était très restreinte, pleine de peur de la vie et des vivants. En plus des souvenirs de la vieille femme solitaire, la cliente s'est souvenue des rêves qu'elle avait de vivre seule dans une cave et de survivre de la nourriture qu'on lui jetait par la fenêtre.

Malgré le fait que la cliente avait de nombreux souvenirs des vies passées qui étaient significatifs pour les expériences de sa vie actuelle, elle semblait plus connectée à la personnalité de la vieille femme. Cela semblait être la source de sa peur de la vie et pour cette raison elle s'est restreint elle-même en essayant de vivre sa vie à travers les autres.

Extraterrestres : notre traitement vise à renforcer le lien avec d'autres de ses vies antérieures caractérisées par une personnalité plus forte et plus vivante pour enrichir sa personnalité actuelle et lui donner un nouveau souffle. La compréhension de la cliente, de sa situation actuelle et les raisons de celle-ci dans des vies antérieures, ainsi que son ouverture à des souvenirs positifs des vies antérieures, conduira à un changement graduel et significatif dans sa vie et renforcera son Soi intérieur.

Lors d'un traitement ultérieur, j'ai offert à la cliente une explication concernant les problèmes et les traumatismes de sa vie présente et comment elles ont conduit à une connexion subconsciente avec la vie passée particulière de la vieille femme.

Extraterrestres : Lorsque les gens sont confrontés à des problèmes difficiles ou à un événement traumatisant de leur vie, ils ont tendance à rechercher de l'aide dans les archives des expériences de vies passées. Selon le type de problèmes auxquels ils font face, ils se connectent avec des souvenirs pertinents. On voit encore chez cette cliente comment la personnalité est structurée par des liens avec les expériences de la vie passée. Dans ce cas particulier, une mémoire traumatique a pris le contrôle et a trop influencé la personnalité actuelle.

États de dépression

Un homme d'une quarantaine d'années est arrivé pour un traitement contre la dépression et un profond sentiment d'insatisfaction.

Il était accompagné par sa femme qui a assisté à la séance de traitement.

Après avoir été mis en état de méditation, il lui fut demandé de fermer les yeux, de se détendre et d'imaginer la pièce dans laquelle nous étions présents. Après quelques minutes de silence, il rapporta de manière très ferme :

Client : Je suis dans la chambre ! Je suis dans une chambre noire sans fenêtres, ni portes. Le plafond peut être ouvert et il y a une bande de lumière qui brille vers le haut.

Adrian : Suis la bande de lumière.

Client : Je suis maintenant dans un endroit agréable, dans la nature, à côté d'un lac. Je me sens à l'aise.

Adrian : Va dans l'eau.

Client : Je suis sous l'eau, en profondeur, et j'ai trouvé un coffre au trésor, mais je ne peux rien emporter avec moi car je n'ai pas de mains. Je préfère les eaux peu profondes, jusqu'à un mètre, parce qu'en profondeur l'eau est trop froide - je pense que je suis une sorte de créature ressemblant à un poisson.

Adrian : Va et reste sur le rivage. Imagine qu'un vaisseau spatial atterrisse. Va à l'intérieur et il va t'emmener où que tu veuilles aller.

Client : Je vois un vaisseau spatial et j'y entre. Je sens un mouvement très rapide. Je quitte la Terre. Je la vois disparaître, la distance s'agrandit... Je suis dans un environnement avec beaucoup de bâtiments en verre et des créatures qui se ressemblent aux humains. Ils ont des têtes roses et ils sont vêtus de blanc.

Adrian : Quel est le nom de la planète où tu es et où est-elle ?

Client : Selicius, dans une autre galaxie. Il y a quelque chose d'étrange à propos de la gravité sur cette planète. Les créatures sont capables de flotter sans aucune aide extérieure et il y a une source d'énergie dans l'air qui tient lieu de nourriture. Je n'ai pas besoin de manger, je n'ai pas faim.

Adrian : Essayez d'entrer en contact avec les créatures.

Client : Ils ne parlent pas comme nous. Ils communiquent par télépathie et ils ne me comprennent pas. Je suis derrière un mur de verre. Je ne suis pas confortable sur cette planète parce qu'ils ne me comprennent pas. Je ferais mieux de retourner sur Terre.

Après quelques instants de silence, le client a commencé à parler sur un ton différent.

Client : Ils me poursuivent, des personnes avec des barbes. Je me cache dans un trou profond et je me couvre d'un sac pour qu'ils ne me voient pas.

Adrian : Pourquoi te poursuivent-ils ?

Client : Je suis plus développé et avancé que d'autres et j'ai écrit des livres sur la façon dont les gens devraient se comporter. Le reste des gens sont des barbares, c'est pourquoi ils me poursuivent.

Adrian : Quelle est la date et quel est ton nom ?

Client : Nous sommes vers 1520 et je m'appelle Seftan. Je reste seul, loin des autres et je continue écrire des livres jusqu'à ma mort. Je suis un vieil homme, fatigué et malade.

Le client redevint silencieux. Au bout de quelques instants, il reprit la parole, cette fois en murmurant.

Client : Je suis un soldat. Ils m'envoient me battre et je ne veux pas me battre. C'est pourquoi ils m'ont battu, des coups pleuvaient sur chaque partie de mon corps jusqu'à ce que tout mon corps me fasse mal.

Adrian : En quelle année sommes-nous et où es-tu ?

Client : C'est pendant la première guerre mondiale et j'entends les gens parlant allemand, donc je dois être un soldat allemand [Le client soupira lourdement.] J'ai dû servir 10 ans dans l'armée et c'est quelque chose que je ne veux pas faire. Je suis malade, je n'ai pas envie de manger, je deviens faible. Ce n'est pas bon ici sur Terre - je ne devrais pas être ici.

Adrian : Au final tu es revenu vivre ta présente vie.

Le client haleta, prit quelques respirations profondes et revint hors de l'état de méditation.

À notre grande surprise, il ne se souvenait de rien de ce qui s'était passé. Il pensait que 5 minutes se sont écoulées depuis le début de la séance, alors qu'en fait cela faisait une heure. Il était désorienté et dépassé. Sa femme était sans voix. Il s'est levé du lit, s'assit sur une chaise et se mit graduellement à revoir ce qu'il avait vécu pendant la méditation, une sorte de résumé.

La semaine suivante, il m'a dit que son état d'esprit s'était amélioré. Plus tard, il est devenu clair que ce traitement singulier a entraîné une amélioration significative de toute son attitude envers la vie.

Cauchemars nocturnes

J'ai soigné une fois une jeune femme qui se plaignait de cauchemars qui troublaient son sommeil. Selon elle, la source des cauchemars était dans son enfance et son sommeil avait été perturbé depuis.

Par elle-même, elle a commencé un processus d'auto développement personnel, en commençant par la pratique d'entrer dans les archives internes des souvenirs de vies antérieures dans le but de trouver d'autres raisons à ses cauchemars.

La procédure impliquait 21 séances quotidiennes de méditation basées sur la technique de l'imagination guidée, à travers laquelle la personne construit un couloir intérieur avec une chambre intérieure qui permet enfin d'accéder aux souvenirs.

Lorsque le client est arrivé au stade de l'entrée dans la chambre de souvenirs, elle avait peur de le faire seule, ce qui l'avait amenée à moi. Sous ma direction, elle est entrée un état de méditation avec des instructions pour descendre le couloir vers la salle intérieure. Pendant qu'elle faisait cela, je lui ai demandé de décrire son cauchemar.

Il s'est avéré que ses rêves provenaient d'un voyage astral pendant le sommeil, qui a été découvert avec une certaine peur par son esprit conscient et transformé dans un événement négatif. Le même motif est revenu plusieurs fois pendant le cours de sa vie.

Cependant, il était tout aussi clair que ce n'était pas l'origine de ses troubles du sommeil. Je lui ai demandé de regarder autour de la pièce intérieure pour voir une porte latérale vers le cellier avec du linge sale, derrière lequel se cache sa véritable raison d'être insomniaque. Je n'avais pas fini de parler qu'elle m'a déjà rapporté qu'elle avait vu la porte latérale et en dessous une mare de sang s'était accumulée.

A travers une série de questions, elle s'est décrite comme une femme d'environ 45 ans du village d'Orlando, en Angleterre, en 1842. Elle était devenue veuve de son mari cordonnier et vivait avec une petite allocation dans la pauvreté et avec des grandes souffrances jusqu'à ce qu'elle se suicide à l'aide d'un couteau, pour mettre fin à sa misère.

Cette personnalité de la vie antérieure se souvenait de s'être poignardée, mais ne se souvenait pas d'être morte, elle a donc continué en souffrir. La cliente était dans un état de méditation avec ses yeux fermés, elle a déclaré ressentir de fortes énergies autour de sa tête. J'ai aussi fermé les yeux, je suis entré dans un état de méditation, pour essayer de voir avec mon œil spirituel ce qu'elle avait décrit afin de suivre au plus près ses descriptions.

Les conseils que j'ai donnés tout au long de la session étaient selon les instructions télépathiques que j'ai reçues de l'équipe d'extraterrestres : je ne les entends pas vraiment me dire quoi que ce soit. Je comprends juste ce que je suis censé faire et dire. Selon eux, je capte leurs messages dans mon inconscient et j'agis selon leurs conseils.

À ce stade, j'ai demandé à la cliente d'expliquer à la vieille femme que sa vie de misère était terminée et qu'elle vit maintenant en tant que jeune fille avec une toute nouvelle vie.

Les extraterrestres m'ont chargé ensuite de mettre fin à la séance, en disant qu'à partir d'ici, la cliente pouvait faire le travail requis par elle-même.

Problèmes émotionnels

Un homme à la cinquantaine est venu me voir pour se plaindre de brûlures d'estomac et problèmes émotionnels (c.-à-d. colère, pensées agressives, avoir de la rancune, etc.). Malgré ses larges connaissances sur les sujets du mysticisme et de la spiritualité, il ne pouvait pas voir avec son troisième œil ni établir de contact (c'est-à-dire de canal). Il a tenté de se mettre dans un état de méditation mais toutes les tentatives se sont soldées par des échecs.

D'autres tentatives pour se connecter avec des parties internes de lui-même se terminaient par des rafales de discours sur des sujets non pertinents. J'ai eu la nette impression qu'il fuyait inconsciemment quelque chose à l'intérieur de lui-même.

Encore une fois, je lui ai demandé d'essayer d'entrer dans un état de méditation, quand j'ai soudainement commencé à recevoir des images effrayantes et horribles - une chambre de torture, un chariot de cadavres émaciés, des membres ballants dans toutes les directions.

Une autre pièce était pleine de membres désincarnés et le cadavre nu d'un homme extrêmement maigre gisait sur le sol. Enchaîné à une colonne, un autre homme maigre et nu qui était une victime de torture, plaidait pour sa vie.

J'étais dépité pour savoir s'il fallait ou non dire au client ce que j'avais vu. Après mûre réflexion, j'ai décidé de lui dire. Il m'a dit que lui aussi avait vu une scène horrible et une tête sanglante.

Il a également raconté qu'il ne peut pas se résoudre à regarder des atrocités à la télévision et doit détourner les yeux. Il est né dans sa vie actuelle un an après la fin de la seconde guerre mondiale. Les êtres spirituels ont expliqué que pendant la période de l'Holocauste, tant d'âmes étaient arrivées dans un si mauvais état qu'il était difficile de tous les soigner et certains raccourcis ont été utilisés.

Cette âme particulière est arrivée dans un état d'hystérie si terrible et sans personne disponible pour s'occuper d'elle, qu'il a été décidé de sceller ses souvenirs et la renvoyer vivre une expérience d'une vie différente. Les extraterrestres ont dit que d'autres médiums qui avaient discuté de vies antérieures avec ce client avaient négligé de mentionner cette vie particulière parce qu'elle était si horrible, qu'elle ne devrait pas être mentionnée que dans le cadre d'un traitement sous surveillance appropriée. Le client avait déjà vérifié les vies antérieures, mais personne n'avait mentionné cette vie si horrible.

Première concordance
Le lendemain, j'ai demandé à un ami à moi qui canalise pour voir la concordance des informations que j'ai reçu de l'équipe médicale. Mon ami est entré dans un état de méditation, j'ai contacté l'équipe médicale et il a confirmé les informations que j'avais reçues, ajoutant qu'il s'agissait d'un cas particulièrement grave. Le client était un tailleur envoyé au camp de concentration de Majdanek où les gens ont été utilisés pour des expériences médicales.

Les travailleurs du camp ont amputé des membres et ont testé la vitesse des coagulations des plaies avec diverses crèmes, traitant leurs sujets humains avec moins de considération que les animaux de laboratoire. Le client est arrivé dans l'au-delà dans un état très perturbé et, s'il avait été gardé pour surmonter ces expériences, il aurait fallu beaucoup années. Par conséquent, il a été décidé de le renvoyer pour gagner des expériences de vies normales, qui commenceraient à équilibrer les horreurs qu'il avait enduré.

Les êtres spirituels ont ouvert le sujet au client, prenant toutes les mesures possibles de précaution, dans le but de ramener les horreurs inconscientes qui le troublaient dans l'esprit conscient pour faire face, en espérait qu'ainsi les souvenirs cesseraient de le hanter.

Majdanek: https://en.wikipedia.org/wiki/Majdanek_concentration_camp

Deuxième concordance
En raison de la gravité de l'affaire, j'ai demandé une nouvelle confirmation à Chaya Levy qui a pris contact avec la même équipe médicale. Elle rapporta les informations suivantes :

Les êtres spirituels ne pouvaient pas le traiter dans l'autre monde, et donc ils l'ont envoyé dans un autre cycle de vie comme moyen de réhabilitation. Le client avait subi de graves tortures. Son corps avait été totalement brisé et emporté. Ils lui ont brisé tous les os et l'ont torturé. De plus, le corps éthérique a été grièvement blessé, cependant, les êtres spirituels ne remettent pas ensemble les corps éthérés, ils envoient juste les âmes minimales et basiques dans leur prochaine vie.

En conséquence, il y a beaucoup de gens comme ce client particulier qui ont été renvoyés directement pour la réincarnation. Les extraterrestres peuvent traiter les corps éthérés pendant la prochaine vie.

Il s'agit d'un cas particulièrement difficile et complexe, principalement dans la sphère émotionnelle, car le client est laissé avec des peurs de toute la période de l'Holocauste. Il avait aussi été violoniste. Il avait été soit à Bergen Belsen, soit à Auschwitz, soit aux deux car ils avaient l'habitude d'envoyer des gens d'un camp à l'autre. Lui aussi avait été dans la clandestinité et fut fait prisonnier. C'est une histoire terrible.

Le syndrome gastrique, les lésions des nerfs d'origine émotionnelle, sont bien connus des extraterrestres pour des personnes qui ont vécu pendant cette période, ils doivent entrer dans leurs sous-conscient pour travailler sur les émotions. L'âme du client avait choisi de vivre cette période difficile.

Bergen-Belsen : https://fr.wikipedia.org/wiki/Bergen-Belsen
Auschwitz : https://fr.wikipedia.org/wiki/Auschwitz

Concilier les contradictions
Bien que ces récits provenant de deux médiums distincts avaient été similaires, des légères contradictions sont apparues. Cependant, en interrogeant le client et les extraterrestres, ces contradictions apparentes ont été facilement réconciliées, faisant une histoire cohérente.

Le client avait été violoniste dans le camp de concentration et tailleur dans sa vie professionnelle. Sur une période de quelques années, il avait été transféré dans plusieurs camps, subissant de nombreuses expériences.

Les extraterrestres ont demandé et obtenu la permission du client de traiter ses souvenirs et, si nécessaire, d'effacer des mémoires. Le traitement a commencé avec les extraterrestres qui le connectaient à leur ordinateur qui a scanné ses souvenirs afin de trouver un programme de traitement approprié. Ni moi, ni le client, nous n'avons pas reçu des détails sur ces souvenirs. Les extraterrestres ont expliqué que, dans de tels cas, il ne sert à rien d'impliquer l'esprit conscient du client dans le processus de psychothérapie, il est préférable de traiter directement les mémoires.

Assez vite les extraterrestres ont dit que l'ordinateur avec du mal avec la charge des souvenirs parce que l'homme avait tellement souffert. Vers la fin de la séance de traitement, ils ont commencé à effacer des sections de mémoire, expliquant que l'ordinateur identifiait facilement des mémoires continues de souvenirs qui contenaient des informations (c'est-à-dire des informations qui ont été enregistrées pendant une période de troubles graves ou de folie).

Tout ce qu'une personne vit, subit un processus d'adaptation et d'enregistrement : lorsqu'une personne est dans un état normal, les informations sont enregistrées dans un ordre logique. Lorsqu'une personne est dans un état de bouleversement émotionnel ou de folie, l'information est enregistrée sans aucune continuité logique. Si ce genre d'information fuit dans la conscience de la personne, cela peut causer de graves problèmes. Comme l'électricité statique dans un système électrique, il n'y a aucun objectif fonctionnel, donc, avec le l'autorisation du client, les extraterrestres préfèrent le traitement qui consiste à effacer ces parties de mémoire.

Client : Puis-je avoir d'autres détails, comme le pays dans lequel cela est arrivé ?

Extraterrestres : [répondant par mon intermédiaire] Non ! Nous ne voulons pas vous créer une connexion à ces souvenirs jusqu'à ce que nous ayons terminé le traitement. Ce que nous vous avons dit jusqu'à présent était dans l'intention d'expliquer en termes généraux le type de problème auquel vous étiez confronté. Dévoiler des détails du passé, ils vont interférer avec le traitement. Peut-être nous allons vous donner plus tard d'autres informations, appropriées, à une étape plus tardive du traitement.

Client : Ai-je des liens karmiques avec les membres de ma famille?

Extraterrestres : Nous ne voulons pas interférer avec l'ordinateur qui est déjà occupé, pour commencer à calculer les corrélations. Nous savons que vous n'avez pas choisi la famille dans laquelle vous êtes né, comme c'est généralement le cas, à cause de votre état émotionnel. Le choix était fait pour vous. Généralement, lorsqu'une personne choisit l'époque et la famille dans laquelle elle est née, elle montre une préférence pour les amis et les parents des vies antérieures, pour toutes sortes de raisons.

Nous avons terminé la majeure partie du traitement, effaçant les parties de mémoire qui ont causé des complications dans l'ordinateur. Sans ces parties, votre Moi conscient et votre structure de personnalité doivent se réadapter à une nouvelle configuration et commencer à penser différemment. Ca prendra un certain temps.

Perte de mémoire avant l'âge de 12 ans

Une jeune femme d'une vingtaine d'années m'a dit qu'elle n'avait absolument aucun souvenir de sa petite enfance avant l'âge de 12 ans. Je lui ai expliqué qu'une telle chose peut arriver soit à la suite d'un blocage émotionnel, soit à cause d'un léger problème au cerveau. J'ai demandé si elle savait quelque chose qui lui était arrivé avant l'âge de 12 ans ce qui pouvait avoir causé des lésions cérébrales minimes, comme une maladie entraînant une forte fièvre, une chute ou un coup à la tête. Alternativement, la perte de mémoire pourrait être le résultat d'un événement traumatisant, mais elle ne se souvenait pas d'un tel événement.

Lors de notre deuxième rencontre, je l'ai aidée à entrer dans un état de méditation profonde lui expliquer d'abord que son esprit subconscient fournirait des informations que nous avions besoin pour démêler le problème. J'ai fermé les yeux et je suis entré également dans un état de méditation, commençant le processus de psychothérapie avec l'assistance télépathique des extraterrestres qui ont guidé mes pensées et mes paroles.

Dans un état méditatif, la jeune fille se souvenait d'un incident qui lui était arrivé alors qu'elle venait d'avoir 12 ans. Elle était à la plage avec ses parents et elle est rentrée dans la mer.

Une grosse vague l'a entraînée dans l'eau profonde et n'étant pas une nageuse très accomplie, elle s'est sentie noyée. Elle essaya de flotter sur le dos dans l'espoir que quelqu'un la remarquerait et la sauverait, mais malgré tous ses efforts, elle ne pouvait pas flotter. Enfin, un adulte qui nageait à proximité l'a vue et l'a amenée vers de l'eau peu profonde.

Quand je lui ai demandé de revenir au moment où elle pensait qu'elle se noyait et de reproduire les pensées qu'elle avait, elle se souvenait avoir pensé que ce ne serait pas si mal de mourir. Elle rencontrerait sa grand-mère bien-aimée dans l'autre monde et elle n'avait pas de regrets dans sa vie jusqu'à présent.

J'ai compris des extraterrestres, aux moments de crise tels que ceux-ci, alors que l'esprit conscient cherche des solutions, la barrière entre l'esprit physique et l'esprit éthérique est supprimée. L'esprit physique ainsi exposé reçoit des informations d'une portée plus large, y compris des souvenirs des vies passées, de la conscience de l'âme et du futur. J'ai dit cela à la cliente, expliquant que, selon sa description, ses pensées durant ces moments reflétaient un processus de pensée avec des horizons expansés, caractéristiques de l'esprit éthérique qui pense en termes de cycles multiples de vies, passés et futurs. La mort après 12 ans de vie, alors, n'est perçu que comme un événement éphémère plutôt que comme une fin tragique.

La fillette de 12 ans est revenue sur le rivage en disant à personne ce qui lui était arrivé et a réprimé de cette façon tout de l'événement.

Les extraterrestres ont expliqué que l'exposition de l'esprit conscient aux mémoires internes, comme cela s'est produit pendant ce type d'événement, a généralement un effet significatif sur la structure de la personnalité. Dans ce cas, il en résulte une maturité affective précoce au-delà de l'âge de l'enfant.

J'ai demandé à la cliente, encore plongée dans la méditation, si elle se sentait différente sur le plan de la personnalité, par rapport à ses pairs. Elle a confirmé qu'elle était différente de ses amis, qu'elle était plus mature et elle pensait plus comme une adulte que comme une enfant.

Les extraterrestres ont expliqué que sa maturité précoce lui avait fait comprendre que se rapporter à sa première enfance, n'était pas pertinent. Ils lui ont demandé de revenir une fois de plus, dans un état de méditation, à ces moments difficiles. Elle se souvenait avoir pensé que ses 12 années de vie avaient été ennuyeuses. Les extraterrestres ont souligné que cela était du point de vue de l'adulte, de l'esprit éthérique, ajoutant la validité de cette pensée qui a surgi au cours d'un événement traumatisant. Ceci c'était apparemment la barrière qui avait scellé ses souvenirs antérieurs d'avant l'âge de 12 ans. Les extraterrestres ont, entre-autre, indiqué qu'ils avaient vérifié son cerveau et ils n'ont trouvé aucun dommage physiologique, fait que la cliente a confirmé en disant qu'elle ne s'était pas vraiment noyée, ni même avalé beaucoup d'eau, excluant la possibilité des lésions cérébrales dues au manque d'oxygène.

Les extraterrestres lui ont dit de réfléchir à ce qu'ils avaient dit et discuter de cette expérience de quasi-noyade avec ses amis et ses parents. Parce que tous ses premiers souvenirs étaient intacts, elle n'avait qu'à y accéder pour compléter les pièces manquantes de son puzzle. Les extraterrestres lui ont également assuré que le problème émotionnel n'était pas grave et elle réussirait à le surmonter. Au cours de son traitement, j'ai pu voir des extraterrestres autour de sa tête, la soignant. Elle a confirmé qu'elle avait ressenti d'étranges sensations dans la tête et de la chaleur le long du côté gauche de son visage. Bien que le traitement conventionnel d'un tel problème prendrait beaucoup de temps, les méthodes des extraterrestres, qui comprenaient un accès direct au cerveau, ont considérablement raccourci le processus de traitement.

De plus, les extraterrestres ont utilisé leur ordinateur et d'autres équipements à leur disposition pour scanner les mémoires. Au cours de la procédure de traitement ils ont demandé à la cliente de se remémorer les moments de noyade afin que le scanner puisse localiser la zone immédiatement et ne pas perdre un temps précieux à chercher.

Chapitre 5 : Parasites

Un triangle amoureux

Au bureau où je travaille comme ingénieur en informatique, je me suis lié d'amitié avec un jeune collègue, également ingénieur, qui m'a confié sa vie personnelle. Il voulait plus que toute autre chose trouver une partenaire, s'installer et fonder une famille. Cependant, malgré tous ses efforts dans cette direction, chaque relation qu'il avait, soit elle finissait mal, soit elle était rompue pour des raisons qui n'étaient pas claires.

Un jour, nous étions assis ensemble pour déjeuner dans la salle à manger de l'entreprise, quand l'attention de mon jeune ami a été attirée par une jolie jeune femme qui était une nouvelle employée. Alors que ses yeux la suivaient avec admiration, j'ai soudain aperçu un être, ou un fantôme si vous voulez, assis sur les genoux de mon ami. C'était une jeune fille aux cheveux noirs avec deux longues tresses. J'ai pris contact avec elle par télépathie et elle a indiqué avec grand plaisir que mon ami était son homme et elle était très amoureuse de lui. J'ai commencé à comprendre pourquoi ses relations avec les femmes avaient tendance à finir mystérieusement. Pendant une période, je n'ai pas osé révéler à mon ami ce que j'avais vu. Ce n'est que quelque temps plus tard, après avoir parlé avec lui et qu'il m'ait indiqué sa réceptivité à des concepts tels que les esprits et les êtres d'un autre monde, que je lui ai raconté ce que j'ai vu et je lui ai suggéré d'aller voir un rabbin qui traite de ces questions.

La mère dominatrice

J'ai entendu cette histoire de Chaya Levy et je pense qu'elle est suffisamment importante pour être racontée ici.

Une femme d'une cinquantaine d'années, au bord du désespoir, a demandé de l'aide à Chaya. Sa mère était décédée un an et demi plus tôt. Au début, la femme fut profondément attristée par le décès et a traversé une période de deuil difficile. Depuis ce temps, elle n'avait pas pu se débarrasser de la mémoire de sa mère. La mère, qui avait été une femme dominatrice et intrusive de son vivant, a continué à s'immiscer dans les affaires quotidiennes de sa fille après sa mort.

Chaya avait tout de suite discerné un être collant près de cette femme. C'était la mère de la femme qui, au lieu de continuer son chemin, a décidé de rester près de sa fille.

D'une façon étrange, elle avait réussi à s'attacher au corps de sa fille et a commencé à lui rendre la vie misérable. Chaya a pris contact avec la mère et a essayé de la convaincre de quitter seule la fille, mais sans succès. Ensuite Chaya a appelé son guide spirituel qui se faisait appeler Jésus, pour obtenir de l'aide, mais il a aussi échoué.

Jésus est parti et il est revenu avec des renforts qui, selon Chaya, étaient deux anges. Ils ont séparé la mère de sa fille par la force et ont emmené la mère avec eux. Dès lors, l'état de la femme s'est amélioré et elle a repris une vie normale.

Une étrange expérience

Une chose très étrange s'est produite lors d'une de mes séances de traitement avec une femme âgée. Je n'avais aucune idée de quoi que j'étais en train de faire, mais néanmoins j'ai continué, m'appuyant sur les instructions télépathiques de mes guides extraterrestres.

J'ai placé mes mains sur elle, mais elles n'ont pas commencé à se déplacer de leur propre gré comme cela se produisait habituellement. Au lieu de cela, je senti une sensation familière sur mon front, semblable à une sorte de clic.

Les extraterrestres utilisaient le faisceau rayonnant d'énergie venant de mon troisième œil. Ma tête a commencé à bouger lentement avec des mouvements de balayage, et enfin s'est concentré sur un point particulier dans la région abdominale de la femme. Ce n'est qu'alors que mes mains ont commencé à bouger, d'abord doucement, puis avec une rapidité croissante jusqu'à ce que les muscles de mes mains ont commencé à me faire mal à cause de l'effort.

Mes mains bougeaient dans tous les sens, mais revenaient toujours au ventre. Soudain, la femme, qui était restée immobile, les yeux fermés, a commencé à se gratter furieusement à la région sur laquelle je m'étais concentré.

J'avais besoin de savoir ce qui se passait, alors les extraterrestres m'ont envoyé par télépathie une image de quelque chose rond et plat, comme un grand pain, une pita lourde. Sa couleur était marron foncé, mais le centre et les bords étaient d'une couleur plus claire, comme de l'ivoire. Au centre se trouvait une petite projection ronde avec des traits faciaux peu clairs, qui semblaient féminins.

La prise de conscience que c'était une âme parasite, m'a soulevé les poils de ma nuque - la chose était attachée au ventre de la femme et les extraterrestres essayaient de l'enlever chirurgicalement.

Je ne savais pas ce que j'étais censé faire, mais j'ai continué. À un moment donné, j'ai senti ma main droite se verrouiller en place et je reçu un message clair de ne pas la déplacer sous aucun prétexte !

J'ai alors commencé à m'éloigner de la femme, très lentement, alors que je sentais que les extraterrestres relâchaient lentement l'étreinte de l'être parasite afin que ses bras ne soient pas déchirés.

J'ai peu à peu eu le sentiment que je tenais quelque chose comme une méduse violette translucide avec des longs bras ou tentacules remplis d'eau. En synchronisation avec mon mouvement lent, les tentacules étaient retirés du corps de la femme.

Les extraterrestres ont transmis une pensée dans ma tête comme si je devais apporter cette chose à l'évier ou à la baignoire et la vaporiser avec de l'eau, mais je ne devais pas relâcher ma prise car elle reviendrait chez la femme. Une fois que j'étais à environ 4 mètres de la femme, j'ai reçu des instructions, comme le parasite a été entièrement enlevé, je pouvais maintenant aller plus vite à la baignoire, où je l'ai soigneusement placé et immédiatement aspergé d'eau. J'ai continué à le faire pendant quelques minutes jusqu'à ce que je reçoive un message d'arrêter. J'avais le sentiment que quelque chose était tombé avec l'eau. J'ai frotté mes mains et mes bras jusqu'aux épaules puis je suis retourné à ma patiente.

J'étais anxieux de consulter Chaya Levy au sujet de mon expérience. Je lui ai demandé si elle pensait que tout était un produit de mon imagination, ou si c'était réel. Elle s'est moquée de moi et a dit que c'était une forme inférieure d'âme, quelque chose de non développée.

Selon Chaya, il y a beaucoup de telles âmes parmi nous et elles errent entre ciel et terre, s'attachant aux personnes physiquement faibles qui ont des défenses immunitaires réduites, afin de se nourrir de leur énergie. Le parasite ne cause aucun dommage au-delà d'une baisse des niveaux d'énergie et une sensation de fatigue chronique. Le rinçage à l'eau nettoie le parasite des énergies négatives et permet qu'il continue son chemin, mais ça ne le tue pas. Les extraterrestres, à travers moi, ont procédé à l'ablation chirurgicale de l'âme parasite qui est l'une des nombreuses méthodes pour débarrasser le corps de la patiente de ces parasites. Les rabbins kabbalistiques, par exemple, ont leurs propres méthodes qui incluent le souffle du shofar, trempage dans un bain rituel, prières spéciales, etc.

À une autre occasion, j'ai pris contact avec Michael, un des êtres, qui avaient été médecin et qui était présent pendant le traitement. Je l'ai contacté via un autre médium, également un de mes amis. Ci-dessous une restitution assez fidèle du déroulement de notre contact.

Adrian : Étiez-vous présent lorsque le parasite a été supprimé ?
Michael : Oui, je l'étais.
Adrien : Qu'est-ce que c'était exactement ?
Michael : C'était un être astral, pas d'ici, que vous avez neutralisé.
Adrien : À quoi ça ressemblait ?
Michael : Il ressemblait à la tête d'un humain, avec de longs bras et jambes qui ont muté.

Adrian : Quelle était sa taille ?

Michael : La tête avait à peu près la taille de deux ou trois poings.

Adrien : D'où venait-il ?

Michael : De l'espace extra-atmosphérique. Il s'attache aux gens à faible résistance ou dont l'aura est rompue. Il y a beaucoup de gens qui se promènent avec des parasites autour d'eux et ils ne savent rien à ce sujet. Ils provoquent une sensation de manque d'énergie et une tendance à la maladie. On ne peut pas faire grande chose à ce sujet. Vous ne pouvez pas les traiter dans l'air, tout comme vous ne pouvez pas faire face avec les bactéries dans l'air.

Adrian : Le parasite est-il un être intelligent ?

Michael : Il n'a pas d'intelligence, il ne pense pas. S'il pensait, il ne restait pas dans l'air, il choisissait un endroit plus nourrissant.

Adrian : Et qu'est-ce que j'ai fait exactement avec lui ?

Michael : Vous l'avez renvoyé dans les airs. C'est une âme perdue. Ce n'est ni au ciel, ni en enfer. Il flotte juste entre le ciel et la terre jusqu'à ce qu'il descende trouver un corps pour le nourrir.

Adrian : Ne peut-il pas renaître en tant que bébé ?

Michael : Non. D'abord, il doit passer par de nombreuses étapes de développement, d'apprentissage et d'illumination.

Adrian : D'où vient celui-ci ?

Michael : Il est venu de l'espace extra-atmosphérique.

Chapitre 6 : Esprits et Êtres d'un autre monde

J'ai réalisé au fil des années que les esprits n'habitent pas que dans les châteaux sombres et pleins de courants d'air de la vieille Angleterre. On peut en rencontrer partout, dans la rue, lors d'une activité sociale ou d'une sortie. Les personnes ayant une sensibilité innée à leur présence, ou celles qui ont développé une capacité à travers des cours de développement spirituel, peuvent les voir et même entrer en contact avec eux.

Grottes préhistoriques

Je me souviens d'une sortie en famille dans les grottes de Netafim. Lentement, et avec un calme exemplaire, nous sommes entrés dans les régions sombres de la grotte. L'humidité et l'odeur particulière du lieu lui donnaient un aspect particulièrement mystérieux. Le sol étant mouillé et glissant et nous nous sommes déplacés avec attention en présence de ces splendeurs de la nature.

Alors que je m'émerveillais devant les stalagmites et les stalactites, mon regard a été attiré par quelque chose qui semblait ne pas appartenir à cet endroit ou à cette dimension. A quelques mètres de moi sur le sol de la grotte était assise une créature qui ressemblait à un singe surdimensionné avec des yeux énormes. Au bout d'une seconde ou deux, une, ensuite une deuxième et une troisième créature ont rejoignent la première. J'ai eu le sentiment qu'elles étaient tranquillement assises et regardaient avec curiosité les allées et venues des humains qui passaient devant. J'ai supposé que j'étais le seul à les avoir vues, alors j'ai gardé pour moi ces visions, je n'en ai parlé à personne.

Grottes Netafim : **https://www.alltrails.com/fr/randonnee/israel/southern-district-hadarom/mount-yehoram-and-netafim-stream-trail-via-mount-shlomo**

Échos de l'histoire

Lors d'une autre sortie aux grottes de Bet-Guvrin, nous sommes allés dans des grottes creusées dans la roche, cette fois-ci par l'homme. Les rayures de leurs outils avec lesquels ils avaient sculpté étaient restées sur la surface des parois, telle qu'ils étaient le jour où les travaux avaient été achevés, il y a des centaines d'années.

Pensant que des gens se sont cachés ici, vivant dans la peur constante d'être découverts par les soldats romains m'ont donné la chair de poule.

Alors que nous marchions à travers des passages étroits, nous passâmes devant une ouverture d'une chambre particulièrement grande, qui, selon les indications archéologiques, avait été utilisée comme synagogue improvisée et lieu central de rassemblement des gens. C'était un vaste espace ouvert, propre et vide. Alors que je me retournais pour suivre le reste des visiteurs, quelque chose clignota au bord de mon champ de vision depuis la direction de la grande salle.

Habituellement, un tel scintillement se produit au début d'une expérience extrasensorielle ou il indique la présence de quelque chose provenant d'une autre dimension que notre dimension physique. Je concentrai ma vision en direction de la grande salle et je fus émerveillé de voir un groupe de personnes habillées de vêtements amples de style biblique, de couleurs variées, entassées le long du mur du fond. Il semblait qu'ils essayaient de rester aussi loin que possible des visiteurs de la grotte et ils avaient l'air un peu contrariés, comme si nous empiétions sur leur territoire.

J'avais l'impression qu'ils attendaient patiemment notre départ pour pouvoir revenir à leurs occupations.

Grottes Bet-Guvrin : ***https://whc.unesco.org/fr/list/1370/***

Chaya et sa chèvre

Mon amie Chaya m'a dit qu'après un cours de développement spirituel qu'elle faisait en rentrant à la maison, elle découvrit qu'il y avait une chèvre imaginaire qui la suivait. Non seulement c'était une chèvre invisible, mais elle parlait !

Chaya a téléphoné paniquant à son professeur et, lorsque l'enseignant a fini de rire, il a encouragé Chaya à entrer en contact avec la chèvre. Lors du cours suivant, Chaya a dit à l'enseignant qu'elle était sûrement en train de perdre la tête, car, pour autant qu'elle était concernée, quiconque qui est en contact télépathique avec une chèvre imaginaire n'est certainement pas sain d'esprit. L'enseignant l'a rassurée et l'a accueillie au club.

À partir de ce jour, Chaya était surnommée "Chaya et sa chèvre". Finalement, la chèvre a disparu aussi soudainement qu'elle était apparue. Cette apparition fut suivie d'une longue série de guides spirituels qui ont supervisé son développement. Selon Chaya, parmi les guides se trouvaient Channa Senesh, Dr. Chang, un médecin chinois, quelqu'un appelé Ronnie, un qui s'est appelé lui-même Jésus et plusieurs autres figures historiques bien connues. Chaya a commencé à gagner sa vie en contactant des esprits ou des êtres pour aider d'autres personnes. Des esprits qui avaient été psychologues de leur vivant ont offert aussi leur assistance à Chaya.

Visions dans la nuit

Quelques années plus tard, j'ai décidé d'étudier avec la même l'enseignante où Chaya est allée pour le développement spirituel. Un groupe de passionnés s'était réuni à Jaffa et nous étions tous assis par terre adossés aux murs d'une grande pièce de l'appartement du professeur.

A la lueur des chandelles et baignés avec le parfum des encens, la professeure nous a présenté des merveilles d'un monde inconnu. En plus des explications théoriques, elle a initié de vrais contacts, en leur parlant à voix haute pour présenter chacun des élèves.

Les esprits qui se sont identifiés d'eux-mêmes avec des noms de l'histoire, tels que le patriarche Moïse, Jésus-Christ et d'autres, nous ont donné des messages à la fois personnalisés et de groupe par l'intermédiaire de l'enseignante. C'était clair qu'un groupe d'êtres spirituels travaillait pour nous impressionner. De temps en temps, je sentais aussi la présence d'êtres non humains, apparemment des extraterrestres. Il s'est avéré que l'enseignante les connaissait aussi, se référant à eux comme un fait régulier du monde invisible avec lequel elle se familiarisait bien.

Les personnes qui suivaient le cours formaient une répartition équitable d'un échantillon représentatif de la population dans son ensemble - à la fois jeunes et vieux, de professions diverses. Nous étions tous là essayant de clarifier des choses confuses qui nous étaient arrivées - des choses pour lesquelles le cadre normal et acceptable de la vie n'avait pas d'explication raisonnable.

Nous sommes tous venus à apprendre plus sur les choses qui sont intangibles, invisibles. Chaque personne, parlant librement et ouvertement, a partagé avec les autres quelques histoires personnelles incroyables. L'expérience de groupe a facilité l'ouverture et l'accueil des idées étranges et généralement inacceptables.

Je me souviens particulièrement d'une rencontre inhabituelle où nous avons quitté la pièce et nous sommes allés nous promener dans les ruelles enchantées de la vieille ville de Jaffa à la recherche des sources d'énergie naturelles.

À un endroit, nous avons tous commencé à ressentir une forte sensation de picotement dans nos mains. Concentrant ma perception extrasensorielle vers le sol, j'ai vu ce qui ressemblait à un trou béant d'où jaillissait un geyser d'énergie. À un autre endroit, à côté d'une ancienne poubelle, j'ai vu une image du passé. Une femme arabe conduisait un petit âne chargé de marchandises.

Si j'avais été le seul à voir cette image, je l'aurais attribuée à ma propre imagination et je n'aurais plus pensé - mais je ne l'étais pas. Ceux d'entre nous qui ont vu la même chose se précipitèrent pour dire à l'enseignante qui a souri d'un sourire doux.

Nous avons continué jusqu'à notre destination finale, un site archéologique appelé Tel Jaffa (Tel, signifiant un monticule archéologique ou petite colline) sur lequel se dressait la reproduction de la porte d'un ancien temple égyptien. En chemin, nous sommes passés au long de la côte de Jaffa où, dans l'obscurité lointaine, scintillait la lumière d'un navire. Puis quelque chose a attiré mon attention, qui ressemblait à des colonnes géantes s'élevant à la surface de l'eau. J'ai demandé aux autres membres du groupe de regarder dans la direction où je regardais. Ils ont tous vu quelque chose. Au début, ce que nous voyions n'était pas clair, mais lentement, cela nous est apparu. La professeure a confirmé qu'elle a également vu un gigantesque vaisseau spatial planer juste au-dessus de la surface de l'eau, face au Vieux Jaffa illuminé la nuit. Pour un œil normal, rien n'était visible. La professeure n'en a pas dit plus que ça parce que ce n'était pas à l'ordre du jour de la leçon de ce soir-là, mais elle a étonné les étudiants qui ont continué à regarder. Il semblait que le vaisseau spatial, ou peut-être l'une des colonnes, commençait à tourner lentement, jusqu'à ce que finalement l'intérieur éclairé de l'engin a été aperçu. Je mets toute mon énergie dans ma perception extrasensorielle pour essayer de voir à l'intérieur.

Enfin, j'ai réussi à voir une tour, une surface en verre, avec quelques étages. A chaque étage, il y avait une balustrade derrière où se tenaient des personnages qui nous regardaient. Ils avaient l'apparence générale comme des êtres humains, mais avec des longues oreilles pointant vers le haut.

Nous avons commencé à nous sentir un peu mal à l'aise car ces extraterrestres invisibles concentraient leur attention sur nous et un frisson passa dans ma colonne vertébrale.

Les extraterrestres semblaient surpris que nous puissions les voir et nous sommes devenus une attraction pour eux. Alors que nous continuions à marcher le long du rivage, nous avons eu la nette impression que la fenêtre d'observation se tournait pour suivre notre avancée. Toutefois nous étions heureux de nous éloigner de cet endroit. Enfin, nous sommes arrivés au site archéologique et notre leçon a commencé.

L'enseignante a expliqué qu'il s'agissait d'un site très unique, qui contenait une ancienne porte vers une autre dimension. Elle nous a demandé d'entrer dans un état de méditation et d'essayer de trouver l'emplacement exact de la porte. J'étais émerveillé dans la mesure où tous les élèves ont proposé les mêmes visions. Ce que j'ai vu était une pente descendante vers le ventre de la Terre. Une porte faite de grosses balles rondes de fer qui la bloquaient, mais nous avons pu passer à travers. Nous avions tous le sentiment qu'au fur et à mesure que nous avancions, les dimensions de l'espace autour de nous devenaient énormes. Nous avons vu des grottes avec de nombreuses ouvertures.

La professeure nous a dit de chercher une porte et de la franchir. A une ouverture d'une grotte, il y avait une énorme porte en bois à travers de laquelle j'ai jeté un coup d'œil et je suis resté essoufflé de ce que j'ai vu.

L'espace de l'autre côté était immense et en forme carrée, révélant ce qui semblait être une ville futuriste de petits immeubles aux verrières colorées. La ville semblait désertée. Je concentrai mon attention et j'essayai de voir à l'intérieur. Les bâtiments semblaient petits de l'extérieur, mais étaient en fait assez grands à l'intérieur.

D'une certaine manière, j'ai compris qu'ils pourraient abriter de nombreux résidents vivant dans des dimensions parallèles. La professeure a expliqué que c'était l'un des refuges construit par des extraterrestres dans le passé lointain de l'histoire de la Terre.

La ville existe dans une dimension parallèle, pas dans la dimension physique, il est donc impossible pour les humains de l'atteindre sauf en exerçant une perception extrasensorielle. Comme nous échangions des impressions sur ce que nous avons vu, j'ai soudainement senti la présence de personnages aux longues oreilles se tenant à plusieurs mètres.

Habitants de l'autre monde

Les guides spirituels, les êtres et les extraterrestres dans des dimensions différentes de la nôtre ont tous une chose en commun : ils ne peuvent pas être perçus visuellement (c'est-à-dire que vous ne pouvez pas les voir avec vos yeux). À toutes fins utiles, ils n'existent pas dans notre monde physique. Me présenter à ces êtres a commencé avec des esprits humains, souvent appelés des âmes des morts, ou des fantômes. Mes premières rencontres ont été avec des personnes de ma famille que je connaissais avant leur mort.

Ensuite, j'ai commencé à prendre conscience d'esprits humains que je n'avais pas connus, esprits qui avaient la tâche d'être des guides et des guérisseurs. Enfin, j'ai pris conscience d'êtres extraterrestres qui existent dans une autre dimension et dont la mission est d'offrir une aide médicale.

Malgré de nombreuses similitudes, il existe des différences significatives entre les esprits ou les êtres humains et les êtres extraterrestres.

Premièrement, ils existent dans des dimensions entièrement différentes. D'après les informations que j'ai reçues de divers esprits, il y a des esprits qui vivaient comme des êtres humains et ont décédé récemment.

Il y a des extraterrestres qui ont décidé de faire l'expérience d'une existence physique dans un corps humain et il y a des extraterrestres qui n'ont jamais connu l'existence physique en tant qu'êtres humains. Ce dernier type d'êtres extraterrestres sont les êtres qui peuplent un autre monde, tel que je le connais jusqu'à présent.

Chapitre 7 : Des Êtres comme guides spirituels

Vous n'avez pas besoin d'être super sensible ou d'avoir des pouvoirs de perception extrasensorielle pour être en contact avec des esprits et des Êtres. Tout être humain, sensible ou pas, consciemment ou non, est en contact constant avec des guides spirituels qui ne sont pas de chair et de sang. La tâche de ces guides est d'aider les humains tout au long de leur existence dans un corps physique. La plupart des gens ne connaissent pas leurs guides, à moins qu'ils ne développent une capacité pour établir un contact.

Les guides sont remplacés de temps à autre, selon le développement personnel de l'individu. Habituellement, les guides personnels sont des parents décédés ou ils ont un lien d'une vie passée. Parfois, le guide spirituel n'a aucun lien préalable avec la personne.

Des personnages historiques comme guides spirituels

L'identité du guide spirituel est un sujet passionnant. Certains guides prétendent être des personnages historiques célèbres, tels que Moïse le patriarche, le prophète Élie, Jésus-Christ, etc. À certains égards, il est plus facile de s'apparenter à une personnalité connue plutôt qu'à une entité anonyme ou à un parfait inconnu.

D'autre part, il est difficile d'accepter qu'un personnage célèbre s'intéresse à John Doe. Le problème se complique lorsqu'il s'avère que le même personnage historique prétend être le guide de plusieurs personnes, parce qu'il n'y a aucun moyen de confirmer l'identité d'un guide spirituel.

Je suis arrivé à la conclusion qu'il n'est pas nécessaire d'attacher beaucoup d'importance au nom ou à l'identité des guides. Le mieux est de se rapporter à la personnalité de celui-ci et d'évaluer ses actions.

Par exemple, les intentions du guide sont-elles bonnes ou mauvaises, le guide peut-il être utile et donner des conseils dans nos vies quotidiennes ? Je suppose qu'il est possible pour un personnage historique d'être guide pour beaucoup de gens, mais il faut quand même aborder la question avec prudence.

Le Guide personnel d'une voyante

Une connaissance du cours de guérison m'a parlé d'un une amie talentueuse qui lit le café et les cartes et dit des prédictions d'événements futurs avec une précision étonnante.

Un jour, elle m'a amené pour soigner son amie cartomancienne et nous l'avons traitée conjointement pour un problème physique. J'ai profité de l'occasion pour demander à la femme comment elle réussit à prédire l'avenir avec précision. Celle-ci a répondu qu'elle a un fort sentiment intuitif et quand elle parle avec un client, la conversation est aussi intuitive. Elle a dit qu'elle était seulement triste d'avoir totalement échoué à prédire son propre avenir.

J'ai remarqué qu'à chaque fois que la femme venait se faire soigner, un Être particulier arrivait avec elle et s'asseyait à côté d'elle. Quand je lui ai demandé, l'Être s'est identifié comme le guide personnel de la femme. J'ai peu à peu parlé à la femme de lui, le décrivant physiquement, sa façon de s'habiller. Elle a identifié le guide comme étant un parent décédé il y a quelque temps. Le parent était un rabbin très respecté qui s'est consacré à aider les autres. Lorsque la femme avait lu l'avenir des gens dans le café, elle avait automatiquement et inconsciemment pris contact avec lui, l'appelant à son aide, en guidant les autres. Il a décidé d'être son guide après sa mort pour qu'il puisse continuer à aider les gens comme il l'avait fait au cours de sa vie.

L'Être m'a demandé ensuite d'enseigner à la femme comment communiquer directement avec lui pour qu'elle puisse le consulter. Elle a suivi mes instructions et ensuite elle a réussi à communiquer consciemment avec lui. Après cette connexion initiale, elle a commencé à le consulter au sujet de ses propres problèmes personnels également.

Moïse, le Patriarche
Pendant les séances de guérison que j'ai eues avec Shlomo Kira, il a affirmé que l'un des membres de l'équipe d'assistance médicale formée des Êtres, était Moïse, le Patriarche.

J'ai réussi à voir un vieil homme assis à une table, en pleine discussion avec les autres Êtres. Il était différent des autres, mais c'était très difficile pour moi de me concentrer sur lui parce qu'il rayonnait une très forte lumière. À une occasion, j'ai pris un contact direct avec lui et il m'a demandé comment j'allais au niveau de ma santé. Quelques années plus tard, lors d'un cours de développement spirituel, le groupe a contacté un Être qui s'est identifié comme Moïse, le Patriarche. Il nous a raconté ses expériences sur le mont Sinaï. Qu'il s'agisse ou non du même Être qui s'appelait aussi Moïse, le Patriarche, avec qui j'ai eu un contact plus tôt, je n'ai aucun moyen de le savoir.

Le Prophète Elie
Chaya Levy m'a raconté l'histoire d'une rencontre insolite. Un jour, un Être qu'elle n'avait jamais vu auparavant est apparu chez elle. Il avait l'air d'un homme très vieux, agréable, mais très fatigué et apathique.

Elle lui a demandé par télépathie s'il aimerait se reposer ou manger quelque chose. Il lui a demandé si elle savait à qui elle s'adressait et elle a innocemment répondu que non. Il s'est alors identifié comme étant Élie, le Prophète, et lui a demandé quel était le désir de son cœur. Chaya lui a dit qu'elle souhaitait de la santé et du bonheur, Elie la bénissait ensuite et continua son chemin.

J'ai moi-même rencontré cet Être à plusieurs reprises. Un jour, une amie m'a proposé de lire mon avenir à l'aide de cartes. Avant qu'elle ne commence, je suis entré dans un état de méditation et j'ai demandé l'aide d'un guide spirituel. J'ai pris un stylo et du papier et nous avons commencé à être en contact.

Un Être m'a demandé quels étaient mes désirs et je lui ai demandé d'aider mon amie à me guider et il a été d'accord. Quand je lui ai demandé de s'identifier, il m'a répondu qu'il était Elie, le Prophète, et il m'a dit qu'il était actuellement de service et qu'il était donc venu à mon aide.

Mon amie était très perspicace et précise dans tout ce qu'elle avait dit et prédit pour moi. Avec le temps ça pourra se vérifier, si oui ou non, elle avait été aidée par Élie, le Prophète, mais cela restera une question ouverte.

Jésus (Joshua)

En 1992, alors que le sujet du contact avec les Êtres d'un autre monde était encore nouveau pour moi, je suis soudain devenu conscient que j'avais des images mentales de Jésus-Christ. Si j'avais été un chrétien croyant, j'aurais peut-être considéré l'événement comme une révélation.

Cependant, parce que je ne suis pas chrétien et je me considère comme une personne rationnelle avec un esprit investigateur et scientifique, j'ai décidé de confronter les images reçues et en découvrir leur origine.

Je me suis concentré sur la source des images, en essayant de récupérer des informations supplémentaires et déterminer si les images étaient des pensées émanant d'un Être que je ne connaissais pas et qui essayait de me les transmettre dans un but précis.

J'ai compris que les images de Jésus que j'avais résultaient des souvenirs visuels de Jésus ou des sculptures de Jésus dans les églises. Un autre Être voulait créer en moi l'impression d'une révélation religieuse.

Parce que je n'ai pas réussi à entrer en contact avec cet Être, et je n'ai pas été favorablement impressionné par la méthode de création de révélations et j'ai rompu le contact.

Environ deux ans après cet incident, je suivais une série de traitements avec Chaya agissant comme médium et guérisseur. À ma grande surprise, un participant fréquent dans l'équipe des Êtres qui l'aidait était un Être que Chaya appelait Jésus. Elle affirmait que Jésus lui avait été très utile avec les traitements et surtout avec ses conseils aux clients en prévoyant leur avenir. J'ai eu du mal à digérer l'idée que Chaya, une femme juive qui était de très loin et pas du tout intéressée par les religions, travaillait avec Jésus ! « Ridicule » c'était un mot qui me venait à l'esprit.

J'ai essayé de voir Jésus par moi-même. À certains égards, il ressemblait aux images de Jésus telles qu'elles sont traditionnellement représentées dans le christianisme. Une grande énergie irradiait de son visage et il portait une longue robe blanche qui semblait être en soie. Il m'a envoyé un message télépathique avec une image de lui-même tel qu'il était de son vivant : ses cheveux étaient longs et il portait une robe en tissu de couleur terre, ce qui me rappelait la robe bédouine d'aujourd'hui.

De la façon dont il était debout, il m'a semblé s'appuyant sur des béquilles en bois. Cet Être appelé Jésus semblait différent des images qu'on sait de lui, et son apparence changeait de temps en temps. En le regardant, je vis qu'il tenait une boule de verre dans laquelle se trouvait une petite colombe.

Chaya a ajouté qu'il arrivait souvent avec des croissants et s'asseyait pour les manger à son gré, lui en offrant parfois un, intangible.

A l'époque je trouvais très curieux que la figure vénérée par tout le monde chrétien comme le fils de Dieu, choisirait de passer son temps avec un guérisseur juif en Terre Sainte.

Cependant, j'ai appris plus tard qu'il était connu dans de nombreux endroits différents et il aidait souvent les guérisseurs et médiums dans leur travail. Une fois je lui ai demandé s'il accepterait de venir m'aider quand j'ai commencé à soigner les gens, et il a dit qu'il le ferait. Je l'ai appelé à plusieurs reprises, et il est apparu et il m'a aidé. Au cours de plusieurs de mes séances de traitement, j'ai senti une présence se tenir toujours dans le même coin de la pièce, parfois, il semblait être un vieil homme, parfois Jésus. De temps en temps je posais une question concernant le traitement, j'ai toujours reçu une réponse rapide.

Pour moi, la question de l'identité réelle des Êtres ou des esprits peut rester une question ouverte. Bien plus important que ce que les Êtres prétendent être, ce sont leurs actes. Juste pour ajouter une autre information curieuse à ce mystère des identités, chaque fois que j'appelais l'Être connu sous le nom de Jésus, j'avais en tête celui que j'ai vu chez Chaya avec la robe de soie brune et la boule de verre et la colombe. L'Être qui est arrivé, cependant, avait l'air différent, c'était un vieil homme qui portait une robe brun foncé et il rayonnait de bonté et de sagesse.

Qui peut sonder les voies de Dieu. . . ?

Au début de l'année 1997, quand un guérisseur et médium, qui est aussi un bon ami, m'a soigné chez moi, je lui ai demandé de regarder autour avec son troisième œil pour me dire quels Êtres ou extraterrestres étaient présents dans la pièce. Il répondit que les Êtres présents étaient Jésus, le médecin chinois et une extraterrestre avec des cheveux courts et lisses.

J'en ai profité pour demander à Jésus s'il était le véritable Jésus-Christ originel.

Il a répondu que Dieu est l'Un sur toutes les religions, il n'y a aucune intention d'attirer indûment l'attention des gens sur le nom de Jésus et que je pourrais l'appeler Joshua.

Quelques mois plus tard (en mars 1997), j'étais en contact avec une guérisseuse qui travaillait dans le nord d'Israël. Pendant une de nos conversations téléphoniques, elle m'a dit qu'elle était en contact avec un Être qui se faisait appeler Josué et qui l'a beaucoup aidé dans son traitement. Quand j'ai demandé si Josué s'était aussi appelé Jésus, elle a dit que oui. Je lui ai demandé de le contacter et de lui demander s'il connaît un Être appelé Michael le Docteur.

Le lendemain, alors que je faisais un traitement à mon bureau avec la présence de Michael le Docteur, je lui ai demandé s'il connaissait un Être appelé Joshua qui travaille avec une guérisseuse dans le nord. Il a dit qu'il voyait Joshua à des conventions de médecins parmi les Êtres. Je lui ai alors demandé si Joshua/Jésus qui travaille dans le nord et Jésus qui travaille ici à Rishon Le Zion avec moi, c'était le même, mais il a répondu qu'ils n'étaient pas. Selon Michael, il y a environ 15 Êtres qui s'appellent Jésus ou Joshua, ils font tous le même travail et ils sont interconnectés. Il a souligné que dans un certain respect, ils sont tous de la même source.

Le lendemain, chez Chaya, je lui ai dit ce que Michael m'avait dit quand, tout à coup, Jésus est apparu, apparemment, il savait qu'on parlait de lui. Je n'ai pas pu m'empêcher de lui demander s'il connaissait la guérisseuse qui travaillait dans le nord et il a répondu qu'il travaillait souvent avec elle.

La question de l'identité de Jésus est difficile à démêler. Il aide sans doute beaucoup de gens et pour cela nous lui devons notre gratitude. Qu'il s'agisse d'un Être individuel ou d'une organisation de plusieurs Êtres, ce n'est pas vraiment important.

A travers mes plusieurs contacts avec lui, j'ai compris qu'il est une âme respectée qui a traversé les étapes de réincarnations de vies rapidement et avec succès, et maintenant il est revenu pour aider l'humanité.

Concernant sa relation avec la religion chrétienne, il a dit que les intentions originelles de ses enseignements ont été déformés par l'establishment religieux et cela le met en colère. Je lui ai demandé aussi qu'elle relation avait-il avec le judaïsme, il a répondu simplement : « Je suis un Juif ».

Une fois, quand Chaya lui a demandé s'il était son guide spirituel personnel, il est devenu très en colère et lui a hurlé qu'il est le guide spirituel de tout le monde. Malgré le nom qu'il porte, il n'était jamais impliqué dans les affaires de religion, la seule chose qui l'intéresse, c'est d'aider les gens. L'Être qui s'appelle Jésus est très différent de la mystérieuse image traditionnelle de Jésus, le fondateur du christianisme. Je fais donc une distinction claire entre les deux images.

D'après mon expérience, l'Être qui s'appelle Jésus est plus comme une sœur de miséricorde qui mérite nos remerciements.

A la fin mai 1997, j'ai assisté à une séance menée par Chaya. Le client était un de mes amis. Il y avait deux équipes présentes : l'équipe d'extraterrestres dirigée par X3, et l'équipe d'Êtres dirigée par Jésus. Chaya m'a dit qu'elle avait demandé à Jésus s'il pouvait être plus précis dans ses prescriptions, et il a donc commencé à amener une équipe d'assistants avec lui, demandant à Chaya si cela lui convenait. La séance s'est déroulée comme suit.

Le client a posé une question à Chaya, qui a ensuite posé la question à Jésus et à son équipe. Les Êtres envoyèrent quelqu'un «en haut» pour vérifier «les livres» afin de trouver des informations sur une personne en particulier. Pour cela, ils devaient connaître son nom complet, les noms de leur père, de leur grand-père, et la couleur de leurs yeux et de leurs cheveux.

Après quelques instants, les Êtres commencèrent à fournir des informations sur la personne en question concernant sa structure de personnalité, sa santé, son passé, et son avenir.

Le détail avec lequel les Êtres ont décrit cette personne était étonnant, dans sa précision et ses profondes connaissances psychologiques. Les Êtres posaient des questions de temps en temps pour obtenir des éclaircissements, quand il fallait, ils ont obtenu facilement des informations sur des vies antérieures et ils ont pu répondre à des questions précises qui leur ont été posées.

Chaya, servant de médium, a transmis les informations qu'elle a reçues par écrit ou en parlant et, ce faisant, elle a dû faire un effort pour ne pas présenter l'une de ses propres opinions.

Généralement, le but est d'aider une personne qui est incertaine sur l'orientation de sa vie, de choisir le bon chemin. Les Êtres ont souligné qu'eux aussi avaient été autrefois des êtres humains vivants, et maintenant leur travail consistait à aider les autres. Je pense qu'ils méritent d'être félicités pour leur dévouement.

La partie suivante de la séance fut consacrée à poser des questions d'ordre médical à l'équipe d'extraterrestres. Ils ont demandé au client de s'allonger et, en quelques secondes, ont effectué une analyse complète de tout le corps ; ils ont utilisé ce qui ressemblait à un appareil de numérisation informatisé, tel un CT (computer tomographe informatisé – généralement connu sous le nom de « cat scan »), avec une surface arrondie qui se déplaçait au long d'une ligne au-dessus du corps du client.

Le client a demandé aux extraterrestres des questions sur sa fille que j'avais soignée l'année d'avant. Je lui ai proposé de consulter son dossier médical, mais son dossier avait déjà été transféré de mon petit ordinateur local à l'ordinateur central, l'ordinateur local ne contenait qu'un bref résumé.

Michael, le médecin hippie

Je traitais un client qui était lui-même médium et avait d'excellentes capacités de perception extrasensorielle. A la fois des Êtres spirituels et des extraterrestres étaient présents à la séance.

Du coup, la figure d'un Être passa précipitamment. Il avait les cheveux longs et il était presque complètement nu à l'exception d'une bande de tissu pendu à l'avant et une ficelle à l'arrière (de façon à pour ne pas embarrasser les autres). Interrogé, il raconta qu'il avait été médecin parmi les années hippies, en 1960.

Il s'appelait Michael et il avait vécu en Californie aux États-Unis jusqu'à sa mort en 1968 à l'âge de 48 ans à cause de la toxicomanie. Son esprit s'éleva et revint immédiatement pour aider aux traitements médicaux.

Maintenant il aime s'engager dans des traitements médicaux avec des guérisseurs et extraterrestres en Israël parce que les gens ici lui rappellent les californiens dans les années 60. Il prétend être bon dans les traitements basés avec du matériel médical et il devient rapidement compétent en étudiant d'abord les manuels d'utilisation sur chaque nouvel équipement qui apparaît. Il prétend qu'il aurait probablement fait un bon ingénieur, mais il était plus attiré par le domaine médical.

Des extraterrestres rejoignent l'équipe

Les traitements de guérison fournis grâce aux efforts coopératifs des guérisseurs et des esprits se poursuivent depuis de nombreuses années. Cependant, la guérison avec l'aide des extraterrestres est un événement relativement nouveau, ayant commencé vers le début de l'année 1995.

Le travail des extraterrestres se fait en pleine conscience, consentant, en coopération avec des esprits et des êtres locaux. Le guérisseur sert d'outil de transmission, ou canal, pour les énergies qui passent de la dimension spirituelle à celle physique.

Les strates externes énergétiques des corps humains vivant dans le monde physique vibrent dans la dimension énergétique où habitent les esprits. Cette juxtaposition permet au guérisseur de transférer de l'énergie au monde physique.

Les extraterrestres qui travaillent avec nous sont similaires dans leur composition à l'esprit humain. Malgré le fait que les extraterrestres pourraient transférer de l'énergie de leur dimension à la nôtre par des moyens mécaniques, il a été décidé qu'ils s'abstiendraient de le faire car cela pourrait être nocif ou causer certaines perturbations chez les humains. Il fut décidé qu'ils travailleraient de manière traditionnelle, comme le font les esprits, par l'intermédiaire des guérisseurs qui jouent le rôle de transformateurs d'énergie.

Pour des greffes, les extraterrestres sont capables de transformer la matière en énergie et inversement, les implants énergétiques deviennent matière une fois qu'ils sont à l'intérieur du corps du patient.

Se préparer à la réincarnation

Michael a l'intention de se réincarner très prochainement (il n'a pas encore de date précise) afin d'accomplir certaines missions de développement personnel qui lui ont été confiées. Il aime beaucoup converser avec nous, comme nous avec lui, alors je lui ai posé des questions sur le processus de réincarnation. Il a dit qu'il y a des endroits et des esprits spéciaux qui traitent le sujet. Un esprit consulte ses responsables sur le moment et le lieu les plus appropriés pour se réincarner afin de permettre au mieux l'accomplissement de ses objectifs de développement personnel.

Avant la renaissance proprement dite, l'esprit subit plusieurs étapes de préparation impliquant des salles de préparation et des salles d'attente. Il y a des esprits qui aident aux préparatifs et à tout processus de réincarnation. Alternativement, l'esprit choisit par lui-même de subir toute la procédure. Lorsqu'il est prêt pour la réincarnation, l'esprit s'attache au fœtus. Les esprits prennent soin de sceller les souvenirs du futur esprit à naître, afin qu'ils n'interfèrent pas avec le développement de la personnalité du nouveau-né. Les souvenirs sont toujours là, mais ils sont inaccessibles au développement de la jeune conscience.

Rarement, il y a des incidents dans les procédures entraînant une fuite de souvenirs et, dans de tels cas, la personne se souvient de ses vies passées. S'il y a eu des traumatismes, ceux-ci restent comme des souvenirs ouverts, ou des affaires inachevées, et ils perturbent la personnalité en développement.

Les mémoires doivent être scellées pour ne pas interférer. Il est généralement recommandé de ne pas jouer avec les souvenirs de vies passées et, si on le fait, il faut veiller à ce que les mémoires de la vie passée ne perturbent pas le chemin courant et ne déterminent pas des actions, des pensées ou des décisions en cours.

Dès le moment de la mort et jusqu'à la prochaine vie, la personne - c'est-à-dire son âme ou son esprit - maintient la personnalité de la dernière vie et la développe davantage. Au fur et à mesure que l'esprit entre dans le cycle de vie suivant, la personnalité passée est imprimée dans le subconscient et utilisée comme un tremplin pour le développement de la nouvelle vie.

En d'autres mots, la personnalité autrefois active se transforme en souvenirs dans la structure de la nouvelle personnalité en développement. Toute cette procédure est au service des objectifs de l'âme ou de l'esprit - le noyau ou l'âme, qui agit en coulisse tout au long de différentes vies, avec ses propres objectifs à long terme.

Des visiteurs d'en haut
Alors que j'étais en train de soigner une jeune patiente, j'ai soudainement vu devant moi l'image de la fin d'Yitzhak Rabin (premier ministre d'Israël assassiné). C'était peu de temps après son meurtre et j'étais sûr que je l'imaginais parce que tout le monde était encore tellement rattrapé par l'événement, qui figurait encore dans tous les médias.

Cependant, malgré mes efforts pour effacer toute pensée de lui et me concentrer sur mon traitement, je n'ai pas réussi à le faire, sa présence dans la salle de traitement était très claire. J'ai eu l'impression qu'il regardait ce que je faisais et il parlait avec quelqu'un d'une voix que je n'entendais pas. J'ai eu plusieurs questions brèves qu'il m'a adressées. J'ai répondu poliment dans ma tête. Je ne me souviens pas exactement de ce qui a été dit, mais c'était quelque chose dans le sens que si j'appréciais mon travail de guérisseur, suivi des meilleurs souhaits de succès.

Après cette brève conversation, j'ai eu l'impression qu'il a été escorté jusqu'au laboratoire attenant des extraterrestres, à la salle de soins où il a passé quelques minutes de plus, il paraît qu'on lui faisait faire le tour des lieux.

Le lendemain, j'ai téléphoné à Chaya et je lui ai parlé de mon expérience. Elle m'a assuré que je ne l'imaginais pas, car Yitzhak Rabin lui avait rendu visite le même jour. J'ai contacté un autre guérisseur que je connaissais qui travaille aussi à Rishon Le Zion et, quand je lui ai raconté mon expérience, il était très soulagé.

Il semblait qu'il avait aussi vu Yitzhak Rabin le même jour, qu'il était convaincu que son esprit lui jouait des tours. La confirmation à trois nous a convaincu tous que cela avait été un événement authentique. Il paraît que lorsqu'une personnalité importante arrive de l'autre côté, elle est emmenée à faire le tour des sites intéressants.

Un garçon potelé de 12 ans qui souffrait d'une grave scoliose m'a été apporté par son père pour un traitement. Pendant que je le soignais, j'ai découvert que tout le monde dans sa famille avait une perception extrasensorielle. Par exemple, le garçon a décrit les extraterrestres et ce qu'ils faisaient pendant ses traitements. Au cours d'un traitement, le garçon a soudainement signalé avoir vu une fenêtre d'observation dans le coin de la pièce et un visage scrutant qui ressemblait à l'ancien président américain John F. Kennedy. Je n'ai pas vu ça moi-même, donc je n'y ai pas beaucoup réfléchi.

Le lendemain alors que j'étais assis dans "une petite pièce importante" avec un journal à la main et du papier toilette à ma gauche, j'aperçois une image qui m'a rappelé John F. Kennedy. Lorsqu'il s'est adressé à moi en anglais il s'est présenté comme l'ancien président américain, je lui ai demandé s'il n'était pas dérangé par le lieu de notre rencontre. Sa réponse a été que si ça ne me dérangeait pas, pour lui, ça allait, parce qu'ici au moins il pourrait me contacter sans interruption. Il m'expliqua qu'il dirigeait un comité de liaison avec les extraterrestres. La Terre a besoin de leur aide, et, par conséquent, le travail que je fais avec les extraterrestres est très important. Il m'a précisé de le contacter, si j'avais des problèmes et il serait heureux de m'aider.

L'œil

Au cours d'une de nos conversations téléphoniques, Chaya m'a dit à propos d'une cliente qui l'a appelée horrifiée pour lui dire qu'elle avait vu un œil immense planant devant elle. Chaya l'avait rassurée en expliquant qu'elle voyait l'Œil Cosmique. Pendant que nous parlions, l'Œil est apparu dans la chambre de traitement de Chaya et elle me l'a décrit.

C'était un Œil solitaire sans corps, de la taille d'une grosse pastèque, flottant dans les airs. Chaya a réussi à entrer en contact avec lui et j'ai constaté que l'Œil était une énergie avec conscience. La prise de contact n'était pas facile et, contrairement au contact avec des esprits ou des extraterrestres, Chaya recevait des réponses à ses questions très lentement. Grâce à Chaya, j'ai eu la conversation qui suit avec l'Œil :

Adrian : Êtes-vous un esprit ou une autre forme de vie ?

Oeil : Je ne suis pas une forme de vie, mais une des créations de Dieu. Je suis très vieux. J'ai été créé à l'aube de l'histoire. Mon rôle est de voir et d'envoyer des images visuelles à Dieu, que je transmets sous forme d'énergie.

Adrian : As-tu une âme ?

Oeil : Non. Je suis très sage. Chaya a été grandement honoré de ma visite.

Chaya a pointé l'Œil avec son doigt et a été réprimandée.

Oeil : Veuillez ne pas me pointer du doigt.

Adrian : Qu'est-ce qui vous soutient ?

Oeil : Je suis soutenu par la source de lumière.

Adrian : Y a-t-il d'autres créations ?

Oeil : C'est une information privilégiée.

Adrian : Puis-je écrire sur vous dans mon livre ?

Oeil : Oui, vous pouvez.

Adrien : Que penses-tu de nous ?

Oeil : Ce n'est pas mon travail de répondre à de telles questions, c'est le travail des esprits. Vous êtes tous de bonnes personnes.

À ce moment-là, l'Œil a semblé s'estomper et disparaître. Quand j'ai demandé aux extraterrestres s'ils connaissaient l'Œil ils ont dit que non.

Apparemment, il y a des choses qui les extraterrestres peuvent faire ce que les humains ne peuvent pas, et inversement. Je voulais demander à Chaya de contacter l'Être qui se faisait appeler Jésus, mais j'étais gêné de le déranger.

Pas une minute ne s'est écoulée avant qu'il n'apparaisse devant moi, cette fois avec son chien noir et sa colombe blanche. Jésus a demandé Chaya si j'étais Adrian, parce que j'avais une barbe. Quand Chaya lui a demandé avec surprise s'il ne reconnaissait pas Adrian, il a ri et a dit qu'il plaisantait.

Chaya : Connaissez-vous l'Œil ?

Jésus : Bien sûr ; l'Œil marche devant les anges.

Adrian : Qu'est-ce que les anges ?

Jésus : Dieu a créé de nombreuses créatures avec de nombreux objectifs différents. Les anges font partie de la création de Dieu.

Chaya : L'Œil a-t-il la capacité de se déplacer dans le temps et dans l'espace ?

Jésus : Non. Il y a plusieurs Yeux et chacun fonctionne sur un plan particulier. Les Yeux ont toujours existé. Leur rôle est de rendre compte à Dieu.

Adrian : L'Œil fonctionne-t-il comme une caméra mobile ?

Jésus : À certains égards, oui, mais pas exactement. L'œil est intelligent et vénéré. Les Yeux opèrent dans tout l'univers, ils font partie de la création.

Adrian : Pourquoi les extraterrestres ne connaissent-ils pas les Yeux ?

Jésus : Comme pour les humains, certains extraterrestres ne savent rien sur les Yeux, et certains, si. Les Yeux n'ont pas des âmes, mais toutes les créatures de Dieu, y compris les animaux, en ont.

Je voulais poser plus de questions à Jésus, mais il s'est excusé que son chien ait dû se soulager et lui et sa colombe avaient besoin de manger. Il a promis de revenir quand nous en aurons besoin lui (il était d'humeur joviale).

J'ai dit à Chaya que je pensais qu'il était un personnage très agréable et Chaya a répondu qu'entrer en contact avec Jésus était bien plus agréable que d'entrer en contact avec l'Œil. Elle sentait qu'elle devait se présenter à l'Œil avec beaucoup de révérence et a décrit cela comme la différence entre avoir une conversation avec une personne ordinaire et un vieux rabbin vénéré.

Conversations avec des Êtres sur les problèmes d'identité

À une occasion, j'ai reçu la communication suivante en guise d'explication sur le monde des esprits.

Être : Il y a environ un milliard d'Êtres ou d'esprits sur Terre sans corps physiques. Beaucoup d'entre eux sont en contact avec des médiums, mais ils sont chacun motivés par différentes choses. Le besoin d'une identité reconnaissable pour entrer en contact et nouer une relation de confiance est un phénomène bien connu et il existe de nombreuses organisations qui aident pour ce problème. L'utilisation d'une identité historique bien connue sert à un objectif particulier. Il existe des organisations, par exemple, qui font fonctionner des milliers d'Êtres pour agir comme guides spirituels et s'identifiant comme Jésus.

Ils suivent tous une formation similaire et utilisent une base de données commune. Si vous avez la possibilité d'être guidé par un tel Être, vous devriez vous considérer comme chanceux. Peu importe comment l'Être s'identifie - pour le monde juif par exemple, les identités de Moïse le Patriarche, ou d'Elie le Prophète, sont utilisées. Des milliers d'Êtres organisés font un excellent travail en tant que guides, tous sous les mêmes noms. Tout comme vous avez des physiciens, des psychologues et des chirurgiens indiquant la formation qu'ils ont eu, les Êtres ont Jésus, Moïse le Patriarche, Élie le Prophète, etc.

Adrian : Donc, nous ne parlons pas d'esprits dupliqués ?

Êtres : Absolument pas. Ce sont des individus différents qui servent un but commun. Il y a, bien sûr, des imposteurs et toutes sortes, d'éléments perturbateurs. Lorsque vous invoquez Jésus ou Moïse, ils vous envoient celui qui est de service à l'organisation d'aide. L'Être envoyé actuellement n'est pas toujours le même.

Vous, en tant que guérisseur, vous êtes affilié à une organisation qui s'occupe de la médecine et de l'assistance.

Cette organisation maintient une relation de travail avec nous (c'est-à-dire, avec les équipes médicales des Êtres). Celui qui vient vous aider, est affilié d'une manière ou d'une autre, à une organisation. Les gens ordinaires non affiliés à une organisation peuvent se retrouver coincées avec toutes sortes d'Êtres, et il faut donc être très prudent.

Capacités des guides spirituels

Basé sur l'expérience de nombreuses personnes avec des guides, j'ai compris qu'il est clair que les guides ont beaucoup de connaissances et de sagesse, et ils sont capables d'aider les gens de plusieurs façons.

Les guides personnels et professionnels qui travaillent régulièrement par l'intermédiaire d'un médium font un travail formidable pour aider les personnes en détresse. Les guides peuvent lire les souvenirs de vies passées pour découvrir les problèmes, lire le plan d'action d'une personne et même jeter un coup d'œil sur son avenir proche ou lointain.

Les guides sont des Êtres de stature particulièrement élevée et ces Êtres qui utilisent les informations à bon escient peuvent être aussi utiles à une personne dans le domaine professionnel, tel que des psychologues, des travailleurs sociaux ou des conseillers d'orientation. Bien que les guides spirituels aillent une perspective plus large basée sur leur riche expérience de vie, les guides se consultent souvent entre eux, y compris avec d'autres guides qui étaient psychologues et médecins au cours de leur vie.

Dépendance excessive à l'égard des guides
J'ai rencontré un phénomène malheureux dans lequel les personnes développent une relation de dépendance excessive avec leur guide. A chaque pas qu'ils font, ils demandent conseil à leur guide et, en fait, ils abandonnent le contrôle de leur propre vie. Ces personnes se précipitent, de support en support, comparant les messages avec les prédictions des voyants.

Parfois, les messages sont contradictoires ou alambiqués, plongeant la personne dans un profond dilemme alors qu'elle tente de trouver la bonne interprétation. Lorsqu'il s'agit de dépendance excessive, la personne ne fait aucune différence que ce soit entre un être humain vivant et un être d'un autre monde sans corps physique.

Les personnes qui tombent dans ce piège sont généralement sans une structure de vie solide ou stable et ont du mal à faire face aux contraintes de la vie quotidienne. Avoir une figure supérieure sur qui compter (comme un enfant qui dépend d'un parent) libère au moins partiellement la personne de ses responsabilités personnelles et la soulage de la charge de stress psychologique.

Règles de base
Si vous envisagez d'accepter l'aide d'un guide spirituel, soit par contact direct, soit par l'intermédiaire d'un médium, vous devrez vous rapporter au guide que vous contactez comme s'il s'agissait simplement d'un autre psychologue, médecin ou conseiller de chair et de sang comme n'importe quelle personne ordinaire. Le fait que l'Être n'a pas de corps physique, ne possède pas nécessairement des paroles de vérité absolue. Même si le guide démontre une connaissance remarquable de votre passé, de votre présent et de votre avenir, cela ne leur donne pas un nombre illimité des droits de juridiction.

Les règles empiriques suivantes s'appliquent aussi bien aux guides vivants qu'aux guides spirituels :

Considérez la personnalité du guide. La personnalité vous impressionne-t-elle comme étant réfléchie et sage, ou est-ce peu clair et mystérieux ?

N'ayez pas peur de lui poser des questions pour obtenir des éclaircissements. Les guides vont s'efforcer d'expliquer du mieux qu'ils peuvent et ils n'enverront pas des messages pas clairs.

Le guide semble-t-il vous écouter attentivement, comprendre profondément les problèmes, poser des questions intelligentes, traitant toutes vos questions avec sérieux ? Si le guide n'est pas très concerné par vous et votre problème, mais semble avoir un ordre du jour distinct, il serait préférable de rompre poliment le contact. N'ayez pas peur de vérifier les références d'un guide particulier et demander conseils pour voir s'ils semblent intelligents et clairs. Est-ce que le guide s'assure que vous avez bien compris ? A-t-il répondu à toutes les demandes d'éclaircissements ? Si le guide donne des phrases énigmatiques, philosophiques ou laisse des énigmes à résoudre, il serait conseillé de trouver un autre guide.

Plus important encore, demandez-vous, qui prend les décisions ? Les bons guides ne font que conseiller : ils expliquent et clarifient des choses fournissant les outils pour prendre des décisions indépendantes, cependant, la décision finale n'est jamais prise hors de la personne qui consulte le guide. Si le guide présente un plan d'action prescrit avec des avertissements, s'il n'est pas suivi, vous feriez mieux de vous débrouiller seul.

Chapitre 8 : Séparations et travail inachevé

Les êtres humains sont des créatures sociales. Ils vivent en groupe où les membres se soutiennent mutuellement, de différentes manières. L'unité familiale est un groupe dans lequel il y a généralement une répartition claire des rôles, par exemple entre le mari et la femme. Les modes d'interaction qui sont développés, structurés et consolidés au fil des années deviennent une partie intégrante du comportement humain et, par conséquent, ils sont difficiles de les clôturer soudainement. Les couples mariés qui divorcent vivent une longue et souvent douloureuse période de réadaptation.

La mort subite d'un conjoint pose un problème psychologique particulièrement difficile car, après avoir vécu au contact quotidien d'une personne dans une relation basée sur de l'entraide, c'est un choc de se retrouver soudainement seul. Les deux membres de la relation, le conjoint qui est décédé et celui encore en vie, ont des difficultés avec la nouvelle situation.

Au-delà du traumatisme de la perte, il y a un sentiment de travail inachevé. Une relation laissée en suspens et non formellement close, comme dans une mort subite, ne laisse pas de temps pour un vrai au revoir. Généralement ce besoin de clôture est la force de motivation qui amène les gens voir des médiums pour contacter un conjoint décédé.

Le contact est-il conseillé ?

Le contact peut aider à guérir des blessures psychologiques pour les deux membres du partenariat et peut fermer un travail inachevé. Il existe cependant des cas où un tel contact n'est pas conseillé.

Une personne en deuil est particulièrement vulnérable et l'exposition au concept de réincarnation ainsi que la possibilité de contact avec leur partenaire décédé pourrait servir à augmenter la détresse émotionnelle et la confusion. Il est recommandé d'attendre après que la période de deuil est passée et, bien sûr, chaque cas doit être considéré personnellement.

Rites de passage du défunt

Le défunt subit une variété d'expériences, telles que des traitements médicaux et psychologiques, des cours et des évaluations.

Toutes ces expériences sont conçues pour aider l'esprit à s'adapter à ses nouvelles circonstances. Chaque âme d'un défunt subit ces procédures, mais pour chacune c'est différent. Les informations suivantes ont été recueillies auprès de mes relations avec le sujet.

Demande de descente

Tout comme il faut obtenir un permis pour conduire ou pour obtenir un visa pour visiter un autre pays, de même, un défunt doit obtenir la permission de descendre pour une visite dans le monde des vivants car il y a des cas où une telle visite n'est pas conseillée.

Des médiums entendent fréquemment que la permission doit être obtenue pour qu'une âme puisse rencontrer une famille cherchant un contact. Il existe également des différents niveaux d'autorisations.

Certains êtres reçoivent un « laissez-passer gratuit » pour visiter quand ils veulent, et d'autres sont autorisés à visiter uniquement pour des raisons précises.

L'apparence visuelle des apparitions

Le défunt peut apparaître tel qu'il était au moment du décès, ou tel qu'il avait comparu avant sa blessure ou sa maladie, pour s'assurer que leurs proches le reconnaîtront.

On m'a parlé d'un service commémoratif dans un cimetière militaire où des corps éthérés incomplets du défunt ont été vus (c'est-à-dire des corps avec un membre ou un œil manquant).

Une fois pendant la méditation, je me suis vu dans une vie antérieure dans laquelle j'étais mort à l'âge de 10 ans en tombant dans une fosse profonde. L'avalanche de rochers accompagnant ma chute m'a blessée et m'a enterré, causant ma mort.

J'ai vu une image de comment j'avais travaillé difficilement pour séparer mon corps éthérique de celui physique, c'était comme peler une couche blanche, flexible qui était attachée au volume du corps physique. Je présume que les blessures du corps physique ont aussi endommagé le corps éthérique qui lui était attaché.

Parfois, lorsque la cause de la mort est particulièrement violente, le corps éthérique est tellement endommagé qu'il doit subir un traitement et une reconstruction dans l'au-delà.

Contact direct ou via un médium

Habituellement, le contact peut être établi sous la supervision d'un guérisseur ou d'un médium qui est expérimenté dans de telles choses.

D'autres fois les clients entrent dans un état de méditation qui leur permet un contact, sans passer par un medium, avec le défunt. Une autre technique implique un contact par écrit. Cela fournit une connexion directe par laquelle les travaux inachevés peuvent être nettoyés rapidement et efficacement sans aucune intervention d'un tiers (c'est-à-dire un médium).

Appel du défunt

Les guides qui travaillent avec les médiums sont expérimentés dans les appels des défunts, mais il faut leur donner les coordonnées du défunt et les motifs de la rencontre demandée.

Les esprits essaient généralement d'être coopérants. Parfois les clients arrivent au rdv avec le médium accompagné de l'esprit de la personne défunte qu'ils souhaitent appeler.

Chapitre 9 : Les extraterrestres d'autres mondes

D'étranges silhouettes ombrageuses commencèrent à apparaître chez Chaya au cours de l'année 1994. Elle avait l'habitude de voir des esprits, mais elle fut alarmée à la vue de ces apparitions estompées qui ne ressemblaient en rien à des êtres humains. Ils expliquèrent poliment qu'ils étaient des extraterrestres venant d'un autre univers, en dehors de notre propre univers, et ils lui demandèrent la permission de construire un hôpital dans le but de traiter des êtres humains à proximité de sa maison.

Chaya répondit qu'elle n'était ni médecin, ni certifiée pour ouvrir un hôpital. Les extraterrestres expliquèrent qu'ils étaient des médecins dotés de moyens technologiques très avancés pour guérir les maladies. Finalement, elle donna son accord et le projet de construction commença. Ils construisirent plusieurs pièces au-dessus de la place de parking de Chaya, adjacente à son appartement. Ces pièces, tout comme les extraterrestres eux-mêmes, sont invisibles pour la plupart des gens. Bien que les extraterrestres et les esprits humains décédés soient tous deux également invisibles, ils sont différents les uns des autres car ils existent dans de plans dimensionnels différents.

Pendant quelques semaines, l'appartement de Chaya résonna des bruits de martèlement et de bruits étranges alors que les extraterrestres apportaient et installaient du matériel médical. Lorsque le « bâtiment » fut terminé, l'équipe de construction fut remplacée par une équipe médicale. Chaya fut le premier patient pour des essais et elle affirma avoir subi une longue série de tests et de traitements médicaux. Après cela, le traitement commença pour d'autres personnes.

Je me souviens très clairement de l'un de mes premiers traitements. J'étais assis sur une chaise et commençai à ressentir une sensation sur mon visage comme si j'étais entré dans une toile d'araignée. Je me frottai le visage, mais la sensation persista.

J'ai mis tout mon effort dans ma perception extrasensorielle et j'ai réussi à voir des silhouettes ombrageuses s'affairant autour de ma tête. Elles ressemblaient à des êtres humains, mais il y avait quelque chose de différent en elles que je ne pouvais pas définir. Il me fallut un certain temps pour surmonter mon excitation, la pièce était pleine de créatures vivantes, mais à part Chaya et moi, aucune n'était humaine.

Ma perception extrasensorielle était floue et je sentais que je ne pouvais pas me fier uniquement à ce que je croyais voir. En revanche, les sensations physiques que je ressentais étaient claires et nettes. Malgré cela, je ne pouvais pas être sûr de ce qui était réel et de ce qui relevait de l'imaginaire.

Bien que la même situation se répétât plusieurs fois au cours des mois suivants, mes doutes persistaient. Était-ce vraiment en train de se produire ou c'étaient des fantasmes débridés d'une imagination hyperactive?

Quelques semaines s'écoulèrent après mon premier traitement et les extraterrestres travaillant chez Chaya apprirent à me connaître intimement. De plus, Chaya m'a dit que les extraterrestres l'avaient interrogée en détail à mon sujet.

Les Extraterrestres invisibles d'une autre dimension
Les extraterrestres qui existent dans le monde physique tridimensionnel composé de la première, la deuxième et la troisième dimension apparaissent sur Terre sous la forme d'OVNIs visibles à l'œil humain.

Il existe de nombreuses observations bien documentées et photographiées de ces OVNIs.

Un autre fait bien connu est l'intérêt des extraterrestres pour les questions médicales, soutenu par des preuves de vivisection animale et des rapports de personnes enlevées à des fins d'examens médicaux. Le contact régulier entre les extraterrestres et les humains sur le plan physique pose problème en raison de la barrière psychologique.

Les extraterrestres d'autres dimensions ne sont pas constitués de la même matière que nous, les humains. Selon leur explication, ils existent dans la quatrième, cinquième et sixième dimension, et c'est pourquoi ils sont imperceptibles pour la plupart des êtres humains.

Ils n'ont également aucun problème à se mêler librement à nous, à nous étudier et à établir un contact télépathique. Ils affirment qu'environ un quart de la population terrestre a le potentiel de perception extrasensorielle et peut voir les extraterrestres dans des dimensions parallèles, mais la plupart des êtres humains ne réalisent pas ce potentiel.

Le débat public sur les OVNIs
Le phénomène des OVNIs est une source fertile de débat public. Chaque groupe social ou gouvernemental interprète les problèmes à sa convenance. Ce qui est éminemment clair, c'est que la civilisation humaine n'est pas prête à traiter le concept que nous ne sommes pas seuls dans l'Univers.

Malgré les observations des OVNIs d'une portée et d'une clarté qui ne peuvent être ignorées, les instances gouvernementales continuent de nier avec véhémence leur existence, offrant des explications alternatives tellement extravagantes qu'elles en deviennent ridicules.

Les psychiatres qui observent le phénomène depuis le point de vue de leurs divans psychanalytiques proposent l'hystérie de masse comme explication.

Les leaders religieux sont tellement ancrés dans leurs traditions anciennes et interprétations des Saintes Écritures qu'ils ont perdu la capacité d'évaluer de nouveaux faits.

Selon eux, tout est prédéterminé et tout ce qui arrivera est déjà arrivé. Ils disent, "rien de nouveau sous le soleil".

L'existence présumée d'autres mondes et d'êtres d'autres mondes met en danger leur système de croyances tout entier, comme une brise met en danger un château de cartes - le système de croyances que des générations de sages ont travaillé dur pour construire. Cela remet également en cause leur position élevée en tant qu'autorités spirituelles.

De même, les scientifiques sont enracinés dans leurs traditions scientifiques et, plus important encore, dépendent du financement gouvernemental, qui garantit qu'ils suivent la ligne établie.

Compte tenu de cette politique de déni, cela ne me surprendrait pas si les scientifiques niaient l'existence de la vie extraterrestre même si une multitude d'OVNIs pleuvait sur les universités et les instituts de recherche du monde entier. À la lumière des réactions officielles, il n'est pas non plus surprenant que les extraterrestres aient choisi de prendre contact uniquement avec des gens ordinaires et non avec des instances officielles.

Les personnes qu'ils ont choisi de contacter se caractérisent par un esprit ouvert et une liberté vis-à-vis des systèmes de croyances officiels et des schémas de pensée, qu'ils soient religieux, sociaux, scientifiques ou politiques.

Les extraterrestres en contact télépathique avec les médiums
Le phénomène du médium existe depuis des milliers d'années et des preuves en existent dans notre histoire ancienne.

La Bible (l'Ancien Testament) relate des cas célèbres de communication avec les morts, par exemple, dans le "Livre de Samuel A", premier livre des prophètes, le roi Saül appelant l'esprit de Samuel à travers une "sorcière".

En fait, il serait tout à fait logique que l'ensemble du chapitre des Prophètes soit en réalité un rapport de contacts avec des guides spirituels de haut niveau qui se sont chargés de guider l'avenir de la nation.

Pour les personnes ayant la capacité d'agir comme médium et de prendre contact avec les esprits des défunts, l'événement est si courant qu'il est presque tangible. Les extraterrestres qui existent dans une autre dimension ont tiré parti de ce fait pour entrer en contact avec de tels humains. Les médiums sont plus ouverts que d'autres à la possibilité de contacter des entités d'ailleurs, qu'il s'agisse d'esprits de défunts ou d'extraterrestres, bien que, d'après mon expérience, de nombreux médiums évitent ces contacts. Dans l'ensemble, les médiums acceptent le concept de la vie après la mort comme quelque chose en dehors du cadre de l'expérience humaine ordinaire. La croyance en l'existence d'autres mondes, comme le monde d'après, rend plus facile l'acceptation de la possibilité d'une vie en dehors de la Terre (c'est-à-dire l'existence d'extraterrestres), et il est donc plus facile pour les extraterrestres de communiquer avec eux.

Un autre fait pertinent est que la communication entre les médiums et les esprits se fait par télépathie. L'aptitude télépathique semble être très développée chez les extraterrestres et elle est utilisée à la place des téléphones ou d'autres dispositifs de communication. Compte tenu de ces faits, l'histoire suivante, racontée par Chaya Levy, ne m'a pas du tout surpris.

La première rencontre rapprochée de Chaya
Il y a de nombreuses années, avant qu'elle ne prenne conscience de ses capacités télépathiques, Chaya a capté une communication des extraterrestres approchant de la Terre. Ils ont demandé des instructions de navigation et la permission d'atterrir. Elle se souvient leur avoir transmis une communication : "Ne songez même pas à atterrir ici. Il y a des gens malveillants qui vous feront du mal !"

Après avoir reçu son message, lorsqu'ils sont arrivés sur Terre, ils n'ont pas tenté de prendre contact par radio avec une tour de contrôle à un aéroport. Au lieu de cela, ils ont simplement fait des transmissions télépathiques à la population locale.

Malgré tout le travail conjoint que j'ai effectué avec les extraterrestres au cours de mes séances de guérison, ils refusent généralement de se faire identifier. Si on les presse, ils donneront un nom qui semble assez aléatoire, comme Physicien XY ou Chef Docteur X3. Ils préfèrent définir leurs positions en termes tels que chirurgien, psychologue, physicien, technicien du genou, et ainsi de suite.

Les équipes sont remplacées fréquemment, de sorte que la relation avec elles tend à être plus professionnelle et moins personnelle. Chacun exécute sa propre tâche dans son domaine de responsabilité bien défini.

Lorsqu'une équipe est remplacée, il y a soit un chevauchement des deux équipes, soit la nouvelle équipe utilise les informations documentées dans un ordinateur afin de maintenir la continuité du traitement. Les fréquents changements excluent la possibilité de développer des relations à long terme.

Les rares extraterrestres avec lesquels j'ai néanmoins réussi à développer une sorte de relation ont choisi des noms locaux pour eux-mêmes pour faciliter les choses pour nous. Par exemple, le chef docteur de Sirius, qui s'est identifié comme X3, nous a demandé de l'appeler Dov.

Équipes médicales Extraterrestres
Les descriptions suivantes d'extraterrestres et l'organisation et la composition de leurs équipes médicales sont basées sur mon expérience personnelle, ainsi que sur celle d'autres guérisseurs et patients ayant la capacité de voir avec le troisième œil.

Description des Extraterrestres
Les extraterrestres travaillant au sein des équipes médicales ont une structure générale similaire à celle des êtres humains, c'est-à-dire qu'ils ont deux bras, deux jambes et une tête, mais là s'arrête la similitude. Leur taille varie de 70 centimètres à 4 mètres et l'apparence de leur visage et de leurs yeux est variée et étrange.

Certains ont une peau lisse, tandis que d'autres ont une peau dure et rugueuse, d'autres encore sont recouverts d'un épais pelage semblable à celui d'un ours. Leur style vestimentaire varie, allant de vêtements légers tels que des shorts et des sandales, à des combinaisons lourdes et complexes qui, selon les explications que j'ai reçues, sont en réalité une sorte de combinaison spatiale.

Les extraterrestres travaillent en équipes qui sont régulièrement renouvelées tous les quelques mois. L'équipe régulière est parfois rejointe par des spécialistes, tels que des spécialistes cardiaques ou des techniciens du genou, en fonction des besoins du traitement. Il semblerait que ces spécialistes se déplacent constamment, visitant un site de traitement après un autre.

D'autres visiteurs extraterrestres aux séances de traitement incluent des observateurs officiels, des étudiants, des touristes, une variété de superviseurs et ceux qui viennent purement par curiosité.

Hiérarchie dans l'équipe médicale
Pour chaque séance de traitement, il existe une hiérarchie clairement définie parmi les membres de l'équipe.

Tout d'abord, il y a le médecin ou le chirurgien en chef qui est responsable de la salle d'opération et finalement responsable du traitement. Cette entité a des assistants, dont des techniciens qui manipulent l'équipement, des aides, des étudiants en médecine, etc. Les autres membres de l'équipe comprennent d'autres professionnels, tels que des psychologues ou des psychiatres.

Équipes combinées

Les traitements sont gérés par des délégués extraterrestres arrivés sur Terre depuis d'autres planètes, mais parfois, des êtres terrestres sont inclus dans l'équipe médicale. Lors d'un traitement auquel j'ai assisté, un être qui avait été un jeune médecin était présent. Il était décédé juste après avoir terminé ses études de médecine à Haïfa et était heureux de pouvoir continuer à travailler en médecine après sa mort.

Lors d'un autre traitement, un être prétendait avoir été un médecin chinois de son vivant. Par contact télépathique avec le patient, il m'a été transmis que le médecin chinois ressemblait à un être ancien ayant accumulé beaucoup d'expérience médicale et était parfois même chargé de diriger les équipes médicales. Nous lui avons posé une série de questions et avons reçu les informations suivantes.

Le médecin chinois a expliqué qu'il était composé d'énergie et pouvait se déplacer d'un endroit à un autre en un clin d'œil, dans le sens du temps humain. Tous les êtres qui étaient autrefois des humains vivants ont cette capacité dans une certaine mesure, mais leur déplacement dans l'espace est limité à la Terre. Pour quitter la Terre pour des destinations plus éloignées, ils ont besoin d'un moyen de transport, comme un vaisseau extraterrestre. Le médecin chinois passe son temps libre sur des sites historiques anciens sur Terre où il rejoint d'autres êtres qui y résident.

Étudiants extraterrestres

De temps en temps, des étudiants extraterrestres font partie des équipes médicales. Lors d'une séance de traitement, j'ai eu une conversation avec l'un de ces stagiaires par l'intermédiaire d'une amie à moi qui a réussi à établir un contact. Notre dialogue a été le suivant :

Adrian : Qui avons-nous ici avec nous ?
Michael : Le médecin et deux étudiants.
Adrian : Quels sont les noms des étudiants ?
Michael : Irit et Avi.
Adrian : Enchanté de vous rencontrer. Je m'appelle Adrian. S'il vous plaît, dites-moi quelque chose sur vous-mêmes.

Irit : Je viens d'une autre galaxie. J'y travaillais dans la médecine complémentaire. Ici, je suis étudiante en médecine conventionnelle [extraterrestre].

Avi : Je suis né ici sur Terre, j'étais médecin à l'époque de la révolution industrielle.

Adrian : Dans ce cas, vous avez beaucoup de choses à rattraper.

Avi : Pas vraiment. L'équipement médical a évolué, mais le comportement d'un médecin et sa relation avec le patient n'ont pas changé. Les médecins ont prêté le serment d'Hippocrate à l'époque aussi.

Adrian : Où travaillez-vous ?

Avi : Partout où nous sommes nécessaires. Cette clinique ici avec vous est notre clinique principale, mais nous aidons également dans d'autres cliniques.

Adrian : Vivez-vous ici dans la clinique ?

Avi : Non, nous avons d'autres logements où nous rencontrons des médecins d'autres équipes médicales. Nous travaillons seulement ici, dans votre clinique.

Visiteurs locaux

J'ai réalisé plusieurs traitements en collaboration avec une guérisseuse qui travaille régulièrement avec des êtres, des esprits humains qui agissent comme ses guides.

Lors d'un traitement, nous avons remarqué deux de ses guides qui ressemblaient à deux médecins humains, l'un était petit, roux et barbu, l'autre était grand et aux cheveux foncés. Ils portaient des blouses blanches et se tenaient à l'écart (dans une sorte de couloir), observant et discutant du déroulement du traitement entre eux.

Lorsqu'ils sont partis, la porte du couloir, qui ressemblait à une porte hermétiquement fermée automatique telle qu'on en voit dans les bus, s'est fermée en silence.

Formation

Lors d'une séance de traitement que j'ai réalisée en dehors de ma propre clinique, j'ai remarqué trois rangées de bancs sur une pente, comme dans un théâtre.

Environ 20 entités avec de grands yeux lumineux étaient assises sur les bancs et en fait, les yeux étaient presque tout ce qui était visible. Au cours du traitement, l'une des entités s'est levée et a expliqué quelque chose au reste du public. Je n'ai pas saisi ce qu'elle a dit, mais d'après ses mouvements, j'ai compris qu'elle expliquait le traitement.

Questions personnelles pour les équipes extraterrestres

Voici une série de questions que j'ai posées à l'équipe d'extraterrestres qui travaille avec moi, ainsi que leurs réponses transmises par télépathie.

Adrian : Combien de temps restez-vous dans cette région ?

Extraterrestres : Pendant plusieurs années. Une date pour la fin de nos recherches n'a pas encore été fixée. Si les recherches sont productives, nous resterons plus longtemps. Tout dépend de la valeur des résultats de la recherche.

Adrian : Donc, vous êtes une équipe de recherche ?

Extraterrestres : Oui, nous sommes une équipe de recherche chargée d'étudier votre planète. Nous étudions les humains dans de nombreux domaines et pour de nombreuses raisons, dont la curiosité scientifique. Comme vous le savez, nous sommes plus avancés que vous.

Adrian : Sinon, nous vous étudierions.

Extraterrestres : C'est exact, tout à fait. Nous voulons vous comprendre mieux, y compris vos maladies psychologiques et physiques. C'est pourquoi nous avons mis en place des équipes médicales à plusieurs endroits et nous effectuons des traitements sur des êtres humains. Nous aidons du mieux que nous pouvons, et dans le processus, nous apprenons.

Adrian : Que ferez-vous avec les informations que vous accumulez, en particulier dans le domaine de la médecine ?

Extraterrestres : Tout d'abord, les informations ont pour but l'apprentissage et la recherche. À une étape ultérieure, les autorités décideront quoi faire des informations médicales accumulées, comme la mise en place ou non d'équipes d'aide publique de masse. En attendant, notre objectif est d'apprendre et de recueillir des informations sur votre planète sous de nombreux aspects différents.

Adrian : Et les aspects éthiques ? Avez-vous déjà demandé la permission à des humains pour votre programme de recherche ?

Extraterrestres : Non. Nous n'avons demandé la permission à personne, car il n'y a personne à qui demander, il n'y a pas d'organisation humaine officielle qui nous reconnaisse ou qui nous accorderait la permission, même si nous nous adressions à eux.

Nous avons la permission d'une autorité extraterrestre, une sorte de gouvernement galactique ou gardien suprême qui veille sur les planètes en développement qui ne peuvent pas encore parler d'elles-mêmes dans l'environnement cosmique. Cette autorité nous a accordé la permission pour nos recherches, sinon nous n'aurions pas pu travailler ici librement.

Adrian : Cette permission impliquait-elle que vous donniez quelque chose en retour ?

Extraterrestres : Oui. Les informations que nous recueillons seront disponibles pour l'organisation galactique en cas de besoin d'une sorte d'intervention. Les connaissances acquises seront utilisées à un moment futur pour le bien de la planète, vous pouvez en être assuré.

L'objectif de l'organisation galactique est d'aider les planètes en développement et de ne leur causer aucun mal. Les connaissances seront utilisées à des fins supérieures, c'est notre façon de faire. Nous apprenons comment vous guérir de vos maladies.

Peut-il y avoir quelque chose de mal à cela ? Non.

Extraterrestres sous la forme d'une bande verticale de lumière

Lors d'une des séances de traitement, un type d'extraterrestre différent est apparu. Leur structure corporelle était très mince, presque comme une longue planche en bois, entourée d'une lumière éblouissante, ce qui faisait ressembler les créatures à une lumière fluorescente éblouissante et verticale avec une bande sombre au milieu. Aucun détail plus fin n'était observable.

Les extraterrestres ont dit que l'une de leur espèce vivait actuellement un cycle de vie humaine et que c'était la raison pour laquelle ils étaient venus nous observer.

Extraterrestres Homofluid

Plusieurs personnes dotées de perceptions extrasensorielles ont participé à une séance de traitement, la plus intéressante que j'ai vécue. Le plus grand nombre de médiums présents a permis aux extraterrestres d'accomplir beaucoup de travail. Ils ont abordé énergiquement plusieurs problèmes médicaux simultanément, et il semblait que les équipes étaient remplacées et renouvelées au fur et à mesure du besoin dans leur travail.

Soudain, plusieurs d'entre nous ont crié en même temps : "Wow, avez-vous vu ça ?"

Nous avons échangé nos expériences et il semble que plusieurs personnes aient vu deux ou trois figures essentiellement similaires à des humains, mais avec des corps bleu foncé, des petites têtes et de petits yeux jaunes. Ces figures bleues ont soudainement commencé à se dupliquer, se transformant en plusieurs figures identiques.

On aurait dit qu'une figure sortait de la première et l'effet m'a rappelé l'ouverture d'un accordéon. Pendant la duplication, les figures ont pris une apparence fluide. Lorsque la multiplication fut terminée, chaque duplicata a pris l'apparence exacte de l'original et chacun s'est mis au travail. J'ai demandé à l'un des guérisseurs présents de faire un contact télépathique avec eux, et à travers lui, j'ai commencé à poser des questions.

Adrian : Ce que nous venons de voir s'est-il réellement produit, vous vous êtes dupliqués ?

Extraterrestres : Oui. Pour accomplir tout le travail médical, nous nous dupliquons plusieurs fois, et chaque duplicata travaille en harmonie avec les autres. Un élément central supervise tout le monde.

Adrian : Utilisez-vous un équipement mécanique pour vous dupliquer, ou est-ce une capacité naturelle ?

Extraterrestres : C'est une capacité naturelle.

Adrian : Tous les extraterrestres sont-ils capables de cela ?

Extraterrestres : Non.

Adrian : D'où est-ce que vous venez ?

Extraterrestres : Nous ne sommes pas de cette galaxie. Nous sommes des créatures fluides et nous vivons généralement en profondeur, sous l'eau, dans de l'eau douce, mais nous pouvons aussi vivre sur la terre ferme.

Adrian : Est-ce votre apparence naturelle, essentiellement similaire à celle des humains ?

Extraterrestres : Nous nous sommes adaptés à cette forme pour faciliter notre travail avec les autres membres de l'équipe médicale. La structure humaine est suffisamment bonne pour effectuer des traitements médicaux, mais nous pouvons prendre de nombreuses formes différentes.

Adrian : Vous vous dupliquez toujours dans le même type de matière ?

Extraterrestres : Dans le but du traitement actuel, nous nous sommes dupliqués dans le même type de matière, mais nous pouvons nous dupliquer dans d'autres types de matière.

Adrian : Combien de duplicatas pouvez-vous créer, et pendant combien de temps ?

Extraterrestres : Cela dépend de la quantité d'énergie que nous avons.

Adrian : Si l'un des duplicatas est blessé, cela blesse-t-il l'ensemble ?

Extraterrestres : Non. L'ensemble peut se dupliquer.

Adrian : L'aptitude à vous dupliquer a-t-elle résulté d'un besoin évolutif pour augmenter vos chances de survie ?

Extraterrestres : Oui, c'est exact.

Adrian : Comment trouvez-vous la Terre ?

Extraterrestres : C'est un environnement agréable. Il y a beaucoup d'eau, ce que nous aimons.

Adrian : Parcourez-vous également la planète ?

Extraterrestres : Oui.

Adrian : Avez-vous visité le lac de Tibériade ?

Extraterrestres : Oui, mais nous n'avons pas été impressionnés.

Adrian : Posez-nous maintenant des questions.

Extraterrestres : Nous n'avons pas besoin de poser des questions. Nous établissons un contact direct avec l'esprit inconscient des êtres humains.

Adrian : Parlez alors avec nos esprits conscients et nous discuterons.

Extraterrestres : Êtes-vous satisfaits de nos traitements ?

Adrian : Bien sûr, nous, les humains, ne manquons pas de maladies. Est-ce la première fois que vous participez à une séance de traitement avec moi ?

Extraterrestres : Nous avons commencé à donner des traitements il y a peu de temps seulement. Au début, il n'y avait que quelques-uns de nos représentants dans l'équipe d'organisation.

Adrian : Est-ce que cela vous dérange si j'écris à votre sujet dans mon livre ?

Extraterrestres : Non.

Adrian : Après que vous étiez dupliqués, la masse des duplicatas est-elle égale à la masse avant la duplication ?

Extraterrestres : Non. C'est un processus compliqué. Nous sommes constitués de lumière, de dynamique et de masse. Nous n'avons pas de noms personnels et nous avons un processus de pensée commun. Actuellement, nous vivons dans l'océan Atlantique, où nous pouvons exister sous forme dupliquée indéfiniment. Nous pouvons exister sous forme dupliquée pendant environ 6 heures sur la terre ferme.

X3, le spécialiste de Sirius

Un jour, lorsque j'ai appelé Chaya pour la consulter, elle et son équipe médicale, sur une question particulière, elle m'a dit qu'un nouveau spécialiste extraterrestre était arrivé. Il avait exprimé l'intérêt de me rencontrer et d'établir un contact direct. J'ai accepté volontiers et, lorsqu'il a demandé quand il pourrait venir, j'ai répondu "maintenant". Chaya m'a dit qu'il serait là dans 7 minutes. J'ai raccroché et je suis allé à mon ordinateur pour attendre son arrivée. Et effectivement, 7 minutes plus tard, j'ai ressenti une activité autour de moi, bien que rien ne soit clairement visible, et j'ai commencé à taper.

Adrian : Êtes-vous vraiment arrivé de la planète Sirius ?

X3 : Oui, dans un vaisseau de transit.

Adrian : Quel est votre domaine de spécialisation ?

X3 : D'où je viens, je suis spécialiste des reins et d'autres organes internes. Je suis actuellement en voyage pour faire des consultations médicales mais aussi passer des vacances. En ce qui vous concerne, je suis là pour parler avec l'équipe médicale locale et améliorer ses capacités à traiter les problèmes rénaux.

Adrian : Lisez-vous le texte sur mon écran d'ordinateur ?

X3 : Non, je ne sais pas lire l'hébreu. Je reçois vos pensées et quelqu'un les traduit pour moi.

Je comprends que vous tapez notre conversation sur votre ordinateur. Est-ce votre meilleure façon de communiquer ?

Adrian : Oui, pour le moment. J'ai demandé si vous pourriez tous m'aider à communiquer verbalement, mais la tentative a échoué. Un récepteur a été implanté dans ma tête, mais pour une raison quelconque, il ne fonctionne pas. Quel âge avez-vous ?

X3 : Plusieurs centaines d'années, 458 selon votre façon de compter.

Adrian : Quelle est votre espérance de vie habituelle ?

X3 : Plus de mille de vos années, certains atteignent deux mille ans, car peu d'entre nous meurent.

Adrian : Est-ce que vous vous réincarnez ?

X3 : Pas dans le même sens que vous. Nous transmettons notre héritage d'une manière différente, plus éducative. C'est comme votre réincarnation, mais un peu différent.

Adrian : Donc, une partie survit encore, même après mille ans.

X3 : Oui. Quelque chose continue de survivre et renaît. C'est quelque chose qui est arrangé à l'avance, un transfert organisé d'un corps à un autre effectué dans un hôpital spécial, et on l'appelle une transplantation corporelle. Certains le font même avant d'y être obligés, c'est-à-dire avant que le vieillissement ne s'installe, pour des raisons esthétiques. Celui qui en a les moyens ou une raison médicale spéciale subit le transfert. On peut changer de corps assez facilement en utilisant les moyens médicaux à notre disposition.

Adrian : À quoi ressemblez-vous ?

X3 : Extérieurement, nous sommes essentiellement similaires aux humains, le corps, les yeux, et ainsi de suite sont assez semblables à l'apparence des humains, mais notre structure interne est différente.

Nos organes internes sont organisés différemment des vôtres, nos métabolismes et nos systèmes lymphatiques sont différents, et nous sommes moins vulnérables aux infections. On pourrait dire que nos corps sont plus stériles, c'est pourquoi nous sommes plus immunisés contre les maladies. Nos corps ne sont pas constamment érodés par les attaques de germes comme les corps des humains. Notre immunité est en partie un développement évolutif, en partie génétiquement modifié, et en partie le résultat d'efforts médicaux et environnementaux locaux.

Nous maintenons un haut niveau d'hygiène environnementale : nos quartiers de vie sont stériles, tout comme nos lieux de travail et de divertissement. En fait, la plupart de notre environnement est totalement stérile, il n'y a donc aucune chance de contagion. Ici sur Terre, l'environnement est biologiquement pollué. Nous devons être très prudents lorsque nous arrivons sur Terre, par exemple, nous portons des combinaisons stériles et vivons dans des quartiers bien protégés.

Adrian : Quel est votre niveau moyen d'intelligence ?

X3 : C'est difficile à définir ou à comparer. De toute évidence, nous sommes plus avancés en intelligence que les humains, mais pas de la même manière ou dans tous les domaines. Il y a des domaines dans lesquels vous êtes plus développés que nous, donc il est difficile d'établir une norme. En général, nous sommes plus avancés en termes d'intelligence.

Adrian : Portez-vous des vêtements ?

X3 : Oui, nous portons une sorte de combinaison spatiale faite de matériaux légers et flexibles qui est un revêtement efficace contre les infections et maintient l'hygiène personnelle. Nous ne voulons pas polluer l'environnement dans lequel nous vivons avec diverses sécrétions corporelles.

Adrian : Avez-vous des animaux domestiques ?

X3 : Uniquement dans des maisons spéciales pour animaux et dans des conditions très strictement surveillées, ils ne se promènent pas librement parmi nous comme chez vous. Vous devrez m'excuser maintenant, nous devons y aller, nous avons du travail à faire. Nous avons été heureux de parler avec vous.

Adrian : De même. J'aimerais continuer notre conversation chaque fois que vous aurez du temps.

X3 : Nous aussi. Ce n'est pas tous les jours que nous avons la chance de parler en face à face avec un être humain vivant. Merci beaucoup, portez-vous bien.

J'ai appelé Chaya et je lui ai raconté la conversation que je venais d'avoir, ou du moins que je croyais avoir eue. Comme d'habitude, il m'était difficile de croire que tout cela s'était vraiment produit.

Chaya : Le voilà, il vient juste de rentrer. L'alien dit que tu n'as pas imaginé la conversation. Il était vraiment chez toi et il a apprécié de te rencontrer. La conversation était intéressante et productive, et elle a vraiment eu lieu.

Adrian : À quoi ressemble-t-il ?

Chaya : Il ressemble essentiellement à un être humain, mais il est très petit, plus petit que la plupart des autres aliens ici dans mon équipe, et il a de grands yeux et des cheveux lisses.

Adrian : En dehors de sa conversation avec moi, a-t-il reçu des informations supplémentaires sur moi ?

Chaya : Oui. Ils ont la capacité de pénétrer dans notre inconscient. Il ressent que tu es une personne très complexe, comme tous les humains, nous sommes tous très compliqués émotionnellement, ce qui est un problème qu'ils ne partagent pas sur Sirius.

Le lendemain, j'ai rencontré Chaya et nous avons continué notre conversation. Le docteur de Sirius était présent.

X3 : Mon nom est X3. Nous n'avons pas de noms comme vous. Ma planète est très belle et très avancée, tant sur l'échelle de l'évolution, que scientifiquement. Nous vivons en harmonie avec la nature : nous utilisons des matériaux naturels plutôt que synthétiques car ils sont de grands polluants.

Par exemple, nous enveloppons les choses dans des feuilles de bananier. Nous sommes tous comme un seul corps. Tout le monde a les mêmes souvenirs et la même ligne de pensée, en fait, presque les mêmes pensées, et quoi que l'un ressente ou pense, l'autre le ressent ou le pense aussi. C'est une sorte de processus de pensée coopératif et télépathique.

Le 31 mars 1997, j'ai rencontré à nouveau X3 chez Chaya et je lui ai demandé s'il avait lu mon livre et quel était son avis sur la perspective d'un être humain en chair et en os.

X3 : C'est un excellent livre. Votre point de vue, de la perspective des extraterrestres, est très étroit et déformé, mais du point de vue des êtres humains, le livre est excellent.

Le livre comprend deux théories intéressantes, l'une concernant la chirurgie sans avoir du sang des extraterrestres, et l'autre est la description physique de la structure de la matière. Je vous recommanderais de contacter l'être Albert Einstein, il peut vous expliquer les phénomènes physiques.

Adrian : Combien de temps vous a-t-il fallu pour lire mon livre ? Un être humain a besoin de quelques jours pour le lire attentivement.

X3 : J'ai lu le livre deux fois en une demi-heure.

Maya : J'ai lu le livre en une heure et demie.

Adrian : Combien de temps faut-il à un extraterrestre pour devenir médecin ? Chez les humains, cela prend 7 ans d'études.

X3 : Les extraterrestres étudient pendant 14 ans. Les études sont très complètes et incluent l'étude des cultures et des sociétés comparatives ainsi que l'apprentissage des langues étrangères. Un médecin extraterrestre doit savoir comment traiter un large éventail de formes de vie de nombreuses planètes différentes.

Lors d'une autre occasion (avril 1997), j'ai eu l'occasion de continuer à interroger X3.

Adrian : Quelle est la population de Sirius ?

X3 : Entre 8 et 10 millions.

Adrian : C'est tout ? C'est très peu comparé à la Terre.

X3 : Oui. Sirius est plus petit et son taux de croissance démographique est faible. Si une famille a deux enfants, c'est beaucoup, et de nombreuses familles n'ont pas d'enfants. Sirius est relativement fermée aux influences extérieures, c'est une planète qui n'a presque pas d'immigrants d'autres planètes, donc la population est assez homogène. De plus, il n'y a pas de maladies.

L'une des raisons des maladies sur Terre est la variété des races et le manque d'homogénéité de la population. Sirius est une planète propre, bien rangée, voire stérile, ce qui est très différent de la Terre qui est biologiquement polluée. Les habitants de Sirius atteignent la maturité sexuelle vers l'âge de 300 ans.

Adrian : Quelle est l'espérance de vie sur Sirius ?

X3 : Il y en a qui ont 300, 600 et même 900 ans. L'espérance de vie sur Terre est parmi les plus courtes de l'univers. Il y a une autre planète dont les habitants sont similaires aux humains et leur espérance de vie est également similaire, cependant, les autres civilisations de l'univers ont des espérances de vie beaucoup plus longues.

Adrian : Les habitants de Sirius se réincarnent-ils ?

X3 : Oui. Après leur mort, il est d'usage d'embaumer leurs corps et de les conserver dans des caisses spéciales. L'âme se réincarne sur une autre planète. Les habitants de Sirius sont connus pour l'énergie puissante de leurs esprits.

Adrian : Ce n'est pas tout à fait clair sur ce que tu viens de dire. Peux-tu expliquer cela ?

X3 : Voici un exemple : Si deux enfants de Sirius se disputent à propos de quelque chose (comme le font tous les enfants), et qu'un adulte passe par là, il peut les calmer simplement par la force de ses pensées.

Adrian : Comment en es-tu venu à être impliqué dans la délégation médicale ?

X3 : Une brochure a été publiée sur toutes les planètes qui annonçait le besoin de médecins et de techniciens pour les délégations médicales. Comme je sentais avoir suffisamment contribué à Sirius en tant que médecin, cela me convenait. J'ai été accepté dans une délégation et je reçois un salaire. J'ai aussi l'occasion de rentrer chez moi de temps en temps.

Adrian : Qui a publié la brochure ?

X3 : Il y a une organisation suprême composée d'un groupe d'esprits incluant des politiciens, des scientifiques et d'anciens militaires. Ils décident de la politique, y compris de la recherche et de l'aide humanitaire.

Adrian : Y a-t-il suffisamment de financement pour ces activités?

X3 : Oui. Il y a des fonds abondants disponibles pour la recherche. Chaque fois que nous demandons un nouvel équipement, nous recevons presque toujours une réponse positive. Il suffit d'obtenir l'autorisation des comités appropriés.

Un manque de sensibilité

À plusieurs reprises, j'ai discerné un manque distinct de sensibilité de la part de X3.

Par exemple, ils m'ont fait subir un traitement et ne m'ont pas expliqué exactement (ou même vaguement) ce qu'ils faisaient. J'ai tiré des conclusions erronées et à cause de cela j'ai eu une tension psychologique considérable. Quand j'ai réalisé qu'ils auraient pu m'épargner cette détresse avec une simple explication, j'ai formulé une plainte, mais X3 ne pouvait pas voir ce qui me contrariait. Il a souligné qu'ils n'étaient pas obligés de tout me dire.

Il semble que les systèmes émotionnels et nerveux de X3 diffèrent de ceux des êtres humains. Il était absolument incapable de comprendre pourquoi j'étais contrarié. Après que je lui ai expliqué ce qui me perturbait, il a admis qu'il ne connaissait pas les aspects psychologiques des humains.

Le 13 avril 1997, j'ai découvert que X3 venait de terminer un cours accéléré sur la psychologie humaine.

Adrian : Maintenant que tu as suivi ce cours, te serais-tu comporté différemment ?

X3 : Je pense que j'expliquerais davantage et j'impliquerais davantage le patient dans ce que nous faisons.

Adrian : Certains des patients qui s'approchent des guérisseurs souffrent de maladies graves et, au moment où ils arrivent chez un guérisseur, ils sont extrêmement stressés.

Le 19 avril 1997, X3 nous a demandé de l'appeler Dov.

Adrian : Pourquoi as-tu choisi le nom de Dov ? [Le nom hébreu Dov signifie « ours ».]

X3 : C'est le nom de la constellation.

Adrian : Sais-tu ce qu'est un dov [ours] ?

X3 : Non.

Je lui ai montré une image d'un ours.

X3 : Est-ce qu'il mord ?

Adrian : Oui. Parle-moi de ton vaisseau spatial.

X3 : Il y a essentiellement trois tailles de vaisseaux spatiaux. Le plus grand est comme un énorme entrepôt. Il abrite le central téléphonique du centre de communications internationales et de nombreuses autres fonctions. Le vaisseau spatial de taille moyenne est utilisé, entre autres choses, comme hôpital et il est situé dans l'atmosphère. Les petits vaisseaux spatiaux sont principalement utilisés pour le transport.

Adrian : Combien de salles d'opération y a-t-il dans le vaisseau hospitalier ?

X3 : Il y en a trois, mais une seule est actuellement fonctionnelle, les deux autres sont en rénovation.

Mon équipe médicale partage la salle d'opération avec une autre équipe impliquée dans la recherche géographique, y compris l'étude des animaux.

Votre série télévisée Star Trek rappelle notre réalité, en particulier en ce qui concerne la variété des créatures. Le créateur de la série a dû recevoir son inspiration de nous.

Chaya : Où as-tu vu la série télévisée ?

X3 : Chez toi, sur ta télévision. Aimerais-tu visiter Sirius à nouveau ? Nous avons des vols réguliers et nous pourrions t'emmener avec nous.

Adrian : Oui, mais vas-tu seulement nous montrer à nouveau l'aéroport ?

X3 : J'aimerais t'emmener dans un endroit équivalent à vos zoos d'ici, sur Terre.

Adrian : Comment fonctionne ton interface informatique ?

Les extraterrestres étaient perturbés par ma question parce qu'ils pensaient que je demandais une explication sur le fonctionnement de leurs ordinateurs, ce qui est une information confidentielle, donc j'ai dû expliquer que je posais seulement des questions sur la manière dont ils interagissent avec leurs ordinateurs.

Adrian : Je veux dire l'interface homme-machine.

X3 : Nous lui parlons. L'ordinateur parle une langue standard connue dans tous les mondes avancés. L'utilisateur de l'ordinateur doit être familier avec cette langue. Les mains de l'utilisateur sont posées sur quelque chose et des touches sont enfoncées, et ensuite il peut parler avec l'ordinateur de la même manière qu'il parle à une autre personne.

Adrian : L'ordinateur connaît-il d'autres langues ?

X3 : Oui. Nous avons en fait appris différentes langues, y compris l'hébreu, avec l'ordinateur.

Chaya : Quand les extraterrestres sont arrivés pour la première fois, ils parlaient un hébreu de Shabbat - plutôt drôle, raide et formel, avec beaucoup d'erreurs, comme quelqu'un qui a appris la langue à l'étranger et ne l'a jamais entendue en réalité. Maintenant, ils utilisent déjà des expressions familières.

Le 26 avril 1997, je subissais un traitement chez Chaya et parmi les personnes présentes se trouvaient X3, Gidon, Maya, Natan et Shamiya, le superviseur transparent.

Adrian : Un de mes amis, dont le passe-temps est l'astronomie, m'a dit que Sirius est l'une des planètes les plus proches de notre système solaire. Il a dit que cela ne représente que quelques années-lumière. X3 pourrait-il me dire, s'il vous plaît, combien de temps dure le voyage vers Sirius ?

X3 : En notre temps, cela prend trois semaines aller-retour.

Adrian : Mais tu as déjà emmené Chaya et moi en voyage à Sirius et nous nous sommes retrouvés chez nous le même soir. Comment est-ce possible ?

X3 : Toi et Chaya étiez dans un état converti et donc en temps humain, seulement quelques heures se sont écoulées.

Adrian : Cela correspond à ta pratique de la conversion du temps. Il semblerait que le temps extraterrestre s'écoule plus rapidement que notre temps.

X3 : Si les humains avaient des vaisseaux spatiaux comme les nôtres, il vous faudrait 3 jours pour arriver à Sirius.

Adrian : Quel type de gouvernement existe sur Sirius ?

X3 : C'est quelque chose comme le Sénat de la Rome antique, c'est-à-dire un comité d'hommes sages. Les plus anciens et les plus sages sont les membres du comité directeur. Leur autorité découle de leur sagesse et de leurs connaissances personnelles et non des élections démocratiques générales. Les membres sont choisis par les membres du comité eux-mêmes lors d'élections démocratiques internes.

En général, la démocratie tend vers l'anarchie, n'importe quoi peut se produire, c'est pour cela qu'un gouvernement composé par un groupe de citoyens sages est plus stable.

Parce qu'il n'y a pas de guerres sur Sirius, le comité s'occupe des choses plus agréables, comme des fouilles archéologiques autour de la planète, des questions écologiques, de la recherche, du bien-être de la population, et ainsi de suite.

Adrian : En fonction de votre expérience avec diverses civilisations, la probabilité de guerre diminue-t-elle à mesure que la civilisation devient plus avancée ?

X3 : Cela dépend de l'homogénéité de la population. Sur Sirius, par exemple, la population est très homogène, donc il n'y a pas de raison de faire la guerre. La population de la Terre n'est pas homogène, il y a de nombreuses races et nations, et c'est une source de friction. En dehors de cette absence d'homogénéité, les humains ont une disposition à faire la guerre, les humains se battent entre eux.

Adrian : Vous devrez être nos baby-sitters pendant longtemps.

X3 : Il semble que oui. Mais dans 10 ans, la population de la Terre connaîtra une révolution en termes de perception de son monde et, à ce moment-là, il y aura un débarquement massif d'extraterrestres.

Adrian : David Ronen, un chercheur et journaliste sur les OVNI qui écrit la chronique X Files pour le journal quotidien Ma'ariv, veut faire un article sur toi, mais il y a le problème de la vérification. C'est définitivement ton point faible.

X3 : Je suis désolé de dire que c'est vrai. Ce sont les instructions que nous avons reçues du Conseil. Nous devons travailler en équipes médicales avec les humains, mais nous ne devons pas nous faire connaître au grand public ni laisser de preuves physiques de notre présence.

Adrian : Si c'est le cas, pourquoi t'intéresses-tu à la publicité ?

X3 : Le Conseil souhaite promouvoir l'idée que les extraterrestres existent, qu'ils travaillent avec des guérisseurs et qu'ils sont capables d'aider les humains avec leurs problèmes médicaux. L'exposition doit être très progressive.

C'est une sorte de psychologie basée sur une fuite lente mais constante d'informations. Ce sont les instructions que nous avons reçues. Le Conseil affirme que les humains ne sont pas encore prêts à accepter la présence physique des extraterrestres. La réaction typique des humains est de tirer sur tout ce qui bouge.

Adrian : Ne pensez-vous pas que la prise de conscience du fait que nous ne sommes pas seuls dans l'Univers aura pour effet de réduire le nombre de guerres et l'hostilité entre les nations ?

X3 : Oui, mais ensuite, les humains commenceront à faire la guerre aux extraterrestres. Avant que les extraterrestres n'atterrissent, ils émettront des faisceaux télépathiques conçus pour calmer psychologiquement la population afin de créer une atmosphère moins menaçante.

Adrian : Avez-vous l'intention de mettre vos cliniques au sol au même niveau que vos cliniques spatiales en termes d'équipement, afin de pouvoir effectuer les mêmes traitements ici ?

X3 : C'est exactement ce que nous faisons. Notre objectif est de mettre à disposition de l'équipe médicale au sol le même équipement que celui qui existe dans les salles d'opération du vaisseau spatial. Nous mettons beaucoup d'efforts dans ce projet.

L'équipement et les instruments chirurgicaux sont très avancés. Ils sont fabriqués dans une galaxie lointaine et spécialement adaptés aux conditions du vaisseau spatial, comme le poids qui est presque nul. Pour garantir que cet équipement fonctionnera également sur Terre, il doit subir plusieurs ajustements. C'est ce sur quoi nous travaillons actuellement. L'équipement est adapté aux conditions de la Terre et envoyé ensuite.

Une fois arrivé ici, il est testé et les résultats sont renvoyés au fabricant avec des commentaires pour d'autres ajustements et corrections.

Nous voulons être en mesure de réaliser des greffes de rein, cela a été donné en première priorité. Ceux qui sont responsables des salles d'opération sur le vaisseau spatial n'osent pas amener les gens là-haut pour le traitement, de peur d'une infection contagieuse et d'introduire des polluants dans leur environnement.

Adrian : Quand estimez-vous être prêts à commencer à réaliser des greffes ici ?

X3 : Dans 3 mois supplémentaires.

Adrian : Les extraterrestres ont-ils la même structure anatomique que nous ?

X3 : Non. Il y a des différences significatives, malgré l'apparence généralement similaire.

Adrian : Êtes-vous constitués des mêmes acides aminés ?

X3 : Non.

Adrian : La structure de base de l'ADN en tant qu'éléments de construction du corps est-elle similaire à la nôtre, c'est-à-dire avec quatre éléments de construction de base ?

X3 : Non. Certains en ont 6 et d'autres 12 ou plus. Il y a des similitudes, mais il y a aussi des différences significatives.

Adrian : Les médecins extraterrestres suivent-ils un cours spécial sur l'anatomie des humains avant de venir ici pour traiter les gens ?

X3 : Oui. Nous étudions différents aspects de la médecine pendant 4 à 6 mois, tels que la physiologie et l'anatomie des humains, et nous étudions les langues et la culture. Ceux qui viennent travailler en Israël étudient l'hébreu et l'histoire du peuple juif.

Adrian : Si un médecin humain devait apprendre la même quantité de matière, combien de temps lui faudrait-il ?

X3 : Environ deux ans et demi d'études intensives.

Adrian : Comment avez-vous eu les informations enseignées dans ces cours ?

X3 : Chaque équipe de recherche contribue avec ses découvertes à l'éducation de l'ensemble et c'est ainsi que nous élargissons continuellement notre base de connaissances.

Adrian : Avez-vous utilisé nos manuels médicaux ?

X3 : Oui, mais seulement de manière générale car les méthodes de traitement sont très dépassées. Nous avons principalement appris sur les maladies courantes, les concepts généralement acceptés, les noms de médicaments, et ainsi de suite.

Adrian : Les patients extraterrestres ont-ils aussi l'impression que leurs corps sont intacts et inviolés lorsque vous effectuez une opération chirurgicale sur eux, comme le ressentent les humains lorsque vous les traitez ?

X3 : Nos méthodes de traitement sont similaires, mais parce que nous utilisons une matière différente, le traitement est différent pour les humains. Par exemple, lorsque nous effectuons une chirurgie sur des extraterrestres, nous utilisons une anesthésie générale, principalement parce que les extraterrestres peuvent voir la procédure chirurgicale, tandis que les humains ne le peuvent pas.

Le travail sur les extraterrestres est plus facile car leurs corps sont plus robustes que ceux des humains, le corps humain est sensible et nécessite toujours un équilibre critique. Les corps extraterrestres peuvent supporter des manipulations chirurgicales drastiques avec beaucoup moins de risques de complications. À cet égard, le corps humain est plus compliqué et vulnérable, tandis que les corps extraterrestres sont simplement plus forts. Je suppose que c'est une question d'être plus développé sur l'échelle évolutive.

Par la suite, Chaya a souligné que le médecin extraterrestre qui se fait appeler Gidon a une mémoire phénoménale. X3 se précipite généralement d'un traitement à l'autre et ne se souvient pas toujours de tout. Chaya disait qu'il est un peu comme un professeur distrait. Elle a souligné que lorsqu'elle communique avec les extraterrestres, ils écrivent généralement tout, ou du moins les choses importantes. Gidon n'écrit jamais, il écoute simplement et se souvient de tout.

Le 3 juillet 1997, lors d'une séance de traitement chez Chaya, j'ai profité de l'occasion pour parler à nouveau avec X3.

X3 : Les habitants de Sirius sont assez similaires aux humains dans leur apparence extérieure. Il semble que de nombreuses équipes de recherche aient été en contact avec les êtres humains dans de nombreuses parties différentes du monde tout au long de leur histoire, en particulier dans l'histoire du peuple juif. Les extraterrestres étaient également responsables de nombreux changements et améliorations génétiques de la race humaine.

Adrian : Quand avez-vous l'intention de révéler votre présence sur Terre ?

X3 : Nous nous attendons à une sorte de révolution mondiale dans les 3 prochaines années, qui débutera au Moyen-Orient, ce sera le signal pour les extraterrestres de quitter la Terre. Lorsque tout sera à nouveau calme, nous reviendrons en masse et, avant d'atterrir, nous enverrons des ondes télépathiques pour habituer la population à notre présence.

Adrian : D'où proviennent ces informations ?

X3 : Ce sont des rumeurs que nous entendons. Ce sont des plans confidentiels des extraterrestres. Je dois m'excuser, nous ne sommes que des médecins qui recueillent des bribes de rumeurs.

Adrian : Pourquoi les extraterrestres ont-ils marqué certains êtres humains ?

X3 : Les marques sont destinées à notre retour en masse. Certaines personnes sont marquées comme étant adaptées pour travailler avec les extraterrestres à leur arrivée, et certaines sont marquées pour un transfert vers d'autres planètes selon les décisions du Conseil.

Adrian : Pourquoi transféreriez-vous des gens vers d'autres planètes ?

X3 : Afin d'ajouter de la variété génétique et des améliorations aux populations de ces autres mondes.

Adrian : Les informations télépathiques que j'ai reçues sur l'âme sont-elles correctes ? L'âme est-elle une forme de vie qui se réincarne dans d'autres corps et vit en symbiose avec eux ?

X3 : C'est plus ou moins correct. L'âme ou l'esprit est une ancienne forme de vie provenant d'un plan d'existence différent. Il existe des planètes entières où seuls les esprits vivent, c'est une sorte d'école pour les êtres spirituels. Les extraterrestres ont également des âmes et des êtres spirituels, mais les êtres spirituels extraterrestres ne se mélangent généralement pas avec les êtres spirituels humains, bien qu'il y en ait qui se réincarnent sur d'autres planètes.

Adrian : Les êtres spirituels forment-ils une civilisation à part?

X3 : Le terme "civilisation" n'est pas exactement le bon à utiliser pour les êtres, mais oui, ils forment quelque chose de similaire.

Adrian : Dans ce cas, vous pourriez considérer la bibliothèque cosmique comme étant parallèle à la civilisation des êtres, tout comme le bureau du recensement du ministère de l'intérieur ici sur Terre.

X3 : Oui, on pourrait le voir ainsi.

Adrian : Existe-t-il des formes de vie qui ne s'associent pas avec les âmes ?

X3 : Je trouve ce sujet effrayant. Ma mère est impliquée dans le sujet des âmes extraterrestres, mais je n'en sais pas beaucoup. Autant que je sache, chaque forme de vie a une âme. Le cosmos est bien plus merveilleux que ce que les êtres humains supposent. Il existe de nombreuses variétés de formes de vie sur de nombreux plans d'existence différents. Il y a un énorme vaisseau de recherche de la taille d'une ville qui se pose une fois tous les 10 ans et recueille et étudie des échantillons de formes de vie et de roches de différentes planètes.

Les vaisseaux spatiaux extraterrestres
Le 25 février 1997, j'ai établi un contact télépathique avec le Centre de Communication concernant leur vaisseau spatial.

Adrian : Décrivez-moi à quoi ressemble l'intérieur de votre vaisseau spatial.

Centre de Communication : Pour les êtres humains, cela ressemblerait à marcher à travers un vaste réseau de tuyaux, où que vous alliez, vous marchez à travers des sas et des tuyaux. En général, c'est encombré et compact.

Adrian : Quel est le niveau de gravité à l'intérieur du vaisseau?

Centre de Communication : Dans tout le vaisseau spatial, il y a une gravité artificielle standard de 0,8g, sauf dans les zones où il y a des formes de vie qui nécessitent un niveau différent de gravité.

Le 1er mars, lors d'un traitement chez Chaya, j'ai vérifié les informations reçues du Centre de Communication avec l'équipe médicale.

Adrian : Quel est le niveau de gravité à bord de votre vaisseau?

X3 : C'est une gravité produite artificiellement similaire à la force gravitationnelle sur Terre. Je ne connais pas la valeur exacte, mais c'est très similaire. Les techniciens du vaisseau spatial s'en occupent. Certaines zones du vaisseau spatial ont un niveau de gravité différent. Il y a des zones de recherche et des zones résidentielles. Nous induisons la gravité pour éviter que les objets flottent dans l'air. Il y a environ 102 techniciens à bord qui s'occupent de ces choses.

Adrian : Êtes-vous d'un poids similaire à celui des humains ? Combien pèse Maya, par exemple ?

X3 : Environ 80 kilogrammes.

Adrian : C'est à peu près dans la même gamme que les poids humains, c'est juste dans une dimension différente.

X3 : Exactement.

Adrian : Quel est l'intérieur de votre vaisseau spatial ?

X3 : Il y a beaucoup de couloirs interconnectés qui ressemblent à des tuyaux et les sections de liaison ressemblent à des accordéons. Cette disposition maintient la stérilité et tout est d'une couleur claire et agréable. Le problème, c'est que les salles d'opération sont très encombrées et petites.

Le 2 mars 1997, j'ai pris contact avec le Centre de Communication pour obtenir des éclaircissements supplémentaires.

Adrian : Ici Adrian, je contacte le Centre de Communication. Quelqu'un me reçoit-il ?

Centre de Communication : Oui, Adrian, nous vous recevons. Que souhaitez-vous ?

Adrian : De la documentation. J'aimerais obtenir des informations générales sur votre vaisseau spatial, si possible.

Centre de Communication : Attendez un instant, nous allons vous transférer au Centre de Contrôle.

Centre de Contrôle : Oui, Adrian, nous vous écoutons.

Adrian : Est-il exact que votre vaisseau spatial maintient un niveau de gravité artificielle de 0,8g ?

Centre de Contrôle : Oui, c'est exact. Dans la plupart des zones du vaisseau spatial, le niveau de gravité est similaire à celui de la Terre, 0,8g est la valeur approximative.

Adrian : Maintenez-vous le niveau de gravité par la force centrifuge, en d'autres termes par la rotation ou un mouvement constant ?

Centre de Contrôle : Non, c'est une méthode inutilement compliquée. Il y a des champs d'espace permanents à cet effet, c'est au-delà de vos connaissances. Vous devrez simplement accepter que nous sommes capables de produire de la gravité à la demande. Le vaisseau spatial entier est en gravité artificielle. Cela fait partie du système d'activation du vaisseau et un effet secondaire des moteurs principaux utilisés pour produire la gravité artificielle. Chaque objet ou granule à proximité du vaisseau spatial dans un certain rayon est affecté par cette gravité.

Adrian : Nous parlons donc d'un effet qui couvre une large zone.

Centre de Contrôle : En général, oui, mais nous pouvons isoler des pièces ou des zones et produire une gravité localisée différente, selon nos besoins.

Adrian : Les valeurs de gravité restent-elles constantes pendant le voyage ?

Centre de Contrôle : Oui, toujours. Sinon, les choses voleraient à l'intérieur du vaisseau spatial pendant le voyage. L'intérieur et les environs immédiats du vaisseau spatial maintiennent une gravité constante, comme s'il était au sol et non en voyage dans l'espace.

Adrian : Vous maintenez donc une gravité constante ?
Centre de Contrôle : Oui, nous devons le faire.
Adrian : Quelle est la forme géométrique du vaisseau spatial ?
Est-il sphérique, avec de nombreux niveaux et aérodynamique ? Avez-vous le droit de me décrire l'apparence du vaisseau spatial ?
Centre de Contrôle : Attendez, s'il vous plaît. Nous vérifions...
Oui. Le vaisseau spatial est sphérique, mais pas totalement, il s'approche d'une sphère. Il a de nombreuses ouvertures, tourelles et parties saillantes, mais la forme générale est ronde. Cependant, il existe différents types de vaisseaux spatiaux de tailles et de formes différentes. Voici une image.
Adrian : Je vois des fenêtres. C'est énorme et il est composé de plusieurs niveaux. L'intérieur ressemble-t-il à celui d'un immeuble à plusieurs étages ?
Centre de Contrôle : Oui. Il y a différents niveaux.
Adrian : Combien de niveaux intérieurs y a-t-il dans le vaisseau spatial ?
Centre de Contrôle : Un total de 12 niveaux, mais en termes pratiques, il y a 10 niveaux en utilisation. Les deux niveaux extrêmes sont de très petites pièces. En général, vous pouvez dire que le vaisseau spatial se compose de 10 niveaux.
Adrian : Ce vaisseau spatial atterrit-il sur un sol solide ?
Centre de Contrôle : Attendez, s'il vous plaît, nous vérifions... Il existe des vaisseaux spatiaux qui ne sont pas conçus pour atterrir sur des planètes et ils ne se posent jamais. Notre vaisseau spatial est capable d'atterrir sur un sol solide. Nous n'en étions pas sûrs, mais l'ordinateur dit que c'est possible, mais cela n'a pas été fait depuis très longtemps. En général, le vaisseau spatial s'amarre dans l'espace à proximité d'une planète cible et de plus petits vaisseaux spatiaux sont utilisés pour le transfert d'équipement et de personnel.
Adrian : Donc, votre vaisseau spatial contient-il un garage ou un hangar pour les plus petits vaisseaux spatiaux ?
Centre de Contrôle : Oui. Il y a de nombreux points d'amarrage externes, mais il n'y a pas de garage à l'intérieur. Ce n'est pas un navire de transport. Il existe des navires de transport juste pour transporter des vaisseaux plus petits. Celui-ci est un vaisseau de recherche et n'a que de petits vaisseaux spatiaux pour l'évasion ou en cas d'urgence. Vous devez comprendre que nous n'arrivons pas dans un seul vaisseau spatial. Nous voyageons en flottes de vaisseaux spatiaux et nous avons besoin de fournitures, de logistique, de communications et de bien d'autres choses qui sont gérées par toute une flotte de manière organisée.
Adrian : Je comprends. Les différentes fonctions sont réparties au sein d'un grand groupe.

Centre de Contrôle : Exactement, nous ne parlons pas d'un seul vaisseau spatial.

Adrian : Quelles autres choses intéressantes pourriez-vous me dire à propos de votre vaisseau qui, pourraient intéresser mes lecteurs ?

Centre de Contrôle : Nous ne savons pas par où commencer. Pour nous, tout est très banal, mais pour vous, tout est étonnant. À l'intérieur du vaisseau, c'est comme un porte-avions avancé, sauf que tout est plus propre, en fait c'est stérile. Si vous vous promeniez dans notre vaisseau spatial, vous verriez des visages qui vous empêcheraient de dormir la nuit. Comprenez-vous ?

Adrian : Oui. Avez-vous des ascenseurs reliant les niveaux ?

Centre de Contrôle : Attendez, s'il vous plaît. Vous pouvez les appeler ascenseurs, mais ils ne sont pas exactement de mêmes types que sur Terre. Dans l'espace, il n'y a pas besoin d'ascenseurs, nous avons des unités avec des commandes de mouvement qui se déplacent le long de rails entre les niveaux lorsque des équipements lourds doivent être déplacés. En général, nous nous déplaçons à pied ou nous utilisons des chariots spéciaux car la plupart des équipements sont compacts et petits afin de pouvoir être facilement transportés.

Adrian : D'accord, merci beaucoup pour le moment.

Centre de Contrôle : De rien. Au revoir, Adrian. Nous avons apprécié de parler avec vous. Shalom.

Gidon et son frère

Le 13 juin 1997, j'ai décidé d'enquêter sur Gidon, le bras droit de X3. Gidon est un extraterrestre qui nous ressemble en apparence : il est mince, a des cheveux blonds et des yeux bleus. Il ne parle pas beaucoup et reste en retrait lorsque X3 (le chirurgien principal) effectue un traitement.

Gidon entre en action lorsque des questions secondaires se posent. Il a un frère aimable qui lui ressemble et j'ai découvert qu'il aime discuter. Dans le cadre de ses études médicales, il apparaît souvent pour observer les traitements faits. Lors d'une de ces occasions, j'ai saisi l'occasion de discuter avec lui et je lui ai demandé de me parler de sa planète.

Frère de Gidon : Je ne me souviens pas beaucoup de ma planète. Je vis avec mes parents et mon frère sur le vaisseau-mère depuis l'âge de 7 ans. Ma mère fait des recherches techniques et mon père explore de nouvelles planètes, comme vos explorateurs qui sont sortis et ont découvert de nouveaux continents. La mission de mon père est de trouver des planètes où nous pouvons nous installer.

Adrian : Vous vous installez sur de nouvelles planètes à l'aide d'un environnement artificiel que vous créez, ou cherchez-vous un environnement naturel qui vous convient ?

Frère de Gidon : Nous cherchons un environnement naturel approprié. En raison du travail de nos parents, nous voyageons à bord du vaisseau-mère depuis des décennies.

Adrian : Parlez-moi de la vie à bord du vaisseau.

Frère de Gidon : Chaque famille a son propre petit appartement d'environ 40 mètres carrés. Tous les appartements sont identiques et sont équipés d'une grande quantité d'équipements automatiques. Par exemple, vous appuyez sur un bouton et un lit sort, ou un bureau apparaît. Nous obtenons notre nourriture et nos boissons à partir d'un distributeur automatique, similaire à ceux que vous avez pour les boissons ou les sandwichs, nous appuyons simplement sur un bouton et choisissons parmi les menus standard. Je pense que la nourriture provient d'une cuisine centrale quelque part dans le vaisseau. Ma mère est végétarienne et mon père ne mange que des aliments naturels, mais mon frère et moi mangeons de tout.

Adrian : Et le linge ?

Frère de Gidon : Nous mettons notre linge dans une machine avec un tambour rond, et il en ressort propre et sec. Je n'ai jamais vu quelqu'un y mettre de la poudre à lessive comme les humains le font, et je ne pense pas qu'elle utilise de l'eau non plus. Cela fonctionne avec de la vapeur intermittente et du vide, quelque chose comme le nettoyage à sec. Dans le vaisseau spatial, le vide est une denrée bon marché.

Gidon : J'avais 17 ans lorsque nous avons quitté notre planète natale, alors je me souviens davantage.

Nous venons d'une petite planète appelée Izak dans la constellation de la Vierge. La surface de la planète est recouverte de cristaux, de nombreuses grottes et très peu de sol. Enfants, nous aimions jouer dans les grottes. Notre maison était construite à moitié sous terre et à moitié au-dessus de la surface, et entourée d'un jardin et d'un petit potager. Le sol sur Izak était constitué d'une substance fine et poudreuse semblable à votre argile.

Je me souviens de deux types de fleurs qui poussaient autour de notre maison, l'une était jaune, très grande, de forme générale similaire à vos tournesols, et l'autre ressemblait à une grande coupe rouge. Nous aimions mettre la fleur jaune dans la coupe rouge. Dans notre potager, nous faisions pousser quelque chose qui ressemblait à une aubergine. Puis il y avait un petit arbre dont le fruit avait le goût d'un mélange de noix et de litchis. Nous mangions le fruit dans la peau avec une cuillère. Je ne comprends pas pourquoi nos vies personnelles vous intéressent, pour nous, vos vies personnelles ne nous intéressent pas.

Adrian : Je suis sûr que certains lecteurs de mon livre trouveraient cela intéressant. Quel âge ont vos parents ?

Gidon : Ma mère a 700 ans et mon père a 800 ans. Ils ont tous deux encore l'air jeunes. L'espérance de vie de ma race est d'environ 1 500 ans. Nous avons également un grand-père qui vit quelque part. Mon frère a 30 ans et j'en ai 40.

Frère de Gidon : J'ai grandi à bord du vaisseau spatial. Il y avait une maison d'enfants avec environ 30 enfants de races différentes. Tout le monde parlait une langue maternelle différente mais nous parlions tous une langue standard qui nous permettait de communiquer les uns avec les autres. Les enfants jouaient à toutes sortes de jeux, y compris des jeux informatiques. Nos ordinateurs sont plus sophistiqués que les vôtres et, avec l'ordinateur, nous pouvons avancer ou reculer dans le temps. L'ordinateur a été utilisé pour apprendre à lire et à écrire, et pour de nombreuses autres choses. Il nous montrait également des films. De plus, nos parents nous faisaient des spectacles.

J'ai visité Tel Aviv et je suis allé dans l'un des théâtres, je ne me souviens pas de son nom. Je suis entré et me suis appuyé contre un mur et j'ai regardé Le Bossu de Notre-Dame, ce que j'ai beaucoup apprécié.

Les assistants de X3, Natan et Shamiya

Au cours de mes traitements chez Chaya, deux créatures dont le travail était de manipuler l'équipement médical étaient toujours présentes en arrière-plan. Chaya les appelait les assistants de X3 et disait qu'ils ressemblaient un peu au personnage E.T. du film du même nom.

La plupart des conversations menées pendant les traitements étaient avec X3, Gidon et Maya. Nous n'engageons presque jamais les assistants dans la conversation. Ils semblaient préférer rester discrets.

Vers mars 1997, les extraterrestres sont venus chez moi pour m'examiner. Je me suis assis à mon ordinateur pour entrer en contact et, pour la première fois, ces deux assistants se sont présentés. J'ai demandé leurs noms et le premier s'est identifié comme Natan et le second comme Shamiya. En arrière-plan, j'ai entendu un extraterrestre rire et dire : "Ils ont enfin choisi des noms humains." La prochaine opportunité que j'ai eue lors d'un traitement chez Chaya, j'ai décidé de les interroger.

Adrian : De quelle planète vous venez ?

Natan : Le nom de notre planète est Million Quatre. C'est une petite planète, environ un quart de la taille de la Terre, et son soleil est faible. Il n'y a pas d'eau courante sur la planète, seulement de l'eau sous forme solide. [Nous n'avons pas immédiatement réalisé qu'il voulait dire de la glace et que sa planète est très froide.] Il fait si froid que la glace est claire et transparente et la planète est en grande partie inhabitée, avec seulement quelques formes de vie qui y vivent.

Adrian : Y a-t-il des ressources naturelles de subsistance sur la planète, comme de la végétation pour la nourriture ?

Natan : Non. La nourriture est importée d'autres planètes ou produite localement par des procédures technologiques avancées.

Adrian : Si c'est le cas, est-ce là que votre espèce est née et s'est développée en tant que race ?

Natan : Non. Nous avons émigré vers cette planète il y a plusieurs centaines d'années. Notre planète a été perdue et notre race est maintenant dispersée sur plusieurs planètes. Nous sommes en fait des réfugiés.

Adrian : Comment en êtes-vous venus à rejoindre l'équipe médicale ?

Natan : J'ai vu une annonce pour des médecins et des techniciens et j'ai décidé de rejoindre l'équipe.

Adrian : Avez-vous une femme et des enfants ?

Natan : C'est une information confidentielle.

Shamiya a ri. Il semble que j'aie touché un point sensible. Ils sont nés grâce à un processus de génie génétique plutôt que dans le cadre d'une famille. En fait, ils n'ont aucune notion de famille. Ce sont purement des créatures de laboratoire.

Le 3 juillet 1997, Chaya m'a informé que Natan et Shamiya étaient rentrés chez eux et avaient été remplacés par deux nouveaux assistants de la même planète qui ressemblaient à leurs deux collègues.

Elle a dit que les créatures de laboratoire n'avaient pas encore choisi de noms humains et a ajouté que l'un d'eux avait une très grande bouche. Elle a alors réalisé qu'elle aurait pu l'insulter car il lui a demandé si cela la dérangeait qu'ils soient génétiquement modifiés. Chaya s'est excusée et a dit qu'elle n'avait pas l'intention de l'insulter, à quoi il a répondu qu'il n'était pas insulté.

Il est apparu que ces deux-là étaient temporaires, des assistants de remplacement, car peu de temps après, Natan et Shamiya sont revenus. Tandis que le reste de l'équipe médicale était à bord du vaisseau spatial, Natan et Shamiya sont restés en bas pour veiller sur les équipements.

Quand je leur ai demandé pourquoi ils ne se joignaient pas aux autres sur le vaisseau spatial, Natan a répondu qu'ils n'avaient pas la permission de le faire.

J'ai également découvert qu'ils n'avaient pas un accès libre au Centre de Communication Central (télépathique). Ils étaient autorisés à communiquer uniquement avec les membres de l'équipe médicale avec lesquels ils travaillaient et seulement en ce qui concerne les questions de travail, pas les questions personnelles.

Une brume en spirale

En décembre 1997, j'ai rencontré un phénomène étrange.

Comme je le fais souvent pendant mes traitements, j'ai essayé de voir qui était présent. L'œil de mon esprit a vu une sorte de brume en spirale, en forme de petite tornade, large de quelques mètres et haute d'un mètre et demi.

La brume semblait statique, sans mouvement de torsion perceptible. À l'intérieur de la brume, je pouvais discerner des ombres des personnes occupées par le traitement médical. Je pouvais les voir car elles semblaient déplacer la brume, créant un trou en elle.

Après avoir réussi à voir la brume une fois, il était devenu plus facile de la voir à nouveau, si j'exprimais simplement un désir ou une intention interne de la voir, mon esprit produisait immédiatement l'image avec les figures se déplaçant à l'intérieur.

Pendant un traitement, je me suis levé au milieu de la séance pour quitter la pièce et j'ai ressenti une présence me poursuivant. Lorsque j'ai essayé de voir qui c'était, j'ai discerné une petite créature avec une brume en forme de tornade autour d'elle, agitant ses mains vers moi et essayant de me faire revenir dans la salle de traitement.

J'ai présumé que la brume en spirale était un type de champ d'énergie ou une perturbation dans l'espace autour de ces créatures. Cela me semblait très étrange, alors j'ai appelé Chaya pour lui raconter ce que j'avais vu.

Elle a essayé de voir ce qui l'entourait et a réussi à voir une brume en forme de tornade telle que je l'avais décrite. Au centre de la tornade se trouvait une créature rose, très délicate et d'environ 80 centimètres de hauteur. Elle émettait des sons de bips. Les extraterrestres ont expliqué à Chaya que la brume en spirale était un champ d'énergie servant à deux fins: la protection de la créature et un moyen de communication.

Ces petites créatures avaient rejoint l'équipe médicale il y a quelques semaines en provenance de la planète Mars. J'ai souligné que, pour autant que les humains le savent, il n'y a pas de vie sur Mars. Chaya a dit qu'on lui avait dit qu'ils avaient un avant-poste sur Mars et que les autres extraterrestres les appelaient les créatures de Mars.

Comme les autres créatures qui font partie de l'équipe médicale, ces créatures ne sont pas constituées du même matériel physique que celui qui existe dans notre dimension et ne peuvent ni être vues ni touchées de manière conventionnelle par les humains. De même, leur installation sur Mars ne serait pas détectée par un télescope terrestre. Il en découlait que, du point de vue de la communauté scientifique sur Terre, les créatures n'existaient pas.

Le lendemain, je suis allé traiter quelqu'un qui était hospitalisé. En conduisant à l'hôpital, j'ai ressenti un vaisseau rond voyageant juste au-dessus de ma voiture avec les mêmes petites créatures à l'intérieur. D'après mon expérience passée, ce genre de sensation indique une connexion télépathique à double sens. Les créatures ont pris contact télépathique avec moi pour arriver avec moi à l'hôpital. J'en ai profité pour essayer de voir l'intérieur de leur vaisseau et ils ont répondu positivement, me montrant une partie de l'intérieur. À en juger par la taille de la salle principale, c'était un petit vaisseau. La salle centrale était ronde et pas plus grande qu'un salon standard. Au centre, au sol, se trouvait un grand équipement, apparemment le moteur. La pièce était éclairée d'une lumière pâle et douce et les murs étaient de couleur ivoire.

Je me suis arrêté à une station-service et il m'est venu à l'esprit de demander si leur vaisseau avait besoin de faire le plein. Ils ont immédiatement répondu par la négative. Dès que le vaisseau est fabriqué et pendant toute sa durée de vie opérationnelle, il n'est pas nécessaire d'ajouter du carburant d'aucune sorte. Il fonctionne selon un principe différent de nos véhicules, ce qu'ils ne m'ont pas expliqué.

La communication entre nous n'était pas verbale, mais plutôt une compréhension sans parole. J'étais curieux de voir à quoi ils ressemblaient de près. En réponse à cette pensée, j'ai discerné une partie du visage d'une des créatures. Ce n'était pas un visage humain : il était petit et rond, dans des tons d'orange, comme les couleurs d'une personne rousse sans les cheveux et ses yeux étaient ronds avec des taches brun-orangé à l'intérieur des pupilles.

J'ai compris que je voyais le visage à travers les yeux d'une des autres créatures qui étaient en contact télépathique avec moi.

La principale différence entre l'imagination et les images télépathiques est que lorsque vous imaginez quelque chose, tout est possible, tandis que les images télépathiques sont très définies et limitées. L'image arrive comme une réponse définie à une demande d'information. Par exemple, si j'étais en train d'imaginer, j'aurais pu représenter la créature avec dix cornes et trois paires d'ailes. Je ne peux pas la voir de cette manière lorsque l'image est induite télépathiquement. J'ai réussi à voir seulement une partie du visage de la créature et pas plus. C'était un indice pour moi que c'était une image télépathique et pas mon imagination. C'est similaire à une tentative de se souvenir du visage de quelqu'un que vous avez vu. Autant vous essayez, vous ne vous souviendrez que d'une quantité limitée d'informations sur le visage.

Je suis arrivé à l'hôpital et me suis précipité pour voir mon patient, montant dans des ascenseurs et descendant de longs couloirs, toujours avec le sentiment d'être suivi de près. J'ai compris que c'était l'une des créatures, qui courait derrière moi. Je lui ai demandé quelles étaient ses intentions et il m'a expliqué que, par mon intermédiaire, il observait les endroits physiquement, c'est-à-dire qu'il voyait l'hôpital à travers mes yeux.

Le touriste accidentel
Un jour, je quittai mon appartement pour un traitement chez Chaya et alors que je me tenais dans le couloir en attendant l'ascenseur, les lumières s'éteignirent. Je devrais faire face à l'obscurité et je ressentis distinctement qu'il y avait quelqu'un derrière moi. C'était un homme mince, un peu plus grand que moi, que je présumais être un extraterrestre ou une entité qui m'accompagna. Une fois sorti du bâtiment et en conduisant ma voiture, je ressentis sa présence à l'arrière. J'essayai de prendre contact avec lui, mais sans succès. Lorsque j'arrivai chez Chaya, je lui demandai s'il y avait quelqu'un qui m'accompagnait. Elle me dit que oui, que c'était quelqu'un de son équipe médicale.

Adrian : Qui est-ce ?
Maya : C'est un touriste.
Adrian : Pourquoi ne m'a-t-il pas parlé ?

Maya : Parmi les langues parlées sur Terre, il ne connaît que le français.

Adrian : Pourquoi est-il ici avec moi ?

X3 : Il était l'invité par votre équipe et il avait besoin d'un moyen de transport jusqu'à l'équipe de Chaya. Il a une chambre ici. C'est là qu'il loge. Il s'excuse s'il vous a effrayé.

Adrian : Il ne m'a pas effrayé. J'ai l'habitude des entités et des extraterrestres autour de moi et je sais qu'ils se joignent parfois à moi pour un trajet en voiture.

Pourquoi était-il ici avec moi ? [X3, qui parle également le français, parmi les 6 ou 7 langues terrestres qu'il a acquises, lui parla et traduisit pour moi.]

X3 : Il est venu voir s'il aimerait s'installer ici.

Adrian : Que cela signifie-t-il ?

X3 : Il dit qu'il est venu avec les délégations d'extraterrestres.

Adrian : Quelle est sa profession ?

X3 : C'est un expert dans l'évaluation du potentiel des ressources vitales sur différentes planètes et il envisageait de travailler ici en tant que chercheur consultant dans une équipe de recherche géographique. Cependant, il a décidé que la Terre ne serait pas un endroit confortable pour lui car il fait trop chaud ici. Il vient d'une planète plus froide et les rayons du soleil sont trop forts pour lui ici. Il a décidé de rentrer chez lui demain matin.

Adrian : Combien d'extraterrestres sont dans l'équipe qui travaille avec moi ?

X3 : Entre 8 et 10, mais le nombre change toujours. Ils travaillent sur la recherche et le développement de nouveaux moyens de traitement.

Adrian : D'où vient le touriste ?

X3 : Il dit que sa base est dans les Pléiades.

Adrian : Quelle est sa planète d'origine ?

X3 : Il a dit que c'est une planète dont le nom sonnait quelque chose comme Sihuk. Peu importe, il a décidé de partir. De nombreux autres extraterrestres sautent sur l'occasion pour travailler sur Terre.

Adrian : Le touriste qui a voyagé avec moi était-il dans son état naturel, ou était-il transformé d'une manière ou d'une autre, ou portait-il peut-être une combinaison spatiale ?

X3 : Il était dans son état naturel et dans cet état, il est invisible pour les humains, comme tous les autres extraterrestres qui existent dans les dimensions parallèles.

Un grand extraterrestre appelé Shmulik

Vers la mi-mai 1997, trois nouveaux extraterrestres apparurent chez Chaya, tous mesurant environ 3 mètres de haut. Lorsqu'ils s'approchèrent d'elle, elle ressentit de puissants courants à travers tout son corps et des douleurs dans ses jambes, ce qui, malgré sa vaste expérience avec les extraterrestres, effraya Chaya. Il semble que ces grands extraterrestres émettent un puissant champ d'énergie, qui a un effet désagréable sur les humains.

Nous avons découvert que les nouveaux venus étaient membres d'une équipe d'experts engagée dans une nouvelle recherche approfondie sur les greffes. X3 fit remarquer que plus ils sont grands, plus ils sont évolués sur le plan de l'évolution et intelligents. X3 demanda à l'un des spécialistes de descendre et de participer à l'une des séances de traitement. Le spécialiste arriva en avance et Chaya dit qu'il avait décidé de se promener en ville. Il l'accompagna à la banque et monta avec elle dans un taxi, assis tout recroquevillé sur le siège arrière. Lorsqu'elle lui demanda comment il aimait voyager dans les véhicules humains, il dit que c'était lent mais intéressant.

Lorsque Chaya rentra dans son appartement, la séance de traitement commença et X3 sembla extrêmement irritable. C'était la première fois qu'il n'était pas le chirurgien principal, ce qui l'a apparemment mis sous pression. Lorsque l'atmosphère se calma, je saisis l'occasion de poser quelques questions au spécialiste.

Adrian : Quel est votre nom ?

Extraterrestre : Je n'ai pas de nom. En fait, ils m'appelaient Shmulik.

Adrian : D'où vous venez ?

Shmulik : Je ne viens pas de cette galaxie. Je viens d'un système solaire que vous connaissez sous le nom de galaxie de la Vierge, situé entre les galaxies. La distance entre la Vierge et la Terre est de plusieurs millions d'années-lumière et il nous faut 2 semaines pour atteindre la Terre. Le soleil de la Vierge est environ quatre fois plus grand que le vôtre.

Adrian : Le concept de famille existe-t-il là où vous venez ?

Shmulik : Je ne comprends pas. Je suis désolé, mais je ne parle pas la langue suffisamment bien.

Adrian : Avez-vous un père et une mère ?

Shmulik : Oui, il y a une cellule homogène.

Adrian : Votre planète a-t-elle un nom ou une description par laquelle elle est identifiée parmi les extraterrestres ?

Shmulik : On nous appelle les extraterrestres de la planète bleue car, lorsque vous approchez de notre planète depuis l'espace, elle semble bleue.

Adrian : Que pensez-vous de la Terre ?

Shmulik : C'est une belle planète, mais polluée. L'utilisation intensive du pétrole comme carburant pollue l'environnement.

Adrian : Utilisez-vous du pétrole sur votre planète ?

Shmulik : Absolument pas, précisément à cause de la pollution environnementale.

Un grand extraterrestre appelé Miki

Lors d'un de mes traitements avec Chaya vers la fin mai 1997, un médecin invité de l'équipe de spécialistes travaillant dans le vaisseau spatial a participé. Je lui ai demandé s'il avait déjà choisi un nom humain pour lui-même et il a répondu que son nom était Miki. Chaya a dit que lorsque Miki est arrivé pour la première fois, il l'a vue allongée dans son lit et a dit : "Tu es si petite". Il n'est pas étonnant qu'il ait pensé que Chaya était petite car Miki mesure 4 mètres de haut.

Miki : Pourquoi la grossesse humaine dure-t-elle 9 mois ?

Chaya : Parce que c'est ainsi que Dieu nous a créés.

Miki : Nous retirons le fœtus à un stade précoce et le laissons grandir dans un tube pour des essais (c'est-à-dire dans des conditions de laboratoire).

Chaya : Nous faisons quelque chose de similaire en cas de naissance prématurée, le nourrisson est placé dans une couveuse.

Miki : Un tube des essais est mieux.

Natan : Nous ne savons pas comment nous avons grandi. Nous avons été créés par génie génétique.

Miki : Regardez-vous des films de science-fiction ?

Il semble qu'il y avait une certaine réciprocité en jeu. Non seulement nous étions fascinés par les extraterrestres, mais ils étaient aussi intéressés par nous. L'hébreu de Miki était plutôt bon et il était très agréable de discuter avec lui.

Chaya : Plus les extraterrestres sont grands, plus ils sont développés et agréables. Miki est un peu effrayant en raison de sa taille, mais il est très gentil.

Adrian : Êtes-vous également de la planète bleue comme le précédent extraterrestre grand ?

Miki : Non.

J'ai profité de l'amabilité de Miki pour lui poser une question difficile.

Adrian : Que pensez-vous qu'il arrivera aux mouvements fanatiques religieux lorsque l'existence des extraterrestres sera révélée ? L'idéologie religieuse repose sur un château de cartes, sur la prémisse que Dieu a créé l'homme à son image et qu'il n'y a pas de place dans cette idéologie pour d'autres créations.

Miki : Des équipes de spécialistes extraterrestres enquêtent sur tous les mouvements religieux et des équipes travaillent sur ce sujet. Certaines religions sont conscientes de l'existence des extraterrestres. Par exemple, dans la Kabbale, les extraterrestres sont mentionnés spécifiquement et les mondes dont ils proviennent sont décrits en détail.

Je pense que la réalisation de l'existence des extraterrestres amènera les groupes religieux fanatiques à considérer le phénomène comme un acte de Dieu, comme l'arrivée du Messie ou des messagers de Dieu.

Adrian : Il y a des groupes religieux qui contrôlent leurs adeptes en exploitant leur haine envers d'autres groupes. N'avez-vous pas peur que ces groupes dirigent leurs lances, pour ainsi dire, vers les extraterrestres et lancent une croisade ou un djihad contre eux ?

Miki : Les extraterrestres feront un atterrissage massif accompagné de phénomènes si impressionnants qu'il sera très difficile pour les groupes religieux fanatiques de s'y opposer. Ils préféreront interpréter l'arrivée des extraterrestres comme un miracle de Dieu, ou ils trouveront une autre interprétation mystique, telle que les extraterrestres étant les messagers de Dieu. Ils préféreront suivre le cours des événements plutôt que de s'y opposer. À mon avis, dans l'ère qui suivra l'atterrissage des extraterrestres, de nouvelles religions se développeront. L'atterrissage massif des extraterrestres se produira après une guerre mondiale ou un holocauste, et l'atmosphère dominante après un tel événement créera un terrain fertile pour accepter une nouvelle réalité.

J'ai eu une autre occasion de parler avec Miki chez Chaya le 3 juin 1997.

Miki : J'ai terminé de lire votre livre. C'est un peu lourd, surtout la section sur la physique à la fin. Étant donné que je suis médecin et non physicien, j'ai dû interroger d'autres extraterrestres sur l'exactitude des informations.

Adrian : Dites-moi si vous avez trouvé des inexactitudes, que je puisse les corriger.

Miki : Je n'ai trouvé aucune erreur. Tout ce qui est écrit est correct.

Adrian : La publication du livre est-elle importante pour vous ?

Miki : C'est très important pour nous. Nous sommes particulièrement intéressés à ce que le livre soit traduit dans d'autres langues afin que de plus en plus de gens prennent conscience de notre existence et de nos activités.

Adrian : L'univers est-il ouvert ou fini ?

Miki : [après consultation avec X3] L'univers est ouvert et infini. Si vous voyagez dans un vaisseau spatial en suivant une trajectoire droite dans une direction particulière, vous passerez d'innombrables planètes et galaxies pour toujours, jusqu'à l'infini. Autant que je sache, l'univers a toujours existé et existera toujours.

Adrian : Et que dire de la théorie du Big Bang ? Y a-t-il eu un événement fini à partir duquel l'univers a été créé, comme le proposent nos scientifiques ?

Miki : Le Big Bang que nous connaissons n'était pas un événement unique créant l'univers, mais un événement qui se produit rarement à divers endroits dans l'univers à la suite de l'effondrement de nombreuses étoiles et galaxies en quelque chose ressemblant à un énorme trou noir.

Adrian : Lorsque le Big Bang se produit, un nouvel ensemble de lois de la physique est-il créé ?

Miki : Je ne suis pas sûr. Je ne suis pas physicien, mais je ne le pense pas.

Adrian : Chaya mentionne souvent la quatrième, cinquième et sixième dimension à travers lesquelles nous pouvons percevoir les extraterrestres avec le troisième œil. Pouvez-vous expliquer ce que sont ces dimensions ?

Miki : Tout comme il existe des première, deuxième et troisième dimension, il existe la quatrième, cinquième et sixième dimension.

Adrian : Les dimensions supplémentaires sont-elles parallèles à la nôtre ?

Miki : [après consultation à nouveau avec X3] Je ne suis pas physicien, mais je pense que les dimensions sont parallèles.

Un extraterrestre appelé 723

Le 13 juin 1997, j'ai organisé une réunion chez moi à laquelle ont assisté environ 40 personnes.

Cela faisait suite à la publication d'un article sur les extraterrestres, basé sur une interview de moi, paru dans le deuxième journal quotidien à plus grande diffusion en Israël, Ma'ariv.

Le lendemain, j'ai appelé Chaya pour lui demander la réaction des extraterrestres. Elle a répondu qu'un extraterrestre si grand qu'elle devait incliner la tête en arrière pour voir son visage se tenait à côté d'elle. Son corps était long et mince, et sa tête relativement petite, il ressemblait à un dessin d'enfant d'une silhouette filiforme dépourvue de toute proportion. Chaya a également mentionné qu'il n'était pas très sociable. Elle lui a demandé ses impressions sur la réunion et il a répondu que les gens lui semblaient comme un troupeau de vaches. Lorsqu'il a réalisé que Chaya était offensée, il a changé de ton et a expliqué qu'il trouvait les vaches des créatures agréables. Il a continué en disant qu'il trouvait que les gens parlaient comme beaucoup de moutons bêlant, "Baaaa, baaaa." X3 est intervenu pour sauver la situation et a dit qu'il était très satisfait de la réunion.

À son avis, les gens présents à la réunion étaient sous le choc et ne savaient pas quoi demander. Chaya, Shlomo Roll et moi-même sommes déjà impliqués dans la question depuis un certain temps, mais les autres ont eu du mal à assimiler les nouvelles idées.

À son avis, la plupart des personnes présentes à la réunion étaient inexpérimentées, mais leur participation n'était pas le fruit du hasard. X3 nous a dit que l'être qui avait été Albert Einstein et qui avait également été invité à la réunion, était déçu que personne n'ait posé de questions liées à la physique ou à la philosophie.

Adrian : [à l'extraterrestre grand] Êtes-vous médecin ?

Extraterrestre : Je suis superviseur. L'équipe médicale m'a demandé de venir.

Adrian : Quel est votre nom ?

Il a réfléchi pendant un moment, considérant clairement quel nom choisir pour nous mettre à l'aise.

Extraterrestre : Mon nom est Menachem.

Adrian : Quel est votre nom d'origine ?

Extraterrestre : Mon nom officiel est 007/2352467, mais on m'appelle 723 en abrégé.

Adrian : Votre nom ressemble à nos numéros d'identité.

Après quelques éclaircissements, nous avons découvert que ce nom lui avait été donné lorsqu'il a rejoint les équipes de recherche terrestres, semblable à un numéro d'employé dans une grande entreprise.

Chaya : Comment vous appellent vos parents ?

Extraterrestre : Mes parents sont trop âgés pour m'appeler.

Il a finalement été établi qu'on l'appelait Ijak, ce qui signifie en langue des extraterrestres nid d'oiseau. Leurs noms sont semblables à ceux utilisés par les amérindiens.

Adrian : D'où vous venez ?

Extraterrestre : Je viens d'une nébuleuse composée de nombreux astéroïdes. Ma planète fait partie d'un groupe de planètes qui gravitent autour de la nébuleuse appelée Nébuleuse 7. Je suis venu en tant que superviseur d'une de ces planètes. Mon âge est compris entre 370 et 380 ans.

Adrian : Quelle est votre opinion de la Terre ?

Extraterrestre : C'est une planète polluée et les gens sont stupides car ils ne se battent pas dans des guerres pour l'existence, ils se battent dans des guerres par principe.

"Étrangers" Extraterrestres

Le 23 juillet 1997, Chaya et moi avons rencontré un réalisateur de films qui envisageait de réaliser un documentaire sur les ovnis et les extraterrestres. Le lendemain matin après notre réunion, j'ai ressenti une sensation étrange.

Quelques minutes se sont écoulées avant que cet état ne disparaisse et que je reprenne conscience de qui j'étais et où j'étais. Plus tard, j'ai appelé Chaya, qui a également rapporté avoir ressenti des sensations étranges pendant la nuit. Elle a vu des lumières colorées et quelque chose de jaune qui ressemblait à des gerbes de blé, mais qui ne l'étaient pas.

Le matin, elle ne se souvenait de rien d'autre. Je lui ai demandé si peut-être notre équipe médicale m'avait emmené dans leur vaisseau spatial pour un traitement pendant la nuit ou car on avait effectué le traitement prévu le lendemain. Chaya a demandé à Gidon, le médecin extraterrestre, et il a répondu que l'équipe médicale n'était pas présente pendant la nuit. Ce devait être une autre équipe.

Gidon : Avez-vous des marques sur vous ?

Adrian : Pas autant que je sache. N'importe quelle équipe médicale peut-elle simplement arriver sans demander la permission ou se coordonner avec vous ?

Gidon : Peut-être ont-ils obtenu la permission de quelqu'un. Nous devons vérifier au Centre de Communication s'ils ont quelque chose d'enregistré.

Ce soir-là, j'étais allongé dans mon lit et je n'arrivais pas à m'endormir. J'ai essayé de reconstituer les événements de la nuit précédente, mais je n'ai rien trouvé d'intéressant. J'ai décidé d'essayer la méditation guidée dans l'espoir que quelque chose émerge de mon inconscient. J'ai commencé à ressentir une sensation d'être devant une petite créature grise au visage ridé, assise derrière une table ronde, qui me posait des questions. J'ai eu l'impression qu'il était très sérieux. Il parlait hébreu avec un accent étrange et il émettait un genre de son strident. J'ai renoncé à essayer de voir autre chose et j'ai plutôt essayé de prendre contact avec le Centre de Communication des extraterrestres.

Adrian : Avez-vous des enregistrements d'une chez moi d'une équipe d'extraterrestres différente ?

Centre : Nous n'avons aucun enregistrement de ce genre, mais cela ne signifie pas qu'il n'y a pas eu une telle visite. Nous présumons que c'était l'équipe d'extraterrestres qui travaille avec le réalisateur de films, de la même manière que les équipes médicales travaillent avec vous en tant que guérisseurs. Apparemment, ils sont venus vous vérifier, vous et Chaya, après votre réunion avec le réalisateur. À notre avis, l'équipe est bien intentionnée et honnête.

Je me suis immédiatement levé et j'ai appelé Chaya. Elle m'a dit qu'il y a quelques minutes, avant mon appel, elle avait reçu la même information de Gidon. Les extraterrestres tentent maintenant de prendre contact avec ces équipes « étrangères ».

Une autre possibilité était explorée. Si ces extraterrestres n'étaient pas ceux travaillant avec le réalisateur de films, les équipes médicales savaient que deux autres groupes d'extraterrestres étaient actifs dans la région. L'un était une équipe de recherche enquêtant sur les carrières et l'autre, une équipe de recherche biologique. Comme Chaya et moi sommes des créatures "marquées", ils ont peut-être décidé de nous rendre visite.

Le lendemain, Chaya m'a appelé pour me dire qu'elle avait découvert une étrange tache carrée sur la peau qui lui faisait mal et la démangeait. C'était à côté de la marque de son vaccin contre la variole. Il n'y avait pas de médecins extraterrestres avec elle en ce moment chez elle, donc elle n'avait personne à qui demander. Elle m'a demandé de contacter le Centre de Communication, ajoutant que depuis des années, quelque chose la gênait dans son nez. Divers médecins lui avaient proposé qu'il s'agissait d'un morceau de peau ou d'os et ils lui avaient recommandé une intervention chirurgicale. Elle venait de penser que cela pourrait être lié aux extraterrestres. Elle pensait que c'était probablement une puce ou une balise implantée il y a environ 22 ans lorsqu'elle avait eu son premier contact avec un OVNI. Depuis lors, elle avait des problèmes pour respirer par le nez.

Adrian : Demande de contact avec le Centre de Communication.

Centre de Communication : Oui, Adrian. Nous vous recevons.

Adrian : Je voudrais demander que vous examiniez ce que c'était la visite d'extraterrestres étrangers qui ne sont pas en lien avec vous. Y a-t-il eu des clarifications à ce sujet ?

Centre de Communication : Un moment, nous vérifions. Quelqu'un s'occupe de la question. Il existe une organisation supérieure à laquelle tous les extraterrestres ayant un quelconque contact avec la Terre font référence, comme une sorte de Nations Unies des extraterrestres, qui est en dehors de notre réseau. Quelqu'un a soumis une demande pour savoir qui vous a rendu visite et pourquoi cela a été fait sans coordination préalable. C'est une violation de la diplomatie.

Adrian : Chaya prétend qu'ils ont implanté une puce. Est-ce possible ?

Centre de Communication : Tout est possible. Nous vérifions pour vous. Veuillez patienter.

Adrian : Y a-t-il des enregistrements de tout contact de ma part mardi soir ?

Centre de Communication : Nous vérifierons cela également.

Adrian : Je comprends que mon implant transmet en permanence. C'est correct ?

Centre de Communication : C'est exact.

Adrian : Donc, si des extraterrestres étrangers m'ont rendu visite, cela aurait été enregistré.

Centre de Communication : Nous enregistrons tout, mais les enregistrements de cette nuit n'ont peut-être pas encore été traités. Donnez-nous un moment pour le faire. Avez-vous dit mardi soir ? Nous demanderons à l'ordinateur de faire une recherche rapide de vos enregistrements de cette nuit pour voir s'il y a quelque chose d'inhabituel que ne nous a pas été signalé.

Voici : Vous vous êtes réveillé pendant la nuit. Sous une sorte d'influence hypnotique, vous avez répondu à des questions comme un robot et vous avez subi une enquête directe de votre inconscient sans implication de votre esprit conscient. Cela a été enregistré au Centre.

Adrian : Quelles questions m'ont-ils posé ?

Centre de Communication : Les questions étaient banales. Quel est votre travail, quels sont vos objectifs dans la vie... Ils ont vérifié vos intentions et semblaient satisfaits. C'était une enquête standard, donc nous ne sommes pas inquiets.

Adrian : Qui m'a enquêté ?

Centre de Communication : Une équipe d'extraterrestres gris venant d'une galaxie lointaine avec lesquels nous n'avons pas d'accords de coopération. Chaque équipe effectue ses propres recherches pour ses propres objectifs et par hasard, les chemins de différentes équipes se sont croisés par leur intérêt pour vous et Chaya. Nous n'avons pas de contacts directs avec eux et leur travail n'est pas coordonné avec nous. D'après notre expérience passée, nous savons que les différentes équipes essaient de ne pas interférer les unes avec les autres, sauf s'il y a un conflit d'intérêts. Dans votre cas, il ne semble pas y avoir un tel conflit.

Adrian : Qu'ont-ils fait à Chaya ?

Centre de Communication : La même chose, une série standard de tests et de marquage. C'est une enquête standard qu'ils réalisent sur les humains qu'ils considèrent comme des collaborateurs potentiels.

Vous avez été identifié et enregistré dans leur base de données à des fins diverses, mais principalement dans le but de prendre contact à l'avenir. Ils surveillent aussi le réalisateur de films et ils promeuvent des faits positifs à son sujet. Au-delà de cela, il nous est difficile de savoir quel est leur objectif. Nous ne pouvons que présumer qu'il s'agit d'une affaire standard.

Adrian : Avez-vous établi un contact avec eux ?

Centre de Communication : Non, pas encore. Nous devons suivre les canaux appropriés. Il existe un réseau de communication intermédiaire entre les extraterrestres que nous utilisons et nous attendons une réponse.

Adrian : Personne de l'équipe médicale ne l'a demandé?

Centre de Communication : Non, ils sont occupés avec d'autres problèmes.

Adrian : Cela ne les dérange pas que nous ayons été enquêtés par d'autres extraterrestres ?

Centre de Communication : Non, car ils ne pensent pas que quelqu'un vous fera du mal. Même nous n'avons pas le contrôle sur tout.

Adrian : En d'autres termes, il y a des extraterrestres avec lesquels vous n'avez pas de relations diplomatiques.

Centre de Communication : Oui, beaucoup.

Adrian : Y a-t-il des extraterrestres que vous ne comprenez pas ? Par exemple des extraterrestres faits de différentes sortes de matière qui sont un mystère pour vous, de la même manière que vous êtes un mystère pour nous ?

Centre de Communication : Oui, il y a beaucoup d'extraterrestres que nous ne connaissons pas ou ne comprenons pas, et nous les étudions également. Il y a aussi ceux qui sont bien plus développés que nous et nous avons du mal à les étudier. Nous les laissons dans la catégorie des mystérieux. Il y a un accord tacite selon lequel nous n'interférons pas dans les activités les uns des autres, c'est la raison pour laquelle personne n'a enquêté sur qui vous a rendu visite, cela n'a pas une grande importance. Vous avez simplement été vérifié et marqué par des extraterrestres qui ne sont pas en contact direct avec nous. C'est tout.

Adrian : En d'autres termes, vous n'êtes pas du tout dérangés par l'événement.

Centre de Communication : Non. Tant que cela n'interfère pas avec nos objectifs, nous ignorons de telles choses.

La demande de contact est toujours en cours et je vous tiendrai informé en cas de réponse, je ne suis pas sûr qu'il y en aura, car il n'y a pas toujours de réponse par ces canaux diplomatiques. Parfois, ils préfèrent ignorer de telles questions pour leurs propres raisons. Je vous tiendrai informé.

Adrian : Est-il possible de reproduire les questions qui m'ont été posées ?

Centre de Communication : Les questions n'ont pas été enregistrées par le Centre, seulement l'événement de manière générale et comment il vous a affecté. C'est tout.

Adrian : Combien de temps ont-ils passé à me questionner ?

Centre de Communication : Environ une demi-heure.

Adrian : Étais-je éveillé ?

Centre de Communication : Non. Dans le sens ordinaire, vous dormiez, mais ils ont activé votre inconscient.

Adrian : Le sentiment que j'ai eu le matin était-il lié aux événements de la nuit ?

Centre de Communication : Nous ne pouvons pas être certains. C'est possible, mais cela pourrait aussi être lié à votre état médical.

Adrian : Vous êtes sûrs que j'ai été enquêté ?

Centre de Communication : Oui, nous en sommes absolument certains. Le Centre a un enregistrement de votre dispositif télépathique.

Adrian : Et Chaya ? Y a-t-il aussi un enregistrement d'elle ?

Centre de Communication : Non. Elle n'est pas reliée au Centre, donc nous ne savons pas ce qui s'est passé avec elle.

Adrian : Pouvons-nous la mettre en régression ?

Centre de Communication : C'est possible.

Adrian : D'accord. Avez-vous autre chose à me dire sur l'événement ?

Centre de Communication : Non. C'est à peu près tout. Si nous obtenons plus d'informations, nous vous tiendrons informé. Nous comprenons que l'événement vous a troublé.

Adrian : Oui. Chaya et moi avons développé un certain degré de confiance en vous, mais nous ne savons rien de ces autres extraterrestres.

Centre de Communication : Vous avez raison. Nous examinerons ce qui s'est passé pour vous.

Adrian : Merci. Au revoir pour le moment.

Tard dans la soirée, j'ai de nouveau contacté le Centre de Communication, et cette fois-ci, sans l'intermédiaire d'un ordinateur, j'ai reçu un message disant qu'ils avaient une réponse. Pour une raison quelconque, j'avais l'impression que c'était le même être gris qui avait pris contact et qui voulait me parler. J'ai rapidement informé Chaya, qui m'a dit qu'entre-temps, X3 était arrivé et vérifiait l'implant dans son nez. Elle ressentait de la douleur et une forte pression dans son nez, alors X3 a enlevé l'implant et l'a réinséré sous la peau de sa jambe. Il a dit qu'il ne devait pas retirer les marqueurs implantés par d'autres. Apparemment, ils ont une certaine importance.

Le 27 juillet 1997, Chaya m'a appelé pour me dire que l'équipe médicale n'était pas avec elle car ils étaient occupés dans le vaisseau spatial. À la place, un nouvel extraterrestre était apparu, qui n'était pas membre de l'équipe médicale. Au début, elle ne l'a pas vu, elle a seulement ressenti sa présence à côté d'elle. Avec du recul, elle a réalisé qu'il errait autour de sa maison depuis un certain temps, mais ce n'est que maintenant qu'elle a commencé à entrer en contact avec lui.

Elle a découvert qu'il faisait partie de l'équipe de recherche biologique et attendait actuellement le retour de l'équipe médicale. Elle a dit qu'il flottait autour d'elle et posait des questions naïves comme un petit enfant. Par exemple, elle mangeait un biscuit et il lui demandait quel goût il avait. J'ai demandé qu'elle lui pose quelques questions pour moi.

Adrian : Quel est votre but en venant ici ?

Extraterrestre : C'est de l'information confidentielle. Je ne suis pas le chef de l'équipe et je ne suis pas qualifié pour répondre.

Adrian : Quel âge avez-vous ?

Extraterrestre : J'ai 340 ans.

Adrian : Êtes-vous marié ?

Extraterrestre : Qu'est-ce que signifie « marié » ?

Adrian : Avez-vous enquêté sur Chaya et moi et nous avez-vous marqués mardi soir ?

Extraterrestre : Mes amis l'ont fait. Ils ont demandé la permission à votre inconscient et à celui de Chaya.

Adrian : Pourquoi nous ont-ils marqués ?

Extraterrestre : C'est de l'information confidentielle. Nous marquons de nombreuses personnes à des fins à long terme.

Chaya : L'endroit où vous avez inséré votre marque me fait mal.

Extraterrestre : Qu'est-ce que signifie « fait mal » ?

J'ai demandé à Chaya de décrire à quoi il ressemblait.

Chaya : Au début, je ne pouvais pas le voir clairement. Quand j'ai demandé à le voir, il s'est transféré dans la dimension la plus proche de la nôtre qu'il pouvait atteindre et j'ai réussi à voir une silhouette grise, d'environ 1,7 mètre de haut, avec des yeux inclinés et un visage déformé. Il ne portait ni vêtements ni chaussures et il n'y avait rien en dessous (c'est-à-dire pas d'organes génitaux visibles).

Adrian [à l'extraterrestre] : Vous mangez ?

Extraterrestre : Non, mais auriez-vous de l'huile pour les machines ?

Deux généticiennes

Le soir du 8 août 1997, alors que je m'approchais de ma voiture, j'ai discerné deux silhouettes floues assises à l'arrière, en train de m'attendre.

Je suis monté en voiture et j'ai commencé à conduire tout en essayant de prendre contact avec elles.

J'ai réussi à comprendre qu'il s'agissait de deux généticiennes étudiantes qui avaient visité la région et elles faisaient du stop pour rentrer chez elles avec moi.

Apparemment, un trajet en voiture est une expérience divertissante pour les extraterrestres. J'ai profité de l'occasion pour leur poser quelques questions.

Adrian : Comment se fait-il que vous ne tombiez pas de la voiture?

Extraterrestres : Essayez d'imaginer un ballon en forme de la personne assise à l'arrière. Le ballon est léger comme l'air et invisible.

J'ai continué à conduire et j'ai eu l'impression qu'elles appréciaient le paysage qui défilait devant les fenêtres.

Adrian : Comment nous voyez-vous ?

Extraterrestres : Dans des circonstances normales, les humains sont invisibles pour les extraterrestres. Les extraterrestres utilisent un équipement spécial pour pouvoir voir les humains, comme des jumelles.

Adrian : Décrivez-moi les jumelles, s'il vous plaît.

Extraterrestres : Il existe de nombreux types différents, certaines sont destinées à un usage personnel et d'autres servent à des groupes entiers.

Parfois, les données visuelles sont transmises directement au cerveau de l'extraterrestre, créant ainsi une sorte de réalité virtuelle, sauf que dans ce cas, la réalité virtuelle est la réalité physique réelle de la Terre.

Le lendemain, j'ai eu une excellente occasion de vérifier ces propos. Chaya m'a appelé pour me dire que X3 voulait passer plus tard chez elle et qu'elle m'appellera pour me le faire savoir quand il arrivera.

Un peu plus tard, j'ai découvert que mon téléphone avait été laissé décroché et j'ai donc rapidement appelé Chaya. Elle a dit qu'entre-temps, elle essayait de me joindre depuis une demi-heure, que X3 était là en attendant et qu'entre-temps, il regardait la télévision.

Adrian : [à Chaya] Comment voit-il la télé ?

Chaya : Il porte des lunettes spéciales.

Adrian : [à X3] Possédez-vous un équipement optique qui transmet des images directement au cerveau ?

X3 : Il existe un tel équipement optique utilisé pour les conférences devant de grands groupes dans les amphithéâtres. Notre équipement projette également des hologrammes tridimensionnels du monde physique en temps réel, ce qui peut être utile pendant les opérations chirurgicales.

Adrian : Deux extraterrestres ont voyagé avec moi dans ma voiture aujourd'hui.

X3 : Oui, je les connais. Ce sont des généticiennes étudiantes.

Un esprit extraterrestre nommé Al

Une nuit, après m'être couché, j'ai soudainement pris conscience d'une silhouette à côté de mon lit. C'était une créature velue qui me rappelait un chien surdimensionné. J'ai pris contact avec elle.

Extraterrestre : Je suis l'esprit d'un extraterrestre et j'ai mon propre vaisseau spatial, appelé Free-Lancer. Le conseil m'emploie en tant que superviseur.

Adrian : Pensez-vous que les extraterrestres réussiront à résoudre mes problèmes médicaux ?

Extraterrestre : Ils travaillent sur des choses spécifiques. Chaque décision est prise soit par le Conseil, soit par l'un des comités. Dès qu'une décision est prise, les extraterrestres font tout pour la mettre en œuvre.

Étant donné que le Conseil a décidé de vous traiter, vous pouvez être assuré que l'équipe médicale fera de son mieux et vous aidera.

Le seul problème est que les procédures médicales et l'équipement utilisé par les extraterrestres ici sur Terre ne sont pas les plus avancés qui existent. Si, par exemple, un membre important du Conseil est gravement blessé et que tout le corps, sauf la tête, est détruit, les médecins extraterrestres sont capables de reconstruire le corps presque entièrement en utilisant un équipement qui fait pousser moléculairement des tissus biologiques.

Les extraterrestres importants subissent un scanner périodique et un échantillonnage génétique afin que leur composition physique soit stockée dans la base de données informatique. En cas d'accident, le corps original peut être reconstruit. Cependant, l'équipement de reconstruction des tissus se trouve uniquement dans les grands centres médicaux.

Le lendemain, j'étais impatient de recevoir une confirmation de ces informations de X3, par le biais de Chaya.

X3 : Toute la question des esprits extraterrestres m'est obscure. Autant que je sache, après la mort, les habitants de Sirius retournent à la source de lumière, mais je ne suis pas un grand expert en la matière. Le fait que tu aies vu une silhouette ressemblant à un chien mâle signifie peut-être qu'une telle chose existe. L'explication que tu as reçue concernant la reconstruction des tissus est correcte. Il existe un tel équipement, mais il ne fait pas partie de l'équipement standard des hôpitaux de campagne sur Terre, ni des hôpitaux de vaisseaux spatiaux planant au-dessus de l'atmosphère. C'est seulement dans les grands centres médicaux, où il serait impossible d'amener des humains. C'est de ces centres médicaux que j'ai reçu le simulateur biologique et ses pièces.

Ce que X3 a appelé un *simulateur* est une sorte de zombie ou un corps humain sans âme. Il a été créé artificiellement à des fins d'expérimentation médicale. Par pièces, il faisait référence à différents organes qui peuvent être remplacés.

Adrian : Êtes-vous capables de reproduire des organes humains ?

X3 : Malheureusement, nous ne pouvons pas encore tous les reproduire en raison de problèmes budgétaires. D'autres départements reçoivent des budgets cent fois plus importants. Les équipes les plus populaires aujourd'hui sont celles qui travaillent dans la recherche nucléaire et l'écologie.

Adrian : Pouvez-vous être plus précis au sujet des domaines de recherche populaires ?

X3 : Il y a des équipes d'extraterrestres qui étudient les endroits cachés avec des armes nucléaires fabriquées par les humains et des équipes qui étudient les problèmes écologiques de la Terre.

Aliens, nombres et arithmétique

J'ai toujours considéré les mathématiques comme un langage universel.

Ainsi, le 21 août 1997, j'ai décidé de demander à l'équipe d'extraterrestres travaillant avec Chaya quelle était leur base numérique.

À ma surprise, ils n'ont pas compris ma question. Il s'est avéré qu'ils ont appris les mathématiques en base dix (c'est-à-dire le système décimal) afin de pouvoir communiquer avec nous. Mis à part cela, je n'ai pas réussi à comprendre grand-chose à leur mathématique.

X3 a promis de prendre contact avec moi plus tard dans la journée, directement via mon ordinateur, pour m'expliquer.

Ce soir-là, lorsque j'ai senti une présence à côté de moi, je me suis assis devant mon ordinateur et j'ai commencé à taper.

Adrian : X3, es-tu proche ou quelqu'un d'autre est-il près de moi?

Maya : Bonjour Adrian. Nous sommes heureux que vous vous sentiez bien. C'est Maya qui parle. X3 arrivera bientôt s'il peut s'échapper de son travail et Chaim viendra avec lui. En attendant, j'essaierai de répondre à vos questions. Que vouliez-vous demander ?

Adrian : La dernière chose dont je parlais était le système décimal en mathématiques. Les êtres humains ont développé des systèmes de comptage. Par exemple, les romains ont inventé un système et les égyptiens un autre. Le système généralement accepté aujourd'hui est basé sur le nombre dix. Autant que je comprenne, vous avez appris ce système simplement pour pouvoir communiquer avec nous.

Maya : C'est exact.

Adrian : J'aimerais savoir quel est le système standard de comptage sur votre planète, ainsi que sur d'autres planètes. La raison du développement du système basé sur le nombre dix est probablement liée au fait que les humains ont dix doigts. Nous avons des noms et des symboles pour chaque nombre de 0 à 9. Y a-t-il quelque chose de différent sur d'autres mondes ? J'ai compris de X3 que l'apprentissage par cœur des fonctions mathématiques comme nous le faisons sur Terre n'est pas une pratique acceptée chez vous.

Maya : C'est vrai. Nous ne faisons presque jamais de calculs mathématiques mentalement. C'est une perte de temps. C'est le travail de l'ordinateur. Nous apprenons les mathématiques de base à l'école, mais seulement les principes. On ne nous a jamais demandé d'apprendre par cœur les fonctions. Les personnes qui se lancent dans la recherche en mathématiques apprennent à utiliser des outils informatisés et c'est bien plus important que de faire des calculs mentalement.

Nous en sommes venus à la conclusion que les ordinateurs peuvent gérer les mathématiques de manière fiable. Les créatures vivantes commettent trop d'erreurs et leurs calculs ne peuvent pas être fiables.

Dans nos plans, il est interdit de se fier aux calculs que vous faites vous-même, les ordinateurs effectuent tous les calculs. Il existe des départements spéciaux qui se chargent de la programmation des ordinateurs afin qu'ils puissent effectuer les calculs que nous voulons, c'est une profession en soi.

Adrian : Si vous devez calculer quelque chose pour votre travail, que faites-vous ?

Maya : Je demande à l'ordinateur. Il est capable d'identifier la question, de recevoir les chiffres et de proposer une solution immédiate. Vous pouvez même le faire verbalement. Lorsque vous avez une telle option, faire le calcul vous-même est au mieux superflu et inexact, et au pire, dangereux. Vous devez comprendre que la quantité d'informations à notre disposition est astronomique.

Malgré notre niveau intellectuel élevé, nous devons rationaliser les domaines d'expertise autant que possible. Tout ce que vous pouvez laisser faire à l'ordinateur, c'est préférable de ne pas le faire vous-même.

Il y a aussi une départementalisation naturelle, en raison de la quantité énorme d'informations à notre disposition, les experts dans chaque discipline en savent très peu sur d'autres disciplines. Sur Terre, il est acquis qu'une personne intelligente possède une connaissance générale d'une large gamme de sujets. Dans l'environnement des extraterrestres, cela est presque impossible. Il doit y avoir une spécialisation axée sur un domaine particulier.

Adrian : Je comprends. Revenons au sujet des nombres. Comment transmettez-vous des informations numériques dans la conversation ?

Maya : Il existe une langue internationale parmi les extraterrestres, ainsi que plusieurs autres langues, certaines plus standard et d'autres moins. Chaque langue a son propre concept de nombres et des noms différents pour les nombres. Je connais cinq langues, dont la langue standard, et chacune a un concept différent des nombres et différentes façons de les définir.

Adrian : Chaque fois que je vous demande les résultats des tests, vous répondez toujours en fractions, comme la moitié, le quart et le tiers. Vous ne répondez jamais en pourcentages.

Maya : C'est vrai. Nous parlons en termes de parties du tout. Il y a autre chose que vous devriez comprendre. En général, nous traitons les nombres beaucoup moins que vous. Par exemple, les résultats des tests sont toujours normalisés.

L'ordinateur nous indique si le résultat est supérieur ou inférieur à la norme et comment il se compare aux résultats des tests précédents. Nous obtenons les résultats sous forme de graphique et évitons de traiter avec des chiffres secs.

Adrian : Je comprends. Votre culture de la conversation et de la pensée est donc beaucoup moins numérique que la nôtre.

Maya : C'est exact, vous l'avez compris.

Adrian : Intéressant. C'est pourquoi vous avez des difficultés à répondre à la question de savoir si vous utilisez le système décimal ou non.

Maya : Exact. Pour communiquer avec les humains, nous avons appris le système décimal, mais nous évitons de traiter avec les nombres, l'ordinateur le fait pour nous.

Adrian : Intéressant. Maya, avez-vous plus de temps ?

Maya : Oui, je suis là jusqu'à ce que X3 ou Chaim arrive. Que vouliez-vous demander ?

Maya et la planète verte

Adrian : Parlez-moi un peu de vous-même et de la planète d'où vous venez.

Maya : Ma planète est très belle. Elle est constamment verte car toute la planète est couverte d'une végétation luxuriante. La majeure partie de la planète est en permanence enveloppée de brume avec une humidité élevée qui fait que toute la planète ressemble à une grande serre. Elle est située à la lisière de la galaxie de la Voie Lactée, c'est-à-dire de cette galaxie.

Nous venons sur Terre dans un but de paix et d'aide. Ma planète est bien plus avancée technologiquement et comportementalement que la Terre. Nous n'avons pas de criminalité, tout est ordonné et organisé.

Adrian : Quel est votre état civil ?

Maya : Je vis dans un certain type de cadre familial qui ressemble à une communauté. Au sein de la communauté, il y a des couples qui sont plus proches les uns des autres et d'autres qui ne le sont pas. Les relations interpersonnelles sont libres, elles ne sont pas réglementées. Les enfants sont élevés dans une maison d'enfants commune, comme une grande famille.

Adrian : Combien y a-t-il des personnes dans une communauté ?

Maya : Entre 100 et 250, voire 260 individus.

Adrian : Y a-t-il des liens familiaux, comme des familles élargies et des clans ?

Maya : Non. Les gens vivent dans des immeubles à plusieurs étages dans le cadre d'un groupe expansif qui veille sur lui-même. Nous sommes arrivés à ce style de vie après beaucoup de recherches.

Adrian : Comment est organisé un nouveau groupe ?

Maya : Il y a des appels d'offres et on peut passer d'un groupe à un autre. Par exemple, si vous changez de lieu de travail, vous soumettez une demande pour rejoindre un autre groupe qui a de la place.

Adrian : Y a-t-il des groupes plus riches et plus pauvres ?

Maya : Il n'y a pas de riches ou de pauvres car tout le monde est égal. Il n'y a pas non plus de concept d'argent, tout est standardisé. Il y a simplement des choses que chaque individu doit faire en tant que membre de la société, comme travailler et se comporter selon les normes comportementales acceptées et, en retour, l'individu reçoit tout ce dont il a besoin pour vivre.

Tout le monde vit au même niveau de qualité de vie en fonction des ressources totales disponibles, car tout est réparti également.

Adrian : Quelle est la forme de gouvernement ?

Maya : Nous avons une démocratie absolue où les décisions importantes sont prises par référendum informatisé. C'est un privilège et une responsabilité de chaque citoyen de participer, via un ordinateur, à un nombre minimal de tels référendums, en fonction des domaines d'intérêt et de compréhension de chaque individu. Chaque fois que vous avez un peu de temps libre, vous allez à l'ordinateur, obtenez une liste de questions et d'informations, et indiquez vos choix ou proposez de nouvelles lois ou des amendements. Sur votre planète, vous pourriez l'imaginer de cette façon : toutes les décisions importantes sont prises par référendum public sur Internet et les autres fonctions du gouvernement, les moins importantes, sont gérées par des organismes administratifs. Toutes les questions ne sont pas soumises au public en général.

Adrian : Le vote est-il secret ?

Maya : Non. Le vote de chaque citoyen est une information publique. Il y a aussi des statistiques sur les pourcentages de succès de chaque personne, de sorte que les citoyens ayant un jugement défectueux puissent être pris en compte. En d'autres termes, vous ne pouvez pas simplement voter au hasard. L'ordinateur n'enregistrera pas un électeur dont les votes sont illogiques. Cela encourage les gens à voter uniquement sur des questions sur lesquelles ils ont des connaissances. Par exemple, je vote uniquement sur les questions de santé.

Adrian : Donc, c'est un gouvernement basé sur la volonté publique.

Maya : Oui. Nous sommes arrivés à ce système après de nombreuses recherches sur diverses méthodes optimales de gouvernement.

Adrian : Aimeriez-vous me parler davantage de votre planète ou de vous personnellement ?

Maya : Il n'y a pas grand-chose à dire à propos de moi-même. Je suis l'une des citoyennes de ma planète. Nous n'avons pas d'individualisation comme sur Terre. Sur notre planète, les gens sont plus modestes et ont moins d'ego. Nous sommes plus comme des fourmis industrielles.

Adrian : Quelle est la population de votre planète ?

Maya : Plusieurs centaines de millions, je pense qu'il y a 860 millions de personnes. Ce chiffre est stable depuis de nombreuses années, c'est le nombre optimal que la planète peut soutenir. Le reste est en voyage spatial, comme moi, ou sur des colonies sur d'autres planètes.

Adrian : Quelle est votre espérance de vie ?

Maya : Quelques milliers d'années, entre 5 000 et 6 000 ans. Après cela, nous serons réincarnés dans un nouveau corps, comme les humains.

Adrian : Quelles sont vos rituels culturels concernant la mort ?

Maya : Juste après la mort, le corps est mis dans un cercueil scellé et placé dans la "salle de la mort" où les proches peuvent visiter le corps et pleurer. Après une période d'attente de 8 mois, le corps est détruit par dislocation moléculaire. Il y a longtemps, nous avions l'habitude de brûler les corps, mais la dislocation moléculaire est plus efficace et moins dommageable pour l'environnement, c'est donc ce que nous faisons maintenant pour tous nos déchets. Les sous-produits de la dislocation sont des éléments de base qui sont réutilisés pour l'industrie, on pourrait dire qu'ils sont recyclés.

Adrian : Donc, les molécules issues des déchets ou des corps morts sont toutes réutilisées pour fabriquer des produits de consommation comme, par exemple, des brosses à dents.

Maya : Quelque chose comme ça. En utilisant cette méthode, nous n'accumulons pas de déchets et ne polluons pas l'environnement. Les ressources matérielles sont recyclées.

Adrian : Quelles sources d'énergie utilisez-vous sur votre planète? Utilisez-vous l'énergie solaire ?

Maya : Non. Malheureusement, ce n'est pas possible sur ma planète à cause du brouillard. Les sources d'énergie sur ma planète sont des centrales nucléaires qui sont plus sophistiquées et plus sûres que les vôtres. Chaque communauté a son propre générateur, donc il n'est pas nécessaire de transporter l'énergie d'un endroit à un autre. On pourrait dire que chaque communauté est une unité fermée en termes de fourniture de la plupart de ses propres besoins, très peu de choses sont apportées de l'extérieur.

Adrian : Très bien.

Maya : Je pense que c'est suffisant pour le moment. Si vous voulez plus d'informations, vous pouvez contacter le Centre de Communication. Il vous suffit de demander des informations sur la Planète Verte de Maya.

Adrian : Merci. Je me demande ce qui est arrivé à X3 et Chaim.

Maya : Ils ont vu que vous vous en sortiez bien avec moi, alors ils sont retournés au laboratoire. Ils vous parleront une autre fois. Je dois partir maintenant, d'accord ?

Adrian : Oui, c'est bien. Merci beaucoup pour votre temps, Maya. Shalom.

Une visite d'un superviseur

J'étais en train de donner un traitement de guérison vers le milieu de l'année 1996, quand j'ai ressenti une nouvelle présence. L'image d'un homme plutôt mince est apparue, vêtu d'une cape brune en tissu rugueux. Sur sa poitrine se trouvait un médaillon qui ressemblait à un gros cristal. Des longs cheveux blancs ondulés tombaient jusqu'à ses hanches. Après son visage, il ne semblait pas à être un humain. Il s'est assis tranquillement sur le côté et n'a pas interféré dans le déroulement des traitements.

Lorsque j'ai terminé le traitement, je me suis assis à côté de lui et j'ai établi le contact.

Superviseur : Je suis un superviseur du Conseil Supérieur des extraterrestres. Je suis venu vérifier les activités de l'équipe médicale avec laquelle vous travaillez. Êtes-vous satisfait de ce que vous faites ?

Adrian : Oui, je suis satisfait. Pouvez-vous me dire s'il vous plaît à quoi sert votre cristal ?

Superviseur : C'est à la fois un outil qui sert à plusieurs fins et un symbole de ma position.

Adrian : S'il vous plaît, remerciez pour moi ceux qui ont envoyé les équipes médicales pour travailler avec nous.

L'Observateur

Le 26 avril 1997, alors que j'étais en train de recevoir un traitement dans la clinique de Chaya, un nouvel extraterrestre est apparu dans l'équipe médicale, disant qu'il était un observateur.

Adrian : D'où vous venez ?

Observateur : D'Andromède.

Adrian : Quel est votre rôle ici ?

Observateur : Je suis venu voir comment se déroulent les activités des équipes médicales. Je représente ceux qui ont envoyé les équipes médicales extraterrestres.

Chaya : L'observateur ressemble beaucoup à un humain, il est joufflu, chauve et porte une cape brune. Il a un collier autour du cou avec quelque chose qui ressemble à un grand cristal qui y pend. Cela m'a rappelé le superviseur qui m'a rendu visite chez moi l'année précédente.

Adrian : Quelle est la raison d'être de votre cristal ?

Observateur : C'est pour des fins de communication. Il contient un minuscule ordinateur sophistiqué, similaire à vos puces.

Adrian : Quel type d'interface homme-machine utilise l'ordinateur (c'est-à-dire comment interagissez-vous avec lui) ?

Observateur : C'est une information confidentielle. Je préfère ne pas répondre à d'autres questions. Si vous en avez d'autres, vous pouvez les poser à X3.

Chaya : L'observateur est dans ma maison depuis 2 semaines maintenant et il ne m'a pas du tout parlé. Je le vois toucher le cristal parfois, et je pense qu'il lui parle. Il a pointé le cristal dans la direction de X3 une fois et un rayon de lumière en est sorti, peut-être une projection d'une image holographique.

Observateur : En fait, c'est un ordinateur et un dispositif de communication sophistiqué.

Adrian : Tout comme chez les humains, chaque extraterrestre a sa propre personnalité.

Observateur : Ce sont des caractéristiques raciales.

L'observateur est réapparu chez Chaya le 2 mai 1997, mais cette fois-ci il était plus bavard.

Observateur : J'ai décidé de m'installer ici sur Terre.

Adrian : Mais vous avez dit que vous occupiez le poste d'observateur pour le Conseil.

Observateur : Je peux demander à être transféré à un poste différent sur Terre. J'aime bien ici.

Adrian : Quel est votre avis sur le travail fait par les équipes?

Observateur : Je suis très enthousiaste à propos de ce qu'ils font ici et je pense que la Terre a un avenir.

Adrian : Pourquoi certains extraterrestres massacrent-ils le bétail et d'autres animaux et enlèvent-ils des gens pour la recherche ? Ils pourraient faire la même chose de manière plus civilisée et respectueuse. Je comprends leur besoin de faire des recherches, les humains utilisent aussi des animaux à des fins de recherche, mais pourquoi laisser derrière eux des cadavres avec des parties manquantes, comme un chien sans yeux?

Observateur : Il y a beaucoup de discussions et de divergences d'opinion sur la question parmi les extraterrestres.

Il y a des extraterrestres particulièrement avancés. À côté d'eux, les humains ne sont rien de plus que des singes. Ils voient les humains comme des êtres inférieurs et les traitent avec mépris. D'un autre côté, il y a ceux qui considèrent les humains comme des créatures supérieures qui ont déraillé quelque part, mais qui ont un potentiel de développement.

Ces extraterrestres cherchent des moyens d'aider les humains. Le Conseil Supérieur discute actuellement de cette question afin de développer des politiques générales à l'égard de la Terre.

Hier encore, j'ai assisté à des discussions sur le sujet et j'ai fait mon rapport.

Ils préparent un atterrissage en masse qui comprendra des équipes dédiées à aider l'humanité de diverses manières, telles que médicales, sociologiques et économiques.

Des hôpitaux extraterrestres seront construits, les équipes médicales qui travaillent aujourd'hui, comme celles qui travaillent avec vous et Chaya, accumulent de l'expérience à cette fin.

Adrian : Est-ce que les équipes qui mènent des recherches sur Terre arrivent de manière indépendante en tant qu'initiatives privées de diverses civilisations, ou sont-elles organisées de manière centralisée ?

Observateur : Elles sont organisées.

Adrian : Les équipes de chercheurs reçoivent-elles des directives sur la manière de se comporter avec les humains ?

Observateur : Il existe des directives générales sur la façon de traiter les humains sur Terre, mais chaque équipe de recherche opère de manière indépendante et son comportement dépend de son chef d'équipe. Parfois, les chefs sont doux et attentionnés, parfois ils sont méprisants. Bien qu'il y ait des directives générales, elles ne sont pas toujours suivies. Si vous voulez savoir ce que les extraterrestres pensent de la Terre, demandez du matériel au Centre de Communication, ils ont beaucoup de matériel sur le sujet et peuvent vous le résumer. Il y a de nombreuses équipes de chercheurs étudiant la Terre, 12 000 organisations extraterrestres différentes étudient ici.

Adrian : S'il y a 12 000 organisations, il doit y avoir un nombre énorme d'extraterrestres ici.

Observateur : Selon les statistiques d'aujourd'hui, il y a un enquêteur extraterrestre pour chaque quatre êtres humains sur Terre.

Adrian : C'est énorme ! La Terre doit vraiment être un succès.

Observateur : Oui.

Adrian : Chaque fois qu'une nouvelle planète propice à la vie est découverte, elle est aussitôt investie par des équipes de recherche envoyées par toutes les civilisations de l'univers ?

Observateur : C'est ce qui se passe habituellement. De nombreux intérêts sont en jeu. La Terre est une planète assez captivante pour la recherche. Il y a des équipes qui étudient toutes sortes de choses, telles que les différences entre les nations et les groupes ethniques, les modes de survie et le potentiel de développement.

Adrian : Je suppose que pour les extraterrestres, la Terre ressemble à un grand laboratoire anthropologique.

Observateur : C'est exact, c'est ainsi que vous ressemblez.

Adrian : L'opinion des humains à votre égard n'a-t-elle pas la moindre importance pour les extraterrestres ?

Observateur : C'est le rôle des superviseurs. Chaque fois qu'il y a un atterrissage ou un événement OVNI, il y a des extraterrestres dont le travail consiste à recueillir des informations dans les médias et à rapporter les réactions de la population. Il y a certains superviseurs qui se promènent parmi vous et qui ressemblent à des gens ordinaires.

Adrian : D'où vous venez ?

Observateur : Je m'appelle Menachem et je viens de la planète Exozius. C'est une planète d'un système solaire de quatre soleils, deux rouges et deux petits, sombres.

Adrian : J'ai entendu parler de systèmes solaires binaires avec deux soleils, mais je n'ai jamais entendu parler d'un système solaire avec quatre soleils. Comment se déplacent-ils dans l'espace ?

Observateur : Ils se déplacent selon des trajectoires elliptiques. Mon système solaire est dans une galaxie différente, à plusieurs milliards d'années-lumière de la Terre. C'est au-delà des capacités de vos télescopes.

Adrian : Si c'est si éloigné, combien de temps vous avez mis pour arriver ?

Observateur : Le voyage jusqu'ici prend quelques semaines ! Je n'ai pas abordé la question des limites de la vitesse de la lumière.

Adrian : Si vous aimez notre planète, cela doit signifier qu'elle est similaire à la vôtre.

Observateur : Elle est plus jolie. Ma planète est plus froide, malgré ses quatre soleils. Il fait plus agréable ici. Il y a plus d'air, plus de nuages et tout en abondance.

Chaya : Votre planète est-elle plus ancienne ?

Observateur : Beaucoup plus ancienne. La Terre est considérée comme une planète jeune.

Adrian : Avez-vous lu mon livre ?

Observateur : Pas encore, mais j'ai l'intention de le lire dès que j'aurai un peu de temps. Le livre est dans la bibliothèque cosmique. J'en ai entendu de bonnes choses et il est considéré comme une lecture obligatoire.

Adrian : Pouvez-vous m'expliquer cela ?

Observateur : En ce qui concerne les humains, le livre élargit notre compréhension de la façon dont les humains voient les extraterrestres et l'Univers. En ce qui concerne les extraterrestres, il présente le travail qu'ils font ici en Israël et, à mon avis, il est important de publier des livres comme le vôtre.

Chapitre 10 : Le Conseil – Une organisation pour les civilisations extraterrestres

Il y a eu de nombreuses références à ce Conseil par des extraterrestres divers. Pour autant que j'ai pu m'en assurer, le Conseil est une organisation (entreprise) formée de plusieurs planètes et il représente la plus haute autorité sur les équipes de recherche extraterrestres sur la Terre. Parce que des observateurs et des superviseurs ont été envoyés par le Conseil à ma clinique et à celle de Chaya et que nos équipes médicales leur rapportent régulièrement, j'ai décidé que le sujet en valait la peine de faire quelques enquêtes. Le 28 juillet 1997, j'ai contacté le Centre de Communication télépathique.

Adrian : Contact.

Centre de Communication : Adrian, nous ne pouvons pas communiquer pour le moment. Nous sommes occupés. Réessayez plus tard, nous serons heureux de répondre à vos questions. Shalom.

J'ai attendu une demi-heure et j'ai réessayé.

Adrian : Contact avec le Centre de Communication extraterrestre. C'est Adrian ici. Est-ce que vous me lisez ?

Centre de Communication : Nous vous lisons très bien, clairement. Que voulez-vous demander ?

Adrian : J'ai pensé que j'inclurais des informations sur le Conseil dans mon livre. Pourriez-vous me décrire le Conseil ? Par exemple, quels sont ses objectifs et sa structure organisationnelle, quels facteurs historiques ont conduit à sa création, et tout autre information pertinente.

Centre de Communication : Nous vous avons déjà envoyé des informations sur le sujet.

Adrian : Oui, mais cela a été reçu verbalement. Je n'ai pas écrit. Je résumerai plus tard. Pourriez-vous me faire un bilan historique, ou est-ce que ce sont des informations confidentielles ?

Centre de Communication : Non, ce ne sont pas des informations confidentielles. C'est une bonne idée d'écrire sur le Conseil et les raisons de sa création. Veuillez patienter pendant que nous organisons un ensemble d'informations pour vous.

Le Conseil a été créé à l'aube de l'histoire pour résoudre les problèmes posés par les rencontres entre les cultures extraterrestres.

Le rôle du Conseil est de résoudre les problèmes entre civilisations extraterrestres.

Le premier Conseil a été établi grâce aux efforts de coopération de deux anciennes civilisations qui ont découvert et ont reconnu chacune l'existence de l'autre. Le but du premier Conseil était de permettre aux civilisations de vivre côte à côte et de résoudre les conflits qui ont surgi entre elles. Au fur et à mesure que d'autres civilisations furent découvertes, elles ont rejoint le Conseil. Aujourd'hui, le Conseil intègre 55 civilisations différentes. Une civilisation se définit comme une culture, ou une forme de vie, qui peut impliquer une petite planète, ou un ensemble immense formant une galaxie, peuplée de formes de vie qui ont en commun plus de choses qu'elles n'ont pas individuellement.

Les buts du premier Conseil sont maintenus jusqu'à aujourd'hui, bien que leur complexité et leurs domaines d'activités se sont considérablement élargis. Les activités du Conseil sont parrainées par les civilisations membres et le Conseil, à son tour, parraine différents organismes qui sont responsables des activités communes à toutes les civilisations. Aujourd'hui le Conseil est une énorme organisation avec une gamme très large d'activités dans tous les aspects de la vie, impliquée dans les besoins et les conditions de l'existence, en recherche fondamentale.

Chaque civilisation qui est membre a une personne qui la représente au Conseil. Des décisions importantes sont prises par une élection démocratique avec la participation de la plupart des civilisations membres, cependant, de telles décisions sont rares car la plupart des décisions quotidiennes sont prises par des organismes professionnels que le Conseil emploie. Le Conseil est une organisation énorme, tant en terme de taille, que des activités. Des nombreuses civilisations ont confié un grand nombre de leurs projets de recherche à l'administration du Conseil. La mutualisation de toutes les ressources de toutes les civilisations permet un progrès plus efficace et plus accéléré par rapport à une situation où chacune des planètes fonctionne seule.

Adrian : Comment une nouvelle civilisation rejoint-elle le Conseil?

Centre de Communication : Il existe plusieurs types de civilisations en développement : il existe des civilisations primaires, c'est-à-dire la vie développée sur la planète est totalement indépendante, et il y a des civilisations issues des peuplements de planètes par des formes de vie venues d'ailleurs. Les civilisations de peuplement ne présentent aucun problème pour rejoindre le Conseil, car elles sont déjà bien conscientes de l'existence d'autres formes de vie qu'elles-mêmes.

Cependant, avec les civilisations primaires, il y a un problème commun récurrent. La Terre est un cas particulier de civilisation primaire parce qu'elle a développé la vie indépendamment, mais il y a eu l'intervention d'éléments extérieurs plus d'une fois au cours de son histoire. Les objectifs de cette intervention devraient accélérer le développement d'une race locale de vie intelligente qui serait capable d'organiser sa propre civilisation. Sans cette intervention, la Terre serait encore sous-développée et peut-être que vous seriez assis dans un arbre en train de manger des bananes.

Les objectifs du Conseil concernant la Terre sont de développer une forme de vie intelligente avec un mode de vie sage et une civilisation locale à un niveau qui lui permettra de prendre sa place parmi les autres civilisations au sein du Conseil.

Le Conseil, d'abord et avant tout, agit pour le plus grand bien de tous les êtres. Une civilisation primaire subit toujours une « crise d'adolescence » lorsqu'elle découvre qu'elle n'est pas la seule civilisation de l'univers. C'est une étape critique de son développement.

La rencontre avec d'autres civilisations et la crise qu'elle déclenche habituellement sont généralement accompagnées de révolutions culturelles et nationales et peuvent conduire à des catastrophes, comme l'exposition mutuelle aux infections et aux maladies, ou l'hystérie de masse basée sur la peur de l'inconnu.

L'objectif du Conseil est d'empêcher de telles tragédies d'adolescence d'une nouvelle civilisation. Pour cette raison et pour l'aider à atteindre la maturité avec moins de traumatismes et moins de douleur, la culture d'une planète est étudiée sous tous les aspects possibles. Cela comprend l'apprentissage des systèmes biologiques et des maladies dans le cadre de l'effort de prévention des épidémies résultant d'une rencontre entre différentes formes de vie.

Le Conseil essaie de préserver et de protéger les formes de vie dans leur état naturel parce que, dans les yeux du Conseil, chaque type de forme de vie est précieux. Il est de la responsabilité du Conseil de protéger ses membres contre les extraterrestres hostiles ou des éléments inconnus qui peuvent constituer une menace - autrement dit, il assure la défense.

La Terre est sous la protection du Conseil et pour cette raison, il n'y a pas eu d'invasion de la Terre par d'autres formes de vie. Nous ne voulons pas vous effrayer, mais un tel événement pourrait se produire. Il y a beaucoup de civilisations étranges dans l'univers qui ne sont pas membres du Conseil et nous sommes également conscients de l'existence d'autres Conseils et organisations similaires. En ce moment, il y a une paix relative dans votre région du cosmos, mais ça n'a pas toujours été ainsi.

Le Conseil se soucie du bien-être de tous les habitants de ses civilisations membres. Les domaines de responsabilité et d'activités sont extrêmement variés, allant du traitement des problèmes de survie aux questions de recherche pure. Malgré l'unité du Conseil, chaque planète conserve son droit de définir pour elle-même le type de relations qu'elle entretient avec le Conseil et avec les autres formes de vie.

Certaines civilisations ont des accords assez ouverts avec le Conseil et certaines ont des relations très limitées. Tout est organisé par consentement mutuel et conformément à la culture et aux coutumes locales de chaque civilisation.

Nous voulons que vous compreniez que tout ce que fait le Conseil est réalisé pour vos meilleurs intérêts. Nous voudrions, dans la mesure du possible, éviter un holocauste de l'adolescence sur Terre. Nous considérons les habitants de votre planète comme nos enfants et c'est ainsi que vous êtes, en comparaison avec des planètes dont la culture est plus développée, ancienne et mature.

Adrian : Pourquoi ne nous laissez-vous pas nous débrouiller seuls et ne pas intervenir du tout ?

Centre de Communication : Encore une fois, nous protégeons tous les types de forme de vie. De notre expérience avec d'autres cultures et sur la base des informations dont nous disposons recueillies à partir de nos recherches au cours des dernières années, nous sommes arrivés à la conclusion que sans l'intervention du Conseil, il est probable qu'un holocauste mondial se produira sur votre planète. Nous estimons qu'il est de notre responsabilité d'empêcher que cela ne se produise.

Adrian : Pourquoi n'êtes-vous pas intervenus dans le passé quand il y a eu un holocauste mondial ?

Centre de Communication : Par le passé, la technologie n'avait pas encore atteint le niveau où l'anéantissement total était possible. L'ampleur des holocaustes et guerres antérieures était telle que le relèvement et la continuité de la vie était possible. Ce n'est que dans cette génération que vous avez atteint ce niveau technologique et c'est ce qui a allumé le feu rouge pour nous.

Adrian : Faites-vous référence à la guerre nucléaire et à l'équilibre des pouvoirs ?

Centre de Communication : C'est l'une des menaces. Il y en a d'autres que vous ne connaissez pas, comme la guerre biologique.

Adrian : J'en suis conscient. Faisons une pause maintenant. Je vais revenir sur ce sujet dans quelques jours.

Centre de Communication : Nous serons heureux de vous aider.

Un extraterrestre mince et deux autres petits

Le soir du 7 décembre 1997, lorsque j'ai rejoint ma voiture, j'ai senti que des extraterrestres m'y attendaient à nouveau. Je suis monté et j'ai commencé à conduire. J'ai essayé d'utiliser mon troisième œil pour voir qui était avec moi. Au milieu de la banquette arrière quelqu'un de très grand et mince était assis.

J'ai déterminé cela à partir de la vue de ses genoux qui semblaient n'avoir que la peau sur les os. De chaque côté, je pouvais vaguement voir deux petites créatures d'environ 50 centimètres de haut, dont les mouvements me rappelaient des reptiles. J'ai essayé d'établir un contact télépathique, ils ont été polis et ils ont répondu.

Adrian : Y a-t-il quelqu'un ici avec moi ?

Extraterrestres : Nous sommes venus en tournée professionnelle pour vous rendre visite à l'entreprise pour laquelle vous travaillez. Nous profitons de vous pendant le trajet à la maison de Chaya.

Adrian : Mon lieu de travail et moi, nous sommes devenus une destination touristique pour les extraterrestres ?

Extraterrestres : [riant] Vous êtes marqué et vous êtes célèbre pour votre travail avec des extraterrestres. Toute personne qui vient en tournée professionnelle est envoyée, entre autres, chez vous et sur votre lieu de travail.

Nous avons roulé dans les rues de la zone industrielle.

Adrian : Quelle est votre impression de notre planète Terre ?

Extraterrestres : Notre impression est que ça vaut la peine d'investir en vous et vous aider. La Terre suit une bonne direction de développement. De plus en plus de civilisations en sont convaincues et elles se joignent aux efforts pour aider la Terre. Ces efforts s'intensifieront alors que nous approchons de l'Heure I.

Adrian : Qu'est-ce qu'I représente ?

Extraterrestres : Cela signifie *l'Heure de l'Intégration*, c'est-à-dire l'intégration de la civilisation Terre dans la communauté des civilisations avancées.

Adrian : Quelle est l'heure I ? Savez-vous quand cela arrivera ?

Extraterrestres : Aucune décision finale n'a été prise. Nous procédons prudemment et nous ne procéderons pas à un atterrissage en masse jusqu'à ce que les conditions soient optimales. Notre préoccupation est le bien-être de la population de la Terre et nous sommes donc minutieux. Nous ne sommes pas pressés.

Adrian : Puisque votre espérance de vie est de plusieurs milliers d'années, vous n'avez aucune raison de vous dépêcher.

Extraterrestres : Ce n'est pas le problème. La principale préoccupation est de réaliser une intégration réussie. Nous n'allons pas faire un atterrissage tant que nous sentons que l'humanité n'est pas prête pour ça. Une décision sur l'Heure I sera faite par le Haut Conseil. Jusqu'à présent, une décision de principe a été décidée de s'engager dans des activités menant à l'intégration, mais aucune décision n'a été prise concernant un calendrier définitif pour l'événement.

Adrian : Puis-je vous citer dans mon livre ?

Extraterrestres : Tant que nous ne nous sommes pas identifiés, vous pouvez nous citer.

J'ai eu comme une grande prise de conscience de l'énorme importance historique d'une telle intégration pour la population de la Terre. J'ai été submergé par l'idée de terminer un cours et d'être dans une organisation de civilisations à des milliers d'années plus développées que nous, technologiquement, spirituellement, administrativement et qui sait quoi d'autre !

Alors que nous approchions de la maison de Chaya, j'ai dit à mes auto-stoppeurs que nous y étions presque. Ils ont répondu poliment qu'ils n'étaient pas pressés. S'ils l'avaient été, ils l'auraient fait en utilisant leur propre moyen de transport, c'est-à-dire, pour le dire simplement, beaucoup plus rapide que ma voiture ! J'étais dans un dilemme. Ici j'étais assis seul dans ma voiture et j'imaginais peut-être seulement cette conversation télépathique avec trois extraterrestres invisibles sur mon siège arrière.

Adrian : Je suis face à un dilemme. Je n'ai aucun moyen de savoir si j'ai réellement eu cette conversation, ou je l'ai imaginé. Puis-je obtenir une confirmation de Chaya ?

Extraterrestres : Pas de problème.

Quand nous sommes arrivés chez Chaya, la première chose que j'ai faite a été de lui demander qui était présent dans la pièce.

Chaya : Mon équipe médicale habituelle, et quelqu'un de nouveau, très mince, que je ne connais pas.

Adrian : Est-ce que quelqu'un est arrivé avec moi dans la voiture?

Chaya: L'être mince a dit qu'il a roulé avec toi avec deux autres qui sont partis au laboratoire. Voulez-vous parler avec eux ? Devrais-je les appeler ?

Adrian : Non, décrivez-moi simplement à quoi ils ressemblent.

Chaya indiqua de la main qu'ils étaient environ de 50 centimètres de haut.

Chaya : Ils ont visité votre lieu de travail et ont roulé avec vous et ont été très impressionnés par l'entreprise pour laquelle vous travaillez.

Chapitre 11 : Créatures d'énergie et . . . Quoi ?

Eux

Deux femmes aux cheveux bouclés étaient sereinement assises derrière le comptoir de leur stand vendant des livres New Age à l'une des foires pendant la semaine nationale du livre, en juillet 1997. Il y avait quelque chose d'inhabituel à leur sujet, mais il était difficile de dire quoi exactement.

Quand elles m'ont remarqué, elles m'ont immédiatement proposé de les aider et m'ont demandé si j'étais intéressé par la canalisation (c'est-à-dire à établir un contact télépathique avec des entités et agir en tant que leur médium). J'ai tranquillement hoché la tête.

A cet instant, un grand jeune homme d'environ 30 ans avec de longs cheveux bouclés est apparu de quelque part et a déclaré qu'il était médium. Quelque chose de lui me semblait familier. Je lui ai demandé quelle technique il utilisait et avec qui il était en contact. Il m'a dit qu'il prend contact à travers d'un état de transe profonde et qu'il est médium, non seulement pour une, mais pour plusieurs entités qui refusent de s'identifier parce qu'ils prétendent qu'il n'y a pas de mots dans le langage humain pour les décrire. Je lui ai demandé s'il s'agissait d'esprits ou des extraterrestres et il a répondu qu'ils prétendent être en dehors de la conception de Dieu. Cela m'a semblé étrange parce que je comprends que le concept de Dieu englobe tout.

Il m'a raconté qu'il avait suivi un cours de guérisons et de développement de la conscience spirituelle, c'est ainsi qu'il a commencé à faire des contacts. Pendant le cours, tous les élèves sont entrés dans un état de méditation profonde, lui et deux autres personnes assis au milieu d'un cercle.

Il s'est soudain mis à parler sans que cela vienne de son plein gré. Il se sentait comme si quelqu'un d'autre activait son corps et sa parole et il regardait de l'extérieur ce que son propre corps faisait. Parce que cela l'ennuyait, il quitta complètement son corps et il s'est mis à faire une promenade astrale. Depuis, il noue des contacts en transe profonde, sans se souvenir de rien à ce sujet, après.

Une de ces séances a été enregistrée en vidéo, il l'a regardé plus tard, mais quand il a vu comment son visage s'était déformé, il l'a rapidement arrêtée. Je lui ai demandé quels étaient ses contacts et il a répondu qu'ils sont sur des sujets nombreux et différents. Pendant la canalisation, la femme derrière le comptoir posait des questions, qu'il a transmis à ses contacts.

Les contacts ont répondu seulement lorsque les questions étaient sincèrement honnêtes et provenaient au plus profond de l'âme. Ces contacts ont prétendu que nous sommes tous Dieu, mais nous avons oublié et nous nous considérons seulement comme des humains. Ils ne comprennent pas comment nous vivons dans des corps humains et pourquoi nous voulons vivre dans un corps humain dans la dimension physique. Ils ont récemment donné une série des conférences sur la signification des fêtes israéliennes sous un angle différent et ils ont effectué un circuit télépathique guidé de l'Égypte.

J'ai été invité à assister à une session de canalisation. J'ai dit aussi à Chaya et tout le monde a été intéressé, y compris les extraterrestres.

Ce soir-là, quand je conduisais la voiture avec Chaya pour ce rdv, j'ai senti qu'il y avait d'autres personnes présentes dans la voiture avec nous. Chaya a confirmé que X3, Miki et Maya étaient entassés sur la banquette arrière.

Nous sommes arrivés à un appartement penthouse (sur les toits) bourré de symboles New Age, de cristaux et toutes sortes d'accessoires et d'images mystiques couvraient les murs et remplissant les étagères.

L'atmosphère était complétée par une bougie allumée, des encens et une musique douce émana d'une chaîne stéréo très sophistiquée. Les gens ont commencé à arriver, jeunes et vieux, à l'événement qui devait donner un sens à leur vie.

Le niveau d'énergie dans la pièce a continué d'augmenter jusqu'à me donner mal à la tête. Jésus est arrivé et Chaya et moi avons relevé la présence de quelques êtres que nous ne connaissions pas, l'impression était de sentir quelques êtres grisâtres, pas clairs, que Chaya a décrit comme quatre extraterrestres avec des peaux rugueuses qui lui rappelait des robots.

Quelqu'un a annoncé qu'"Ils" étaient arrivés pour nous guider et nous rappeler que nous sommes tous Dieu. Enfin, le médium est entré en transe et a donné une performance plutôt théâtrale qui était presque clownesque et, sur des tons démagogiques et ennuyeux, a essayé de donner un message spirituel qui était réceptionné assez bruité.

Le vocabulaire était celui d'aujourd'hui, mais il faisait l'usage exubérant de répétitions et de superlatifs. Tout était dit d'abord au masculin, puis au féminin. On aurait dit que ça aurait pu être un prédicateur sermonnant, peut-être un médium dans une vie passée. ^

Après une conférence fastidieuse, nous avons tous commencé une méditation guidée avec un accompagnement musical. Après une pause, la période des questions est venue. Les réponses, comme les questions, étaient superficielles, circulaires et confuses. Je n'ai pas eu l'impression qu'il y avait une source externe de connaissances, ce qui aurait indiqué l'implication de guides spirituels.

X3 : Je pars.

Chaya : Les extraterrestres ont eu l'idée, ils sont tous partis. Jésus est toujours là et il est très désobligeant.

L'un des participants a eu une confrontation avec le médium. Il a présenté un argument incroyablement bien formulé, ce qui m'a donné l'impression que quelqu'un l'aidait.

Puis Chaya m'a dit que Jésus avait pris contact avec lui et il parlait à travers lui. L'événement est devenu ennuyeux et finalement nous sommes partis. J'ai demandé à Jésus quelle était son impression.

Jésus : C'est une énergie qui n'a pas de nom, qui a profité du médium et qui a essayé d'aider à travers lui. L'homme est en transe, mais ce n'est pas un pur véhicule. Lors de la canalisation, une partie de sa personnalité était impliquée. Seulement les premières minutes la canalisation était claire. Elle est devenue de plus en plus trouble après.

Le lendemain, j'ai demandé à X3 de définir ce dont nous avions été témoins.

X3 : C'étaient des êtres de lumière. Ils n'ont pas d'énergie pure et pas de corps physique, mais quelque chose entre les deux.

Adrian : En aviez-vous déjà entendu parler ?

X3 : J'en ai entendu parler, mais je ne suis pas très familier avec.

Chaya : J'ai réussi à entrer en contact avec eux pendant la rencontre, mais j'ai pu seulement comprendre qu'ils ne sont ni d'énergie, ni de matière, mais une combinaison des deux.

X3 : Ils viennent d'une source très élevée. Le contact avec eux était de très mauvaise qualité car la personnalité du médium s'en est mêlée.

Adrian : Que voulez-vous dire par une source très élevée ?

X3 : Il y a plusieurs zones dans le cosmos. Je ne sais pas exactement quelle est leur place parce qu'ils n'ont pas de planète. Ils ne sont ni corps physique, ni corps de lumière, mais une combinaison des deux. Ils n'ont jamais été dans un corps humain.

Adrian : Sont-ils capables de renaître dans un corps humain ?

X3 : Je ne sais pas. J'ai entendu parler d'eux, je les ai rencontrés une seule fois auparavant, je n'en sais pas plus. Ils n'ont jamais particulièrement éveillé ma curiosité et ils ne font pas l'objet de recherches.

Adrian : Que pensez vous qu'ils font sur Terre ?

X3 : Probablement, comme les extraterrestres, ils sont venus aider l'humanité.

Jésus : Ils viennent d'une position élevée dans la hiérarchie du cosmos.

Oded

Le 24 octobre 1997, j'arrivais chez Chaya pour mon traitement régulier. Je ne savais pas que celle-ci sera une des séances les plus instructives.

Dès mon arrivée, Chaya m'a signalé qu'en plus de l'équipe médicale régulière composée de X3, Gidon et Maya, il y avait une autre personne. Elle voyait la silhouette d'un vieux monsieur avec une barbe blanche. Chaya a laissé s'échapper : "Qui est ce grand-père ? " et à sa grande surprise, il a répondu : "Je ne suis pas un grand-père, je suis bien plus ancien que ça. Il prétendait être ni un extraterrestre, ni un esprit humain, mais tout à fait autre chose.

X3 : Nous avons invité un spécialiste pour nous donner un second avis pour nous aider dans nos délibérations sur la poursuite d'un certain traitement.

Adrian : Pouvez-vous nous expliquer qui vous êtes exactement?

Le personnage âgé a finalement admis qu'il pouvait être considéré comme une forme de vie faite d'énergie. Il nous a dit de l'appeler Oded.

Oded : Je suis médecin spécialisé en physiologie humaine, malgré le fait que je n'ai jamais existé dans une forme physique et je n'ai jamais eu l'intention. Je suis fait d'énergie pure et je n'ai pris que la forme d'un vieil homme dans la dimension extraterrestre (la quatrième, cinquième et sixième dimension) de sorte que Chaya puisse me voir avec son troisième œil et de communiquer avec moi.

Adrian : Quel âge as-tu ?

Oded : Je suis très ancien, presque 3 000 ans.

Adrian : Est-ce que cela est considéré comme vieux parmi vous?

Oded : Il y a qui sont plus âgés. Par exemple, Avraham Avinu, Moshe Rabenu, Sara Imenu, le Prophète Élie, Amos, Yechezkiel et une longue liste d'autres personnages historiques anciens. Contrairement à aujourd'hui où les gens se réincarnent tous le temps, les personnages historiques ne s'incarnent plus. Ils se sont unis à la source de lumière et ils se sont transformés en esprits de lumière qui aident les êtres humains. Je suis comme les justes qui n'ont plus à se réincarner. Je suis dans le même catégorie que les formes vivantes faites d'énergie lumineuse et de vibration, mais j'appartiens à un autre département.

Adrian : Êtes-vous dans le département médical ?

Oded : Non. Je suis dans le département qui aide les êtres humains.

Adrian : Quel rôle a joué Elie, le Prophète ? Est-ce que je peux l'appeler ?

Oded : Elie le Prophète est haut placé dans la hiérarchie et ne doit pas être appelé que dans des circonstances appropriées, telles que les guérisons, la prévision du futur, ou donner des bénédictions. Jésus, par exemple, est moins formel. Jésus va vers les gens dans le besoin chaque fois qu'ils l'appellent.

Adrian : Pendant la plupart des séances de traitement que j'ai donné chez moi, il y a toujours un esprit présent, assis dans un coin. Il ressemble à un vieil homme et porte une cape brune.

Oded : C'est probablement un observateur. Il est courant d'avoir un observateur présent pendant les traitements. Il peut appeler quelqu'un de plus qualifié si besoin.

Habituellement, les observateurs n'aiment pas leur travail, mais tout le monde doit occuper ce poste à un moment ou un autre. J'ai aussi été observateur une fois.

Adrian : Où est ta planète natale ?

Oded : Ma place est à côté du siège d'honneur.

Adrian : Ton explication ne me dit pas grand-chose.

Oded : Il y a une hiérarchie pyramidale des formes de vie. Il y a tellement des formes de vie qu'il est difficile pour vous, les humains, de comprendre. Les êtres humains n'ont reçu qu'une bande étroite dans toute la création.

Chaya : Qui est l'être le plus âgé ?

Oded : Le premier homme est le plus ancien être d'énergie qui a existé sous forme physique, mais il existe des formes énergétiques plus anciennes qui n'ont jamais existé sous forme physique. A l'intérieur de chaque être humain il y a une étincelle ou un reflet du premier homme.

Adrian : Comment les formes d'énergie se reproduisent-elles ?

Oded : On les divise, ce qui explique qu'il y a plus qu'un seul Jésus. Apparemment ce sont des divisions du Jésus originel, ou ce que les esprits appellent des reflets.

Oded a commencé son examen pendant que Chaya se tenait à côté et me décrivait ce qui se passait. Il a mis ses mains au-dessus de moi et une lumière émanait d'elles qui remplissait mon corps, mais je ne ressentais rien. Oded apparemment m'a scanné divers systèmes et fonctions biologiques à l'aide de son énergie. Après quelques minutes, il a signalé aux extraterrestres médecins que tout allait bien et il a conseillé à X3 de poursuivre les traitements comme prévu.

Adrian : Peux-tu, s'il te plaît, nous expliquer la hiérarchie des formes de vie ?

Oded : Les humains travaillent d'abord avec les esprits humains, avant qu'ils soient diplômés pour travailler avec des extraterrestres, et finalement avec des formes de vie énergétiques, ou des formes de vie de lumière. Le prochain niveau des formes de vie énergétiques viendra dans quelques années pour aider la Terre à avancer plus loin.

Chaya a ensuite rapporté qu'Oded avait soudainement disparu de son champ de vision. Même s'il semblait être parti, elle le recevait toujours. Il n'avait fait que changer de forme, devenant, ce qui ressemblait à Chaya, comme une bande verticale de lumière dorée. Il a continué à communiquer, malgré le fait qu'il n'était pas visible.

Oded : J'ai pris la forme d'un vieil homme seulement pour parler avec Chaya.

Adrian : Puis-je écrire sur toi dans mon livre ?

Oded : Oui.

Adrian : Voudras-tu venir communiquer avec moi ?

Oded : Je ne pourrai pas venir personnellement, mais je serais heureux d'envoyer quelqu'un d'autre pour prendre contact avec toi.

Avant son départ, un petit tourbillon en spirale est apparu qui recueilli la bande verticale de lumière dorée en lui-même et ensemble, ils ont disparu. X3 nous a expliqué que les formes de vie d'énergie sont capables de voyager dans l'espace grâce à leurs propres pouvoirs en se transmettant comme les humains transmettent des ondes radio.

Chapitre 12 : Canalisation et télépathie

Le contact télépathique, ou la canalisation, est un phénomène fascinant et multifacette. J'ai eu l'occasion de rencontrer plusieurs personnes qui canalisent, chacune utilisant sa propre méthode individuelle.

La première personne de ce genre que j'ai rencontrée était Valerio Borgush. Il m'a dit des choses claires et précises à mon sujet sans aucune connaissance préalable, apparente, de ma part. Je suis sûr que les gens qui consultent des voyants ne sont pas conscients que ces derniers sont souvent des personnes douées de cette capacité de canalisation (c'est-à-dire de capter les pensées de la personne et de les lui renvoyer) ou aussi de recevoir des informations des esprits. Au contraire, on pense qu'ils ont un aperçu incroyable et une compréhension profonde. Lors de mes conversations avec Valerio, il m'a confié être en contact avec des esprits. Selon lui, les esprits voient la vie de manière plus claire que nous et ils possèdent des connaissances qui nous dépassent. Les esprits lui fournissent des informations sur ses clients. Le contact de Valerio était généralement verbal, ce qui est une forme de contact assez problématique, mais qui donne de bons résultats pour les personnes. Il devait souvent utiliser du papier et un crayon pour noter des détails spécifiques tels que des noms ou des dates.

Cette méthode, sans surprise, est connue sous le nom de canalisation écrite. D'après mon expérience, cette dernière est plus facile et recommandée pour les débutants.

Pendant la canalisation, une personne se trouve dans un état de conscience différent. Il est généralement difficile de se souvenir par la suite de ce qui s'est passé. C'est pourquoi il est recommandé de tout noter pendant que cela se produit, ou de l'enregistrer.

Lorsque la canalisation est terminée, le contenu du contact s'évapore généralement comme un rêve. En fait, parce que la personne qui canalise est dans un état de conscience modifiée, je recommanderais de pratiquer la canalisation avec un partenaire. L'un canalise pendant que l'autre guide avec des questions.

Les personnes qui canalisent doivent être totalement neutres dans la communication afin de ne pas interférer, c'est-à-dire que leurs propres pensées et leur personnalité ne doivent pas se confondre avec ce qu'ils reçoivent.

Pour cette raison, il est particulièrement difficile de canaliser seul; il est extrêmement compliqué de distinguer ses propres pensées des pensées qui arrivent. Le problème peut être en partie résolu en préparant des questions à l'avance, puis en établissant le contact et en s'enregistrant.

Les premiers contacts télépathiques que j'ai établis étaient verbaux et ne concernaient que ma personne. Cela semblait simplement se produire de manière spontanée, et je ne le recommande à personne ! J'ai rapidement découvert que c'était une méthode de communication très inefficace et j'ai mis au point ma propre méthode de communication par écrit. Je trouve que c'est une méthode pratique qui permet une communication ordonnée, avec l'avantage supplémentaire que tout est enregistré pour être examiné par la suite.

Pendant la communication, les pensées défilent à grande vitesse alors que vous essayez de les mettre par écrit. Parfois, on a l'impression d'écrire une série de choses sans aucun flux logique ou lien entre elles, ce qui témoigne de la différence de cette écriture par rapport à toute autre écriture où l'on planifie et réfléchit à ce que l'on écrit. Pendant la communication télépathique écrite, ou canalisation, les pensées semblent simplement venir d'elles-mêmes à une vitesse vertigineuse. Étant donné que les réponses sont immédiatement consignées sur papier, vous êtes libre de les mémoriser ou pas et vous pouvez plutôt vous concentrer sur la question suivante que vous souhaitez poser.

La plupart des communications télépathiques rapportées dans ce livre sont des communications écrites utilisant un traitement de texte.

Pour illustrer, voici un exemple de communication écrite :

Adrian : Contact, s'il vous plaît.

Extraterrestres : Nous sommes déjà en contact.

Adrian : Je vois une sorte d'éclair bleu autour de moi et au-dessus de moi. Qu'est-ce que c'est ?

Extraterrestres : C'est un système d'amplification du volume qui vous permet de mieux nous entendre. Est-ce que vous comprenez ?

Adrian : Souhaitez-vous faire un cours ?

Extraterrestres : Non, il serait préférable que vous commenciez par poser des questions. Nous transmettrons le matériel au fur et à mesure. Nous reprendrons votre ligne de pensée à un endroit approprié et nous poursuivrons à partir de là.

Adrian : Je me sens un peu déconcentré, j'écris comme dans un rêve.

Extraterrestres : C'est normal. Il s'agit d'un niveau de communication plus profond que celui auquel vous êtes habitué. Cela nous permettra de vous transmettre des informations précises au-delà de ce que vous demandez réellement, des choses que vous aurez du mal à comprendre la première fois. Commençons...

Explication de la communication télépathique

La communication télépathique avec les extraterrestres est possible parce que les êtres humains sont composés d'un corps physique et de plusieurs autres types de corps basés sur d'autres matières, tous interconnectés les uns aux autres. Les autres corps possèdent des organes capables de voir, d'entendre et de parler. La connexion avec notre esprit conscient s'effectue par le biais de l'inconscient. Les médiums, ou les personnes capables de perception extrasensorielle, sont capables d'activer ces autres corps pour la communication et peuvent transmettre des informations entre les corps physiques et les corps non physiques.

Canalisation verbale ou télépathique

L'une des communications les plus difficiles que j'ai menées était avec un extraterrestre physicien qui se faisait appeler XZ. (Au moment où j'écris, XZ est assis en face de moi.) Nous avons communiqué sur le sujet de la physique complexe et je lui ai demandé d'expliquer le détail de la communication télépathique.

Adrian : Dites-moi quelque chose. Est-ce que vous me parlez ou est-ce que vous transmettez des pensées télépathiques ?

XZ : Je te parle et tu traduis ce que je dis, en pensées. C'est la manière la plus facile pour toi de nous comprendre. Parfois, l'information est envoyée sous forme de pensées abstraites, ce qui nous permet de transmettre des informations qui n'ont pas d'expression verbale dans ta langue. C'est très bien, continue.

Communication télépathique, un contenu « multimédia »

Le type d'informations reçues lors de la communication télépathique est similaire au concept du « multimédia ». Les informations que je reçois pendant le processus de communication comprennent des émotions, des idées abstraites, des voix, des images, des films, des intentions et bien d'autres choses qui sont difficiles à exprimer par des mots. D'autres médiums disent entendre des voix ou lire du matériel écrit qui vont apparaître à leur œil spirituel.

Perception visuelle extrasensorielle

La vision est constituée de plusieurs mécanismes. La vision ordinaire, c'est-à-dire le type de vision que toutes les personnes expérimentent, ne révèle que le monde physique. Dans certaines circonstances, il est possible de voir avec les yeux physiques des choses telles que l'aura d'une personne, mais aussi des faisceaux ou des étincelles d'énergie. Les personnes dotées d'une perception visuelle sensible peuvent voir de telles choses naturellement, sans aucun effort spécial, cependant, cette capacité peut également être développée.

Le principal problème est que le cerveau filtre le "bruit" et transmet à l'esprit conscient les informations qui ont été censurées (c'est-à-dire seulement les informations qui ont du sens pour lui). Heureusement, on peut entraîner le cerveau à transmettre toutes les informations. Il existe un phénomène intéressant qui apparaît lorsque quelqu'un réussit à neutraliser le filtre du cerveau et commence à tout voir : une douleur vive est immédiatement ressentie à l'arrière des yeux en raison de la surcharge d'informations sur le nerf optique.

Les extraterrestres expliquent que les choses étranges que les humains voient sont les effets secondaires faibles des interactions entre des matériaux étrangers ou des énergies et les molécules d'air. Dans certaines conditions, une ionisation se produit au cours de laquelle des photons (particules de lumière) d'une intensité très faible sont libérés. Par exemple, j'ai vu des légers flashes lors d'un traitement dans la clinique de Chaya, et quand je lui ai demandé si les extraterrestres avaient fait quelque chose de spécial, elle a répondu qu'ils avaient allumé une lumière.

Voir avec le troisième œil

La capacité de voir avec le troisième œil varie d'une personne à l'autre.

Le troisième œil de la plupart des gens est non fonctionnel (c'est-à-dire fermé), ce qui est un état naturel et sain du corps physique. Chez certaines personnes, le troisième œil est partiellement ou totalement ouvert. La capacité de voir avec le troisième œil peut être développée, mais il faut avancer avec prudence et, parallèlement à cela, s'engager dans un développement personnel, car ouvrir le troisième œil avant d'être prêt peut causer des problèmes. Absorber plus d'informations que ce que l'on est capable de gérer peut conduire à une confusion sérieuse. En plus de développer cette capacité par soi-même, les extraterrestres peuvent ouvrir artificiellement le troisième œil d'une personne si l'œil est mature et si la personne est un candidat approprié et intéressé.

Je me souviens avoir amené une amie à moi, une guérisseuse, chez Chaya, qui a demandé aux extraterrestres d'ouvrir son troisième œil. La procédure a duré seulement quelques minutes. Le lendemain, mon amie a rapporté qu'elle n'avait pas dormi de toute la nuit car elle voyait constamment des visages devant elle. Finalement, elle s'est habituée à sa nouvelle situation et a appris à apprécier cette capacité supplémentaire.

Le troisième œil représente une partie de la capacité visuelle des autres corps d'une personne. Il peut voir des matériaux étrangers et nous permet de voir des guides spirituels, des êtres et des extraterrestres dans d'autres dimensions, ainsi que de nombreuses autres choses fascinantes.

Vision intérieure par télépathie

Parfois, nous recevons des informations visuelles qui ne proviennent ni du troisième œil, ni des yeux physiques, mais qui nous sont transmises par des êtres ou des guides spirituels. De telles images nous sont envoyées à des fins de démonstration, car certaines choses sont plus facilement expliquées à travers des images qu'à travers des mots - comme on dit, une image vaut mille mots. Parfois, après avoir reçu et assimilé une image initiale, une deuxième et une troisième image apparaissent en séquence, comme pour nous envoyer un message composite. Lors des traitements que je donne, les extraterrestres m'envoient des diagnostics de maladies par le biais d'images mentales, me télépathisant également dans ce qu'ils voient. Ces images sont figées et on ne peut pas changer la perspective pour les voir.

Voir les mémoires d'une autre personne

Dans certaines conditions (à des fins de traitement), il est possible d'établir une connexion avec une autre personne et d'accéder à ses mémoires de vies antérieures. Les informations reçues sont, en partie, visuelles. J'ai vu des images que mes clients ont vues il y a des centaines d'années lors de vies antérieures.

On peut feuilleter les souvenirs comme les pages d'un livre, ou adopter une approche d'investigation, rappelant ou exprimant simplement le désir de recevoir plus d'informations. Cela donne généralement des résultats, tout comme lorsque l'on essaie de se souvenir de quelque chose et que l'information est ramenée à la conscience. J'ai demandé aux extraterrestres par quel mécanisme cela se produit et ils ont utilisé le terme de « diffusion ». Apparemment, cela décrit le processus par lequel, dans certaines conditions, les pensées d'une personne sont transmises à une autre.

Adrian : Il y a une différence dans la façon dont les différents médiums canalisent. Certains prétendent qu'ils entendent des voix, certains ne reçoivent que des informations abstraites. Pouvez-vous expliquer les mécanismes derrière ces occurrences ?

Extraterrestre : Une certaine proportion de la conscience du cerveau est constamment bombardée d'informations provenant de nombreuses sources à la fois internes et externes. L'une des fonctions les plus importantes et exigeantes de la conscience est de filtrer les informations entrantes en fonction de décisions sur ce qui est pertinent et important par rapport à ce qui peut être supprimé.

Les informations communiquées par télépathie atteignent la conscience de la même manière et doivent passer par le filtre. L'esprit conscient identifie généralement cette communication comme n'étant pas d'origine propre et la supprime.

Parfois, les informations se présentent sous la forme d'idées abstraites que le médium doit traduire en paroles. En cas de communication écrite ou tapée sur un ordinateur, les idées abstraites sont traduites en une série de phrases qui sont immédiatement écrites. Le flux de frappe ou d'écriture crée un chemin mécanique permettant un flux d'informations entrantes provenant d'un spectre plus large de sources. Cela peut s'expliquer par le fait qu'une partie de la conscience est occupée par la tâche d'écrire ou de taper et qu'elle est donc moins attentive à censurer les informations entrantes. Ainsi, plus d'informations peuvent circuler sans être perturbées et la communication devient plus facile.

La dictée en est un bon exemple : lorsque des informations sont dictées à des dactylographes, ces derniers deviennent des machines bien huilées qui n'ont pas besoin de réfléchir au contenu de ce qu'ils tapent. Ils se concentrent plutôt sur la recherche des bonnes touches. Le cerveau consacre moins de temps à la censure du matériel tapé.

Parfois, les informations reçues lors de ces communications ne semblent pas logiques, et le cerveau les ignore donc comme étant sans pertinence. L'esprit contient de nombreuses pensées et fonctions sans pertinence qui fonctionnent à un faible niveau, et il sait les filtrer hors de la conscience. Sinon, nous passerions une bonne partie de notre temps à penser et à dire des absurdités. Occuper l'esprit conscient avec l'acte d'écrire ou de taper est assez efficace pour laisser toutes sortes d'informations entrer dans l'esprit conscient, ce qui facilite grandement le contact télépathique.

Adrian : Le médium doit-il être impliqué dans le sujet ?

Extraterrestre : Oui. La personne qui établit le contact doit avoir une attitude positive envers le sujet afin que son esprit puisse recevoir l'information sans résistance. Si le communicateur pense que l'information entrante est absurde ou illogique, son esprit la bloquera et le médium ne pourra pas transmettre l'information. La compréhension du matériel entrant contribue également beaucoup au processus de communication.

Adrian : Parlez-moi des médiums qui entendent des voix.

Extraterrestre : La communication par l'écoute interne est rare. L'esprit bloque généralement une telle occurrence pour se protéger de la folie. Imaginez si vous entendiez des voix étrangères dans votre esprit tout le temps. Ce serait certainement effrayant, car c'est une intrusion dans l'intimité interne. Pour cette raison, la plupart des gens évitent ce genre de communication. Il y a quelques personnes qui, pour leurs propres raisons personnelles, recherchent réellement ce genre de communication et encouragent leur esprit à entendre des voix.

La plupart des gens sont capables d'entendre des voix. Par exemple, parfois vous entendez une rediffusion interne d'un air populaire que vous avez souvent entendu à la radio. Techniquement, le cerveau filtre, mais vous pouvez entraîner votre esprit à entendre des voix internes, à imaginer des voix ou à vous souvenir de voix que vous avez entendues et à les rejouer dans votre esprit. Après de nombreux essais, le cerveau s'habitue au phénomène et n'aura pas de problème à traduire l'information entrante en une voix interne, ce qui rend possible la communication en entendant une voix. Nous le recommandons.

Contact avec un autre subconscient
Un jour, j'ai demandé à un collègue de travail, un homme avec une affinité naturelle étonnante pour tout ce qui est technologique, quelques informations. Il a commencé à surfer sur Internet à la recherche de réponses à mes questions. Pendant ce temps, je suis resté assis tranquillement et je me demandais si je devais lui parler de mon livre. J'espérais que le sujet l'intéresserait, mais j'avais peur de sa réaction. Pendant que j'attendais, j'ai établi un contact avec lui pour trouver une réponse à ma question et j'ai immédiatement reçu une réponse télépathique. Un dialogue a suivi entre nous qui s'est déroulé avec une facilité qui m'a surpris.

Adrian : Qui es-tu ?

Collègue : Je suis l'esprit intérieur portant la conscience de ton ami.

Adrian : D'où viens-tu ?

Collègue : Je viens d'une planète située à 280 000 années-lumière d'ici.

Adrian : Comment es-tu arrivé ici ?

Collègue : J'ai pris un moyen de transport avec un vaisseau cargo. Je suis venu étudier la Terre, l'endroit m'intéresse et éveille ma curiosité, alors j'ai décidé de passer du temps ici en tant qu'être humain.

Mon collègue était autrefois un extraterrestre ! J'ai décidé de lui poser des questions qui m'intéressaient.

Adrian : Que pense ton esprit conscient de la réincarnation ?

Collègue : C'est tout du non-sens.

Adrian : Et comment l'esprit conscient considère-t-il le sujet des OVNI ?

Collègue : Avec dédain.

Adrian : Est-ce que ça l'intéresserait de se plonger dans des sujets scientifiques ?

Collègue : Oui. Il aime les choses scientifiques. Elles suscitent sa curiosité et son émerveillement.

Mon collègue a trouvé ce qu'il cherchait sur Internet et s'est tourné vers moi pour en parler. J'ai dû rompre le contact avec son esprit intérieur. Dans notre conversation, je lui ai posé les mêmes trois questions avec précaution, juste pour obtenir une confirmation. À ma grande surprise, il a répondu exactement avec les mêmes mots. Le lendemain, j'ai raconté cela à Chaya et à son équipe médicale.

X3 : Cela semble logique. Votre esprit et celui de votre collègue fonctionnent apparemment sur la même fréquence, sachant qu'il existe 8 ou 9 fréquences différentes. Il n'est pas surprenant que vous ayez réussi à établir un contact télépathique avec une autre personne après toutes les améliorations que nous avons apportées à votre cerveau. Nous, les extraterrestres, établissons un contact direct avec les esprits inconscients de tous les humains, bien entendu.

Centre de Communication télépathique des extraterrestres

En mars 1997 ma mère a été hospitalisée, se sentant faible et souffrant de vomissements répétés. Je suis allé la voir et j'ai demandé à Chaya d'envoyer des extraterrestres pour l'examiner. Le lendemain, j'ai essayé de contacter Chaya plusieurs fois pour connaître les résultats de l'examen des extraterrestres.

Quand je l'ai enfin eue au téléphone, aucun extraterrestre n'était là, donc elle ne pouvait pas me renseigner. Je suis monté dans ma voiture et je me suis rendu à l'hôpital, décidé à essayer de contacter directement l'équipe médicale de Chaya moi-même. J'ai dit une prière silencieuse en moi-même, la même prière que je dis au début de chaque traitement que je donne, puis j'ai essayé de prendre contact.

J'ai essayé de m'imaginer qu'il y avait un centre de communication appartenant aux extraterrestres chez moi et j'espérais que quelqu'un m'entendrait. Mon imagination a pris corps, comme si elle se remplissait de chair et de sang, et une silhouette légèrement floue de femme m'a répondu. J'ai dit que je voulais parler à quelqu'un de l'équipe de Chaya qui traitait ma mère. La silhouette a répondu que quelqu'un serait avec moi dans un instant. Après quelques minutes, la silhouette féminine a été remplacée par une silhouette masculine qui m'a demandé ce que je voulais. J'ai répondu que je voulais des informations sur l'examen de ma mère. Il a dit que des bactéries avaient été trouvées dans le gros intestin.

Les extraterrestres vérifiaient le type de bactéries et comment les traiter. Mis à part les informations sur les bactéries, ils avaient des résultats d'autres tests qui ne m'intéressaient pas. Quand j'ai demandé avec qui je parlais, il a dit qu'il était celui que nous décrivions avec des cheveux blancs et des yeux bleus, et qu'on l'appelait Gidon. Il a ajouté que X3 était parti quelque part et n'était pas disponible.

J'ai répété les informations qu'il m'a données et il les a confirmées. Après être revenu de la visite à ma mère, j'ai appelé Chaya, je lui ai raconté ce qui s'était passé et je lui ai demandé confirmation. Elle m'a rappelé le lendemain et a dit que non seulement les informations que je lui ai données étaient correctes, mais qu'il semble que j'ai créé un problème. J'étais d'une manière ou d'une autre entré en contact télépathique avec l'Échange International des extraterrestres, qui a son Centre de Communication dans un vaisseau mère situé à environ 300 000 kilomètres de la Terre. C'était en fait la toute première fois que je prenais contact avec le Centre de Communication télépathique des extraterrestres.

L'opérateur a été surpris de recevoir une communication télépathique d'un être humain. Après avoir vérifié sur son ordinateur et constaté qu'il y avait une personne autorisée à communiquer avec eux du nom d'Adrian, elle a localisé Gidon et nous a mis en contact. Les extraterrestres étaient très impressionnés par mes efforts. Ils ont dit que sous le stress, j'ai activé mon inconscient et mon esprit futur simultanément, ce qui est rare chez les humains. L'extraterrestre qui a fait le lien entre moi et Gidon est venu me voir. Elle voulait rencontrer l'humain qui avait pris contact avec elle. Chaya me l'a décrite. Elle ressemblait à une femme sans cheveux, avait une peau semblable à celle d'un tigre et portait une robe avec un col haut.

Les capacités télépathiques peuvent être décrites selon trois niveaux différents : courte, moyenne et longue portée. Les humains ne sont pas capables d'entretenir une communication télépathique à longue portée, mais les extraterrestres ont cette capacité.

Adrian : Peut-être que j'ai utilisé les capacités que j'avais il y a des milliers d'années, pendant la période où j'étais un extraterrestre.

X3 : Le corps extraterrestre n'est plus avec toi, mais les informations de cette période sont toujours enregistrées dans ta mémoire. De plus, lorsque nous avons commencé à travailler avec toi, nous avons installé des capsules d'informations que tu commences maintenant à utiliser progressivement.

Adrian : À quoi ressemble votre Centre de Communication ?

X3 : L'opérateur reçoit les transmissions télépathiques grâce à un équipement d'amplification et met en relation les personnes qui contactent le Centre. Elle a accès à la base de données informatiques.

Gidon : Essaye de répéter l'exercice et de contacter le Centre de Communication encore quelques fois. Si tu réussis, nous essaierons d'en faire une connexion permanente. Tu as la permission de nous contacter à tout moment et de contacter l'ordinateur central pour obtenir des informations sur n'importe quel sujet qui t'intéresse. Tant que ce ne sont pas des informations confidentielles, nous te répondrons avec plaisir.

L'opératrice amusée

Quelques jours plus tard, j'ai essayé à nouveau et j'ai réussi à contacter le Centre. Cette fois, l'opératrice semblait rire. Le lendemain, c'est Chaya qui m'a expliqué pourquoi l'opératrice était si amusée. Elle m'a dit : "La nuit précédente, il semble que tu parlais dans ton sommeil à l'univers entier ! Ils ont commencé à te recevoir et ont reçu des messages très confus dans un mélange de langues. Les choses dont tu parlais ont beaucoup fait rire les extraterrestres !"

Implantation d'un dispositif de communication

Il était encore très difficile pour moi de croire que j'avais effectivement pris contact télépathique avec le Centre de Communication international des extraterrestres, j'avais besoin de poser plus de questions.

Adrian : Comment ai-je réussi à prendre contact avec un destinataire aussi éloigné ?

X3 : C'est grâce à la capsule qui a été implantée dans ta tête. C'est un dispositif de communication avancé.

Adrian : Comment se fait-il que je puisse contacter un Centre de Communication quelque part au milieu de la galaxie et que je n'entende pas les extraterrestres qui se tiennent juste à côté de moi, comme le peut Chaya ?

X3 : L'équipe précédente qui a implanté le dispositif n'a apparemment pas terminé le travail. Il reste encore quelques ajustements à faire.

Adrian : Comment est-ce que je reçois les informations ?

X3 : Le dispositif crée des vibrations dans l'espace intérieur de la tête, qui sont captées par le cerveau.

Adrian : Comment le dispositif prend-il contact avec le Centre ? Utilise-t-il des ondes télépathiques ?

X3 : Non, il utilise des ondes sonores.

Adrian : Mais les ondes sonores ont besoin d'air pour se propager, et entre ici et le Centre de Communication, il n'y a pas d'air.

Néanmoins, les extraterrestres ont insisté sur le fait qu'il s'agissait d'ondes sonores. Je ne peux que supposer qu'ils font référence à quelque chose d'autre qui n'a pas d'équivalent dans notre lexique.

Gidon : A-t-il été difficile pour toi de contacter le Centre ?

Adrian : Non. Je voulais simplement obtenir des informations et je me suis souvenu qu'on m'avait promis l'accès à la base de données informatiques via le Centre de Communication. Je me suis assis devant mon ordinateur et j'ai imaginé que je prenais contact avec le Centre, et les informations ont commencé à affluer. Le problème avec ce type de communication est l'incertitude de ce qui se passe - il m'est difficile d'accepter que cela soit réel.

Gidon : Contacte le Centre et pose toutes les questions que tu veux. Ils ne te connecteront pas aux ordinateurs principaux, seulement aux ordinateurs secondaires. Ils te donneront toutes les informations que tu souhaites, tant que ce n'est pas confidentiel. À l'avenir, si tu obtiens une autorisation de sécurité, et je ne vois aucune raison pour que ce ne soit pas le cas, alors tu seras membre comme n'importe qui d'autre. C'est-à-dire que tu pourras prendre contact avec d'autres extraterrestres via le Centre.

Adrian : En réalité, pourquoi les extraterrestres me permettent-ils d'accéder au Centre et à leur base de données informatiques ?

Gidon : L'équipe précédente a implanté un dispositif de communication dans ta tête afin de pouvoir être en contact avec toi à distance. À courte distance, les extraterrestres utilisent la télépathie. À un certain moment, tu as apparemment appris à activer toi-même le dispositif.

Adrian : Et cela ne dérange personne ?

Gidon : Nous supposions qu'à un moment donné, tu apprendrais à l'activer toi-même. Utilise ce canal pour poser des questions sur tout ce qui t'intéresse, y compris des informations médicales, et ne sois pas surpris si un jour tu entends quelqu'un t'appeler dans ta tête.

Adrian : Est-ce que je peux obtenir des informations visuelles à travers ce dispositif de communication également ?

Gidon : Nous devrons vérifier cela. Cela dépend de tes troisièmes et quatrièmes yeux.

Adrian : Le dispositif de communication fonctionne-t-il avec des piles ?

Gidon : Non. Il fonctionne avec les énergies de ton corps.

Utilisation pratique du Centre de Communication

Vers le début du mois d'avril 1997, j'ai rencontré David Ronen, l'enquêteur sur les OVNIs et journaliste qui écrit la rubrique intitulée "X Files" dans le journal quotidien Ma'ariv.

Je lui ai parlé des extraterrestres et, en retour, il m'a montré des cristaux de silicium qui ont été trouvés sur le site d'un atterrissage d'OVNI. Il avait quelques-uns de ces cristaux et avait démontré à la télévision israélienne une propriété très étrange de ces cristaux : ils font fondre la glace au contact.

J'ai appelé Chaya et lui ai demandé ce qu'elle savait sur les cristaux de silicium. Elle m'a dit qu'il se trouvait justement un extraterrestre à côté d'elle qui ressemblait un peu à E.T. Elle a fait l'intermédiaire pour que nous puissions discuter ensemble.

Adrian : De quelle planète viens-tu ?

Extraterrestre : Je viens d'une planète appelée Olgat.

Adrian : Y a-t-il aussi des extraterrestres des Pléiades ?

Extraterrestre : Je suppose que oui. Pas dans l'équipe médicale, mais dans l'organisation générale.

Adrian : Que pouvez-vous me dire sur le matériau de silicium laissé par un vaisseau spatial ?

Extraterrestre : C'est un déchet, un reste du matériau qui alimente le vaisseau.

Adrian : Est-ce dangereux ?

Extraterrestre : Il peut contenir une certaine radioactivité. Je ne suis pas un expert en la matière, ce n'est pas mon domaine, mais je peux amener quelqu'un qui s'y connaît.

Le sujet occupait mon esprit. David Ronen m'avait dit que des scientifiques ayant examiné le matériau étaient parvenus à la conclusion qu'il s'agissait essentiellement de silicium, un matériau courant que l'on trouve en abondance sur Terre, mais pas naturellement sous forme cristallisée. J'avais tenu un morceau de ce matériau dans ma main. Il ressemblait à un cristal métallique similaire aux cristaux de silicium produits dans les laboratoires de semi-conducteurs selon la méthode d'attraction.

À la fin du processus, ce matériau est utilisé pour produire les puces en silicium qui sont utilisées, entre autres, dans nos ordinateurs personnels. J'avais le sentiment que c'était un matériau support : il contenait en lui d'autres matériaux qui, dans certaines conditions, étaient activés pour libérer de l'énergie, par exemple lorsqu'ils étaient chauffés, irradiés ou soumis à un champ d'énergie. Une fois que toute l'énergie contenue dans le matériau est épuisée, les extraterrestres jettent le morceau de silicium, qui n'a plus de valeur, comme des piles usagées.

Le fait que le contact direct avec le silicium fasse fondre la glace comme du beurre indique que le matériau continue de libérer une certaine forme d'énergie. Le lendemain, j'ai décidé de poser directement la question aux extraterrestres à propos du silicium, cette fois-ci par le biais du Centre de Communication.

Centre de Communication des Extraterrestres sur les cristaux de silicium

Adrian : Contact, s'il vous plaît.

Centre de Communication : Oui, nous écoutons.

Adrian : Lorsque j'ai contacté le Centre de Communication télépathique, on m'a promis l'accès à l'ordinateur.

Centre de Communication : Oui, la promesse tient toujours. Que souhaitez-vous demander ?

Adrian : J'aimerais en savoir plus sur le silicium laissé sur Terre par ce que nous appelons les OVNI.

Centre de Communication : Il s'agit du matériau résiduel du vaisseau spatial provenant du système d'allumage hydraulique. C'est un matériau qui n'est plus nécessaire et qui est jeté après utilisation.

Adrian : À quoi sert-il exactement dans le vaisseau spatial ?

Centre de Communication : Il est placé dans la chambre d'énergie et libère de l'énergie pour l'allumage du vaisseau, comme vos batteries.

Adrian : Quel est le processus physique qui se produit ?

Centre de Communications : C'est difficile à expliquer avec vos termes. Le matériau est "chargé", ce qui signifie qu'il subit une activation ou une irradiation. Il s'agit d'un processus de chargement d'énergie dans le matériau lui-même, où les niveaux de "vibrations" du matériel sont élevés à partir du niveau de base - comme lorsque vous chargez ou activez un câble. Le matériel est chargé d'énergie qui est libérée dans la chambre d'énergie du vaisseau spatial.

Adrian : Un matériau supplémentaire est-il introduit dans le silicium ?

Centre de Communication : Non. L'énergie cinétique est chargée dans le matériel lui-même. Selon vos termes, le processus implique l'activation de fortes vibrations de mouvement libre dans une dimension qui n'est pas liée à vos dimensions physiques. Le matériel crée une radiation d'énergie sur des récepteurs appropriés dans la chambre d'énergie du vaisseau spatial.

Adrian : Un matériel radioactif est-il introduit ?

Centre de Communication : D'une certaine manière, on peut dire que le matériau est radioactif, car il émet beaucoup d'énergie, mais il n'émet pas de particules auxquelles vous êtes habitués.

Adrian : La radiation est elle nocive pour les humains ?

Centre de Communication : Pas particulièrement. La radiation est à peine perceptible et elle se produit sur un plan vibratoire différent de votre plan physique.

Adrian : La radiation s'atténue-t-elle avec le temps ?

Centre de Communication : Oui, certainement. Le matériel qui est jeté est presque complètement épuisé, comme vos piles usagées.

Adrian : Quel type d'énergie sort des chambres d'énergie ?

Centre de Communication : C'est similaire à vos micro-ondes à une fréquence très élevée et elle est convertie à diverses fins à l'intérieur du vaisseau spatial. Par exemple, en utilisant certains cristaux, l'énergie est convertie en électricité telle que vous la connaissez.

Adrian : Comment le matériel est-il stocké avant utilisation ?

Centre de Communication : Avant activation, il est stable et ne pose aucun problème. Il est activé à l'intérieur de la chambre d'énergie pour libérer de l'énergie par une impulsion d'amorçage qui déclenche le processus. Le matériel devient instable et l'énergie commence à être libérée.

Adrian : Où ce matériel est-il produit ?

Centre de Communication : Dans des usines qui produisent des matériaux contenant de l'énergie. C'est un processus complexe qui commence avec du silicium pur soumis à une forte radiation synchronique. Ce processus charge ensuite le matériel de vibrations stables. Après l'allumage, il cherche à libérer l'excès d'énergie sous forme d'une sorte de rayonnement micro-ondes.

Adrian : Pourquoi trouvons-nous ce matériel ici sous forme de cristaux cassés ?

Centre de Communication : Le processus de libération d'énergie est si puissant qu'il réduit en miettes le matériel en petits morceaux. Parfois, une grande chaleur est également produite.

Adrian : Le silicium fond-il ?

Centre de Communication : Non. Le processus ne se produit pas à haute température, bien que de la chaleur soit dégagée pendant le processus.

Adrian : Le silicium est-il entier avant utilisation ?

Centre de Communication : Oui, c'est un morceau entier qui, à la fin, se réduit en petits morceaux.

Adrian : Pendant combien de temps le matériel est-il soumis à la radiation ?

Centre de Communication : Plusieurs heures.

Adrian : Combien d'heures d'énergie fournit-il ensuite ?

Centre de Communication : Seulement quelques heures.

Adrian : Pendant combien de temps est-il stocké avant l'activation?

Centre de Communication : Des mois ou des années, s'il est stocké dans les bonnes conditions.

Adrian : Dans quelle mesure est-il sûr ?

Centre de Communication : Ce matériel est choisi pour être utilisé car l'énergie qu'il libère n'est pas dangereuse et il n'est pas radioactif. C'est plus comme votre rayonnement micro-ondes, c'est là tout l'intérêt.

Adrian : Ce matériel est-il la principale source d'énergie pour le vaisseau spatial ?

Centre de Communication : Non. Il existe d'autres sources d'énergie plus puissantes également. C'est une source d'énergie accidentelle.

Adrian : Parlez-moi de l'allumage de l'énergie.

Centre de Communication : Il est difficile pour nous de vous l'expliquer car cela dépasse votre physique connue et implique l'introduction de vibrations excessives le long des axes secondaires. Cela ne change pas la structure du matériel, mais élève son niveau général d'énergie. Il cherche à se débarrasser de cet excès et se trouve dans un état instable.

Adrian : Pourquoi le jetez-vous ?

Centre de Communication : Ce n'est pas nécessaire. Le matériel est bon marché.

Adrian : Pourquoi avez-vous la permission de laisser vos déchets sur Terre ?

Centre de Communication : Parce que c'est un matériel qui existe sur Terre, comme le sable. Il ne pollue pas l'environnement et, avec le temps, il se désintègre en de petites particules inoffensives.

Adrian : Avez-vous d'autres informations sur ce sujet qui pourraient nous intéresser ?

Centre de Communication : Non, nous avons à peu près tout expliqué. Pour vous, c'est simplement du silicium. L'énergie qu'il contient vous est inconnue, donc cela n'a pas d'importance.

Adrian : Le silicium est-il complètement pur ?

Centre de Communication : Il n'est pas pur à 100 % car il contient d'autres matériaux en quantités minimales qui n'ont pas d'importance. La plupart des impuretés sont éliminées lors du processus de raffinage. La concentration des autres matériaux est suffisamment faible pour ne pas interférer avec le processus énergétique. Ils ne contribuent en rien au processus.

Adrian : Avec qui ai-je été en contact ?

Centre de Communication : Avec quelqu'un du Centre qui relaie les informations informatiques. Nous avons reçu l'autorisation de répondre à vos questions sur certains sujets. Avez-vous d'autres questions ?

Adrian : David Ronen demande s'il y a d'autres signes d'atterrissages sur Terre, comme les cercles dans les champs de blé, qui n'ont pas encore été découverts, et où ils se trouvent.

Centre de Communication : Cette information n'est pas enregistrée dans l'ordinateur. Désolé.

Adrian : Qui laisse généralement ce genre de marques ?

Centre de Communication : Les vaisseaux spatiaux. Ce n'est pas un phénomène planifié. Autrement dit, ce sont des atterrissages non autorisés, et il y en a beaucoup.

Adrian : Merci.

Centre de Communication : De rien. Contactez-nous quand vous le souhaitez. Nous serons heureux de répondre à vos questions.

Confirmation des informations reçues du Centre
Le soir, je me suis rendu chez Chaya pour un traitement et, comme toujours, j'ai profité de l'occasion pour poser des questions aux médecins par l'intermédiaire de Chaya.
X3, Gidon et d'autres étaient présents et vers la fin du traitement, Michael, l'esprit humain, est arrivé.

Adrian : Pouvez-vous m'expliquer ce que sont les cristaux de silicium laissés par le vaisseau spatial ?

X3 : Il s'agit de déchets laissés après utilisation dans le vaisseau spatial. Ils ne nuisent pas à l'environnement. Le vaisseau spatial dispose également d'autres sources d'énergie.

Gidon : Je suis juste un médecin. Je ne suis pas un expert en cristaux et en systèmes de carburant des vaisseaux spatiaux, mais je sais que généralement, il existe toutes sortes de matériaux. Par exemple, il y a un matériel qui est jeté après utilisation et se désintègre en une poudre dorée.

Il s'agit d'un matériel spécial, composé d'un dérivé de silicium et d'autres matériaux, provenant d'une carrière dans les Pléiades et qui n'est pas présent sur Terre.

Les extraterrestres le rayonnent avec quelque chose comme des faisceaux laser afin de créer un effet qui permet au vaisseau spatial de flotter.

Après avoir produit de l'énergie à partir du matériel, ils le jettent.

Je promets que lorsque nous rencontrerons David Ronen, nous inviterons un expert sur le sujet qui pourra lui donner plus d'informations, y compris une explication de la politique et des objectifs d'atterrissage. S'il accepte d'entrer dans un état de méditation, nous pourrions peut-être lui faire visiter le vaisseau spatial pour qu'il puisse le voir de ses propres yeux.

Adrian : J'ai contacté le Centre de Communication et j'ai reçu une explication sur le silicium. Pouvez-vous vérifier si j'ai réellement pris contact avec le Centre ?

Gidon : Je te promets, lorsque nous aurons fini le traitement, je me renseignerai pour toi.

Environ une demi-heure plus tard, le traitement était terminé et Gidon est allé contacter le Centre. Après quelques minutes, il est revenu vers nous.

Gidon: L'ordinateur a enregistré des informations sortantes et il indique que quelqu'un a demandé des informations sur les cristaux de silicium. La personne de service ne savait pas exactement qui tu étais, alors elle t'a donné des informations superficielles, et même cela seulement après avoir soigneusement analysé ton cerveau. La prochaine fois que tu prends contact avec le Centre, dis-leur que ton nom est Adrian 3, c'est ton nom de code. Utilise ce nom pour que le Centre puisse t'identifier et ils te donneront des informations plus complètes.

Adrian : Puis-je transmettre les informations que je reçois ?

Gidon : Oui, tu peux transmettre tout ce que tu reçois. Les cristaux ne se trouvent pas sur Terre et la technologie d'exploitation de l'énergie utilisée par les extraterrestres est tellement avancée que, selon nos estimations, il faudra peut-être mille ans à l'humanité pour l'atteindre. Donc nous n'avons aucun problème à te donner des informations générales sur le sujet.

Adrian : Où se trouve le Centre ?

Gidon : Il est sur le pont d'un grand vaisseau spatial quelque part dans la Voie lactée.

Contact verbal avec le Centre

Quelques jours plus tard, je me suis retrouvé dans une salle d'attente où j'ai fini par passer plusieurs heures. Pour ne pas perdre complètement mon temps, j'ai décidé d'approfondir le phénomène du cristal de silicium qui fait fondre la glace.

Cette fois, sans ordinateur pour m'asseoir et taper, j'ai créé un lien dans mon esprit avec le Centre. L'extraterrestre de service m'a très patiemment expliqué que les états de l'eau (c'est-à-dire vapeur (gaz), liquide ou glace (solide)) sont le résultat de l'interaction des forces entre les molécules.

Il existe un équilibre, influencé par la température, entre les forces intermoléculaires d'attraction et le mouvement thermique, que nous appelons mouvement brownien. En dessous du point de congélation, le mouvement thermique cesse de se produire et l'attraction intermoléculaire est suffisamment forte pour maintenir les molécules à des distances fixes les unes des autres. Au-dessus du point de congélation, la force du mouvement thermique est plus forte et surpasse les forces intermoléculaires d'attraction, ce qui fait fondre la glace.

Selon l'extraterrestre, lorsque le cristal de silicium entre en contact direct avec la glace, il transmet une partie de son énergie aux molécules d'eau. L'introduction de cette énergie perturbe l'équilibre délicat des forces intermoléculaires et apparemment le point de congélation est abaissé, ce qui entraîne le phénomène étrange de fonte de la glace.

Environ un mois après ce contact, une réunion a été organisée avec David Ronen, Chaya Levy et d'autres personnes. David Ronen a demandé aux extraterrestres si le cristal de silicium avait des pouvoirs de guérison. Il m'avait dit que plusieurs personnes à qui il avait donné un cristal prétendaient avoir été guéries de diverses maladies. Il avait des doutes, tout comme moi.

À notre surprise, lorsque Chaya a posé la question aux extraterrestres, elle est revenue avec la réponse que le cristal de silicium est une source d'énergie qui peut guérir certains troubles, notamment les maux d'estomac et les douleurs d'oreille, mais il doit être utilisé d'une certaine manière. En général, étant donné que c'est une source d'énergie, il peut être utilisé comme outil de guérison. David Ronen a confirmé que les personnes qui prétendaient avoir été aidées souffraient en réalité de problèmes d'estomac ou d'oreille. Chaya a transmis les informations des extraterrestres selon lesquelles il existe d'autres cristaux que nous ne connaissons pas, qui sont des sources d'énergie bien plus puissantes.

Contact inconscient avec le Centre

Le 26 mai 1997, j'étais au téléphone avec Chaya et elle était en contact avec X3. Elle a rapporté que X3 a dit que les extraterrestres remuent le sang pour faciliter le fonctionnement des reins. Je n'ai pas compris exactement ce qu'elle voulait dire. Quelques minutes après avoir raccroché, j'ai compris qu'elle voulait dire remuer le sang pour rompre les liens faibles entre les molécules. En raison de fortes concentrations de produits chimiques dans le sang, il existe une faible force d'attraction entre les molécules et elles se regroupent. Des précipités se forment alors et perturbent le fonctionnement des reins - les regroupements de molécules ne passent pas facilement à travers le système de filtration des reins. Remuer le sang brise les regroupements de molécules qui se sont collés ensemble et facilite leur passage à travers les membranes de filtration. Cette explication m'est venue à l'esprit de manière logique et je me demandais s'il s'agissait de ma propre idée ou d'informations que je recevais. Le lendemain, j'ai posé la question à Chaya.

Chaya : J'ai aussi reçu cette explication, mais je n'ai pas réussi à te la transmettre par téléphone. X3 a dit qu'il s'en occuperait et il semble donc qu'après notre conversation, il t'a transmis les informations par le biais du Centre de Communication télépathique.

En ce qui me concerne, il était très difficile de faire la distinction entre la réception d'informations et l'arrivée indépendante de la réponse à une explication ou une compréhension logique. Il semble qu'avec le temps et l'expérience, on puisse apprendre à distinguer quand des informations sont reçues par télépathie.

X3 : Je recommande que tu utilises la communication télépathique. Plus tu l'utilises, plus tu développes des cellules spéciales dans le cerveau qui ne se développent pas autrement. Environ 15 % de la population de la Terre est capable de communiquer par télépathie, mais la plupart ne sont pas conscients de cette capacité.

J'utilise la communication télépathique chaque fois que je suis fatigué ou que je n'ai pas le temps d'aller à un terminal informatique.

Adrian : Comment communiques-tu avec moi ?

X3 : Lorsque je suis près de toi, je peux envoyer des pensées télépathiques directement.

Adrian : Est-ce une capacité naturelle pour toi de pouvoir prendre contact télépathique avec le Centre sans l'aide d'un dispositif de communication quelconque ?

X3 : Oui. Je peux même prendre contact avec ma planète d'origine, Sirius. Je ne le fais pas souvent, mais c'est possible.

Adrian : Combien de temps faut-il pour qu'une communication télépathique atteigne Sirius ?

X3 : Quelques secondes.

Adrian : Si c'est le cas, alors cela se déplace bien plus rapidement que la vitesse de la lumière.

X3 : C'est exact.

Adrian : Quel genre d'ondes sont impliquées dans la communication télépathique ?

X3 : Le cerveau produit certaines ondes. Par exemple, les humains produisent des ondes alpha, bêta, gamma et thêta. Il y en a d'autres aussi. Mon cerveau produit 8 ou 9 types d'ondes et les cerveaux des extraterrestres plus grands et plus développés en produisent environ 12 types différents.

Un ami m'a appelé et m'a demandé si les extraterrestres peuvent traiter la sclérose en plaques. Pendant que nous étions au téléphone ensemble, j'ai essayé de prendre contact avec le Centre. Cette fois-ci, sans préambule, j'ai posé ma question - pouvez-vous guérir la sclérose en plaques - et j'ai immédiatement reçu une réponse. Il n'y avait pas de dialogue, mais une sorte de consultation interne avec des informations stockées, comme si j'essayais de me rappeler de quelque chose.

J'ai ensuite appelé Chaya pour confirmer mon expérience. Les informations que j'ai reçues du Centre correspondaient exactement aux informations reçues par Chaya.

J'ai demandé à X3 de vérifier s'il y avait une trace de mon contact avec le Centre.

X3 : Ils t'ont effectivement aidé. Le contact avec le Centre de Communication télépathique peut être considéré comme une expansion de la mémoire périphérique.

À certains égards, on peut dire que le contact avec le Centre rend une personne plus instruite car toutes ces informations supplémentaires sont à sa disposition.

Adrian : Quand je prends contact avec le Centre, est-ce que je communique toujours avec un extraterrestre ou directement avec l'ordinateur ?

X3 : Il y a toujours un extraterrestre dont la tâche est de te répondre. Ensuite, l'extraterrestre est aidé par l'ordinateur pour traiter les informations à ton intention. Un canal a été mis à disposition exclusivement pour toi au Centre.

Remuer le sang pour prévenir la coagulation

J'ai réfléchi davantage à la pratique de remuer le sang et aux différentes façons dont cela pourrait aider les personnes souffrant de problèmes rénaux.

Adrian : Est-ce que remuer ou mélanger le sang pour faciliter les fonctions de filtration des reins pourrait raccourcir le temps nécessaire pour une dialyse classique ?

Gidon : Cela pourrait réduire le temps de moitié.

Adrian : Expliquez-moi comment le sang est remué.

Gidon : Un petit dispositif avec une tête d'hélice est introduit dans la circulation sanguine.

Adrian : Quelle est la vitesse de l'hélice ?

Gidon : Elle est similaire à la vitesse d'une fraise dentaire – ou plus rapidement, c'est mieux. Notre dispositif, qui comprend un faisceau laser pour la séparation, est introduit dans le corps. Si le remuage est effectué à l'extérieur du corps, dans des tubes, le laser n'est pas nécessaire.

Adrian : L'hélice n'endommage-t-elle pas les globules rouges ou les autres composants du sang ?

Gidon : Non. L'hélice est faite d'un matériel souple, similaire à celui utilisé pour fabriquer des lentilles de contact souples.

Adrian : La procédure est probablement utile pour prévenir la formation de caillots sanguins.

Gidon : C'est excellent pour le corps de remuer le sang de temps en temps. Un certain nombre de maladies impliquent la formation de caillots sanguins, par exemple chez les patients atteints de problèmes rénaux. Le traitement systématique du sang empêche la formation de caillots sanguins.

Le Centre de Communication télépathique en tant que Centre Neuronal

Mon prochain contact avec le Centre a eu lieu le 25 juin 1997.

Adrian : J'aimerais mieux comprendre le rôle du Centre et comment il fonctionne. Cette surveillance constante, ou ce suivi de tout ce qui se passe avec moi ou traverse mon esprit me rappelle le livre 1984 de George Orwell - une surveillance constante d'un pouvoir supérieur. Avez-vous aussi ce genre de sentiment ?

Centre de Communication : Vous posez votre question au Centre?

Adrian : Oui. Je partage mes pensées avec vous. Le Centre écoute-t-il tous les extraterrestres ?

Centre de Communication : Pas tous. Nous pourrions tous les écouter, mais nous ne le faisons pas, ce n'est pas une pratique courante. La nature du travail en équipe fait que les extraterrestres n'ont pas de secrets.

Tout le monde travaille vers un objectif commun, il n'y a donc pas de secrets ou d'intrigues, comme vous diriez. La notion du droit à la vie privée est perçue totalement différemment chez nous. Les capacités télépathiques rapprochent les extraterrestres les uns des autres d'une manière qui n'est pas possible chez les humains.

Nous travaillons ensemble et le Centre est un outil et une expression de cette vision. C'est un élément central dans nos communications et une concentration de données similaire à un centre neuronal. On pourrait dire que le Centre est comme un super-cerveau connecté aux cerveaux de tous les extraterrestres qui travaillent avec nous en équipe. Je sais que c'est difficile pour vous de comprendre et d'absorber.

Tous les cerveaux de tous les extraterrestres sont télépathiquement connectés les uns aux autres et au Centre. Le Centre est un mécanisme mécanique imitant un mécanisme naturel qui existe dans les équipes de travail. Le Centre est comme l'inconscient collectif, mais informatisé.

Adrian : Donc vous puisez des informations auprès de tous ceux qui sont connectés à vous ?

Centre de Communication : Oui. Le réseau est connecté à des bases de données et à d'autres vaisseaux spatiaux. C'est un vaste réseau avec de nombreuses branches.

Adrian : Pourquoi la communication est-elle télépathique plutôt que par la parole ?

Centre de Communication : La communication télépathique est bien plus efficace, rapide et plus naturelle pour nous. On peut aussi être aidé par le Centre de manière inconsciente lorsque l'esprit inconscient cherche une réponse à quelque chose sans l'intervention de l'esprit conscient. C'est l'avantage de ce type de communication.

Les humains ont également une communication télépathique de groupe, par exemple lorsque les gens travaillent ensemble sur un projet, ils se transmettent inconsciemment des informations les uns aux autres.

Nous, les extraterrestres, avons perfectionné ce mécanisme à un haut degré, ce qui nous permet de combiner l'informatisation, les bases de données et des moyens avancés de communication. C'est un processus naturel que nous avons amélioré. Le réseau est divisé en départements. Chaque équipe, ou dans notre cas, l'équipe du vaisseau de recherche, est liée au Centre d'Information. Ce que vous appelez le Centre de Communication est un département particulier en fonction de l'organisation et des objectifs.

Adrian : Donc, ce que vous dites, c'est que chaque équipe de médecins, et toutes les équipes connectées à vous, sont en réalité connectées au département médical.

Centre de Communication : Oui. Pour le moment, vous êtes connecté avec le département médical. Nous sommes également connectés à d'autres départements, et ainsi de suite à l'infini.

Adrian : Les gens travaillent-ils par rotation au Centre ?

Centre de Communication : Oui. Le Centre fonctionne 24 heures sur 24, nous ne fermons jamais.

Adrian : Quelles connaissances ou quelles formations sont nécessaires pour être opérateur au Centre ?

Centre de Communication : Cela dépend de la nature du Centre. Il s'agit d'un centre de recherche médicale, donc les opérateurs doivent avoir des connaissances de base en médecine. Ils n'ont pas besoin d'être de véritables médecins, mais ils doivent avoir des connaissances de base en médecine. C'est pourquoi nous pouvons vous guider lorsque vous parlez avec des clients au téléphone, nous pouvons agir comme un prompteur lorsque cela est nécessaire.

Adrian : Je travaille avec le Centre depuis peu. Comment les extraterrestres perçoivent-ils l'utilisation du Centre ?

Centre de Communication : Pour eux, c'est aussi banal que votre téléphone. Ils apprennent à utiliser efficacement le Centre dès leur plus jeune âge. Certains l'utilisent plus que d'autres, selon la personnalité de chacun.

Adrian : N'est-ce pas ennuyeux de travailler au Centre ?

Centre de Communication : Non. C'est notre travail et nous en sommes fiers. Il faut être à un niveau très élevé pour être accepté pour travailler au Centre, avoir des connaissances générales dans de nombreux domaines et un niveau d'intelligence élevé. Les exigences pour travailler ici sont particulièrement élevées et tout le monde n'est pas accepté. Il faut aussi être particulièrement bien éduqué.

Adrian : En effet, c'est le centre neuronal du vaisseau spatial, n'est-ce pas ?

Centre de Communication : À certains égards, oui. Tout est rapporté à travers le Centre et stocké dans sa banque de mémoire.

Adrian : Notre conversation est-elle également enregistrée ?

Centre de Communication : Oui, tout. Le Centre contient toutes les informations nécessaires pour mener à bien ses objectifs.

Adrian : Le Centre fournit-il également du divertissement ?

Centre de Communication : Non, pas officiellement. Il existe des réseaux distincts pour le divertissement, des réseaux de temps libre dans les centres de repos. Notre Centre est conçu pour le travail, pas pour le repos.

Adrian : Je comprends. Y a-t-il autre chose que vous voulez m'expliquer à propos du Centre que je devrais ajouter à mon livre ?

Centre de Communication : Oui. Le Centre est un outil incroyablement puissant ! C'est quelque chose de très difficile à concevoir pour vous - une sorte d'esprit suprême. En ce qui concerne le flux d'informations et la prise de décision, le Centre apporte une contribution incomparable à la réussite de toute mission.

Une bonne communication entre les membres de l'équipe et un accès libre et efficace à l'information sont d'une importance capitale pour la réalisation réussie de tout projet.

Il y a de nombreux aspects du Centre qui vous sont difficiles à saisir, bien que pour nous, ces choses soient considérées comme allant de soi. Le Centre est une institution extrêmement importante et un développement ingénieux.

Adrian : Est-ce que les scientifiques et les chercheurs rapportent les résultats de leurs études au Centre ?

Centre de Communication : Tout est rapporté au Centre pour servir aux autres chercheurs et scientifiques. Le flux d'informations est libre pour toute personne dont la tâche est de recevoir des informations.

Adrian : L'être spirituel d'Albert Einstein est-il connecté au Centre?

Centre de Communication : Il est connecté à un autre Centre utilisé par une équipe impliquée dans la recherche terrestre et qui est situé sur la Terre. Souhaitez-vous être connecté avec Einstein ?

Adrian : Non, pas pour le moment. J'essaie simplement de comprendre. Est-ce que mon contact avec le Centre est une perturbation pour vous ?

Centre de Communication : Non. Nous sommes heureux de vous répondre. C'est notre travail, et nous ne sommes pas particulièrement occupés pour le moment. Posez toutes les questions que vous voulez. Nous avons reçu des instructions pour répondre à toutes vos questions et nous attendons que vous nous contactiez avec des questions. Il est important pour nous que vous nous questionniez de plus en plus.

Adrian : Il est difficile pour moi de prendre contact avec le Centre car cela se fait par télépathie et j'ai du mal à distinguer entre une véritable communication et une conversation imaginée. Il est difficile pour moi d'accepter et de me fier aux informations que je reçois comme étant réelles.

Centre de Communication : Nous comprenons cela. Ça passera et plus vous utiliserez le Centre, plus vous pourrez vous y fier.

Adrian : Par exemple, de nombreuses fois l'équipe médicale m'a renvoyé vers le Centre pour obtenir des informations spécifiques, mais je n'ai pas osé le faire.

Centre de Communication : Pourquoi ?

Adrian : Parce que cela ne me semblait pas crédible.

Centre de Communication : Essayez avec nous.

Adrian : Par exemple, lors de la réunion où David Ronen a montré le cristal de silicium qui a été éjecté du vaisseau spatial, le superviseur a identifié le matériel et X3 l'a nommé un matériel de déchets de fusibles. X3 m'a dit de demander des éclaircissements sur le matériel au Centre, mais je ne l'ai pas fait.

La même chose s'est produite concernant les CV personnels de l'équipe médicale. Par exemple, avec le CV de Maya, X3 m'a encouragé à contacter le Centre pour obtenir des informations, mais je ne l'ai pas fait. Je l'ai évité.

Centre de Communication : Posez toutes les questions que vous voulez, et nous répondrons.

Adrian : Qu'est-ce que ce matériel de déchets de fusibles ?

Centre de Communication : C'est un matériel éjecté par le vaisseau spatial à travers certains tuyaux sous forme liquide, qui se cristallise à l'extérieur pour former un matériel noir-grisâtre. Ce matériau est utilisé pour activer le vaisseau spatial. On pourrait dire que ce sont les restes carbonisés après que le matériel d'origine ait été brûlé.

Adrian : De quoi est-il composé ?

Centre de Communication : Principalement de composés d'azote, d'oxygène et de carbone. C'est de la suie résultant d'un processus de combustion.

Adrian : Pourquoi l'appelle-t-on matériel de déchets de fusibles ?

Centre de Communication : Parce que c'est un fusible.

Adrian : Qu'est-ce que cela signifie ?

Centre de Communication : Le matériel est dans un certain état et, lors de la combustion, il subit un processus de fusion qui libère beaucoup d'énergie.

Adrian : Fusion atomique ?

Centre de Communication : Oui, quelque chose comme ça. Ce matériel est le résultat de la fusion atomique.

Adrian : Donc chaque vaisseau spatial contient un réacteur atomique ?

Centre de Communication : On pourrait dire ça, mais ce n'est pas un réacteur atomique comme vous le connaissez. Il est plus petit et plus avancé, et l'énergie est le résultat de la fusion atomique. Les déchets sont ce qui est produit après la fusion et après que l'énergie a été extraite.

Adrian : Cela arrive sous forme de carburant ?

Centre de Communication : Oui, un carburant atomique.

Adrian : Donc, le matériau de déchets de fusibles est un déchet atomique ?

Centre de Communication : Oui.

Adrian : Le matériel n'est-il pas dangereux ?

Centre de Communication : Non. Il ne dégage pas de rayonnements nocifs, son rayonnement est négligeable.

Adrian : À quoi ressemble le carburant ?

Centre de Communication : C'est un mélange de composants qui ressemble à du métal liquide. Il subit une fusion et libère beaucoup d'énergie. Lorsqu'il est chauffé, il se transforme en gaz. Le gaz se décompose en éléments séparés, ce que vous appelleriez du plasma, et dans certaines conditions, cela conduit à la réaction atomique de fusion. Le processus libère une énergie spécifique, qui est exploitée comme source d'énergie principale dans nos vaisseaux spatiaux. Ce n'est pas de la chaleur, mais plutôt une sorte de vibration.

Adrian : Pouvez-vous m'expliquer le système d'allumage ? Comment surmontez-vous la force de gravité ?

Centre de Communication : C'est un processus très compliqué et je ne pourrais pas vous l'expliquer car votre niveau de compréhension est insuffisant. Notre niveau de compréhension des forces de la nature est bien plus élevé que le vôtre. Nous connaissons de nombreuses choses qui vous sont encore inconnues.

Une fois que vous avez compris les lois fondamentales de la nature, vous comprenez que la force de gravité peut être facilement contrôlée. La gravité et le mouvement sont, après tout, toutes deux des formes d'énergie.

Par exemple, nous convertissons l'énergie libérée par le processus de fusion en énergie qui annule la force de gravité et en énergie cinétique qui donne au vaisseau spatial de la vitesse et du mouvement dans n'importe quelle direction souhaitée. Pour nous, la manipulation de l'énergie est fondamentale.

Adrian : La gravité agit-elle sur vous de la même manière qu'elle agit sur nous ?

Centre de Communication : Dans nos systèmes, voulez-vous dire?

Adrian : Oui.

Centre de Communication : Oui, elle agit sur nous.

Adrian : Alors comment l'annulez-vous ?

Centre de Communication : Nous ne l'annulons pas car on ne peut pas annuler la gravité. Nous appliquons une force opposée qui équilibre l'influence de la gravité sur le vaisseau spatial. La gravité est une énergie, une force qui agit entre deux masses. Nous créons une force opposée.

Adrian : Comment produisez-vous une force antigravitationnelle?

Centre de Communication : Je ne peux pas vous l'expliquer. L'explication nécessite un niveau élevé de compréhension de notre physique.

Adrian : Essayez quand même de me l'expliquer.

Centre de Communication : C'est très difficile pour nous. Vous n'avez pas de concepts de base pour le comprendre.

Adrian : Enseignez-moi.

Centre de Communication : Ce n'est pas le rôle du Centre. Il faudrait vous donner un professeur de physique.

Adrian : Êtes-vous prêt à le faire ?

Centre de Communication : Oui. Notre problème n'est pas de vous donner l'information, mais les limites de votre capacité à comprendre. Nous n'avons aucun moyen de vous l'expliquer.

Adrian : Je trouverai le temps nécessaire et je demanderai un professeur de physique. D'accord ?

Centre de Communication : Oui, Adrian, nous le promettons. Est-ce tout ?

Adrian : Oui. Est-ce que cela vous convient ?

Centre de Communication : Excellent. Recontactez-nous.

Adrian : Shalom, et merci.

La nature des communications entre les extraterrestres et les humains

À la fin de l'année 1997, le 22 décembre, j'ai eu une conversation avec le Centre sur le sujet de la canalisation, ou de la communication télépathique.

Adrian : Pouvez-vous approfondir votre explication sur la communication entre les extraterrestres et les humains ?

Centre de Communication : D'accord. La forme de communication entre les êtres provenant de différentes dimensions est assez complexe. Elle n'est pas basée sur la transmission d'ondes sonores comme dans votre dimension physique. La communication est basée sur des ondes télépathiques et implique de nombreuses fréquences et concepts différents. Nous avons appris à entrer en dialogue avec les esprits humains.

La communication est différente avec chaque personne : ce qui fonctionne avec Chaya, par exemple, ne fonctionne pas avec vous ou avec quelqu'un d'autre en termes de fréquence, de contenu et de forme.

Il y a beaucoup de variété parce que chaque personne avec qui nous apprenons à communiquer a des caractéristiques différentes et chaque mode de communication doit être appris séparément.

Certaines personnes ont plus de capacité que d'autres à recevoir des communications. Le facteur psychologique joue également un rôle. La tension émotionnelle peut fermer une personne, la rendant non réceptive à la réception des communications. Pour une bonne communication, il faut une atmosphère ouverte et une sensation de calme et de détente. Nous sommes capables de communiquer sur plusieurs fréquences, mais cela prend du temps pour les essayer chacune. Chaque communication personnelle doit être explorée et développée comme un cas individuel.

Le 23 décembre 1997, alors que j'étais en traitement avec Chaya, j'ai continué à poser des questions sur la communication.

Maya : La communication se fait sur de nombreuses fréquences différentes. Votre esprit et celui de Chaya fonctionnent tous les deux sur des fréquences qui nous conviennent.

Adrian : Que se passe-t-il lorsque je rentre en contact avec des esprits humains ?

Maya : Les esprits humains sont sur une fréquence différente de la nôtre.

Adrian : Comment savoir quelle fréquence utiliser ?

Maya : Votre esprit choisit automatiquement une fréquence qui fonctionne, comme tourner le cadran de votre radio pour choisir une chaîne.

J'ai repris ma conversation le lendemain, en me disant d'abord de contacter le Centre. Finalement, j'ai décidé de simplement taper sur mon ordinateur, spontanément sans m'adresser formellement à qui que ce soit. Presque immédiatement, j'ai reçu une réponse du Centre de Communication.

Centre de Communication : La plupart des formes de vie développées avec une capacité de penser sont capables de communiquer par télépathique dans une certaine mesure. Cela implique la transmission de certaines ondes d'un esprit à un autre esprit. Les animaux transmettent des informations de base, telles que des déclarations de peur, de faim, de danger et ainsi de suite. Plus les créatures sont développées, plus l'information qu'elles peuvent transmettre est complexe. Le degré de complexité dépend des caractéristiques génétiques de l'espèce et la capacité à communiquer télépathiquement dépend du développement évolutif. Chez les créatures qui ont développé une communication verbale, les capacités télépathiques se sont atrophiées. Il existe des espèces d'extraterrestres qui utilisent principalement la communication télépathique et introduisent occasionnellement la parole verbale.

Comme nous l'avons dit, environ 15 % de la population terrestre possèdent la capacité de communication télépathique. Le problème, c'est que cette capacité n'est pas apprise et pratiquée comme la parole. Cette capacité télépathique est le vestige de l'intervention génétique extraterrestre sur Terre pendant l'histoire lointaine de la planète et apparaît de manière aléatoire dans la vie quotidienne des humains.

Occasionnellement, certaines personnes découvrent leur capacité, la développent et l'utilisent à des fins commerciales en faisant de la télépathie un divertissement d'une soirée. Il y a aussi des visionnaires et des médiums qui utilisent différemment leur capacité, pour le bien ou pour le mal.

Exactement comme des appareils de communication fonctionnent sur des différentes fréquences radio, les personnes capables de communiquer par télépathie travaillent également sur différentes fréquences.

Il y a des groupes de personnes qui peuvent communiquer télépathiquement entre elles mais pas avec quiconque en dehors du groupe. Cela se produit, par exemple, au sein des groupes familiaux. La capacité d'un individu à communiquer télépathiquement dépend de sa constitution génétique. Les personnes nées avec une formation cérébrale propice à la télépathie peuvent apprendre à utiliser cette capacité, c'est-à-dire qu'elles peuvent apprendre à distinguer le bruit de fond des pensées indépendantes, à isoler des pensées spécifiques reçues et à les organiser de manière logique.

Du côté de la transmission, elles doivent apprendre à développer un processus de pensée télépathique ordonné de manière à ce que cette information puisse être envoyée à l'extérieur du corps de manière ordonnée. Chaque personne développe sa propre façon unique de le faire car il n'y a pas de règles. Chacun trouve la manière qui lui convient le mieux - généralement, chaque personne trouve sa propre voie.

Tout comme dans la parole où chacun a un modèle de voix distinctif, toutes les créatures vivantes ont un modèle télépathique qui leur est propre. Certains modèles sont étroitement liés ou quelque peu similaires les uns aux autres, ce qui permet aux gens de communiquer entre eux. Cependant, les personnes dont les modèles sont très différents les uns des autres ne peuvent pas du tout entrer en contact.

La communication télépathique est la transmission via certaines ondes, comme des vibrations dans l'espace. Les ondes électromagnétiques sont un exemple d'ondes que les humains ont réussi à créer et à recevoir artificiellement, mais il en existe de nombreux d'autres types.

En termes de puissance et d'amplitude, les ondes électromagnétiques sont très faibles, mais elles sont durables sur de longues distances.

Leurs fréquences sont extrêmement petites, de la taille d'une molécule, mais de telles ondes peuvent se propager indéfiniment car l'espace ne les diminue pas. La vitesse à laquelle les ondes télépathiques se propagent dépend du type d'ondes.

Les ondes télépathiques se déplacent plus vite que la vitesse de la lumière, si c'est ce que vous demandez, beaucoup plus vite. C'est une diffusion différente à travers l'espace.

Adrian : Est-ce que le cerveau physique crée des ondes télépathiques ?

Centre de Communication : Non. C'est le cerveau futur qui les crée. Le cerveau physique ne peut ni émettre ni recevoir des ondes télépathiques car il se trouve sur un plan de masse et d'énergie totalement différent.

Adrian : Donc, nous parlons d'un système totalement différent de ce que nous connaissons en ce qui concerne les ondes radio ?

Centre de Communication : C'est exact. Ce sont aussi des ondes, mais d'un genre différent.

Adrian : Pouvez-vous créer artificiellement des ondes télépathiques ?

Centre de Communication : Bien sûr. C'est une partie fondamentale de notre réseau de communication. Nous communiquons maintenant grâce à un tel système.

Adrian : Je comprends. Dans ce cas, le dispositif que vous avez implanté dans ma tête est un amplificateur d'ondes télépathiques ?

Centre de Communication : Entre autres. C'est un dispositif très sophistiqué qui comprend également ce que vous appelez un amplificateur d'ondes télépathiques, mais qui est réglé pour le Centre et non pour une utilisation générale.

Il existe d'autres dispositifs capables d'amplifier les ondes télépathiques, mais c'est quelque chose de différent. Le dispositif qui a été implanté dans votre cerveau est multifonctionnel, il vous permet de communiquer avec nous et nous permet de vous surveiller. Nous comprenons que c'est avec votre plein consentement.

Adrian : Oui.

Centre de Communication : Le dispositif fonctionne en permanence et le canal physique est ouvert en permanence. Votre accès au Centre, cependant, n'est pas actif en permanence, seulement lorsque vous le demandez.

Le réseau de communication du Centre peut également être activé de manière subconsciente, sans une règle spécifiquement définie. Une instruction indirecte suffit, ou simplement le désir de recevoir des informations.

Vous êtes lié à un mécanisme qui vous aide à récupérer des informations à partir de la base de données du Centre. C'est ce que vous pourriez appeler un peu d'aide, ou une consultation, avec la base de données. Vous n'avez pas encore l'expérience pour exploiter les possibilités, mais vous apprenez rapidement.

Aujourd'hui, vous avez pris contact de cette manière - de manière subconsciente - ce qui nous convient. C'est l'un des objectifs du Centre, fournir des informations facilement accessibles, parfois même sans que le destinataire ne se rende compte que nous le faisons.

Adrian : Comment le Centre prend-il contact avec mon cerveau ?

Centre de Communication : Nous avons appris les fréquences de vos ondes cérébrales et les codes principaux. Le Centre transmet la fréquence appropriée et des codes similaires à ceux que votre cerveau reconnaît, c'est pourquoi vous avez l'impression de parler avec vous-même. Votre cerveau capte des échos ou des pensées similaires aux siennes. Ce sont des choses relativement connues. À partir de ces codes, votre cerveau, c'est-à-dire vous, construit une séquence logique de phrases que vous tapez sur votre ordinateur.

Adrian : Comment prenez-vous contact avec Chaya ?

Centre de Communication : Avec Chaya, c'est un peu différent. Nous communiquons avec elle à un niveau plus détaillé. Elle reçoit des codes clairs en hébreu. La gamme de codes que nous pouvons transmettre à Chaya est limitée par rapport à celle que nous pouvons transmettre à vous. Nous pouvons vous donner des explications plus approfondies et vous êtes capable de compléter les codes manquants. Nous transmettons le concept général et vous complétez le reste. Cela nous permet d'avoir des communications fructueuses avec vous. Avec Chaya, nous sommes plus limités dans le lexique des concepts qui peuvent être expliqués. Pour cette raison, nous préférons communiquer directement avec vous.

Adrian : Les niveaux de base de la communication télépathique impliquent des codes ?

Centre de Communication : Oui, comme des symboles.

Adrian : Les symboles sont-ils similaires entre deux personnes capables de ce type de communication entre elles ?

Centre de Communication : Habituellement, les symboles sont similaires, mais pas identiques. Les similitudes permettent une reconnaissance mutuelle dans la plupart des cas. C'est comme déchiffrer l'écriture d'une personne, même si aucune écriture n'est exactement la même. Avec la communication télépathique, vous identifiez la signature du cerveau.

Adrian : Merci pour le moment. Y a-t-il autre chose ?

Centre de Communication : Il y a toujours quelque chose d'autre. Nous sommes un centre d'information. Que voulez-vous savoir d'autre ?

Adrian : Merci, c'est tout pour le moment. Avec qui ai-je parlé ?

Centre de Communication : Avec le serveur central d'informations informatisées. Nous avons été heureux de vous être utiles. Shalom.

Plus tard, j'ai poursuivi notre conversation sur le sujet.

Centre de Communication : Les extraterrestres ont développé des capacités télépathiques parce qu'ils sont des créatures communes. La télépathie entre les membres d'un groupe est un élément vital car il existe une gamme immense d'extraterrestres. Chaque type de créature communique sur une fréquence différente en utilisant des codes différents. Le Centre agit comme le lien entre des groupes non homogènes d'extraterrestres et comme traducteur des codes et des fréquences télépathiques. Il offre un moyen aux différentes espèces d'extraterrestres, ayant des concepts totalement différents, de communiquer entre elles. Lorsqu'une nouvelle personne prend contact avec le Centre, nous apprenons ses fréquences télépathiques, ses codes et ses concepts. L'ordinateur établit un profil psychologique utilisé dans tous les contacts avec cette créature particulière.

La communication directe entre un extraterrestre et un humain est plus difficile et dépend des compétences de déchiffrement et de traduction de l'extraterrestre en question. Pour cette raison, ils préfèrent communiquer avec vous par le biais du Centre.

Le Centre facilite grandement les communications. Par exemple, lorsque vous avez pris contact avec le Professeur Bach (le médecin extraterrestre) par le biais du Centre, l'ordinateur central a agi en tant que médiateur et traducteur entre vous. Une conversation directe avec lui aurait nécessité un grand effort de sa part, c'est pourquoi il préfère passer par le Centre.

Adrian : Le fait de vous prendre autant de temps ne vous dérange pas ?

Centre de Communication : Non. Vous pouvez nous parler autant que vous le souhaitez - vous êtes connecté en permanence de toute façon. Les services d'information sont principalement informatisés et nécessitent une intervention très minimale de l'opérateur.

En fait, c'est l'ordinateur du Centre qui vous répond. L'opérateur n'intervient que pour les décisions délicates ou si l'ordinateur demande de l'aide, ou bien sûr, si vous demandez à parler à une autorité ou à effectuer une action officielle - alors vous êtes mis en relation avec un opérateur ou une autre personne en autorité et il vaut mieux ne pas prendre trop de temps avec eux. En ce qui concerne les informations informatisées, il n'y a pratiquement aucune limite. Ce canal est toujours ouvert et la ressource n'est pas coûteuse car il s'agit simplement de temps informatique.

Pour le moment, c'est l'ordinateur qui vous répond et l'opérateur vérifie seulement de temps en temps. L'opérateur dit qu'il apprécie la conversation avec vous. Il n'a pas souvent l'occasion de communiquer avec un être humain qui enquête sur de tels détails tous les jours. Les opérateurs sont heureux de vous avoir comme interlocuteur et sont ravis d'expliquer et de répondre à vos questions, car leur objectif est de transmettre des connaissances à la Terre.

Adrian : Merci. Faisons une pause maintenant.

Centre de Communication : Revenez quand vous le souhaitez. Nous sommes là pour vous servir.

Et c'est ce que j'ai fait un peu plus tard.

Adrian : Me revoilà.

Centre de Communication : Nous sommes en contact.

Adrian : Je comprends que dans nos communications, c'est moi qui suis l'initiateur et les informations que je reçois correspondent à mon niveau de compréhension. Les informations supplémentaires sont minimales et sont présentées progressivement. Il n'y a pas d'autre chose ou des informations inattendues.

Centre de Communication : Votre compréhension est correcte. Ce sont les instructions données à l'ordinateur. Il essaie d'expliquer les choses avec vos propres termes et il ajoute chaque fois un petit détail pour ne pas surcharger votre compréhension.

Les communications ont leur propre caractère car elles sont menées par un logiciel informatique sophistiqué basé sur des directives claires. Le logiciel reçoit constamment des commentaires de votre esprit et continue de construire l'interaction en fonction de votre niveau de compréhension, ce qui explique le caractère inhabituel des communications. Entre-temps, l'ordinateur considère les communications avec vous et la stratégie de communication comme un succès, il n'a donc aucune raison de la changer.

Adrian : J'essaie simplement de comprendre ce à quoi je suis confronté et ce que je vis. Parfois, je pense que je parle tout seul.

Centre de Communication : Soyez assuré que parler avec vous-même présente des caractéristiques psychologiques claires. Les personnes qui se parlent à elles-mêmes manifestent une focalisation obsessionnelle sur des sujets spécifiques liés à elles-mêmes. Par exemple, si vos communications concernaient uniquement votre état de santé, cela serait un signe que vous communiquez seulement avec vous-même. Cependant, vos communications sont assez diversifiées, couvrent de nombreux sujets et interagissent avec divers éléments. Vous pouvez donc être rassuré à ce sujet.

Adrian : Chaya a contacté son équipe avec l'aide de Shamiya et elle a demandé d'être connectée au Centre. Elle a d'abord été refusée, puis plus tard, elle a été autorisée à contacter le Centre. Pourquoi cela ?

Centre de Communication : Nous avons reçu l'approbation de la demande. L'équipe a demandé il y a quelque temps à ce qu'elle soit connectée, mais nous avions seulement la permission pour vous car vous êtes mobile. Aujourd'hui, d'autres considérations entrent en jeu et votre lien de communication réussi avec le Centre a ouvert la voie à la connexion d'autres êtres humains. J'espère que cela se révélera utile.

Adrian : Chaya est connectée au Centre, mais elle ne l'utilise pas. Pourquoi ?

Centre de Communication : Elle est habituée à un autre type de communication. Le Centre est quelque chose de tout à fait nouveau pour elle. Progressivement, elle apprendra à l'utiliser.

Adrian : Chaya se connecte-t-elle au Centre de la même manière que moi ?

Centre de Communication : Oui et non. Vous avez tous les deux le même dispositif implanté, mais vous l'utilisez chacun selon vos fréquences et codes individuels. Chaya reçoit des informations d'une manière légèrement différente de la vôtre.

Adrian : Comment les extraterrestres reçoivent-ils ?

Centre de Communication : La plupart des extraterrestres ont une réception télépathique innée.

Adrian : Je comprends que Shamiya et Natan n'ont pas accès au Centre. Pourquoi ?

Centre de Communication : Ils sont d'une espèce qui n'a pas les capacités nécessaires et ils doivent communiquer par d'autres moyens. Tous les extraterrestres n'ont pas les mêmes capacités, certains ont leur propre réseau de communication indépendant.

Adrian : Lorsque des "auto-stoppeurs" extraterrestres montent en voiture avec moi et que j'établis un contact télépathique avec eux, comment cela se passe-t-il ?

Centre de Communication : Cela dépend des extraterrestres et de leurs capacités. S'il y a un haut degré de compatibilité entre les fréquences de votre cerveau et les leurs, ils essaieront d'établir un contact direct. Sinon, ils peuvent passer par le Centre. Si vous ne parvenez pas à établir un contact, c'est un signe que vous êtes sur des fréquences très différentes. Dans cette situation, vous pouvez demander de l'aide au Centre, expliquer la situation et demander une traduction. En général, nous serons heureux d'aider, c'est notre travail.

Adrian : Si à l'avenir, je rencontre une forme de vie que je suppose être un extraterrestre, devrais-je essayer d'établir un contact ?

Centre de Communication : Si vous rencontrez un être inconnu et que vous êtes toujours lié au Centre, nous vous recommandons de prendre immédiatement contact avec le Centre, de signaler l'incident et de nous laisser le gérer. Si vous êtes en danger ou si vous pensez qu'ils vont vous faire du mal, mettez toute votre force dans votre transmission télépathique et envoyez un message aussi fort que possible, en leur demandant directement de vous laisser tranquille et de ne pas vous faire de mal. Les extraterrestres sont très sensibles aux transmissions télépathiques et ils recevront certainement votre demande.

Adrian : Je comprends.

Centre de Communication : Entre-temps, vous êtes clairement marqué de notre signe et il est admis que chaque équipe d'extraterrestres ne perturbe pas les activités des autres. Celui qui vous contacte dans un avenir proche est très probablement en lien avec nous, donc vous n'avez pas à vous inquiéter.

Le 25 décembre 1997, j'ai de nouveau contacté le Centre.

Adrian : C'est encore moi. J'aimerais être en contact avec le département de l'information afin de poursuivre la conversation d'hier.

Centre de Communication : Veuillez patienter. Oui, Adrian, vous êtes connecté.

Adrian : Pouvez-vous expliquer plus clairement le sujet des codes télépathiques ?

Centre de Communication : Ce sont un ensemble de fréquences. Imaginez la communication télépathique comme des notes de musique. Cela nous donne une analogie appropriée. Les codes sont un groupe de notes, comme un accord. Historiquement, chaque accord a acquis une signification spécifique. Les groupes de personnes ayant une structure cérébrale similaire et une langue commune développeront un code télépathique commun - une langue que tout le monde dans ce groupe reconnaît. De plus, chaque membre du groupe va coder ses accords de manière individuelle dans son cerveau avec ses propres nuances ou harmoniques, et chacun a son propre dictionnaire de termes. La population de la Terre n'est pas homogène en termes de codes télépathiques. Sur d'autres planètes, toute la population partage un code et une fréquence télépathiques communs, permettant une communication plus large entre eux que celle basée sur la parole.

Adrian : Quel est le lien, ou la corrélation, entre la parole et son code télépathique parallèle ?

Centre de Communication : Parfois, il y a une connexion directe. Le code phonétique est traduit en codes télépathiques lorsque, par exemple, vous voulez transmettre un nom qui n'a pas d'autre signification, ou un nombre. Cependant, pour certains mots, c'est plus complexe.

Les mots qui ont des significations complexes ou qui représentent des concepts abstraits sont transmis par des codes complexes. Dans de tels cas, le code n'est pas nécessairement lié au mot phonétique.

Adrian : Dans le passé, j'ai pris contact avec l'inconscient d'une autre personne. Quel est le mécanisme derrière cela ?

Centre de Communication : Tout d'abord, cela s'est produit par hasard - vous communiquez apparemment tous les deux sur les mêmes fréquences. Deuxièmement, si vous êtes familier avec la personne et êtes en contact quotidien avec elle, votre esprit capte leurs ondes cérébrales et apprend à les lire.

Le cerveau apprend à identifier les ondes cérébrales de l'autre personne et à les isoler du reste des fréquences et des pensées qui se produisent en lui. Une fois que le cerveau apprend à reconnaître une fréquence spécifique, il est probable que le cerveau pourra également diriger ses propres fréquences vers la source et prendre contact, de manière similaire à la capacité d'imiter quelqu'un. Une fois que votre cerveau peut imiter les fréquences cérébrales d'une autre personne et les transmettre, l'autre cerveau les capturera comme s'il s'agissait de ses propres pensées. Le destinataire peut penser à tort qu'elles sont ses propres pensées.

Seules les personnes expérimentées en communication télépathique sont capables de distinguer la source externe des pensées. Cela semble simple, mais ce ne l'est pas.

Nous, les extraterrestres, pratiquons la communication télépathique depuis notre plus tendre enfance et ce n'est pas facile. Apprendre la télépathie, c'est comme apprendre à parler et à écrire - cela ne vient pas automatiquement.

Les humains ne sont pas habitués à cette forme de communication, il leur est donc difficile de l'utiliser efficacement entre eux, c'est pourquoi cela n'arrive que de manière occasionnelle, par hasard.

Adrian : Les humains peuvent-ils améliorer leurs capacités télépathiques par la pratique ?

Centre de Communication : En principe, oui, mais seulement dans une certaine mesure. Ce qui n'est pas appris dans l'enfance est difficile à apprendre plus tard dans la vie. Le cerveau doit se développer différemment très tôt pour permettre une télépathie efficace. En tant qu'adulte, il est généralement trop tard car le cerveau est déjà développé.

Adrian : Quelles sont les caractéristiques d'une personne qui a une capacité télépathique naturelle, comme une personne considérée comme médium ?

Centre de Communication : Essentiellement, des facteurs génétiques et psychologiques influencent la capacité télépathique naturelle d'une personne. Les médiums doivent être ouverts et calmes, afin de pouvoir écouter. S'ils sont renfermés et préoccupés par eux-mêmes, ils ne réussiront pas à établir le contact. La télépathie naturelle nécessite également une flexibilité maximale et une ouverture aux idées nouvelles et inconnues.

Adrian : Donc, en d'autres termes, une personne qui remplit ces critères peut être un médium ?

Centre de Communication : Très probablement.

Adrian : Si je parle avec quelqu'un et que j'ai l'impression que ses capacités d'écoute et de compréhension sont exceptionnelles, cela pourrait-il signifier qu'il possède des capacités télépathiques ?

Centre de Communication : Oui.

Chapitre 13 : Structure de la mémoire - Les fondements de la télépathie et de la canalisation

Vous est-il déjà arrivé que, pendant que vous parliez avec quelqu'un, vous saviez soudainement quelle serait sa prochaine phrase ? Ou, avez-vous déjà remarqué que vous avez répondu à une question avant qu'elle ne soit posée? Les voyants fournissent souvent à leurs clients des informations précises, y compris des données personnelles, ainsi que des détails sur les personnes qui leur sont proches. Comment font-ils ? Plus que ça, comment un médium peut-il dire à une personne non seulement ses vies passées, mais des choses à propos de l'avenir ?

Photos d'enfance
Une de mes clientes souffrait d'un grave problème de tension artérielle. Lors d'un premier entretien j'ai compris que sa tension artérielle augmentait suite à des sautes d'humeur intenses et la source de ses angoisses était dans sa petite enfance. Alors qu'elle n'avait que 4 ans, avec la Seconde Guerre mondiale qui faisait rage autour d'elle, elle a subi un certain nombre d'expériences traumatisantes.

Elle a perdu son père qui était envoyé au front et il n'était jamais revenu. Elle, sa mère et son frère aîné ont fui leur maison et ils se sont cachés dans une petite cabane en bois. La clef de l'événement traumatique s'est produit quand, un jour, sa mère a quitté la hutte à la recherche d'un moyen de revenu, pendant que les enfants restaient seuls dans leur maison clairsemée. Une bougie allumée, leur seule source de lumière, est tombée, enflammant les surfaces en bois sèches de la hutte, qui fut bientôt entièrement engloutie par les flammes. Un voisin a pu tirer les enfants dehors avant qu'ils soient touchés par le feu. L'événement a laissé une profonde cicatrice dans l'âme de la femme.

J'ai essayé de l'aider en revivant le moindre petit détail dont elle se souvenait de cette période difficile. Comme elle racontait ce qu'elle avait vécu, j'ai commencé à recevoir des images visuelles très claires de la cour entourant la cabane et j'ai vu un objet que la petite fille avait l'habitude de jouer avec. Je lui ai décrit les images que je voyais et elle a confirmé ce que j'ai vu, disant que l'objet était un samovar rouillé avec lequel elle aimait jouer.

Souvenirs oubliés

Lors d'une réunion du cours de guérison auquel j'ai assisté, on nous a demandé d'entrer dans un état de méditation et d'essayer "d'interviewer" un collègue qui était dans le cours.

J'ai fermé les yeux et presque immédiatement j'ai eu l'image d'un tas de tissus bleu, des machines à coudre et à tisser, plus d'autres articles. Je me suis demandé où c'était, et j'ai reçu la réponse "Yavne". Tout semblait comme dans mes propres imaginations, mais quand j'ai parlé aux autres de cela, la femme en face de moi a rougis d'un rouge vif. Alors que je décrivais l'image, elle se souvenait que 15 ans plus tôt elle avait travaillé comme couturière à Yavne en cousant des jeans.

Message du Japon

Par mon travail d'ingénieur en informatique, sur un projet, j'avais un contact permanent et étroit avec un homme d'affaires japonais. Une nuit, j'ai fait un rêve qui comprenait des spécifications techniques détaillées d'un certain produit. Le lendemain matin, en arrivant au travail, j'ai reçu un appel téléphonique urgent de mon collègue japonais qui s'est excusé abondamment d'un problème technique pour la fourniture de notre commande. Comme il me disait des détails, j'ai eu le sentiment que nous avions déjà eu cette conversation.

J'ai demandé s'il m'avait déjà parlé des problèmes techniques parce que tout était familier pour moi jusqu'aux nombres dont il parlait. Il a dit que depuis quelques heures, il s'agitait pour savoir comment me le dire. C'est alors que je me suis souvenu de mon rêve, à cause du décalage horaire entre Israël et le Japon, mon collègue travaillait pendant que je dormais. Il s'était concentré sur le problème et en pensant à moi et le message est arrivé.

Comment les pensées d'une personne trouvent-elles leur chemin vers une autre personne à l'autre bout du monde ?

Canalisation par contrôle à distance

Un soir, un ami à moi qui était aussi médium, m'a appelé très bouleversé après une conversation difficile avec sa petite amie. Leur relation était en froid et il était dans un dilemme quant à savoir s'il devrait y mettre fin ou essayer de le revitaliser. Ensemble, nous avons essayé de comprendre ce qui se passait. Il a affirmé qu'il y avait une chose importante sur la personnalité de sa petite amie qui le dérangeait. Leur relation tournait toujours autour de son monde à elle et elle semblait ne pas vouloir participer à la sienne. Elle évitait les activités sociales, elle préférait sortir que tous les deux, plutôt qu'en groupe.

J'ai commencé à avoir l'image d'un personnage qui se cache dans les limites de son propre environnement, comme s'il avait peur des gens et du monde extérieur. J'ai soulevé la possibilité que peut-être son état était le résultat d'un ancien traumatisme de la vie et si c'est le cas, peut-être pourrait-elle être aidée.

Nous avons discuté sur la façon de procéder lorsque l'idée suivante m'est venue : j'ai demandé à mon ami qui est un médium très sensible, d'essayer d'entrer dans les souvenirs de sa vie antérieure pour voir s'il y avait effectivement un traumatisme. Je lui ai dit que parce qu'il la connaissait bien, il est plus au diapason avec sa fréquence, ce qui lui donne la clé à ses souvenirs.

Alors que j'essayais de le persuader d'essayer, il a commencé avec enthousiasme à me décrire des images visuelles qu'il recevait. Déjà une petite fille effrayée, courant à travers la nuit. Elle fuyait quelque chose, se cachait et vivait un cauchemar. Elle a été sévèrement maltraitée et elle a fini sa vie dans de grandes souffrances. Puis il a commencé à décrire une autre vie antérieure un peu moins dramatique.

Nous étions tous les deux stupéfaits. Je lui ai dit d'essayer de demander à son esprit intérieur, ou son guide spirituel, si cela la dérangeait et si nous devions essayer de l'aider à surmonter ces problèmes. Mon ami a reçu la réponse que, même si ses problèmes découlaient de traumatismes antérieurs, elle était actuellement sur la voie de la guérison et nous ne devrions pas bouleverser son monde en découvrant des cicatrices passées, mais notre désir d'aider a été apprécié.

Bien que le traitement des traumatismes de la vie antérieure puisse être utile, dans ce cas, il n'a pas été recommandé.

J'ai demandé à mon ami si le guide spirituel de sa petite amie avec qui il était en contact était un membre décédé de sa famille, il a répondu qu'il ne l'était pas. Son état de détresse avait touché ce guide, l'incitant à l'aider et d'être aussi son guide personnel.

Le guide a également dit qu'il connaissait Michael et le Médecin chinois de l'équipe des esprits qui travaillait avec nous, il appréciait le travail que nous faisions.

Le guide a recommandé à mon ami de mettre fin à la relation et l'a encouragé en disant qu'il rencontrerait quelqu'un dans l'avenir proche qui lui conviendrait mieux. Mon ami a demandé si le guide l'avait aidé à entrer dans les souvenirs des vies antérieures de sa petite amie, il a répondu que non. Mon ami apparemment l'avait fait tout seul.

Cet événement a eu lieu alors que mon ami et moi étions ensemble au téléphone. J'ai dirigé le processus, je l'ai aidé à entrer dans un état approprié pour la canalisation.

En tout, nous avons été témoins de phénomènes intéressants. Apparemment, il y avait des esprits à côté de moi qui m'aidaient. L'idée que mon ami devrait entrer dans les souvenirs de la vie antérieure de sa petite amie m'est venue d'eux. Mon ami avait visionné les souvenirs de sa petite amie à distance, sans qu'elle le sache, et il avait pris contact avec son guide spirituel.

De l'évolution génétique à la création des mécanismes de la mémoire

Les événements étranges relatés dans le paragraphe précédent ont renforcé ma détermination à mieux comprendre comment la télépathie fonctionne. J'ai décidé d'interroger les extraterrestres à ce sujet et j'ai reçu une leçon instructive.

Adrian : Comment les informations télépathiques sont-elles reçues ?

Extraterrestre : Les formes de vie primitives et primaires ont développé des organes sensoriels comme moyen de recevoir des informations de leur entourage. Au début, cela impliquait de sentir que la chaleur, le froid et l'odeur de la nourriture. Toutes ces informations sensorielles ont été transmises par des impulsions nerveuses à « un centre neurologique » et ont servi de base à la prise de décision – par exemple, décider dans quelle direction nager, etc.

Un « centre neurologique » développé pour prendre des décisions sur la base de ces informations sensorielles entrantes. Au début, les créatures se sont développées mais n'avaient pas de facilites de mémorisation. Les décisions prises par ces créatures primitives, sans mémoire, étaient prédéterminées, en fonction de leur composition génétique et de leur système nerveux. Des formes de vie se sont développées ensuite à travers des mutations et à la survie du plus fort, avec des variétés plus réussies.

Ensuite, des créatures se sont développées qui avaient des capacités de mémoire à court terme. La chaîne sensorielle de stimulation resta active pendant une courte période sous la forme d'un circuit d'influx nerveux. Cela a constitué la base de la capacité à prendre des décisions plus intelligentes.

Plus tard, au long du développement, des capacités de mémoire à long terme ont été acquises. Les influx nerveux répétés créent des changements permanents dans la structure du cerveau. Ainsi la capacité d'apprentissage fût acquise. Toutes nos capacités verbales et motrices sont le résultat de l'apprentissage des cellules nerveuses, ce qui nous permet d'apprendre à bouger nos membres, nos yeux, notre voix, etc. Enfin, la mémoire à long terme développée n'était pas spécifiquement une fonction des cellules nerveuses.

Les formes de vie ont traduit la capacité des chemins nerveux dans des structures moléculaires, qui sont des copies de l'apprentissage des cellules nerveuses. Ces structures moléculaires sont similaires aux structures génétiques de l'ADN, mais beaucoup plus complexe. Elles sont comme de longues cordes sensibles à certaines fréquences. Si nous produisons une fréquence adaptée, la corde correspondante vibrera.

Adrian : Qu'est-ce que les pensées ?

Extraterrestre : Les pensées peuvent être comparées à une collection de fréquences et de vibrations. Imaginez plusieurs orchestres jouant ensemble pour produire un conglomérat de notes. Le périmètre des fréquences et les possibilités sont presque infinis. Comparant deux souvenirs, c'est comme trouver une synchronisation entre les deux.

Par exemple, lorsque nous entendons la voix d'une personne, l'ensemble des fréquences résonne dans notre mémoire et partout où il y a des "cordes" qui vibrent selon cette fréquence, elles vont faire « échos ».

L'esprit conscient enregistre les échos liés à la voix familière donnant lieu à l'expérience d'identification ou de reconnaissance de la voix. Nous reconnaissons des images visuelles de la même manière : l'information visuelle passe des yeux au cerveau et, après traitement, ça devient une collection de vibrations. Toutes les données de nos expériences sont enregistrées, y compris les rêves. Tout est enregistré.

Avec le temps, certains souvenirs, les moins utilisés, s'enfoncent à un niveau plus profond, jusqu'à ce qu'il semble, qu'ils soient oubliés. Les souvenirs qui sont souvent rappelés se dupliquent plusieurs fois.

Adrian : Pouvez-vous expliquer le mécanisme de l'oubli ?

Extraterrestre : C'est un mécanisme d'une importance primordiale. Parce que l'esprit conscient pensant est limité au niveau de la quantité de données qu'il peut traiter à la fois, il est important de transférer les choses dans la mémoire et les classer selon les priorités.

Adrian : Comment les pensées gèrent-elles les références croisées?

Extraterrestre : Ce mécanisme est similaire chez la plupart des humains, il est dû à la structure de l'œil et du cerveau. Pour cette raison, il est possible de transmettre des pensées d'une personne à une autre par télépathie.

Adrian : Quel est le support de transmission utilisé par l'esprit ?

Extraterrestre : Le support de transmission de la mémoire humaine, non physique, est une chaîne de matière moléculaire semblable à celui d'une toile d'araignée (comme le web), il est composé de matériaux non physiques.

Adrian : Comment souvenons-nous des choses ?

Extraterrestre : L'esprit non physique conserve les souvenirs dans une substance qui est constamment produite. C'est la "bande magnétique" de l'esprit, elle peut être comparé à une toile d'araignée (web) : tout comme l'araignée produit des fils fins, l'esprit aussi produit des fils de souvenirs grâce à un mécanisme spécial. Ces fils sont faits d'un matériel résistant.

Adrian : Quel est le mécanisme de rappel ?

Extraterrestre : Pour que l'esprit conscient puisse lire ces fils de pensées, il doit les activer (c'est-à-dire les faire répondre) en mettant en place des vibrations appropriées.

Tous les fils de mémoire résonnent, mais seulement ceux qui ont des fréquences convenablement similaires vibreront avec n'importe quelle intensité. Ce sont ceux qui transmettront des informations à l'esprit conscient, qui est le mécanisme de rappel.

Adrian : Comment se forme une chaîne de pensées ?

Extraterrestre : C'est un mécanisme impliquant un continuum de pensées. Lorsque nous commençons à penser à quelque chose, l'esprit passe d'un sujet à l'autre et la connexion ne crée pas toujours une image complète et cohérente. C'est une expression d'un processus de ramification et de ramification secondaire. Une mémoire active une autre et ainsi de suite, comme une réaction en chaîne dans un labyrinthe de fils de mémoire.

Adrian : Comment reçoit-on les souvenirs d'une autre personne ?

Extraterrestre : Le mécanisme de réception fonctionne non seulement sur notre propre accumulation de fils, mais aussi, dans certaines circonstances, sur les fils de pensée d'une autre personne.

Adrian : J'ai réussi à lire les fils de mémoire d'une autre personne: les fils qui ont été laissés derrière après la mort de leur propriétaire et d'anciens vieux fils de pensée de centaines de milliers d'années. Quel est le mécanisme par lesquels ils sont reçus ?

Extraterrestre : La partie la plus difficile du processus est le début, c'est-à-dire de trouver la fin du fil. Lorsque nous faisons un effort pour recevoir par télépathie, nous transmettons des données d'activation générales. Parfois, cela prend la forme d'une question et parfois c'est juste l'expression d'une forte envie de recevoir. Cette transmission active d'autres fils, commençant à les faire vibrer, et ainsi nous recevons une première photo, ce qui est très important. La transmission de cette première image nous donne un point de départ à partir duquel on s'accroche dans les fils. La transmission de la première image fait vibrer une image proche ou associée et de cette façon nous recevons l'ensemble des informations que nous avons recherchées.

Adrian : Quel est le rôle du subconscient ?

Extraterrestre : Lorsque vous recevez les pensées d'une autre personne, c'est le subconscient de la personne qui peut être utile. Parfois, non seulement vous recevez des souvenirs, mais vous poursuivez un dialogue avec le subconscient de l'autre personne, apparemment à son insu.

Adrian : Pourquoi ne pouvons-nous pas recevoir les pensées de tout le monde ?

Extraterrestre : Habituellement, les gens se limitent à la lecture de leurs propres fils de pensée et seulement du passé récent, des dernières minutes. Cependant, nous pouvons nous former pour élargir notre capacité de réception. Il est possible de lire des fils de pensée de nos propres vies passées, ou de la vie d'autres personnes avec lesquelles nous sommes en contact étroit.

L'information arrive sous la forme d'un collage d'images et d'épisodes, mais on peut capturer une image, en se concentrant dessus, en s'y tenant et en essayant d'approfondir, on y arrive. Habituellement, d'autres informations apparaissent.

Adrian : Les informations que j'ai écrites sont-elles correctes ?

Extraterrestre : En principe, tout est correct. Les structures que vous décrivez sont générales, la réalité est beaucoup plus complexe. L'unité de traitement, comme vous l'avez appelée, et l'unité de mémoire sont beaucoup plus complexes que la façon dont vous les avez décrits - elles sont, sous certains aspects, les plus complexes formes de vie développées et on peut passer des années à les étudier, mais nous comprenons que vous voulez juste une compréhension générale des processus des souvenirs des vies passées et de la réception des pensées. Ces processus peuvent être expliqués relativement simplement.

Il est vrai que la mémoire est un continuum sensoriel qui a subi un traitement par les nerfs du mental physique. Chaque forme de vie dispose d'une telle unité qui traite rapidement le continuum sensoriel. Il est également vrai que l'information est stockée à long terme sous forme physique, comme dans d'autres matériaux, sous la forme d'une chaîne de molécules. L'esprit ressemble à un grand collage complexe de fils et l'accès aux souvenirs se fait par le contenu plutôt que par ordre chronologique.

Adrian : Qu'est-ce que les vibrations ?

Extraterrestre : Il existe des ondes durables inconnues des humains qui ne se dissipent pas facilement. Ces ondes, que nous appelons ondes de pensée, transfèrent l'information entre le cerveau et les fils. Les chaînes moléculaires sont très sensibles à ces ondes, elles peuvent également produire des ondes.

Tu peux comparer ces ondes à vos ondes sonores, bien qu'il existe des différences significatives entre elles. Le parallèle entre les ondes sonores et les mécanismes des fils de la pensée et de la mémoire sont un peu déroutants. Les ondes dont nous parlons sont dans une gamme de fréquences dans de nombreuses dimensions, elles peuvent, par conséquent, transporter beaucoup d'informations. Elles sont très résistantes et peuvent atteindre de grandes distances sans s'atténuer. Les ondes électromagnétiques sont un exemple spécifique de ces ondes. Les formes de vie ont appris à utiliser ce type d'ondes, en les créant et en les recevant comme elles utilisent les ondes sonores, sauf que celles-ci ont une portée presque infinie. Elles aussi, sont en fait, des vibrations de l'espace. Les chaînes moléculaires sont très sensibles et elles sont influencées par leurs vibrations multidimensionnelles. Lorsqu'une chaîne moléculaire est exposée à l'ensemble des fréquences, elle vibre, libérant des ondes supplémentaires, plus faibles. Elles sont en réalité des ondes subatomiques.

Adrian : Pourquoi les molécules produisent-elles des ondes ?

Extraterrestre : Chaque atome influence l'espace autour de lui à travers sa vibration. Le mouvement des électrons autour du noyau crée une perturbation infime dans l'espace, chaque action d'un atome laisse une sorte de signature sur l'espace. On peut dire que chaque atome a son propre ensemble de fréquences, qui lui est caractéristique. Les molécules et les chaînes de molécules créent des structures plus complexes quant à l'empreinte de leurs vibrations dans l'espace. Les conglomérats de chaînes moléculaires interagissent les uns avec les autres avec de minuscules réponses vibratoires. Lorsqu'une onde forte s'introduit, elle crée une réaction en chaîne entre les chaînes de molécules.

Pour mieux comprendre, imaginez un piano et sa caisse de résonance pleine de cordes. Chaque corde vibre lorsque le son de la note correspondante est entendu. Si vous deviez couper les cordes et au hasard les coller ensemble, seule une partie d'une corde vibre lorsque vous entendez sa note correspondante.

L'énergie sera transmise à une autre partie de la chaîne, qui sonnera une note différente, et ainsi de suite. Nous obtenons un mélange de notes, l'une après l'autre. C'est ainsi que se construit la mémoire à long terme et il a une structure similaire dans la plupart des formes de vie avec une intelligence supérieure.

Adrian : Comment les fréquences moléculaires se transforment-t-elles en impulsions nerveuses ?

Extraterrestre : Il y a des chaînes moléculaires attachées à une terminaison nerveuse qui sont une collection de cils microscopiques, comme les cils de l'oreille interne des humains. Les cils reçoivent les vibrations des ondes de pensée et ils les traduisent en impulsions nerveuses. Il existe aussi le mécanisme inverse : les impulsions nerveuses activent le mouvement des cordes moléculaires. C'est le mécanisme de transmission. Afin de pouvoir recevoir et transmettre à travers le spectre complet, il doit y avoir une structure complexe de traduction.

Toutes les créatures physiques qui se sont développées sur Terre possèdent de telles structures, mais à des degrés de complexité très différents. Les esprits qui se sont réincarnés ont des mécanismes extrêmement complexes qui leur permettent de stocker de nombreux souvenirs.

Adrian : Existe-t-il une structure similaire dans le cerveau ?

Extraterrestre : Oui, il y a aussi une telle mémoire dans votre matière physique, mais elle est très limitée. Elle ne traite que des simples souvenirs.

Adrian : Quelle est la séparation entre le conscient et le subconscient ?

Extraterrestre : Ici, nous entrons dans les processus de pensée qui sont divisés entre le corps physique et l'esprit intérieur. Bien sûr, c'est beaucoup plus compliqué que je ne peux le décrire ici, mais une description de la séparation entre le conscient et l'inconscient donnera une image suffisante.

Cette séparation est connue des psychologues à travers leurs études du comportement humain, afin de comprendre quand il s'agit d'une aide thérapeutique importante dans de nombreux cas de troubles psychologiques.

Ce que les psychologues ne savent pas, c'est que l'inconscient habite en grande partie dans l'esprit supérieur, il comprend non seulement les souvenirs refoulés de cette personne, mais aussi les souvenirs des vies passées.

Il est important ici d'introduire le concept d'inconscient collectif tel que défini par Jung dans sa tentative d'expliquer des événements étranges tels que des informations extrasensorielles transmises par ses patients.

L'esprit conscient se souvient des informations nécessaires à la vie quotidienne. L'inconscient mémorise les informations inutiles pour la vie quotidienne. On peut dire que l'inconscient est le cellier arrière qui stocke le passé, les vieux déchets. La quantité d'informations que l'esprit conscient est capable de traiter à tout moment est limitée, donc toute information qui est non utilisée est transféré à l'inconscient.

Adrian : Quand et pourquoi les informations sont-elles transférées de l'inconscient vers l'esprit conscient ?

Extraterrestre : Cela se produit lorsque les informations contenues dans l'esprit conscient sont insuffisantes et les souvenirs passés sont nécessaires pour résoudre les problèmes du présent. Les processus sont plus longs et plus complexes. L'information est transférée de l'inconscient vers l'esprit conscient sans que nous en soyons conscients. Soudain, nous savons quelque chose que nous ne savions pas il y a un instant, nous prendrons des décisions dans nos vies ou recevons des instructions. Dans ces situations, l'inconscient participe.

Adrian : Que fait-il d'autre l'inconscient ?

Extraterrestre : Le rôle de l'inconscient est de superviser les sauvegardes quotidiennes enregistrées par l'esprit conscient. L'inconscient s'occupe du long terme. Toutes sortes d'expériences de vies antérieures et de la vie présente qui ont été oubliées existent encore dans l'inconscient. Ces souvenirs deviennent parfois actifs et ils peuvent être la source d'inhibitions, des désirs inexpliqués ou des contraintes.

Adrian : Comment l'inconscient et l'esprit conscient travaillent-ils ensemble ?

Extraterrestre : Ils travaillent en parallèle et en coopération, car l'information circule de l'un à l'autre. Quand le corps physique meurt, les processus de pensée de l'inconscient non physique continue, le sentiment de continuité du soi n'est pas interrompu.

L'Esprit Physique, l'Esprit Futur et l'Esprit des Extraterrestres

J'ai soigné un jeune homme qui, dans une vie antérieure, était un extraterrestre d'une autre planète. Au cours du traitement, il m'est apparu clairement qu'il avait trois esprits distincts.

L'esprit physique, bien connu de la science, est responsable du fonctionnement du corps physique, de la conscience, de l'activité motrice, de la parole, etc. Environ 8 à 10 % du cerveau est actuellement utilisé.

L'esprit futur fait référence à l'esprit qui passe de réincarnation en réincarnation se poursuivant dans la vie suivante, après la mort du corps physique. Tout l'ensemble des souvenirs, de l'état conscient et du sens de l'identité de la personne, passe à la vie suivante, via cette entité. L'esprit futur est constitué de matière non physique et il existe dans chaque être humain. Il est trois à quatre fois plus grand que l'esprit physique et, également, n'est que partiellement exploité (de 8 à 10 %).

Les esprits extraterrestres existent chez ceux qui ont eu une vie passée comme un extraterrestre sur une autre planète. Ces esprits ont été recueillies au cours de l'histoire par des personnes sur cette planète, et par un processus de symbiose, ont rejoint les esprits physiques et futurs. L'utilisation de cet esprit diffère d'un individu à l'autre : chez certains, cet esprit est actif et intégré aux autres esprits, dans d'autres cas, il ne l'est pas.

Adrian : Pourquoi seulement 8 à 10 % de l'esprit est réellement utilisé ? Dans la nature, les caractéristiques d'un être vivant subissent une évolution de développement en fonction des demandes de l'environnement. Alors pourquoi le cerveau humain s'est développé avec une capacité 10 fois supérieure que ce qui est utilisé ? Cela ne contredit-il pas les lois de l'évolution ?

Extraterrestre : Cela est dû à une planification préalable. C'est une combinaison de développement évolutif et d'intervention extérieure.

Un cerveau a été développé pour la race humaine avec une capacité 10 fois supérieure à ce que c'est utilisé aujourd'hui dans une perspective d'avenir car, dans le futur, les humains apprendront à utiliser d'autres parties de leur cerveau. Aujourd'hui, c'est trop tôt, voire dangereux pour les humains, d'utiliser cette capacité.

Adrian : Quelle partie du cerveau est responsable de la canalisation médiumnique ?

Extraterrestre : Il semblerait que l'esprit intérieur (la partie qui reste après la mort) est la partie qui est capable de canaliser sans aucune connexion avec le corps physique.

Après tout, les esprits qui n'ont pas un corps physique communiquent entre eux et aussi avec des médiums. Le médium entre en contact via son propre esprit intérieur et ensuite l'information est transférée de l'esprit intérieur à l'esprit conscient.

L'une des méthodes de développement des capacités extrasensorielles est la méditation, qui favorise le lien entre l'esprit conscient dans le corps physique et l'esprit subconscient qui réside dans l'esprit intérieur.

Adrian : Pourriez-vous, s'il vous plaît, nous en dire plus sur la canalisation ?

Extraterrestre : Certainement. C'est un mécanisme simple. La personne qui fait la canalisation envoie un faisceau, autrement dit, elle transmet une fréquence véhiculant telle ou telle question. Le récepteur capte le faisceau qui crée des vibrations dans la partie de la mémoire où l'information est enregistrée dans le subconscient et ensuite une réponse est transmise en retour.

Il est également possible de lire directement les souvenirs d'une autre personne, mais il faut que le medium soit très sensible, c'est-à-dire qu'il puisse envoyer un faisceau assez puissant et ensuite pouvoir avoir un mécanisme de réception sensible, ce qui lui permet de lire directement les souvenirs de la personne. C'est comme ça que tu lis les souvenirs des vies passées des patients et découvrir divers problèmes.

Adrian : Je pense que vous avez utilisé des scanners de la mémoire aussi.

Extraterrestre : Nous utilisons des équipements ou des capteurs ainsi que des ordinateurs, pour traiter les mémoires et rechercher les informations.

L'ensemble des souvenirs d'une personne est énorme et la méthode de stockage est désorganisée. Seul un ordinateur puissant est capable de démêler une telle complexité. L'esprit de la personne qui canalise, c'est-à-dire, qui réalise des contacts, capte des événements aléatoires.

Habituellement, l'accès aux informations pertinentes s'effectue en guidant le client avec des questions adressées à l'esprit conscient, en impliquant l'esprit subconscient dans la recherche.

Souvent, il est difficile pour le client de se rappeler, surtout concernant les souvenirs désagréables qui sont refoulés et évités. Dans de tels cas, faire un « scanner » de la mémoire est nécessaire.

Adrian : Les pensées immédiates d'une personne peuvent-elles être captées en temps réel ?

Extraterrestre : Les mécanismes impliqués sont complexes. C'est plus facile de recevoir des souvenirs d'un esprit subconscient à un autre, mais les informations qui sont dans l'esprit conscient du corps physique sont plus difficiles à capter, parce qu'elles sont sous la forme des influx nerveux. Ces influx ne peuvent pas être transmis ou reçus directement. Dans certains cas, la personne transforme, spontanément, les influx nerveux en faisceaux qui peuvent être transmis sous forme de communication télépathique. Ces pensées ou ces souvenirs peuvent après être captées par le subconscient du récepteur.

Ainsi, pour lire les pensées en temps réel, elles devraient être transformées et transmises de cette façon. Les informations qui sont sous forme d'impulsions nerveuses ne peuvent pas être lues directement.

Déchiffrer les communications télépathiques

Les informations qui arrivent par communication télépathique doivent être déchiffrées. C'est-à-dire qu'elles doivent être comparées ou considérées dans un contexte, sinon, il est impossible de comprendre les informations reçues et d'en faire un usage pratique.

Les informations des vies antérieures apparaissent généralement sous la forme de photos ou de collages. Si la personne en contact télépathique plonge plus profondément dans les détails, ça se traduit généralement par l'arrivée d'informations complémentaires.

A part les photos, qui sont relativement faciles à recevoir, les informations sont reçues sous la forme de compréhensions ou d'idées abstraites qui entrent soudainement dans la tête ou, dans le cas de certains médiums, sous forme de voix. Ces voix ne sont pas des voix réelles, générées physiquement, mais des interprétations de transmissions télépathiques. Parfois la transmission télépathique est décodée en lettres ou en texte visuel. Ce sont des variations de formes de transmissions télépathiques et méthodes que l'esprit utilise pour déchiffrer et transmettre les informations au subconscient. La difficulté à comprendre le message peut indiquer que la communication est reçue sous forme de symboles ou d'images, qui sont tentés de nous aider à comprendre, une sorte de message visuel.

L'intervention de celui qui canalise

Toute information reçue par une personne qui canalise fait l'objet d'un processus de traduction dans son inconscient. Mais, pas toutes les informations passent par ce processus de traduction. Ce qui est reçu porte la marque de la personne qui canalise, car c'est sa traduction ou son interprétation du message.

Chaque médium transmet donc des informations qui sont teinté par leur propre style de compréhension et personnalité.

Précision de la communication télépathique

D'après mon expérience, la communication télépathique est loin d'être sans faute. Une fois, j'ai demandé aux extraterrestres quel est le pourcentage de compréhension correcte que j'atteignais dans mes communications télépathiques. Ils ont dit qu'avec la communication verbale, j'attendais une précision d'environ 80 %, et une précision de 90% pour la communication écrite - en gardant à l'esprit, bien sûr, que de nombreux concepts utilisés par les extraterrestres n'ont pas de symbole verbal équivalent pour les exprimer, ce qui est la raison la plus fréquente pour laquelle je demande des éclaircissements répétés. Je pose aussi généralement les mêmes questions plus d'une fois et, si possible, à travers différents médiums, afin de faire émerger un consensus de réponses.

Chapitre 14 : Méditation et contact avec l'inconscient

Il existe deux manières communément acceptées pour développer le lien entre l'esprit conscient et l'inconscient, appelé aussi l'esprit intérieur. L'une d'entre elles se fait via le rappel des rêves et l'autre via la méditation, par imagination guidée.

L'esprit conscient en état d'éveil et en état de sommeil
Pendant l'éveil, l'esprit conscient est actif, tandis que le l'inconscient travaille en arrière-plan, écoutant. Pendant le sommeil, l'esprit conscient est au repos, le contrôle passe à l'inconscient, qui s'active avec ses "tâches ménagères", organiser et ranger les événements de la journée.

Des nombreux problèmes qui nous occupent pendant la journée sont triés pendant que nous dormons. Le lendemain, nous découvrons des solutions, proposons des brillantes idées et prenons des décisions importantes. L'expression "laissez-moi dormir un peu", illustre parfaitement ce mécanisme.

Développer la connexion entre l'esprit conscient et l'inconscient
Pour des raisons évolutives, il est primordial que pendant l'éveil, l'esprit conscient a le plein contrôle de la vie pour permettre une adaptation optimale à l'environnement physique. Le contact entre l'esprit conscient et l'inconscient pendant l'éveil est normalement très limité.

Les gens qui travaillent sur leur développement spirituel permettent un contact plus élargi pour grandir et se développer pendant l'éveil. La barrière psychologique naturelle, principale pierre d'achoppement à ce genre de développement, est la peur de l'esprit conscient de perdre le contrôle. L'esprit conscient est, après tout, en partie, un système automatique avec des tâches.

Développer une ligne de communication trop large avec l'inconscient pourrait, en fait, interférer avec les activités conscientes. Les informations entrant de l'inconscient dans l'esprit conscient pourraient submerger le pouvoir d'absorption et de traitement de l'esprit conscient.

Certaines formes de troubles psychologiques sont causées par une surcharge d'informations de l'inconscient entrant dans le conscient. Dans de tels cas, la personne peut entendre des voix ou avoir des hallucinations visuelles dont l'origine est dans l'inconscient. Pour des raisons telles que celles-ci, développer le lien entre le conscient et l'inconscient n'est pas une simple affaire.

Il est essentiel, dans un premier temps, que la structure consciente de la personnalité se développe progressivement, quand elle ne sera pas submergée par la surcharge des informations provenant de l'inconscient, mais pouvant y faire face avec succès. Qui devrait développer le lien entre l'esprit conscient et l'inconscient, et quand faut-il le faire ?

Le développement du lien entre la conscience et l'inconscient est un processus très personnel. Tout le monde est caractérisé par son propre stade de développement individuel. Il y a ceux qui feraient mieux de ne pas tenter ce type de développement, et il y a ceux pour qui un tel développement pourrait résoudre de nombreux problèmes.

En règle générale, vous pouvez compter sur les mécanismes internes de fonctionnement d'une personne. Ceux qui ne sont pas prêts pour le processus, ne le chercheront pas, et même, si on leur en parle, ils ne comprendront pas de quoi il s'agit. Ceux qui sont prêts chercheront et trouveront leur propre voie, le bon cadre, et les bonnes personnes pour atteindre cet objectif. Personne ne devrait être encouragée ou poussée dans le processus de développement spirituel parce que tout le monde n'est pas un candidat approprié.

Méditation par imagination guidée

Les formes acceptées de méditation, comme la méditation transcendantale, aident une personne à atteindre un état d'esprit de repos dénué de toute pensée, par la répétition d'un mantra ou par la concentration de l'esprit sur un objet ou sur un point.

Contrairement à ce type de méditation, la méditation par imagination guidée est colorée et active, impliquant une activité intellectuelle intense avec des résultats remarquables. La personne entre quelques instants en elle-même et active son imagination jusqu'à ce qu'elle ait l'impression d'être entrée dans un état de rêve.

Dans un tel état, il existe un pont entre le conscient et l'inconscient, pendant lequel le cerveau est dans un état d'émission des ondes alpha. Beaucoup de choses intéressantes peuvent se produire dans cet état. La personne qui médite peut d'abord être guidée par une autre personne et ensuite continuer seule dans ce voyage fascinant.

Méditation quotidienne

L'aspect étonnant de cette méditation est qu'elle peut être appliquée n'importe quand dans l'activité habituelle, quotidienne, pour relâcher la tension.

Au cours d'une journée de travail, des tensions et des pressions s'accumulent. L'esprit conscient se remplit de situations et de problèmes qu'il faut comprendre, trier, résoudre, un processus naturel qui se produit généralement pendant le sommeil nocturne.

Cependant, plus l'esprit conscient se remplit de problèmes, plus il devient difficile de faire face aux situations continues auxquelles nous sommes confrontés pendant la journée. D'après mon expérience, prendre quelques minutes pour rentrer dans un état de méditation qui consiste à se couper d'ici et maintenant et entrer dans une sorte d'état de rêve, permet l'ouverture de la connexion entre le conscient et l'inconscient, pendant la journée. Cette connexion ouverte, même pour quelques minutes, réduit la charge sur l'esprit conscient, qui peut alors se remettre au travail et se sentir purifié et rafraîchi.

La méditation comme outil thérapeutique

Un être humain est une combinaison d'un corps physique avec un esprit physique (c'est-à-dire le cerveau) et une conscience qui comprend aussi, en plus, d'autres corps éthériques, des souvenirs, un subconscient. Dans un état de veille, l'esprit conscient est en mode « contrôle » et son contact avec le subconscient est faible.

Pendant le sommeil, l'esprit conscient perd progressivement ce contrôle. C'est alors que le pont vers le subconscient s'ouvre et les événements de la journée sont ordonnés. Pendant la méditation, vous fermez les yeux et vous vous dissociez intentionnellement de votre environnement, en vous enfonçant lentement dans un état onirique dans lequel le contrôle de la conscience est faible et la connexion se fait avec le subconscient.

Sans aucune intention, vous faites l'expérience des événements et des pensées aléatoires, comme dans un vrai état de rêve sauf que vous êtes éveillé, en train de rêvasser. Un but peut être introduit dans cet état et le subconscient peut être dirigé pour s'engager dans des activités spécifiques, comme la communication télépathique, la perception extrasensorielle, le rappel des souvenirs des vies passées, les voyages astraux, etc. Ce sont des activités qui sont du domaine des corps éthériques et du subconscient.

Méditation avec une surprise

Une femme d'une quarantaine d'années suivait un traitement et, au cours d'une de ces séances, elle est entrée dans un état de méditation guidée par l'imagination.

On lui a d'abord demandé de fermer les yeux et entrer dans un état de relaxation profonde jusqu'à ce qu'elle atteigne un manque de conscience de son corps physique, avec sa conscience tournée vers l'intérieur.

Puis on lui a demandé de voir la pièce avec son œil spirituel et s'imaginer qu'elle était descendue du lit et se promenait dans la chambre. Elle devint soudain très calme et son visage montra une profonde concentration.

Après un long silence, elle raconta qu'elle avait vu les têtes rasées de petits enfants et, bien qu'elle a essayé, elle ne pouvait pas réussir à voir leurs visages. Ils marchaient dans une sorte de procession religieuse, pieds nus et portant des robes beiges. Ils descendirent une rue étroite entre des murs de pierre qui, dit-elle, lui rappelaient de la pierre de Jérusalem. Je lui ai demandé de regarder ses pieds. Elle vit que ses pieds aussi étaient nus et maigres avec des muscles raides. Elle comprit qu'elle était une vieille femme et que son visage était profondément ridé. Elle avait l'habitude de marcher sur des grandes distances et tenait une canne à la main. Elle semblait être habillée comme une femme de l'Inde et elle a décidé que c'était là qu'elle devait y être. Le cortège est parti de la ville et est arrivé à un endroit vert et ouvert.

La femme a déclaré qu'elle se sentait très en colère mais elle ne savait pas pourquoi. Enfin, ils arrivèrent à un monastère et entrèrent dans une petite pièce où un repas leur était préparé. Je lui ai demandé de goûter la nourriture. Encore une fois, elle sombra dans une concentration et un silence profond.

Finalement, elle a dit que la nourriture était quelque chose de sucré, puis elle a soudainement éclaté de rire. Dans le monastère un homme s'approcha d'elle, il portait un peignoir. Son visage était celui de son mari dans sa vie actuelle. La surprise de voir le visage de son mari brisa sa concentration et elle sortit de l'état de méditation. Elle ne pouvait pas décider si l'épisode était quelque chose d'une vie passée, ou simplement de l'imagination.

D'après mon expérience, il y a des caractéristiques claires qui identifient une telle expérience comme un rappel des souvenirs de vies antérieures. Dans l'état méditatif, la connexion avec l'esprit futur est ouverte et son contenu peut couler dans la conscience de l'esprit physique. Contrairement à l'imagination ordinaire, pendant laquelle nous avons un contrôle presque total, des souvenirs des vies passées nous apparaissent comme un extrait de film et notre contrôle sur ce qui se passe est limité.

Dans cette position, la femme, bien qu'elle avait essayé, elle ne pouvait pas voir le visages des enfants. Le cortège a continué jusqu'à ce qu'il ait atteint le monastère. Elle a revécu un événement d'une vie antérieure.

Pendant la méditation, je lui ai demandé pourquoi elle avait choisi d'entrer dans cet épisode. Elle ne savait pas quoi répondre. Peut-être que la fin surprenante en était la raison, elle a apparemment connu son mari dans une vie antérieure. Pendant la séance suivante, lorsqu'elle a mieux compris le processus d'entrer dans les souvenirs de vie passée, elle a simplement fermé les yeux, détendit son corps et se laissa plonger dans un état de méditation.

Je pouvais voir une profonde concentration sur son visage, mais, après un long silence, elle sortit de l'état de méditation avec une soudaine violence, la saisissant à la poitrine comme si elle ressentait une vive douleur. Elle raconta alors avoir conscience de l'existence d'un homme, bien qu'elle n'ait vu que ses jambes. Il portait des sandales à lanières qui s'enroulaient et atteignaient presque les genoux. Elle s'est concentrée sur les sandales et les sangles jusqu'à ce qu'elle remarque que l'homme se tenait devant une grande étendue d'eau, peut-être une rivière, et il avait mis ses pieds dans l'eau.

Soudain, elle réalisa qu'elle était cet homme, portant l'armure d'un guerrier romain et dans sa tête c'était l'idée qu'elle devait attaquer une forteresse. Elle sentit une douleur fulgurante dans sa poitrine. Elle avait été touchée par une flèche volante ou peut-être brûlée avec de l'huile bouillante, la terrible douleur lui faisant rompre sa méditation. Elle est arrivée à la conclusion qu'elle avait peut-être été un soldat romain à Massada (région montagneuse en Israël).

Voyage sur Sirius

Le 5 novembre 1996, je suis arrivé pour une séance de traitement chez Chaya. X3 a annoncé qu'il devrait voyager vers Sirius pour ramener des vivres et a proposé de nous emmener. Chaya et moi, nous avons accepté.

Le lendemain, j'ai revue Chaya et elle m'a dit que la nuit précédente pendant que nous dormions, elle et sa famille, ma mère et moi-même, avons été emmenés sur Sirius.

Quand elle s'est réveillée le matin, elle s'est souvenue de plus de détails, mais au cours de la journée, ils ont commencé à disparaître. Elle a dit qu'elle se souvenait seulement qu'ils nous avaient emmenés à un hôtel sur Sirius et ils nous ont servi une énorme fraise. Elle m'a demandé si je me souvenais de quelque chose, mais j'ai dit non. Chaya a suggéré que nous entrions tous les deux dans un état de méditation pour essayer de nous souvenir des événements de la nuit précédente.

Au début, j'ai eu du mal à me souvenir, je n'ai rien vu. Enfin, j'ai commencé à voir un seuil sous moi, qui apparaissait d'une couleur blanc rosé. (Chaya l'a vu avec une couleur coquille pâle). Je n'ai pas vu tout le vaisseau spatial, mais j'avais le sentiment que c'était la partie inférieure d'un grand engin en forme de soucoupe où les murs s'inclinaient vers l'intérieur. En m'approchant du seuil, j'ai vu une ouverture carrée avec coins arrondis et un cadre avec des boulons en état de marche, le long de ses flancs. Je suis passé par la porte et j'ai senti la présence des autres avec moi. Nous avons marché dans un couloir qui avait la même forme que la porte que nous avions franchie. Le sol avait quelque chose de texturé dessus, comme du caoutchouc noir.

Chaya : C'est une surface pour éviter de glisser.

Nous sommes arrivés dans une immense salle ronde qui avait une boule bleue à motif vert, en son centre. J'avais l'impression d'une station de contrôle quelconque disposée là.

Chaya : Vous pouvez aller à l'intérieur de la boule bleue et verte.

À l'incitation de Chaya, je suis entré dans la boule et je me suis retrouvé dans une petite pièce avec des fauteuils blancs en cuir qui avaient des surfaces planes et coins pointus. J'ai continué à être conscient des motifs bleu-vert de la bulle.

Chaya : Le vaisseau spatial a des fenêtres. Il semble que la Terre s'éloigne beaucoup de nous.

J'ai essayé de me concentrer sur les fauteuils et les membres de notre équipe assis dedans.

Chaya : Je te vois parler avec ta mère.

Je me suis concentré sur ma mère, mais je ne me souvenais pas d'avoir parlé avec elle. Au lieu de cela, j'ai vu ma mère avec un regard très sérieux sur son visage. Elle avait l'air différente, plus jeune que dans la vraie vie. J'ai continué la tâche épuisante d'essayer de me rappeler plus de détails. En réponse à mes efforts, j'ai reçu une image de Chaya, très sérieuse, assise sur l'un des fauteuils, droite, comme si elle avait avalé une perche. Elle portait un chemisier en soie brillant vert et turquoise, une jupe en laine noire, des bas noirs et des chaussures qui semblaient étaient recouverts de grosses chaussettes épaisses et noires.

Chaya : Ils t'ont emmené faire le tour du vaisseau spatial.

J'ai essayé de m'en souvenir, mais j'ai seulement vu quelque chose de brun qu'ils m'ont montré et que j'ai retenu dans mes mains. J'ai une image claire de l'objet, mais je ne me souvenais plus à quoi ça servait. Nous sommes arrivés sur Sirius, j'ai vu le couloir et la porte, cette fois-ci de l'intérieur. J'ai senti que la surface sous moi était descendue comme sur un escalator, mais il n'y avait pas escaliers. C'était une surface télescopique qui s'ouvrait vers le bas et nous sommes descendus avec elle. Le sol était fait d'un matériel rouge, mais quand nous avons commencé à bouger, le sol s'est d'abord transformé en quelque chose de métallique et texturé, puis en quelque chose de doux comme de la moquette.

Les extraterrestres m'ont assis dans une chaise en métal avec des sangles en cuir noir, puis ils sont partis chercher les autres. J'ai eu l'impression qu'ils nous amenaient un par un et ils asseyaient chacun dans l'une de ces chaises.

Nous n'avons pas marché au grès de notre propre volonté. J'ai senti un mouvement, comme toute la superficie et les chaises noires commençaient à bouger.

Nous nous sommes approchés d'une grande structure en forme de dôme qui était faite de quelque chose qui ressemblait à une teinte ivoire, de marbre. Nous sommes passés par une large entrée qui était au plafond dans un intérieur spacieux où nous nous sommes arrêtés. Ensuite, je me suis vu descendre dans un autre couloir avec des portes de chaque côté.

Nous sommes entrés par l'une des portes - on aurait dit qu'elles étaient faites en bois sombre - dans une petite pièce avec fauteuils recouverts d'un matériau à texture rugueuse, avec des nuances de brun et avec des rayures rouges.

Chaya : Ils m'accueillent. Ils nous proposent des rafraîchissements.

J'ai vu un plateau brun elliptique avec un bord relevé décoratif et deux morceaux d'étranges fruits dessus. Un morceau d'un fruit ressemblait vaguement à une énorme fraise, rouge foncé et légèrement transparent. J'ai coupé une tranche, l'intérieur avait l'air d'être une substance ressemblant à de la gelée et je l'ai goûtée. Il avait un goût aqueux et fade. L'autre fruit ressemblait à une énorme banane, longue et arrondie à une extrémité, et elle avait du sirop brun, étrange, dessus.

Chaya : C'est du sirop de caramel.

Je me suis souvenu d'un goût étrange comme un mélange entre le caramel et le café soluble. Je sentais que je coupais la banane, les tranches ressemblaient à une banane ordinaire.

Chaya : La pièce a une fenêtre.

J'ai essayé de m'en souvenir. J'avais une image des lumières d'une ville, la nuit. Ce n'était pas une grande ville, juste quelques tours avec des lumières blanches, puissantes, projetées sur elles à des différentes hauteurs. Ce devait être un aéroport avec des tours plutôt qu'une ville. Je me suis retrouvé à marcher dans un long couloir qui semblait traverser tout le bâtiment.

La lumière brillait au bout et il s'ouvrait sur un grand espace en forme de dôme, dont les trois murs extérieurs étaient constitués de carrés de verre. L'espace était éclairé à l'intérieur, dehors il faisait sombre. Je n'ai pas réussi à voir à travers la vitre. Il y avait des tabourets de bar, blancs, et des extraterrestres assis dessus, au bar. Le bar avait des petites zones rouge-orange sur sa surface, apparemment des boutons pour commander des boissons.

Chaya : Ils servent des boissons non alcoolisées ici.

Au moment du retour, nous nous sommes approchés de l'engin spatial et j'ai compris que la surface mouvante et les chaises noires dessus étaient le moyen de transport local entre l'hôtel et l'aéroport. Juste avant d'entrer dans le vaisseau spatial, j'ai remarqué des extraterrestres avec des longues oreilles en train de charger des grandes boîtes carrées, en carton. Ils ressemblaient comme des cartons ordinaires.

X3 : Nous avions besoin de ramener du matériel depuis Sirius et j'ai décidé de t'emmener pour un court voyage. Cependant, nous n'avons pas reçu l'autorisation de vous faire visiter au-delà de l'hôtel.

Adrian : En ce qui me concerne, j'étais dans mon lit en train de dormir toute la nuit. Comment suis-je arrivé sur Sirius ?

X3 : Pendant que ton corps physique dormait dans ton lit, nous avons emmené ton esprit, ainsi que tes corps éthériques, en voyage. Le souvenir du voyage est enregistré dans ton esprit futur, mais comme d'autres expériences pendant le sommeil, l'information n'est pas transférée à l'esprit physique, conscient. Afin de faire ressortir les souvenirs du voyage sur Sirius, tu as dû entrer dans un état de méditation.

Adrian : Le processus de se souvenir par la méditation, c'est comme essayer de se souvenir d'un souvenir flou, du passé. Comment se fait-il qu'en une nuit tu nous as emmenés sur Sirius, tu nous as fait visiter la région et tu nous as fait le retour ?

X3 : Notre écoulement du temps est plus rapide que celui des humains, donc il y avait assez de temps.

La question de la vitesse variable du temps s'est posée en ce qui concerne également d'autres sujets. Les extraterrestres nous ont expliqué qu'ils effectuent diverses procédures sur le corps d'une personne en cours de traitement, afin d'accélérer le temps pour qu'il puisse correspondre à celui des extraterrestres.

Chapitre 15 : L'esprit réincarnée

Les extraterrestres ont souvent parlé d'autres corps en plus du corps physique. Ces autres corps sont composés de différents types de matière et ils incorporent un noyau interne, esprit ou entité - la partie qui survit après le décès. Le 24 février 1996, j'ai décidé de les interroger concernant ces corps.

Adrian : Contact, s'il vous plaît.

Extraterrestres : Nous vous écoutons.

Adrian : J'aimerais recevoir des explications concernant la structure des divers corps et les relations entre eux. Comment sont-ils connectés les uns aux autres ?

Extraterrestres : Comme nous l'avons mentionné précédemment, il existe des connexions entre les substances. Le corps physique, tel qu'il est connu par les médecins et les scientifiques humains, est le corps qui est développé sur votre planète. Plus précisément, c'est la composition physique développée sur votre planète. À un stade précoce de l'évolution, il y avait un prototype humain, que nous appelions « homme primitif ». Des êtres ou des entités à la recherche d'un lieu de vie sont arrivés sur Terre et ont découvert que leurs corps n'étaient pas adaptés à la vie sur cette planète, donc ils ont travaillé sur l'adaptation de l'homme primitif à la forme de vie locale, à une existence symbiotique avec elle. Parce qu'ils n'ont pas réussi à obtenir un corps humain pour incorporer l'ensemble de leur entité, la meilleure chose était la symbiose (c'est-à-dire que le corps physique servirait d'emballage protecteur pour l'entité hôte). Grâce au génie génétique sur de très nombreuses années, la forme de vie locale a été adaptée à cette coexistence avec une entité extérieure. Le résultat est une existence collective de plusieurs couches de corps composées de divers types de matière.

Lorsqu'un fœtus commence à se développer dans l'utérus, une entité externe s'y attache à peu près de la même manière comme le placenta est attaché. Cela se fait en créant un double ou une réplique du corps physique, qui est le corps éthérique. Ce corps attaché veille au développement du corps physique pour assurer sa double existence avec ses autres corps.

Le corps éthérique agit en tant que coordinateur du développement et il est composé de substances de connexion. Ces substances sont proches de la matière physique et peuvent être ressenties relativement facilement.

Le corps éthérique, qui est relié à tous les autres corps, se développe avec le fœtus dans l'utérus, tissant tous les composants du corps en un seul organisme intégré. Son rôle est similaire à celui du placenta, ce dernier relie le fœtus au corps de la mère, tandis que le premier relie tous les corps au corps physique.

Tout au long de notre vie, le corps éthérique nous maintient connectés au corps physique, agissant comme une sorte de placenta éthérique. Quand le corps physique meurt, le corps éthérique se désintègre aussi parce qu'il n'y en a plus besoin, tout comme le placenta reliant le fœtus au corps de la mère, « meurt » après accouchement.

Le développement de l'esprit conscient du fœtus est prioritaire, l'entité intérieure reste en arrière-plan et supervise le développement. À la naissance, le lien du bébé avec la mère est rompu, mais tout au long de la vie, la personne reste connectée aux corps éthériques. Ces corps sont nourris par les énergies et les substances vitales qu'ils reçoivent du corps physique à travers leurs câbles de connexion, comme des cordons ombilicaux. En retour, l'entité intérieure ou l'esprit, aide le corps physique à se développer et à grandir grâce à sa vaste réserve de connaissances.

La personnalité du corps physique se développe sous la surveillance de cet esprit supérieur. A un certain stade de la vie, lorsque l'esprit physique, conscient, est suffisamment mature, il peut entrer en contact avec tous les souvenirs emmagasinés dans l'inconscient. Ce sont deux systèmes de personnalité qui se chevauchent, l'ancien et le nouveau. Parce que la nouvelle personnalité s'est développée sous la supervision de l'ancienne, elles sont en phase et travaillent ensemble, en coopération.

Dans des cas rares, lorsqu'il y a des perturbations dans le mental physique, celui-ci se déconnecte du mental nouveau, créant de sérieux problèmes de déséquilibre ou de comportements étranges.

La plupart du temps, l'organisme vit et fonctionne comme une seule unité. Le corps et l'esprit physique sont principalement responsables de l'existence quotidienne.

Au cours d'une vie, l'esprit physique apprend diverses choses qui sont également absorbées et intégrées par les autres éléments du corps. Les esprits non physiques interrogent l'esprit physique en lui apprenant tout ce qui lui est nécessaire. L'esprit physique, d'autre part, reçoit des conseils des autres esprits. Lorsque le corps physique meurt, la conscience de la personne est conservée dans les mémoires des corps supérieurs, non physiques.

Plus la personne est développée, plus elle est intelligente et remplie de la sagesse de la vie, l'information qui est reçue est meilleure sur l'ensemble de son corps et ses vies passées sont préservées et utilisées.

Les personnes superficielles, qui ne sont pas intéressées à voir au-delà du quotidien les événements de leur vie, utilisent presque exclusivement l'esprit physique.

Lorsque plusieurs esprits sont connectés, il y a transfert d'informations. Des psychologues ont identifié les mécanismes de l'esprit conscient et de l'inconscient. Le conscient existe dans le mental physique et l'inconscient comprend les mémoires et les fonctions mentales des corps non physiques.

Le lien entre le conscient et l'inconscient permet l'interaction coopérative entre les esprits pour le partage d'informations. Après la mort physique, l'entité restante perpétue la continuité de la pensée à travers l'entité non physique restante. Parce que ces esprits travaillent ensemble en coopération, ils sont comme une seule personne avec un ensemble de souvenirs, mais en fait, tous les souvenirs stockés dans l'esprit physique sont perdus. Cette relation peut être comparée à deux personnes qui sont proches une à l'autre et elles partagent toutes leurs expériences. Parce qu'elles voient et entendent les mêmes choses, ce qui est enregistré dans leurs mémoires, c'est également la même chose.

Dans les cas où le mental physique est affaibli à cause de maladie, on pourrait entendre un flot de phrases logiques suivi d'un flot d'absurdités apparentes. Les psychologues traitant de telles perturbations peuvent identifier ce qui émane du conscient par opposition à ce qui émane de l'inconscient. Il existe une dualité de processus de pensée - le conscient et l'inconscient, chacun fait partie intégrante des corps complètement différents.

Parfois, nous sommes troublés par des problèmes dans notre esprit conscient et nous ne pouvons pas trouver de solution. Après que le problème a été ignoré pendant un certain temps, peut-être oublié, soudain une solution se présente, surgissant de l'inconscient.

Il existe d'autres mécanismes intéressants, mais il est d'abord important de comprendre la signification de la dualité du processus de pensée, qui est la dualité des esprits des corps physiques et non physiques.

Adrian : Comment les guérisseurs font-ils leur travail ?

Extraterrestre : Les corps non physiques ont une influence sur le corps physique. Par conséquent, ils ont aussi le pouvoir d'influencer les processus de pensée du corps physique. A travers le corps éthérique, les corps non physiques régulent la croissance et les fonctions du corps physique.

Le travail des guérisseurs repose en grande partie sur un mécanisme similaire à la seule différence que les guérisseurs activent ce pouvoir par l'influence de leurs propres corps éthériques sur le corps physique du client ou par contact télépathique direct entre l'entité des guérisseurs, ou l'esprit intérieur, et les clients.

Quoi qu'il en soit, l'esprit intérieur du client participe activement au processus de guérison et il influence le corps physique.

Adrian : L'esprit intérieur est-il actif ?

Alien : Oui, très actif, mais seulement en qualité de superviseur. Il n'est pas responsable des détails du fonctionnement quotidien et seulement rarement une personne l'active pleinement, dans le sens d'un état spirituel. En ce qui concerne les fonctions quotidiennes de la personne, il n'est généralement pas actif.

Adrian : Où les corps non physiques se nourrissent-ils ?

Extraterrestre : Ils se nourrissent principalement des ressources du corps physique, c'est pourquoi ils y sont attachés.

Adrian : C'est une relation parasitaire ?

Alien : À cet égard, oui. Les autres corps peuvent se déconnecter momentanément et trouver d'autres sources de nourriture et d'énergie, mais surtout ils reçoivent cela du corps physique.

Adrian : Comment des corps faits de matière extraterrestre peuvent-ils survivre sur cette planète ?

Alien : Les corps extraterrestres sont assez robustes. Ils convertissent les quantas, matériaux que l'on trouve en abondance, c'est ainsi qu'ils survivent même sous certaines conditions difficiles dans l'espace extra-atmosphérique. Ils ont la capacité d'absorber de l'énergie et leurs capacités de survie sont formidables.

Cependant, dans ces conditions, ils ne peuvent pas se développer, seulement ils survivent, comme la graine d'une plante. Pour se développer, ils doivent s'attacher à un corps physique. Ce corps transitoire, ou entité supérieure, n'est pas nécessairement dans un état de fonctionnement supérieur car son fonctionnement dépend du niveau de nourriture qu'il parvient à recevoir.

Adrian : A quoi l'entité ou l'esprit supérieur d'un humain peut ressembler ?

Extraterrestre : Il ressemble à un humain. Le moment où une entité grandit dans un corps physique comme son esprit intérieur, il prend la forme de ce corps à travers sa profonde identification avec lui. Cependant, elle reste fluide : lorsqu'il n'est pas lié à tout corps physique, c'est comme une balle ou une graine et il est capable de mouvement et de pensée indépendantes. C'est une boule violette de plasma, de la taille d'un ballon de football qui s'intègre et se développe avec le fœtus. À la maturité, l'entité prend la forme du corps physique par son identification totale avec lui. Après la mort, l'entité continue d'avoir la forme qu'elle a adopté, principalement pour des raisons psychologiques d'identité de soi. Après un certain temps, lorsque l'entité veut se réincarner, il abandonne cette forme et s'identifie à un nouveau fœtus en développement. L'entité est très flexible et adaptable.

Adrian : Comment l'entité se déplace-t-elle d'un endroit à l'autre ?

Extraterrestre : Elle est capable de se déplacer à travers l'espace comme un spore. Elle peut descendre sur une créature vivante et s'y attacher. Elle s'attache plus confortablement à un fœtus en développement, donc elle peut grandir et se développer avec lui.

Adrian : Cette entité en forme de boule peut-il exister sans se réincarner ?

Extraterrestre : Oui. Elle a des pouvoirs de survie impressionnants. C'est une forme de vie très complexe, mais dans sa forme de boule, elle a plusieurs systèmes basés sur diverses sortes de matière. Elle a une mémoire à très long terme, incluant toutes les vies antérieures et elle utilise toutes ses informations accumulées pour sa survie.

Adrian : D'où viennent les autres corps ?

Alien : L'entité se réincarne sur de nombreuses planètes, dont elle recueille les corps. Parfois, elle s'attache à un corps dont elle ne peut plus se séparer.

Le corps devient une partie intégrante de l'entité. Habituellement, les corps sont constitués de différents types de matière, l'une étrangère à l'autre avec l'entité agissant comme une force de liaison entre tous. Elle dispose de systèmes chimiques qui peuvent fonctionner à travers d'un certain nombre de types de corps étrangers en même temps et former des liens entre eux. On voit parfois l'entité transportant des corps étranges avec elle et ressemblant à quelque chose comme un brochette avec plusieurs corps dessus.

Adrian : C'est un sujet fascinant. Toutes les réincarnations d'une planète sont-elles faites de cette manière?

Alien : Non. Seuls leurs souvenirs demeurent, ainsi que la mémoire de la forme physique. Le reste est intégré dans le plan matériel. Il n'est pas possible de maintenir deux corps dans le même plan matériel. Les corps ne peuvent être entretenus quand ils sont de différentes sortes de matière, c'est-à-dire existant sur différents plans.

Adrian : Est-ce que les autres corps se désintègrent avec le temps?

Extraterrestre : Certains d'entre eux se désintègrent et certains sont si résistants qu'ils survivent pendant de nombreuses années. Parlant des corps éthériques que cette entité produit comme des liens de connexion, on comprend qu'ils font partie de ce même ensemble.

Adrian : L'équipe médicale est-elle capable de voir tous les corps liés avec l'entité ?

Alien : Oui. Les appareils dont nous disposons peuvent identifier toutes sortes de matières. Parfois ces créatures sont assez drôles—une créature dans une créature, dans une autre créature, chacune d'une matière différente et toutes attachées l'une à l'autre par une sorte de cordon ombilical. Il s'agirait d'une entité centrale avec plusieurs corps, chacun d'une matière différente.

Adrian : Les membres de l'équipe médicale sont-ils également construits de cette façon ?

Alien : Certains d'entre nous le sont, et d'autres non. Il y a une multitude de formes de vie.

Adrian : Une entité composée de plusieurs corps peut-elle fonctionner à travers tous ses corps ?

Alien : Si nécessaire, oui. C'est ce que nous faisons ensemble avec le guérisseur. Nous activons des corps constitués d'un certain type de matière afin de traiter le corps du patient fait de la même matière. La balle de l'esprit est située au centre du corps et elle est attaché à tous les autres corps.

À cet égard, les humains sont des créatures intéressantes. L'entité développe la capacité de se combiner avec le corps physique sur une planète donnée. Cette capacité repose sur le corps éthérique qui est le mieux adapté aux formes de vie locales de la planète. Il copie n'importe quel type de matière.

Adrian : Comment l'esprit s'est-il développé pour la première fois?

Alien : L'esprit s'est développé de la manière dont tout autre forme de vie planétaire se développe, sauf que dans ce cas, après la mort de la personne physique, l'espritvivant demeure, portant tous les souvenirs de la vie.

Les femelles de l'espèce implantent cette entité centrale dans leur ventre et un nouveau corps se développe autour d'elle. C'est le phénomène de la réincarnation. Il a permis d'accélérer le développement parce que les connaissances et l'expérience sont cumulatives et ne se perdent pas d'une génération à la suivante.

Après de nombreuses années, et de nombreux changements mutationnels, l'esprit est devenu un organisme complexe et a développé des fortes capacités de survie. La civilisation développée d'autres planètes a permis que le génie génétique entre en scène. Les entités se sont adaptées aux formes locales de vie pour coexister, afin que ces entités puissent continuer à survivre. Cela s'est produit sur plusieurs planètes et l'esprit est devenu capable de se réincarner dans de nombreuses formes de vie différentes.

L'existence dans différents types de matière était l'étape suivante. Les esprits peuvent exister dans différents types de matière pendant des milliards d'années au-delà de la durée de vie d'autres formes de vie qui sont venues et disparues, et tout cela est dû à leur capacité à se réincarner et à s'adapter à la vie sur différentes planètes.

Les mâles de cette ancienne espèce arrivés à maturité, transféraient leur semence de vie dans le ventre de la femme. La graine contenait non seulement les empreintes génétiques de la vie, mais aussi toutes les expériences et les souvenirs de la vie. Dans l'utérus, la graine a développé un nouveau corps et un nouvel être est né.

A partir du moment où l'esprit quitte son ancien corps, le corps meurt et il nourrit la femelle ou d'autres membres de l'espèce. Cela peut sembler répugnant, mais c'était comme ça.

En réalité, s'il n'y avait pas des hommes et des femmes - tout le monde était pareil et pouvait agir en tant qu'homme ou femme - ils se sont réincarnés l'un à l'autre. Leur prolifération a eu lieu grâce au développement d'un nouveau corps avec un nouvel esprit. Les individus qui ne pouvaient pas développer un nouveau corps ont disparu.

Voici une autre illustration : Supposons qu'un individu qui a atteint la maturité s'est connecté à une femelle en entrant sa tête dans son ventre. La tête se connecterait à des sources de nourriture et elle vivait dans l'utérus jusqu'à ce qu'elle se déconnecte de son ancien corps.

Au cours de l'évolution de cette espèce, ces entités ont appris à se connecter de la même manière à d'autres formes de vie différentes d'elles-mêmes. A travers une multitude de réincarnations, c'est ainsi qu'elles sont devenues présentes dans une multitude de formes de vie, et elles sont responsables de l'épanouissement de nombreuses civilisations. Sans ces créatures, la Terre n'aurait pas eu la civilisation aujourd'hui. Ce serait encore au stade des jungles et des singes.

Adrian : Comment les entités atteignent-elles une nouvelle planète?

Extraterrestre : Les entités arrivent sur une nouvelle planète via des engins spatiaux et dans les corps des formes de vie des planètes d'où ils viennent. Si la nouvelle planète peut offrir une existence dans un corps physique d'une forme de vie locale, ce qui est très rare, ils continuent leur existence dans ces formes de vie. Sinon, ils adaptent leur forme de vie pour qu'ils puissent vivre sur la nouvelle planète au sein de ses créatures. Cette adaptation peut prendre très longtemps parce que le processus est accompli uniquement par génie génétique. Une fois accomplies, les fondations sont posées pour le développement d'une nouvelle civilisation.

Chapitre 16 : Méthodes de guérison - une explication

Le champ énergétique humain

Le corps humain contient un champ énergétique, à la fois à l'intérieur et autour de lui. La plupart des gens, après une explication et un peu de pratique, peuvent ressentir ce champ énergétique avec leurs mains, et certaines personnes peuvent le voir avec leurs yeux physiques.

À l'intérieur du champ énergétique se trouvent des *méridiens*, ou canaux d'énergie, et des *chakras*, ou centres d'énergie. Le flux d'énergie le long des méridiens va de la tête à la colonne vertébrale et aux membres. Il y a sept méridiens principaux et plusieurs méridiens secondaires.

Le flux d'énergie le long de ces lignes est essentiel pour la santé physique du corps. Si nous regardons plus profondément dans la structure de l'énergie, il y a plusieurs couches énergétiques qui s'épaississent à mesure qu'elles se rapprochent du corps physique.

Entouré d'étincelles

Lors d'une séance de traitement, ma cliente était allongée sur le lit pendant que son fils était assis à côté et observait le déroulement des événements. Soudain, il a bougé d'une manière qui exprimait de l'inquiétude et il semblait essayer de regarder mes mains sous différents angles. Il m'a expliqué par la suite que mes mains étaient entourées d'étincelles. De plus, il voyait de lignes fines, comme de la fumée blanche, émanant de mes mains en direction de la cliente.

Une cliente de 13 ans prétendait avoir vu quelque chose de similaire lorsque je la traitais : des étincelles entourant mes mains.

Après lui avoir donné une explication sur ce qu'elle voyait, elle a volontairement partagé le fait qu'elle voyait parfois une sorte de brume blanche entourant des personnes. Elle pensait que sa vue était floue et n'y prêtait pas attention, alors qu'en réalité, ce qu'elle voyait, étaient les champs énergétiques des personnes, leurs auras.

Énergie ou corps additionnels

Le terme "*énergie*" a été adopté dans le but d'expliquer ces champs qui entourent les gens, cependant, il ne s'agit pas réellement d'énergie, mais d'un autre type de matière. Les couches d'énergie qui nous entourent sont l'expression des différents corps qui composent l'Être Intérieur.

Parce que ces corps produisent des sensations dans les mains, on leur a attribué le terme général *d'énergie*.

Il est plus facile pour nous de comprendre le concept d'un champ énergétique que celui d'un groupe de corps composés d'un autre type de matière provenant d'autres dimensions.

Cependant, c'est bien cette dernière qui nous entoure. La plupart des gens ont sept ou huit de ces corps, mais ce nombre peut varier. J'ai rencontré des personnes en traitement qui avaient 12, 17, voire même 22 corps. Le nombre dépend de l'origine de l'Être Intérieur et des corps qu'il a collectés lors de ses réincarnations sur d'autres planètes.

Interdépendance entre le corps physique et son champ énergétique
C'est un fait simple que le corps physique et ces autres corps sont interdépendants. Parfois, les maladies du corps physique sont le résultat d'une maladie ou d'une blessure dans ces autres corps.

De même que les perturbations du flux énergétique peuvent causer des maladies dans le corps physique, la maladie ou la blessure du corps physique crée une perturbation du champ énergétique.

La guérison, dans sa forme la plus basique, agit sur ce champ énergétique et, indirectement, sur le corps physique. Le diagnostic et la correction des perturbations du flux énergétique peuvent guérir les maladies car cela renforce la capacité du corps physique à se guérir lui-même.

Diagnostic à travers le champ énergétique humain
Presque tout le monde, même ceux qui ne communiquent pas télépathiquement, peuvent apprendre des techniques de diagnostic énergétique. Il est possible d'apprendre à ressentir l'énergie d'une autre personne à travers ses mains et de déduire l'état de maladie dans des organes spécifiques.

Les mains passent au-dessus du patient sans le toucher, tout en essayant de ressentir son champ énergétique. Ce champ comprend des zones comme des « sommets », des « vallées » et des zones « turbulentes ».

La sensation générale que les guérisseurs ressentent dans leurs mains est différente pour chaque personne examinée ; cependant, ce que tous les champs ont en commun, c'est la sensation d'une légère résistance à la pénétration. En ressentant la force de cette résistance, il est possible de déterminer l'épaisseur du champ et ses variations. Un champ épais et uniforme indique une bonne santé.

Les maladies du corps physique se reflètent par des perturbations dans le champ énergétique sous la forme de zones localisées d'énergie insuffisante. Lorsque les guérisseurs passent leurs mains au-dessus d'une partie malade du corps, ils ressentent clairement une sensation de picotement dans les mains.

C'est parce que la zone malade a besoin d'énergie et elle l'absorbe des mains des guérisseurs. Maintenir les mains de manière constante au-dessus de cette zone permet à l'énergie de circuler dans le patient, renforçant ainsi le champ affaibli et aidant le corps à surmonter la maladie.

Exercices de diagnostic énergétique

Après une course ou une marche prolongée, on peut percevoir des changements brusques dans le champ énergétique autour des jambes. Les muscles fatigués des jambes ont soif d'énergie. Essayez de ressentir le champ énergétique autour des jambes d'une personne lorsqu'elles sont au repos, puis après qu'elles ont couru ou marché énergiquement, et ressentez la différence !

Diagnostic à travers une vision pénétrante

Parfois, lors du diagnostic ou du traitement, on a une image de l'organe malade, similaire à une radiographie tridimensionnelle en couleur. Certaines de ces informations sont directement reçues par le guérisseur du corps du patient, mais souvent les informations sont transmises par l'équipe d'êtres ou d'extraterrestres qui travaillent avec le guérisseur.

Diagnostic par les équipes d'êtres et d'extraterrestres

Un guérisseur qui communique avec une équipe d'êtres ou d'extraterrestres reçoit le diagnostic de leur part. Les êtres effectuent des tests et des examens, et à la fin du processus, ils envoient leur diagnostic au guérisseur pour qu'il le transmette au patient.

Ouverture des méridiens

Le flux de l'énergie le long des méridiens est essentiel pour la bonne santé. Les blocages ou les perturbations de ce flux entraînent des maladies.

L'une des méthodes de traitement les plus simples, que tout le monde peut pratiquer, consiste à ouvrir les lignes des méridiens. Les guérisseurs passent leurs mains au-dessus des principaux méridiens avec un mouvement de poussée. C'est comme faire un massage, mais au lieu de masser le corps physique, c'est un massage du champ énergétique. L'ouverture des méridiens aide à ramener le champ énergétique à son état optimal et contribue donc à la santé du corps physique.

La guérison - une alternative de traitement "étrange"

La guérison, en tant que traitement alternatif de santé, n'est pas bien comprise par la plupart des gens. D'une part, elle porte de nombreux noms différents comme Reiki, bioénergie, et ainsi de suite.

D'autres formes alternatives de traitement, telles que l'acupuncture, la réflexologie et le shiatsu, travaillent avec les mêmes champs énergétiques, méridiens et chakras, mais associent cela à un contact physique à l'aide d'aiguilles ou de pression.

Parce que la guérison n'implique aucun contact physique, le guérisseur utilise les énergies émanant des mains, l'énergie est perçue comme quelque chose de particulièrement étrange, plus difficile à comprendre en tant que forme de traitement, c'est considéré comme plutôt bizarre.

À cela s'ajoute le phénomène selon lequel, bien qu'il n'y ait pas de contact physique, le client ressent des sensations physiques dans le corps. Cela suscite également de l'étonnement et une certaine confusion psychologique.

Lorsque les clients ne ressentent rien, ils ont du mal à croire qu'il se passe quelque chose et qu'ils ne sont pas victimes d'une supercherie. En revanche, lorsque les clients ressentent clairement des sensations physiques, cela suscite généralement de l'anxiété avec la peur de l'inconnu.

Types de guérisseurs

Il existe plusieurs types de guérisseurs, tous efficaces à leur manière. Les guérisseurs peuvent être des guérisseurs intuitifs, des guérisseurs indépendants, des guérisseurs aidés par des êtres ou des guérisseurs aidés par des extraterrestres.

Guérison intuitive

Chaque être humain a la capacité d'offrir des énergies de guérison. Par exemple, lorsqu'une mère caresse son enfant en détresse, elle administre en fait involontairement une guérison.

La zone d'une blessure ou d'une maladie crée une brèche dans le champ énergétique et si vous placez une main sur cette zone, la zone affectée va puiser de l'énergie dans la main, ce qui aide à guérir celui qui a besoin de guérison.

Guérisseurs indépendants

Les guérisseurs indépendants travaillent seuls en utilisant les connaissances qu'ils ont acquises ainsi que leur capacité à utiliser leurs énergies pour le diagnostic et le traitement. Le diagnostic est basé sur les sensations dans les mains dues à l'énergie reçue du corps du patient, ou grâce à la capacité du guérisseur à voir à l'intérieur du corps du patient.Le traitement se limite généralement au champ énergétique du patient, ce qui est bénéfique pour plusieurs maladies, il renforce généralement la capacité du corps à s'auto-guérir.

Guérison guidée par des êtres

Un guérisseur qui a la capacité de communiquer télépathiquement ou de canaliser travaille généralement avec l'aide et les conseils d'un être spirituel ou d'une entité, autrement dit des êtres humains sans corps physique. Ces êtres, qui étaient médecins ou psychologues pendant leur vie physique, peuvent être très utiles dans de nombreux cas et guident les guérisseurs dans leur traitement.

Travailler en collaboration avec des êtres rend le processus de guérison plus efficace, car il est basé sur une connaissance et une expérience plus vaste. D'après mon expérience, les êtres qui travaillaient avant dans le domaine médical sont organisés en associations qui fonctionnent de manière ordonnée.

Guérison guidée par des extraterrestres

Il existe également des équipes médicales d'extraterrestres qui travaillent avec des guérisseurs. Étant donné qu'ils possèdent une technologie avancée et des équipements médicaux, la guérison avec l'intervention de ces équipes ne se limite pas à des manipulations du champ énergétique du client, mais inclut un véritable traitement du corps physique.

Parfois, ces traitements équivalent à des interventions chirurgicales et s'avèrent très efficaces, souvent avec des résultats remarquables.

Le rôle du guérisseur est celui d'un canal ou d'un véhicule de guérison à travers lequel les extraterrestres travaillent, en réalisant leur objectif d'aider l'humanité.

Guérisseurs en tant que canaux de guérison

Il existe plusieurs moyens d'apprendre les différentes techniques de guérison qui sont utiles si le guérisseur ne communique pas télépathiquement ou ne canalise pas.

Dès que le guérisseur entre en contact avec des êtres ou des extraterrestres, il devient leur véhicule et toute technique qu'il peut utiliser est non seulement superflue, mais peut également être un obstacle.

Les êtres et les extraterrestres accomplissent leur travail à travers le guérisseur. Leur niveau de connaissance médicale et les moyens technologiques à leur disposition sont bien supérieurs aux nôtres, ils guident donc et mettent en œuvre l'ensemble du processus de traitement. Outre le fait d'être un canal pour la transmission des énergies, il incombe au guérisseur d'être le lien et l'interprète entre les êtres ou les extraterrestres et le patient.

Mouvement des mains de leur propre chef

Les êtres et les extraterrestres utilisent les mains du guérisseur pour effectuer des opérations qui ne sont pas encore entièrement claires pour les humains.

Le guérisseur déplace ses mains selon les souhaits des êtres ou des extraterrestres. Il est possible de s'entraîner à bouger ses mains de manière à ressentir leurs intentions. Le guérisseur doit apprendre à lâcher progressivement le contrôle de ses mains et laisser les autres prendre le contrôle. Ce contrôle porte non seulement sur le mouvement des mains, mais aussi sur le flux énergétique qui en émane.

À plusieurs reprises, j'ai eu l'impression que les extraterrestres avaient mis des gants transparents sur mes mains qui contenaient des dispositifs électroniques dont la tâche était, entre autres, de transmettre des impulsions nerveuses à mes doigts. Parfois, en raison de cela, les muscles de mes mains se contractaient ou devenaient enflés et douloureux. D'autres fois, j'avais l'impression de tenir divers types d'outils dans mes mains.

Sensations de piqûre

Plusieurs guérisseurs m'ont dit qu'ils ressentaient des sensations de piqûre dans leurs mains et dans d'autres zones, comme si un petit cathéter était inséré pour extraire des énergies à utiliser dans le processus de guérison.

En ce qui concerne les extraterrestres, l'énergie est une matière tangible et le processus de transfert d'énergie est similaire à une perfusion ou à une transfusion sanguine utilisée en médecine conventionnelle. La seule différence est que les extraterrestres utilisent une matière que les humains ne peuvent ni voir, ni ressentir, mais qui existe néanmoins dans d'autres dimensions.

Il y a une interface invisible pour les fluides, similaire au sang et aux autres liquides du corps physique. Les extraterrestres convertissent de la matière en une forme de fluide multidimensionnel à des fins de traitement. Les guérisseurs expérimentés peuvent transmettre cette matière par leurs mains, en l'envoyant sous forme de faisceau solide.

Guérison à distance

Les énergies de guérison peuvent être envoyées à un patient à distance, bien que, selon les extraterrestres, cela soit moins efficace que le traitement direct. Le guérisseur doit connaître le patient et entrer dans un état de méditation pendant lequel il se connecte au patient (comme si le guérisseur était à côté de lui) et le traitement se déroule pendant que le guérisseur reste dans un état de méditation. Cependant, le traitement direct est préférable ; le traitement à distance est recommandé pour les situations d'urgence.

Demander la permission de guérir

Avant de commencer le traitement de guérison, il est important que le guérisseur obtienne la permission du patient d'être traité. Sans cette permission, il ne faut pas - en fait, il serait très difficile de - procéder à la guérison.

Parfois, le client donne la permission, mais nourrit une résistance intérieure, ou en raison de peurs ou d'autres raisons psychologiques, ne veut pas renoncer à la maladie. Dans de tels cas, le guérisseur ressentira une résistance énergétique qui perturbe le processus de guérison et le rend même intenable. Les raisons de la résistance doivent être déterminées et résolues avant toute autre tentative de guérison.

Les extraterrestres agissent selon les mêmes principes : ils obtiennent d'abord la permission du patient d'être traité par le biais du guérisseur, même pour un processus de guérison vital pour la santé du client.

Traitement typique par les extraterrestres

L'une des chambres de la maison de Chaya est utilisée comme salle de traitement. Il n'y a rien dans la pièce qui témoigne de la présence d'extraterrestres. La chambre contient la table d'examen et quelques chaises.

Dans la plupart des cas, le patient ressent des sensations physiques inhabituelles pendant le traitement, telles que des sensations de picotement, de flux, de démangeaisons inhabituelles, et ainsi de suite. Un pourcentage élevé de patients a par la suite une guérison complète ou partielle.

Malgré le fait que les effets du traitement soient clairement ressentis par la plupart des patients sous la forme de ces sensations physiques, les extraterrestres eux-mêmes et leurs équipements sont invisibles pour la plupart des gens. Seules les personnes dotées d'une perception extrasensorielle bien développée sont capables de percevoir la présence des extraterrestres et d'entrer en contact avec eux. Autour de la table d'examen et de la chambre se trouve, dans une dimension parallèle, une pièce constituée d'un bloc opératoire avancé et bien équipé, au-delà de notre compréhension. Diverses espèces d'extraterrestres y travaillent en tant que médecins, infirmières, psychiatres, techniciens, et ainsi de suite.

Notes d'une séance de traitement typique

Les notes suivantes sont basées sur mes observations et celles de Chaya à travers notre perception extrasensorielle. Les images ainsi reçues, du moins pour moi, ne sont pas aussi claires et précises que celles reçues par la perception sensorielle ordinaire. Les choses que je décris relèvent davantage du domaine des impressions que des faits absolus et vérifiés. Les notes que nous avons prises enregistrent des flashes de ce qui se passait au fur et à mesure que nous pouvions les percevoir, et c'est sans aucun doute une image floue de ce qui s'est réellement passé.

Le patient était allongé sur la table d'examen. Une figure est apparue derrière le lit, tenant un appareil inconnu dans sa main, que Chaya a dit être un appareil de mesure de la fonction rénale.

Une autre figure est apparue à gauche du lit et s'est occupée de fixer des tubes provenant d'un autre équipement sur la zone des reins du patient. Une figure masculine est apparue du côté droit du lit et a fait la même chose. Chaya m'a dit de regarder les reins et j'ai vu des kystes comme si je regardais les reins en coupe transversale. La figure derrière le lit portait maintenant quelque chose sur sa tête qui émettait de la lumière, que Chaya a décrit comme une sorte de microscope à travers lequel un chirurgien peut examiner le patient jusqu'au niveau moléculaire. Une autre figure a prélevé une crème verte avec un ustensile ; c'était une crème spéciale qu'ils ont étalée sur la zone non fonctionnelle du rein avec ce qui ressemblait à une spatule.

Écran de télévision des extraterrestres

Pendant les opérations chirurgicales, les extraterrestres utilisent ce qui ressemble à un écran de télévision, qu'ils utilisent à leurs propres fins. Parfois, ils affichent en temps réel des images de la procédure chirurgicale (en taille réelle ou en agrandissement microscopique) sur l'écran pour les guérisseurs. Parfois, ils affichent des graphiques générés par ordinateur qui montrent, par exemple, l'évolution ou le pourcentage de guérison. L'écran d'affichage est carré avec des coins arrondis et ressemble à un écran de télévision plat de 37 pouces. Je n'ai pas pu voir l'arrière de celui-ci. Lorsqu'il est éteint, l'écran semble être constitué d'un tissu blanc grossièrement tissé ; lorsqu'il est allumé, l'image qui apparaît sur l'écran semble réelle.

Au cours de cette guérison particulière, une vue en coupe transversale du rein et de ses kystes est apparue sur l'écran. À l'intérieur du kyste, un liquide ruisselant était visible. Chaya a dit que les extraterrestres rinçaient la zone. Cette image a été suivie de photos de la crème verte étalée sur les reins. Chaya a dit que l'écran montrait l'opération en temps réel.

Un aperçu du laboratoire des extraterrestres
Derrière la table d'opération, je pouvais voir une ouverture d'où s'écoulait une lumière jaune. Selon Chaya, la lumière jaune empêche la dégradation des matières chimiques et biologiques qui serait causée par la lumière ordinaire. Ce laboratoire est l'endroit où ils réalisent des tests et préparent des substances pour leurs traitements, médicaments et implants.

Préparation des implants
Parfois, les extraterrestres utilisent des implants biologiques qu'ils préparent dans leur laboratoire. Ils m'ont expliqué l'une de leurs méthodes de préparation de ces implants de la manière suivante : d'abord, ils prélèvent des échantillons de tissus du patient pour une biopsie.

À l'aide de substances chimiques, ils décomposent le tissu en cellules individuelles, qui sont multipliées dans une culture jusqu'à obtenir une masse de cellules boueuse. Enfin, en utilisant ces cellules, ils font pousser l'implant autour d'un moule d'énergie, similaire au corps éthérique.

D'autres méthodes consistent à intervenir dans le code génétique initial de la cellule individuelle et à faire pousser des implants à partir de cette cellule par reproduction cellulaire unique. Cependant, les extraterrestres ont mentionné divers problèmes auxquels ils sont confrontés avec cette méthode, tels que le rejet de l'implant en raison de matières étrangères qui y pénètrent depuis l'environnement pendant sa gestation.

Dans certains cas, ils font pousser l'implant dans un tissu hôte de substitution et accélèrent considérablement le processus de croissance des cellules au-delà du rythme naturel en utilisant des cellules spéciales accélératrices de temps.

La galerie des étudiants
À un moment donné pendant le traitement des reins, Chaya m'a demandé si je voyais des étudiants.

J'ai vu une galerie surplombant la salle de traitement. Il y avait une rambarde à l'avant et des figures s'appuyaient dessus, regardant dans la salle. Derrière la rambarde et les figures se trouvait une plateforme surélevée, ou tribunal, avec trois rangées de chaises. Les êtres assis dans les chaises semblaient être des étudiants car ils observaient et prenaient des notes, et l'équipe chirurgicale orientait l'écran d'affichage vers la galerie.

Chaya m'a demandé si je voyais la fenêtre séparant la galerie de la salle d'opération. J'ai essayé de la voir du point de vue des étudiants, et soudain je voyais la patiente telle qu'ils la voyaient : son abdomen était ouvert en tranches longitudinales, découpées par des surfaces énergétiques abaissées du haut, telles des faisceaux de lumière jaune. J'ai compris qu'un système mécanique créait cette incision dans l'espace tridimensionnel. Étrangement, le sang qui s'écoulait dans une section continuait de s'écouler à travers la section suivante, comme s'il sautait l'espace. Ce phénomène, cet espace dans l'espace tridimensionnel, permettait aux extraterrestres de pénétrer à l'intérieur du patient et d'administrer leurs traitements.

Pour nous, êtres humains évoluant dans l'espace tridimensionnel, la largeur de ces espaces tend vers zéro. Les instruments que les extraterrestres insèrent dans ces espaces sont infiniment fins et peuvent se déplacer entre les molécules pour atteindre l'endroit nécessitant un traitement. Ce qu'ils font, en réalité, c'est d'ouvrir des voies à travers notre continuum spatial tridimensionnel.

D'après ma propre expérience personnelle de ce type de chirurgie, il y a une sensation que quelque chose est entré dans le corps sans que nos vêtements ou notre peau soient coupés. J'ai demandé aux extraterrestres des informations sur ces méthodes.

Adrian : Combien d'énergie est nécessaire pour faire cela ?

Extraterrestre : Pas beaucoup.

Adrian : Donnez-moi une estimation basée sur une ampoule de 100 watts.

Extraterrestre : Vous avez besoin d'environ 1 000 watts pour faire, ce qui n'est pas un problème pour nous.

Adrian : Quel est le rôle du guérisseur dans la procédure ?

Extraterrestre : Nous prélevons l'énergie des guérisseurs et la convertissons en une forme d'énergie que nous pouvons utiliser.

La salle d'opération

Lors d'un de mes traitements avec Chaya, elle m'a dit que mon cinquième œil était en train de pousser et m'a demandé d'essayer de voir la salle d'opération. Elle m'a encouragé en me disant que je devrais imaginer que j'ai d'autres yeux qui me permettent de voir.

J'ai fermé mes yeux physiques et j'ai essayé de voir la salle. J'ai discerné le contour du lit vu d'en haut. Il y avait quelque chose qui sortait de chaque côté de moi dans la région de mon estomac. J'ai réalisé que c'étaient des tables auxiliaires de chaque côté du lit, en forme de demi-cercles, qui semblaient être en acier inoxydable et montées sur roulettes. Au-dessus de mon estomac, j'ai vu des surfaces blanches qui ressemblaient à des chiffons de sol blancs. Chaya a dit que les objets blancs étaient les champs d'énergie pour les conversions de dimension.

Sur la table de droite se trouvait une chose de forme cubique qui ressemblait à un transformateur ; selon Chaya, c'était le générateur de champ d'énergie de conversion.

J'ai continué à regarder autour de moi et j'ai pu voir le contour général de mon corps lorsque je déplaçais ma tête vers la gauche.

C'était drôle, car en déplaçant ma tête vers la gauche, en même temps, je pouvais me voir d'en haut. La zone de mes pieds a soudain attiré mon attention. Leur couleur et leur forme semblaient étranges, comme s'ils étaient recouverts d'un matériau semblable à une peau de léopard transparente. Je ressentais également une forte pression sur mes jambes et dans ma main gauche. On m'a dit que le but du revêtement sur mes jambes était de maintenir une pression artérielle stable pendant le traitement. En raison de la conversion d'énergie, la tension artérielle a tendance à augmenter, c'est pourquoi ils appliquent ce matériau sur les jambes et quelque chose de similaire sur la poitrine.

Je ne pouvais pas voir ma poitrine, et je n'ai pas réussi à voir les extraterrestres qui me traitaient. Apparemment, il est plus difficile de les voir. De plus, ils étaient constamment en mouvement, et compte tenu de la vitesse à laquelle ils se déplacent, il serait difficile de les voir. J'ai réussi plus facilement à voir des objets immobiles, comme le lit et moi-même.

Cependant, sous la direction de Chaya, j'ai quand même essayé de voir X3, qui se tenait à ma gauche. J'ai vu quelque chose de flou, une masse que je n'ai pas réussi à transformer en une forme réelle. J'ai essayé de voir Gidon à ma droite et j'ai réussi à voir un profil vague d'une jambe et d'un dos, qui semblait appartenir à quelqu'un de mince portant une combinaison moulante de couleur violet foncé.

J'ai également réussi à apercevoir une main délicate portant un gant vert. Chaya a dit que les extraterrestres portent des gants de couleur vert-bleu pour la chirurgie.

Pilier en matériau moussant

Le 7 avril 1997, en me rendant chez Chaya, j'ai décidé avant d'entrer d'essayer de voir la structure que les extraterrestres avaient construite à côté de son immeuble.

En m'approchant de son immeuble, j'ai ouvert mes autres yeux et j'ai aperçu un grand pilier à la surface rugueuse. Quand je suis arrivé à l'étage, j'ai raconté à Chaya ce que j'avais vu.

Chaya : C'est exact. À côté de l'entrée du bâtiment se trouve un grand pilier et il y en a un autre à l'arrière. Toute leur structure repose sur ces deux piliers.

Adrian : Le pilier semble être fait d'un matériau moussant.

Chaya : Oui, il ressemble à un matériau moussant gris. La première équipe d'extraterrestres arrivée chez moi a construit cela, ça leur a pris 2 semaines. J'ai entendu des bruits de forage à travers les murs du bâtiment. Je me souviens qu'ils étaient très excités par nos produits en plastique et, à peu près à la même époque, j'ai remarqué que plusieurs de mes ustensiles en plastique avaient disparu. Je suppose qu'ils les ont pris.

Adrian : Je serais très heureux si les extraterrestres faisaient disparaître quelque chose devant mes yeux.

X3 : Désolé. La première équipe avait la permission de faire de telles choses, mais nous n'avons pas cette autorisation.

Un écho inexpliqué dans la salle de traitement

Un jour, alors que je m'asseyais dans la salle de traitement de Chaya et que nous commencions à parler, j'ai remarqué un écho que je n'avais jamais remarqué auparavant. J'en ai parlé à Chaya.

Chaya : J'entends aussi un écho étrange. C'est une petite pièce, donc un écho comme celui-ci n'a aucun sens. Il n'y a eu aucun changement visible dans l'agencement des meubles non plus.

X3 : Cela pourrait être un effet secondaire de l'équipement de conversion que nous avons récemment installé dans la salle pour faciliter le travail de l'équipe chirurgicale. C'est un instrument beaucoup plus puissant que celui que nous utilisions auparavant et il pourrait créer l'écho.

Adrian : Je ne comprends pas comment l'instrument influence les échos dans la pièce. À quoi ressemble-t-il ?

Chaya : Il ressemble à une énorme lampe de poche, ancienne, qui émet un faisceau de lumière ou quelque chose de similaire.

X3 : Nous pouvons diriger l'instrument vers un organe ou une partie spécifique du corps pour créer une conversion d'énergie. Nous pouvons également ajuster le type de conversion.

Adrian : Que voulez-vous dire ?

X3 : Ajuster le type de conversion implique un changement dans les vecteurs des particules de base. Il y a deux variables indépendantes : l'un est le vecteur de vibration, et l'autre est la vitesse du temps. Nous pouvons créer une transformation qui accélère ou ralentit la vitesse des vibrations des particules de base et, ainsi, influencer la vitesse du temps.

Adrian : Que se passe-t-il lorsque vous convertissez une partie de mon corps à des fins de traitement ? Une partie de mon corps n'a-t-elle pas ses vibrations allant dans une direction, et le reste dans une direction différente ?

X3 : Ce n'est pas un problème.

Adrian : Et qu'en est-il du temps ? La partie convertie se déplace plus rapidement.

X3 : C'est vrai.

Adrian : Alors qu'arrive-t-il à l'écoulement sanguin lorsqu'il passe d'une partie non convertie à une partie convertie ?

X3 : La vitesse de l'écoulement sanguin est plus rapide, mais lorsqu'il atteint une partie non convertie, il ralentit à nouveau. C'est pourquoi nous avons besoin de moyens supplémentaires pour contrôler la pression sanguine pendant le traitement.

Adrian : Si une partie de moi se déplace plus rapidement, elle vieillit donc plus rapidement que les autres parties de mon corps. Lorsqu'ils m'ont emmené et ont converti tout mon corps, là aussi, le temps s'écoule plus rapidement. Est-ce que cela signifie que maintenant je suis réellement plus vieux que je ne devrais l'être ?

X3 : Il y a quelque chose de cela, mais nous prenons des précautions supplémentaires qui maintiennent le rythme biologique naturel. Le même instrument peut ralentir le rythme du temps des substances afin de maintenir l'équilibre.

Pour vous expliquer, si vous voyagez à une vitesse s'approchant celle de la lumière, votre temps s'arrête.

Adrian : Je ne comprends pas comment cela est lié aux conversions.

X3 : Bien sûr que c'est lié ! Contactez l'être qui était Albert Einstein et il vous l'expliquera. Vous pourrez comprendre car ce n'est pas compliqué.

Une théorie personnelle sur l'écho

Le matériel des extraterrestres est installé dans la pièce et effectue des conversions dans une certaine zone. L'air traverse cette zone et, apparemment, les molécules d'air sont influencées par la conversion. Par exemple, le convertisseur accélère la vitesse des vibrations. La manière dont l'air transmet les ondes sonores sera différente dans cette zone, ce qui modifie l'acoustique de la pièce.

Explication de la conversion d'énergie

Adrian : Pouvez-vous expliquer le processus de conversion ?

Extraterrestres : Cela ne nécessite aucune réaction chimique ou nucléaire qui créerait une chaleur intense, sans parler d'autres effets secondaires dramatiques, voire destructeurs. Vous pouvez penser à la conversion comme à la génération d'une fréquence de vibration différente agissant sur les particules les plus fondamentales, tout en maintenant les systèmes qui les maintiennent ensemble. La conversion modifie la fréquence des vibrations, comme les cordes d'une guitare, pour créer un autre type d'harmonie.

Adrian : Qu'est-ce qui vibre exactement, physiquement ?

Extraterrestres : Imaginez que la matière physique contient des cordes bloquées à l'intérieur, et qu'il est possible d'influencer de manière externe la direction de leurs vibrations ainsi que leur fréquence. En fait, toute la matière est composée de telles cordes et elles génèrent du mouvement, c'est-à-dire de l'énergie. La plupart de ces cordes créent des relations interactives avec d'autres cordes, ce qui équilibre la plupart des forces internes. La conversion n'a aucun effet sur de telles cordes. Ces forces internes sont fortes et stables, elles créent à la fois des liens atomiques et chimiques.

La conversion n'agit que sur les cordes qui ont des vibrations libres, c'est-à-dire des vibrations qui ne sont pas équilibrées dans le système interactif. Ce sont les forces résiduelles. C'est grâce à ces cordes à vibrations libres que nous pouvons ressentir la matière. Ce sont les cordes responsables de l'interaction interne à long terme de la matière.

La matière qui n'a pas de cordes à vibrations libres ou de vibrations résiduelles non équilibrées à l'intérieur de la matière est totalement inerte. En fait, à toutes fins utiles, on peut dire que cette matière n'existe pas, car son existence serait impossible à discerner.

Adrian : Ce type de matière existe-t-il réellement, c'est-à-dire un matériau qui s'équilibre totalement à l'intérieur ?

Extraterrestres : Nous avons effectué des calculs mathématiques approfondis et développé des théories sur les probabilités de connexions entre les cordes. Nous avons prouvé que la probabilité statistique de l'existence d'une matière dont les forces internes s'équilibrent absolument, approche de zéro.

Adrian : Qu'est-ce qui est responsable de l'interaction à long terme?

Extraterrestres : L'élément crucial dans les interactions à long terme entre la matière (au-delà de la gamme des réactions nucléaires) est la vibration libre. Parce que ces mouvements sont libres et relativement faibles, leur direction et leur fréquence peuvent être converties relativement facilement.

Adrian : De quel type de matière êtes-vous constitués ?

Extraterrestres : Nous sommes constitués de matière contenant des vibrations résiduelles (par opposition à la matière dont les vibrations sont bloquées à l'intérieur) agissant le long de différents vecteurs et à différentes fréquences de la matière, dont les humains sont constitués.

Les conversions que nous effectuons sur les tissus humains vivants nous permettent de réaliser des traitements médicaux. Nous attirons les vibrations libres de la matière humaine de manière à correspondre à la direction vectorielle et à la fréquence stable de notre matière, afin que nos instruments puissent agir sur les tissus vivants.

Les vibrations résiduelles ne se déplacent pas toutes selon le même vecteur, mais se déplacent généralement dans plusieurs directions et vecteurs. Ces vibrations se composent de directions principales qui nous permettent de percevoir la matière, et de directions subsidiaires que nous ne pouvons pas percevoir.

La conversion renforce les directions subsidiaires en prélevant sur les directions principales, de sorte qu'il semble que la matière reste stable dans l'espace physique. En réalité, la matière existe simultanément dans l'espace physique - la dimension humaine - et dans notre dimension spatiale. Nous traitons avec une dimension différente de la matière.

Adrian : Si vous êtes constitués d'une matière différente de la nôtre, comment êtes-vous capables de traiter notre matière biologique ?

Extraterrestres : Nous utilisons un équipement sophistiqué pour convertir la matière physique de votre dimension dans notre dimension et vice versa. Il y a une symétrie entre les différents types de matière et nous pouvons ajuster vos cordes, c'est-à-dire que nous ajustons les axes de votre matière pour correspondre aux vibrations de la nôtre. La matière disparaît dans votre dimension et apparaît dans la nôtre. Ce n'est pas une procédure très compliquée.

Adrian : Et comment procédez-vous pour enlever une tumeur maligne ?

Extraterrestres : Nous l'enveloppons dans un champ d'énergie qui se déverse dans votre dimension, dans toutes les directions, et ensuite ce n'est pas un problème de la déplacer. Ce n'est vraiment pas très différent de l'ablation chirurgicale, sauf que nous la retirons complètement en la faisant passer à travers votre dimension, en créant une coupure transversale ou plusieurs coupures locales. La matière est ensuite transférée dans des contenants spéciaux, comme vos bouteilles magnétiques, qui peuvent contenir de la matière physique dans une brèche dimensionnelle.

Adrian : Et que faites-vous en cas de saignement résultant de l'ablation d'une tumeur ?

Extraterrestres : Exactement la même chose que vous : soit cautériser la zone, soit la suturer dans votre dimension. À cet égard, il n'y a pas de différence, sauf que nos outils sont plus avancés.

Adrian : Comment créez-vous des implants ?

Extraterrestres : En utilisant les mêmes outils, ou des bouteilles magnétiques et la même technologie de brèche, nous pouvons manipuler la matière dans votre dimension sans problème.

Adrian : N'y a-t-il aucun danger lié au contact étroit entre la matière humaine et la matière extraterrestre ?

Extraterrestres : Il y a un certain risque. Nous essayons de tout nettoyer soigneusement après la chirurgie. Sinon, il pourrait y avoir des dommages moléculaires. Par exemple, les molécules pourraient changer en raison de leur proximité avec une matière provenant d'une dimension vibratoire différente. La matière à l'échelle moléculaire peut fuir et s'influencer mutuellement.

Adrian : Traitez-vous les extraterrestres par les mêmes méthodes?

Extraterrestres : Les méthodes que nous utilisons sur les humains sont originellement issues de nos méthodes de traitement avec les extraterrestres. Également, nous pénétrons dans le corps par des brèches depuis une dimension supérieure.

La même méthode, technologie et équipement sont utilisés pour traiter toutes les formes de vie. Le traitement des humains nécessite l'utilisation de directions spécifiques, mais ce n'est pas non plus homogène parmi les extraterrestres.

Les extraterrestres viennent de toutes sortes d'endroits et nos équipes médicales doivent être prêtes à faire face à une variété de situations et de conditions. Le corpus des connaissances médicales des extraterrestres est énorme et englobe d'énormes ressources de données pour permettre le traitement de différentes formes de vie.

Une fois que vous connaissez la structure de la matière et que vous apprenez à la contrôler dans différentes dimensions, peu importe le type de matière que vous traitez, car la procédure est la même.

Notre équipement peut être appliqué à une large gamme de matière. Pour nous, la variété de la matière est un fait fondamental. Notre compréhension de la matière est à un niveau différent du vôtre.

Retrait de parties du corps

Lors du traitement de tumeurs bénignes ou malignes, les extraterrestres ne les retirent pas chirurgicalement. Au lieu de cela, ils provoquent le rétrécissement de la tumeur jusqu'à ce qu'elle soit réabsorbée et disparaisse. C'est un processus long et complexe qui entraîne parfois des complications mineures.

Adrian : Pourquoi ne retirez-vous pas chirurgicalement les tumeurs en une seule procédure ?

Extraterrestres : Pour extraire une partie du corps, nous devons entrer dans votre dimension physique où notre traitement serait semblable à une chirurgie conventionnelle impliquant des coupures, des saignements et des sutures, ce que nous préférons éviter.

Notre méthode préférée est d'introduire le patient, ou les parties concernées, dans notre dimension, d'effectuer le traitement, puis de le ramener dans votre dimension. De cette manière, il n'y a pas de signes externes visibles. Il nous est difficile de vous expliquer comment cela est accompli. Notre connaissance de la physique va au-delà de ce qui est connu de l'homme.

Adrian : Quel est le but des délégations d'extraterrestres ?

Extraterrestres : Nous trouvons l'espèce humaine très intéressante, principalement en raison de sa capacité à se réincarner. Ce que nous apprenons ici peut nous être utile dans d'autres endroits.

Nous trouvons également très regrettable que le corps physique humain se détériore si rapidement en raison de maladies et d'autodestruction intégrée (c'est-à-dire le vieillissement).

La durée de vie du corps physique humain est terriblement courte par rapport à celle d'autres formes de vie. Un de nos objectifs est d'aider l'humanité à prolonger son espérance de vie physique jusqu'aux limites du possible, soit environ 300 ans. À cette fin, nous apprenons des aspects pertinents de la médecine en traitant des êtres humains.

Nous avons créé des cliniques dans différents endroits du monde: nous avons actuellement des cliniques en activité en Israël, en Australie et au Danemark, où nos équipes forment des guérisseurs, et d'autres cliniques sont en cours d'établissement. À un stade ultérieur, nous prévoyons de créer des hôpitaux.

Adrian : Que sont capables de faire les guérisseurs ?

Extraterrestres : Votre Être Intérieur est capable de choses que votre corps physique n'a même jamais imaginées, comme par exemple, voler ! Des organismes biologiques complexes composés d'autres matières sont capables de faire des choses que vous trouveriez difficiles à croire. Ce n'est pas facile à comprendre. Une forme de vie à l'intérieur d'un seul corps physique et composée de plusieurs éléments est assez limitée dans ce qu'elle peut faire, mais une forme de vie composée de plusieurs corps faits de différentes sortes de matière peut agir sur de nombreuses choses. Une telle forme de vie complexe peut dominer d'autres formes de matière de nombreuses façons. Cela devient possible avec une espèce avancée.

Adrian : Vous voulez dire comme plier des cuillères ?

Extraterrestres : Oui, c'est un exemple extrêmement simple de ce dont les humains sont capables avec l'implication de leurs autres corps. Leurs capacités peuvent être mises à contribution pour des activités bien plus significatives.

Par exemple, les guérisseurs utilisent leurs autres corps sans en être conscients : l'Être Intérieur Supérieur du guérisseur utilise ses capacités spéciales pour traiter les gens, mais les êtres et les extraterrestres de l'équipe médicale activent les capacités de l'Être Supérieur à l'intérieur du guérisseur.

Les capacités d'un bon guérisseur sont assez incroyables, mais ces capacités relèvent du domaine du super-ego et ne sont pas immédiatement accessibles à un contrôle conscient. Avec le temps, les guérisseurs apprennent à activer eux-mêmes ces capacités, mais les êtres ne l'encouragent pas. L'esprit conscient humain n'est pas suffisamment stable et cela pourrait causer des dommages.

Il existe des êtres qui ont des capacités remarquables de manœuvre à travers le temps et l'espace, et ils activent les capacités de l'Être Intérieur du guérisseur qui ne sont pas utilisées dans la vie quotidienne.

Parce que ces capacités ne sont pas nécessaires pour la vie dans le monde physique dans lequel vous vivez, les humains n'ont pas pratiqué ou appris à utiliser ces capacités. Le contrôle de ces capacités permet à l'être humain d'ouvrir une brèche dans le continuum espace-temps et d'effectuer des manipulations dans des dimensions spatiales supérieures. Cette capacité s'est perdue parmi les réincarnations dans des corps physiques limités à une existence tridimensionnelle, mais elle existe toujours.

Une fois que l'Être Intérieur Supérieur se détache du corps physique, il est capable d'avancer et de reculer dans le temps et d'accomplir des manipulations remarquables de la matière. Vous voyez donc que le guérisseur est un élément important dans l'équation, en plus des connaissances et de la technologie des extraterrestres.

Adrian : La télépathie à longue distance n'est-elle pas une preuve d'une sorte de détachement de la dimension spatiale ?

Extraterrestres : Oui et non. Le détachement de la dimension spatiale est quelque chose de différent. La transmission télépathique envoyée à une destination éloignée n'est qu'un message se déplaçant dans l'espace. Une personne expérimentée et compétente peut transférer une partie de son Être Supérieur, par le biais d'un processus de méditation, vers un endroit différent quelque part sur la Terre ou dans le cosmos, en un temps presque nul. C'est une action qui est en dehors du domaine du temps. Malgré le fait que nous parlions d'une forme de matière différente, cela implique toujours un détachement de la dimension spatiale. Les Êtres Supérieurs sont capables d'accomplir cela.

Adrian : Que se passe-t-il après la mort ? La structure interne et les connaissances de l'individu restent-elles ?

Extraterrestres : Elles restent intactes et l'individu continue de penser au sein de ses autres corps. Ils préservent jalousement toutes les connaissances pour que rien ne soit perdu. Ce fait est illustré par les informations détaillées des réincarnations précédentes qui sont souvent révélées.

Adrian : Pourquoi les humains se réincarnent-ils sur Terre ?

Extraterrestres : Parce que c'est un endroit qui soutient la vie et qu'il n'y a pas une surabondance de tels endroits. Ce monde est un foyer. L'Être Intérieur Supérieur de chaque être humain a choisi de s'installer dans cet endroit et de s'adapter à l'environnement et au corps physique. Ces êtres cherchent à améliorer la qualité de vie sur cette planète afin de pouvoir y vivre plus confortablement qu'aujourd'hui, plus confortablement et sans souffrance.

Chapitre 17 : Auto guérison

Auto guérison en respirant de l'énergie

L'état de l'énergie dans le corps humain est directement lié à son état de santé. Pendant les maladies, le niveau d'énergie diminue parce qu'elle est détournée pour combattre les causes des maladies.

Il y a des activités simples que nous pouvons faire pour augmenter le niveau d'énergie du corps. Cette énergie, connue sous de nombreux noms différents, se trouve dans l'abondance tout autour de nous. Tout ce que vous avez à faire c'est de respirer profondément et, pendant que vous inspirez, imaginez que vous absorbez dans vous-même l'énergie de l'environnement. Lorsque vous expirez, imaginez que l'énergie inspirée à l'intérieur est maintenant distribuée dans tout le corps, ou elle est envoyée à la zone malade.

Il est recommandé, mais pas indispensable, de faire ceci dans un cadre propre et agréable, comme à l'extérieur, dans la nature.

Cette procédure simple, connue et utilisée depuis des milliers d'années, est utilisée aujourd'hui par de nombreux cultes, religions, ou théoriciens du bien-être à travers le monde. Chaque personne réagit différemment, mais il est certainement recommandé de l'essayer. Quand je le fais moi-même, je développe une sensation étrange sur mon visage et j'ai soudain l'impression que mes yeux sont largement ouverts. Je deviens rempli de vie, ma conscience augmente. Toutes les douleurs que j'ai ont tendance à disparaître après que j'envoie de l'énergie dans la zone touchée.

Une combinaison d'inspiration d'énergie et de méditation constitue une puissante prescription pour une auto guérison réussie.

Méditation purifiante

L'énergie dans le corps circule constamment de la tête aux pieds. Des perturbations dans ce flux, ou des blocages d'énergie, affectent négativement l'état de santé. Ces blocages peuvent être l'expression de diverses maladies. Avoir un guérisseur qui ouvre les méridiens, les canaux de flux d'énergie, est la méthode de traitement préférée, mais vous pouvez également améliorer votre propre flux d'énergie.

Asseyez-vous dans un fauteuil confortable, fermez les yeux et entrez dans un état de méditation tout en pensant à une prière intérieure. Imaginez un faisceau de lumière blanche et pure descendant du ciel, entrant dans votre corps par la tête et votre troisième œil, et circulant à travers tous les méridiens jusqu'à ce que, finalement, il quitte le corps par les chakras. Suivez-le de la tête aux pieds en imaginant que la lumière blanche et pure vous enveloppe, vous et votre environnement.

Éloignez-vous des facteurs négatifs

Parfois nous ne nous sentons pas bien émotionnellement et, dans des cas extrêmes, cela peut entraîner le développement des maladies physiques. Il se peut qu'à l'occasion, la source de ces mauvais sentiments est une personne dans notre environnement.

Tout le monde a été en contact avec une personne difficile à un moment ou un autre, qui nous transmettait des regards hostiles et d'autres sentiments négatifs. Il est important de comprendre qu'au-delà des stimuli verbaux qui doivent aussi être traités, les énergies sont affectées à l'intérieur du corps.

Une grande part des connexions que nous réalisons avec les gens est de nature télépathique. Une personne négative envoie du négatif et des pensées confuses qui nous dérangent, sans même en être consciente.

Il est donc important de se distancer soi-même ou de rompre tout contact avec ces personnes. Lorsque ce n'est pas une solution pratique, par exemple si le personne négative est votre patron ou collègue de travail, il y a des méthodes éprouvées que l'on peut utiliser pour neutraliser cette communication télépathique inconsciente.

Le corps a un mécanisme intégré pour filtrer les communications télépathiques et vous devez informer ce mécanisme de ce que vous voulez qu'il fasse. Imaginez une bulle de protection entourant votre corps, ou un mur, ou une autre barrière entre vous et la personne avec l'influence négative. Si vous devez converser avec cette personne, vous pouvez vous imaginer portant une armure de protection que rien ne peut traverser pour vous influencer. C'est assez incroyable à quel point c'est efficace. L'activation de ce mécanisme marche non seulement pour vous-même, mais aussi pour la personne négative - une lettre qui n'est pas livrée est renvoyé à l'expéditeur !

Transmissions négatives

Un jour, un nouvel employé a rejoint l'entreprise pour laquelle je travaillais. Dès le premier jour où je l'ai rencontré, j'ai pris conscience d'un phénomène intéressant. Chaque fois qu'il s'approchait de moi, j'avais un sentiment perceptible d'inquiétude. J'ai essayé de prendre mes distances avec lui, mais j'ai constaté qu'il me recherchait de plus en plus et qu'il désirait ma compagnie.

Il ne semblait pas avoir de intentions malhonnêtes, et parce que nous devions travailler ensemble, il n'y avait pas de moyen pour l'éviter physiquement. Alors j'ai commencé à activer mes défenses. Chaque fois qu'il s'approchait de moi, j'imaginais un mur ou barrière qui nous séparait. Cela a aidé.

Après quelques mois, le phénomène semblait disparaître. Je suppose que le sentiment de mal qu'il propageait par télépathie partout où il allait, était la raison d'un problème personnel, notamment lié à l'insécurité de son nouveau lieu de travail, etc. Une fois que ses problèmes personnels se sont réglés, il a cessé de transmettre inconsciemment des mauvaises ondes dans son entourage.

Relation amère
Une de mes clientes s'est plainte d'être très perturbée de la mauvaise relation qu'elle entretenait avec sa belle-mère, qui vivait dans un autre pays. Elle a décrit leur relation comme amère.

Je lui ai expliqué à propos des transmissions télépathiques inconscientes et je lui ai suggéré de s'entraîner à mettre en place des défenses. Quelque temps après, elle est revenue assez heureuse et satisfaite d'elle-même. Elle a signalé qu'elle avait réussi à enlever les mauvais sentiments. Il se pourrait que la belle-mère avait des pensées négatives envers l'épouse de son fils, ou peut-être pas.

Ce qui est pertinent ici, c'est que la cliente était obsédée de ces sentiments et imaginer une bulle protectrice autour d'elle a fermé le canal de communication télépathique négative, arrêtant la concentration obsessionnelle de la cliente là-dessus.

Chapitre 18 : Implantation de puces extraterrestres chez les humains

En novembre 1997, Chaya rencontra un guérisseur du nom d'Uri Gal, de la même ville où je vis, Rishon Le Zion. Elle avait entendu dire qu'il était spécialisé dans l'aide aux personnes pour arrêter de fumer en utilisant une méthode basée sur la bioénergie. Elle le contacta car elle souhaitait arrêter de fumer et sentait qu'elle avait besoin d'aide.

Lors de leur première rencontre, Chaya jeta un coup d'œil à Uri et fut étonnée de voir avec son troisième œil deux extraterrestres inconnus se tenant à ses côtés. Uri fut tout aussi surpris lorsqu'il regarda Chaya et se retrouva à fixer quatre extraterrestres qu'il ne connaissait pas. Les quatre extraterrestres qui accompagnaient Chaya pour observer le traitement s'appelaient Dov, Maya, Gidon et Haim. Il s'avéra qu'Uri Gal traite également les gens avec l'aide des extraterrestres, de la même manière que Chaya et moi. Les deux extraterrestres travaillant avec Uri étaient spécialisés dans le sevrage tabagique et appartenaient à une autre organisation extraterrestre que ceux qui travaillaient avec Chaya et moi. Uri étudiait la bioénergie et traitait les gens selon cette méthode depuis environ 20 ans. Selon Uri, les extraterrestres étaient arrivés seulement quelques mois plus tôt et avaient offert leur aide. Il poursuit ses traitements bioénergétiques et les extraterrestres se joignent lorsque c'est nécessaire.

Suite à la rencontre entre les deux équipes d'extraterrestres, le groupe de Chaya décida d'adopter Uri Gal et d'élargir l'équipe avec leur équipe médicale, afin de lui permettre de traiter un éventail plus large de maladies. Ils ouvrirent une station médicale générale dans sa clinique et l'équipe d'Uri fut rejointe par un oncologue, un spécialiste en médecine interne et un orthopédiste. Un autre extraterrestre, nommé Shaya, qui n'est pas médecin, fut attaché au groupe pour agir en tant que liaison. Shaya, qui mesure seulement un demi-mètre, s'assoit sur l'épaule d'Uri et lui parle à l'oreille. En plus de traiter les personnes qui souhaitent arrêter de fumer, Uri a commencé, avec l'aide des extraterrestres, à traiter des cas d'obésité, de cancer de la peau, de cancer du rein, de cancer du poumon, et bien d'autres.

Les extraterrestres ont implanté un amplificateur dans l'oreille d'Uri et il peut maintenant les entendre comme le fait Chaya. Ils lui parlent en hébreu, en phrases courtes et précises, ils ne bavardent pas. Parfois, il peut les entendre parler entre eux dans une langue inconnue.

Lorsque j'ai rencontré Uri pour la première fois, il essayait encore de faire face au concept des extraterrestres. Il trouvait difficile d'intégrer leur présence avec le reste de sa vision du monde et de ses systèmes de croyance. Lorsqu'il a appris que Chaya et moi travaillions également avec des extraterrestres, sa détresse à ce sujet s'est considérablement atténuée. Chaya et moi avons pu confirmer les informations qu'il recevait des extraterrestres et nous avons partagé notre expérience enrichissante en matière de travail avec les extraterrestres.

Quelque temps plus tard, l'équipe d'Uri a été rejointe par un scientifique et professeur extraterrestre dont le domaine d'expertise est les prothèses internes. Il se fait appeler Professeur Bach. Mon impression était que le Professeur Bach et son équipe mènent une enquête sur le sujet des implants de puces médicales chez les patients.

Implantation de puces pour le marquage et l'identification

Un point de consensus parmi les enquêteurs sur les OVNI est que les extraterrestres ont tendance à marquer leurs sujets humains en implantant une petite puce quelque part dans le corps. Cela ressemble à notre pratique d'utiliser des balises ou des dispositifs électroniques pour suivre et identifier les animaux dans la nature. Chaya et moi avons supposé que nous devions également être marqués, c'est pourquoi nous avons posé la question à X3.

X3 : Vous êtes marqués cinq fois. Trois de nos balises et deux balises d'autres extraterrestres. Cela nous permet de vous localiser et de vous identifier.

J'ai découvert que les extraterrestres font une utilisation médicale intensive d'implants synthétiques. Le 18 novembre 1997, j'ai eu ma première expérience de cela lors d'un traitement avec Uri Gal et son équipe médicale. Ils m'ont implanté une puce expérimentale dans les reins. X3, qui a participé à la procédure chirurgicale, a expliqué que la puce avait été développée par un spécialiste venu ici dans le but de réaliser une implantation. Le spécialiste était traité avec beaucoup de respect.

J'ai réussi à le voir grâce à ma perception extrasensorielle. Son corps était semblable à celui d'un humain, mais son visage ressemblait à celui d'un lézard. Comme les autres spécialistes que j'avais rencontrés, il était absorbé par son travail et ne parlait pas beaucoup. Il n'a même pas répondu lorsque je lui ai demandé son nom. Finalement, j'ai demandé si le spécialiste accepterait d'être interviewé pour mon livre, il a répondu par l'affirmative et a fixé l'interview pour le lendemain à 10 heures du matin via le Centre de Communication. J'ai demandé comment je devais l'appeler et il a répondu qu'il s'appelle le Professeur Bach.

Le 19 novembre 1997 à 10 heures du matin, j'ai eu la conversation suivante:

Adrian : Communication avec le Centre de Communication des Extraterrestres, s'il vous plaît. Me recevez-vous ?

Centre de Communication : Nous vous recevons clairement. Professeur Bach est prêt pour votre appel. Avez-vous un rendez-vous prévu?

Adrian : Oui. J'ai demandé une entrevue avec lui pour mon livre.

Centre de Communication : Il est là et prêt à recevoir vos questions.

Adrian : Est-il physiquement près de moi ou la communication passe-t-elle par le Centre ?

Centre de Communication : Il est effectivement à côté de vous, bien que la communication se fasse par le Centre, mais cela n'a pas d'importance. L'essentiel est que vous puissiez lui parler. Veuillez commencer.

Adrian : J'ai plusieurs questions, certaines personnelles. Qui sont vos semblables, c'est-à-dire, de quelle espèce d'Êtres êtes-vous ? Quel est votre âge ? D'où vous venez ? Quel est votre statut familial ? Quel est votre parcours éducatif ? Quel type de travail vous effectuez, quelle est votre spécialité et quel est le sujet de vos recherches ?

Professeur Bach : Je vais répondre à vos questions. Je viens d'une planète très éloignée de la planète Terre. Elle s'appelle Héliopolis. C'est une toute petite planète dans un système solaire lointain qui ne figure sur aucune de vos cartes cosmiques.

Adrian : Pourriez-vous décrire votre planète et ses soleils, ou donner une quelconque description détaillée ?

Professeur Bach : Un instant, s'il vous plaît. La planète est relativement petite, de la taille de votre lune. C'est une planète ancienne où une culture indigène s'est développée. Je fais partie de cette culture.

Adrian : D'après ce que j'ai pu voir, votre apparence physique est similaire à celle des humains, mais votre visage ressemble à celui d'un lézard.

Professeur Bach : C'est exact. Notre espèce est issue d'un processus évolutif de développement reptilien. Il existe également de telles créatures ici sur Terre ; c'est un chemin de développement courant qui s'est produit en de nombreux endroits. Sur notre planète, cette espèce de reptiles amphibies a évolué vers un niveau très élevé d'intelligence. Les conditions difficiles sur notre planète nous ont contraints à développer des méthodes sophistiquées de survie. Le développement d'une intelligence supérieure a sauvé notre espèce de l'extinction.

Aujourd'hui, la planète est développée et utilise des technologies très avancées. Nous avons rejoint la Fédération des Civilisations et nous apportons une contribution significative à ses recherches sur le cosmos. Nous essayons d'aider les civilisations en déclin et les jeunes civilisations comme celle-ci sur Terre. J'ai rejoint en tant que spécialiste médical pour aider au développement de méthodologies médicales. Je suis impliqué dans des recherches avancées sur des méthodes médicales technologiquement sophistiquées.

Adrian : Le dispositif microscopique pour déboucher les vaisseaux sanguins, est-ce quelque chose que vous avez développé ?

Professeur Bach : Oui. C'est l'un des dispositifs dont je participe au développement.

Adrian : Pouvez-vous m'en dire plus sur les autres ?

Professeur Bach : Oui. Il y a toute une série d'accessoires et d'équipements qui peuvent être introduits dans le corps physique pour contribuer à une guérison rapide. Ce sont des dispositifs mécaniques technologiquement très avancés qui fonctionnent en remplacement d'un organe blessé ou défaillant. Ma spécialité générale est les prothèses internes ; je traite les organes internes. Dans mon département, il existe une gamme de méthodes pour personnaliser les prothèses afin de faire face à de nombreuses maladies différentes.

Adrian : Pouvez-vous me parler de cas où vous avez réussi à traiter des personnes en implantant des dispositifs artificiels ?

Professeur Bach : Je peux vous parler, par exemple, d'un cas concernant un stimulateur cardiaque. Même dans votre médecine conventionnelle, vous implantez des stimulateurs cardiaques, donc le concept ne vous est pas étranger. Ce dispositif régule les impulsions électriques du cœur et prolonge la vie du patient de nombreuses années. Le stimulateur cardiaque est particulièrement utile lors des crises cardiaques, qui impliquent un dysfonctionnement de l'activité électrique naturelle du cœur tout en laissant le muscle cardiaque intact.

Adrian : Je comprends. Pourriez-vous donner un autre exemple ?

Professeur Bach : Un instant, s'il vous plaît... Nous avons traité un problème de vessie où le mécanisme responsable de la fermeture était endommagé suite à une infection grave et ne fonctionnait plus. En conséquence, le patient ne pouvait pas contrôler la rétention et la libération de l'urine et était contraint de porter des couches.

Nous avons implanté un mécanisme de fermeture électrique et des nerfs artificiels dans la musculature concernée qui étaient activés par une commande du cerveau. Cette procédure a permis au patient de retrouver un contrôle quasiment total de la miction en introduisant une pièce de rechange pour contrôler les muscles problématiques. La pièce implantée comprenait une petite puce informatique connectée aux nerfs qui vont du cerveau à ces muscles.

Adrian : Vous avez remplacé un nerf défectueux ?

Professeur Bach : Oui. Nous avons remplacé une section du nerf. C'était un cas intéressant.

Adrian : N'est-il pas préférable d'essayer de guérir la partie affectée plutôt que d'implanter une partie artificielle ?

Professeur Bach : Il est toujours préférable de guérir, mais dans les cas où l'organe d'origine est tellement endommagé qu'il n'y a aucune possibilité de guérison, nous essayons d'implanter un organe biologique approprié, c'est-à-dire un organe donneur. Ce n'est pas toujours possible. Il faut trouver un donneur, et ensuite il y a le problème difficile du rejet des tissus. Dans de nombreux cas, l'implantation d'un organe artificiel est la seule façon de corriger le trouble.

Parce qu'il y a souvent un problème de rejet des tissus avec les organes biologiques, nous utilisons des tissus biologiques humains simulés et les pré-testons pour les réactions allergiques ou le rejet. Nous obtenons généralement un taux de réussite de 100 % pour l'absence de réactions de rejet et entre 80 et 90 % de réussite dans le fonctionnement de l'organe artificiel. Ainsi, dans presque tous les cas, il y a une raison significative de préférer l'implantation d'organes artificiels aux organes biologiques.

Adrian : Qu'est-ce qui nourrit les organes artificiels ? Quelle est leur source d'énergie ?

Professeur Bach : Il y a différentes possibilités. Certains dispositifs ne nécessitent aucune source d'énergie (les prothèses passives), tandis que d'autres dispositifs doivent avoir une source d'énergie. Cependant, les niveaux d'énergie nécessaires sont faibles et peuvent être fournis par l'environnement biologique dans lequel ils sont implantés. Il existe également un mécanisme permettant de recevoir et d'exploiter les énergies cosmiques. Les dispositifs que nous implantons utilisent des quantités minimales d'énergie qui peuvent être prélevées sur le corps de l'hôte sans causer de dommages ou de préjudice.

Adrian : N'y a-t-il jamais de danger que ces dispositifs implantés soient découverts ?

Professeur Bach : Le danger existe, mais la probabilité de leur découverte est très faible. Les dispositifs sont extrêmement petits et ressemblent à un petit caillot de sang, à un tendon ou à un autre matériau biologique insignifiant ; ils ne ressemblent pas à un dispositif technologique, c'est pourquoi nous ne nous inquiétons pas de les laisser dans le corps. En fait, certains dispositifs sont fabriqués à partir de matériaux inconnus sur Terre et ne peuvent être perçus ni par l'œil humain, ni par les rayons X, ni par aucun autre dispositif fabriqué par l'homme, donc ce n'est vraiment pas un problème.

Adrian : Et si, après plusieurs années, le dispositif se détériore et cause des dommages ?

Professeur Bach : Les dispositifs sont fabriqués à partir de matériaux durables conçus pour durer des milliers d'années, bien plus longtemps que la durée de vie d'un être humain. Dans des conditions normales, rien ne se produira avec le dispositif implanté.

Adrian : Et si le dispositif est endommagé dans un accident, par exemple ?

Professeur Bach : Il y a certaines raisons de s'inquiéter, mais laissez-moi le répéter, les dispositifs sont fabriqués à partir de matériaux biologiquement compatibles. Si la personne survit à un accident, le pire qui pourrait se produire serait que le dispositif cesse de fonctionner, mais cela ne causerait aucun dommage. Le dispositif est fabriqué à partir d'un matériau qui peut rester indéfiniment dans le corps sans avoir d'effet nocif.

Adrian : Pourriez-vous me donner quelques informations personnelles ?

Professeur Bach : Cela ne me dérange pas.

Adrian : Quel âge avez-vous ?

Professeur Bach : J'ai 800 ans et je suis considéré comme un jeune scientifique parmi les miens.

Adrian : Quelle est la durée de vie moyenne de votre espèce ?

Professeur Bach : Environ 3 000 ans.

Adrian : Quel est votre statut familial ?

Professeur Bach : Nous formons des unités familiales coopératives avec une sorte de foyer central pour enfants. Je suis membre d'une telle unité coopérative et, selon vos termes, je suis l'un des pères contributeurs.

Adrian : L'éducation des enfants se fait en groupe ?

Professeur Bach : Oui. Le groupe s'occupe de l'éducation des enfants. Le groupe, composé de plusieurs mâles et plusieurs femelles fonctionnant comme une sorte de famille élargie ou d'une tribu, on élève les enfants de manière coopérative. Dans notre civilisation, c'est le noyau de l'unité familiale.

Adrian : Combien de membres compte généralement un tel groupe?

Professeur Bach : Chaque groupe compte sept à huit mâles et le même nombre de femelles. Nous vivons en communauté ; l'unité comprend également des mâles et des femelles plus âgés. La communauté est une unité familiale élargie chargée d'élever les enfants et de s'occuper des membres plus âgés et infirmes.

L'unité familiale résidentielle à laquelle j'appartiens est située sur ma planète d'origine. J'y retourne de temps en temps pour contribuer à ma descendance ou à tout ce que la culture exige.

Adrian : Je vois. Pouvez-vous me décrire à quoi ressemble votre planète ?

Professeur Bach : Elle a une savane, beaucoup de végétation, une forte humidité, un ensoleillement intense, beaucoup de précipitations et une variété de bêtes de proie dans la jungle sauvage. Les zones résidentielles, bien sûr, sont sécurisées.

Adrian : Je reçois une image de votre espèce. Vous portez des vêtements synthétiques en matière brillante et de couleurs vives. La matière me rappelle la peau brillante d'un lézard dans une gamme fantastique de couleurs.

Professeur Bach : Oui. Nous aimons porter des vêtements colorés.

Adrian : Vos bouches et vos nez sont allongés comme ceux d'un lézard.

Professeur Bach : C'est exact.

Adrian : Votre apparence est très étrange pour un être humain. Une personne pourrait s'évanouir en vous voyant, mais nous devons commencer à nous habituer à voir différentes formes de vie d'autres planètes.

Professeur Bach : Oui, c'est vrai. Nous avons également eu des problèmes par le passé pour nous habituer à la vue de créatures d'autres planètes, mais on s'y habitue, ce n'est pas si terrible.

Adrian : Appréciez-vous notre entretien ?

Professeur Bach : Beaucoup.

Adrian : Merci.

Professeur Bach : De rien. Nous sommes très satisfaits de notre travail ici.

Adrian : Souhaitez-vous ajouter quelque chose d'autre à l'entretien? Par exemple, quel est votre parcours éducatif, vos domaines d'intérêt et de spécialisation, et vos hobbies ?

Professeur Bach : Un instant, s'il vous plaît. En termes d'expérience humaine, il est difficile d'expliquer mon parcours éducatif. Il y a de grandes différences entre nous en termes de capacités intellectuelles et de styles d'apprentissage.

Parmi les extraterrestres, je suis considéré comme un érudit hautement éduqué et un scientifique développant de nouvelles méthodologies dans le domaine médical.

Les détails de mes diplômes ou de mes domaines de spécialisation n'auraient pas beaucoup de sens pour vous. Selon vos termes, j'ai terminé des études universitaires dans de nombreux domaines de la médecine, de la technologie et des sciences, ce qui me permet d'intégrer des capacités technologiques et des applications médicales. Mes connaissances en médecine, en science et en technologie sont globales, ce qui me permet de les intégrer.

Adrian : C'est une grande réussite.

Professeur Bach : Merci.

Adrian : Je suis impressionné.

Professeur Bach : Merci, et moi aussi.

Adrian : Souhaitez-vous dire quelque chose d'autre à mes lecteurs, ou à l'humanité en général ?

Professeur Bach : Non. Ma contribution à l'humanité se fait par des actions plutôt que par des mots.

Adrian : Je vous remercie pour l'entretien et pour votre contribution à l'humanité. Puissions-nous nous retrouver à nouveau à travers de bonnes actions.

Professeur Bach : Merci, Adrian, pour votre article à mon sujet.

Adrian : Merci.

Professeur Bach : Au revoir, Adrian.

L'entretien télépathique avec le professeur Bach s'est terminé à 11h05, après un peu plus d'une heure.

D'après mon expérience, c'est la durée maximale que les extraterrestres sont disposés à consacrer à communiquer avec moi, car, comme ils l'ont expliqué, je me fatigue très rapidement pendant la communication.

Implantation de deux puces chez un patient atteint d'une maladie rénale

Le 23 novembre 1997, le professeur Bach a implanté deux puces chez un patient souffrant de maladie rénale. Le but d'une puce implantée chez un patient est d'améliorer l'état physique général du corps et d'éviter le développement de complications. Une puce a été implantée dans une partie du rein qui fonctionnait encore normalement, et la deuxième, un stimulateur cardiaque de 2 millimètres sur 2 millimètres, a été implantée dans le cœur dans le but de synchroniser le fonctionnement du rein et du cœur. La puce du stimulateur cardiaque devient automatiquement opérationnelle uniquement lorsque cela est nécessaire.

J'ai demandé au Professeur Bach une explication de cette procédure par le biais du Centre de Communication.

Professeur Bach : Les implants sont basés sur la séparation moléculaire des déchets qui existent dans le flux sanguin. L'implant extrait les molécules toxiques du sang alors qu'il circule à travers le rein et les élimine du corps par les voies urinaires. Les implants ont une capacité d'extraction moléculaire élevée grâce à leur énergie auto-générée basée sur des émissions nucléaires. La source d'énergie est le noyau d'un matériau radioactif, qui alimente un cristal particulier. Le cristal traduit ces minuscules émissions nucléaires en un champ électrique qui active l'implant. L'implant rénal nécessite une source d'énergie relativement forte car il en a besoin pour la séparation moléculaire.

Adrian : Pouvez-vous estimer combien de molécules ou combien de grammes de déchets les implants séparent par unité de temps donnée ?

Professeur Bach : Il m'est difficile de traduire en unités de temps auxquelles vous seriez familiarisé.

Adrian : Ces implants peuvent-ils également aider à éliminer l'excès de liquides dans le corps ?

Professeur Bach : Oui, mais ce n'est pas leur fonction principale. D'abord, les déchets présents dans le sang doivent être éliminés, puis l'équilibre des liquides est traité. La question des fluides dans le corps est secondaire car il est plus important d'éliminer les poisons en premier. L'excès de liquides peut être traité par des méthodes conventionnelles.

Adrian : Je comprends. Comment l'implant identifie-t-il les molécules de déchets ?

Professeur Bach : Le sang dans les vaisseaux sanguins du rein passe devant l'implant, qui active un champ de capteur qui identifie les molécules de déchets et les extrait du sang.

Adrian : Comment les molécules de déchets sont-elles éliminées?

Professeur Bach : L'implant les pousse hors du flux sanguin vers les voies urinaires, qui sont connectées à l'implant.

Adrian : Comment les molécules de déchets passent-elles à travers la paroi des vaisseaux sanguins dans le rein ?

Professeur Bach : La puce implantée transforme les molécules de déchets en une dimension différente afin de les extraire du rein. Le faisceau de balayage et le fonctionnement complet de l'implant se situent dans une dimension différente. Les molécules des déchets sont attirées dans une dimension adjacente et extraites du vaisseau sanguin du rein sans causer de dommage. Étant donné que les faisceaux de balayage fonctionnent sur un plan énergétique différent de celui auquel vous êtes habitué, les parois des vaisseaux sanguins ne sont pas affectées par le faisceau énergétique ou le projectile qui transforme la molécule en une dimension adjacente et détermine sa direction de déplacement.

Adrian : Est-ce similaire à un détournement ?

Professeur Bach : On pourrait le dire. Le plan vibratoire des molécules pertinentes est temporairement déplacé par le faisceau énergétique dans la dimension adjacente. La molécule retrouve son état d'origine en une fraction de microseconde, ce qui est suffisamment de temps pour que la molécule traverse la paroi du vaisseau sanguin dans le but pour lequel la puce est programmée. La molécule est transformée de nouveau dans sa dimension d'origine et excrétée du corps.

Adrian : Donc les voies urinaires sont connectées à l'implant ?

Professeur Bach : Oui. L'implant et son unité de contrôle sont solidement fixés sur la paroi d'un vaisseau sanguin à l'intérieur du rein, à un endroit où il restera intact. L'implant est connecté à l'urètre, qui est bien sûr relié à l'ensemble du système urinaire.

Il n'y a aucun problème pour se connecter au système urinaire. Étant donné que l'implant ne touche pas le flux sanguin sur le plan physique, il n'y a aucun danger de rejet ou d'allergie.

L'unité de contrôle de l'implant produit uniquement de l'énergie sans contact physique avec le flux sanguin dans le vaisseau sanguin. L'implant ne nécessite pas d'apport sanguin ni d'autres nutriments de l'environnement du rein.

Pour cette raison, les chances que le système immunitaire du corps découvre ou réagisse à l'implant sont négligeables. Si cela se produit, le système immunitaire du corps recouvrirait l'implant d'une couche protectrice qui n'endommagerait en rien son fonctionnement. Au contraire, cette couche protectrice garde l'implant protégé pendant des années de fonctionnement et constitue une membrane d'isolement biologique naturelle. Cela répond-il à votre question ?

Adrian : Oui. J'aimerais maintenant vous poser des questions sur le stimulateur cardiaque.

Professeur Bach : Dans un corps sain, il y a un rythme équilibré de circulation dans les systèmes qui agissent sur le sang.

Le cœur, les poumons, le foie et les reins sont les principaux organes du système qui agissent et qui traitent le sang. Il est important que les rythmes de ces systèmes soient synchronisés les uns avec les autres.

Par exemple, s'il y a un désaccord entre le cœur et les reins, cela pourrait entraîner des palpitations et d'autres problèmes. Il est important que les adultes maintiennent des rythmes harmonieux entre les principaux organes qui agissent sur le sang.

La tâche de l'implant est de surveiller le fonctionnement des reins, via la puce qui y est intégrée. La partie du stimulateur cardiaque de l'implant veille à ce que le rythme de fonctionnement du rein corresponde à celui du cœur. Il mesure les pressions transitoires de la circulation sanguine à l'entrée de l'artère alimentant le rein et, si nécessaire, ajuste le rythme de l'implant afin de créer un rythme rénal adapté à celui du cœur. Avez-vous compris cela ?

Adrian : Oui, je comprends. Merci beaucoup et au revoir pour le moment.

Professeur Bach : Au revoir, Adrian. J'ai apprécié notre conversation.

Implantation d'une puce chez un patient atteint de maladie pulmonaire

Le 9 décembre 1997, j'ai rencontré un autre médecin extraterrestre, nommé le Professeur Heinrich. Il avait 650 ans, venait de la planète Bêta et était spécialisé dans les transplantations pulmonaires. Il a implanté ici sur Terre une puce chez un patient atteint d'une maladie pulmonaire. Lui aussi a accepté de me fournir des explications.

Professeur Heinrich : Le patient souffre d'essoufflement qui devient plus grave dans des conditions de stress car les poumons ne s'adaptent pas aux besoins changeants du corps en oxygène. C'est un problème des systèmes de contrôle qui sont déficients. Le mécanisme responsable de ce contrôle est délicat et difficile à réguler par des moyens ordinaires. C'est pourquoi nous avons implanté une puce qui régule artificiellement l'absorption d'oxygène et aide le système de contrôle du corps jusqu'à ce qu'il prenne le relais et fonctionne de manière autonome. Notre implant est une unité de contrôle et un stimulateur cardiaque reliés au système circulatoire, aux poumons et à des parties du système nerveux. La puce mesure les besoins en oxygène du corps, effectue des calculs et active en conséquence des systèmes biologiques sains qui augmentent l'absorption d'oxygène dans le sang. Nous espérons que cette puce permettra au patient de retrouver un fonctionnement normal.

Adrian : Y a-t-il une chance que le corps retrouve un fonctionnement normal indépendant ?

Professeur Heinrich : Le corps cherche toujours l'équilibre, mais cela pourrait prendre des mois et nous ne voulons pas que le problème persiste si longtemps. La puce ne remplace pas le système naturel du corps, elle agit simplement comme une aide au fonctionnement normal. Une fois que le corps retrouve un fonctionnement normal, la puce cesse d'intervenir. Un fonctionnement naturel est toujours préférable. Cette solution n'est qu'une prothèse temporaire.

Adrian : Je vois. Y a-t-il autre chose que vous aimeriez m'expliquer ?

Professeur Heinrich : En plus de la puce de contrôle, nous avons implanté des puces qui libèrent des médicaments dans les poumons. Ce sont comme des seringues automatiques qui libèrent lentement des stimulants dans le but de maintenir les poumons dans un état optimal. Cependant, ces solutions ont des limites de temps et, dans quelques mois, les puces ne seront plus nécessaires. Elles se dégraderont et se dissoudront ou seront retirées.

Adrian : Y a-t-il autre chose que vous aimeriez me dire?

Professeur Heinrich : Oui, que vous êtes très gentil. Nous, les extraterrestres, vous aimons et nous vous accordons beaucoup de crédit. Vous êtes un personnage intéressant. Tout le monde parle de vous...

Adrian : Que disent-ils ?

Professeur Heinrich : Seulement de bonnes choses. Nous aimons parler des humains et comparer toutes sortes d'espèces, "discuter" comme vous pourriez le dire, à propos de différents phénomènes de votre monde que nous trouvons particulièrement étranges ou amusants. C'est ce qui se passe quand on vient d'un monde différent, ça fait de vous quelque chose de spécial. Je voulais juste que vous sachiez comment nous pensons à votre sujet.

Adrian : En quoi suis-je "quelque chose de spécial" ? En quoi suis-je différent de vous ?

Professeur Heinrich : Dans la confiance que vous nous accordez, dans votre ouverture d'esprit, votre persévérance et dans les choses que vous faites. La plupart des humains avec lesquels nous avons travaillé ont tendance à ignorer notre existence à un moment donné, ou à réprimer le fait de notre présence, mais vous êtes différent. Vous en voulez plus et c'est inhabituel. Vous n'avez pas peur de nous, au contraire, vous voulez nous connaître. C'est rare, un phénomène étrange.

Adrian : Merci. Y a-t-il d'autres ragots à mon sujet ?

Professeur Heinrich : Pas de mauvaises choses, des choses marginales qui ne sont pas vraiment importantes.

Adrian : D'accord. Parlez-moi de la façon dont vous aimez passer votre temps libre.

Professeur Heinrich : Le temps libre ?

Adrian : Le temps pour se reposer et se détendre.

Professeur Heinrich : Officiellement, il n'y a pas de "temps libre". Chaque espèce a son propre emploi du temps d'activité et de sommeil. Nous sommes organisés pour travailler jour et nuit en équipes, donc il n'y a pas de temps libre. Seulement lorsque nous partons en vacances à la maison, avons-nous du temps libre. Lorsque nous sommes actifs, nous travaillons comme des fous.

Adrian : Vous n'avez pas d'activités agréables, comme regarder un film, un spectacle ou des compétitions ?

Professeur Heinrich : Seulement des conventions publiques et des conférences. La convention est une activité éducative, son but n'est pas de divertir. Vous devez comprendre, nous sommes construits différemment de vous : nous sommes moins émotionnels et nous n'avons pas besoin de divertissement ou de détente face à la nervosité et à la tension. Comparés à vous, nous sommes plus comme des machines, très axés sur la fonction. Nous travaillons comme une usine, tout le monde est occupé à faire son travail, mais avec une différence : nous travaillons sans aucune pause.

Adrian : Et quand vous êtes en vacances, comment vous passez le temps ?

Professeur Heinrich : J'aime rendre visite à ma famille. J'ai une famille élargie et je vais de groupe de parents à un autre, en échangeant des informations. Chacun raconte ce qui se passe dans sa vie, et de cette manière, nous restons au courant de ce qui se passe dans la famille. C'est surtout comme ça que je passe mon temps lorsque je suis en vacances.

Adrian : Est-ce que ça vous convient de me donner un peu plus de temps ?

Professeur Heinrich : Oui, sauf que le Centre de Communication est très chargé en ce moment et ils nous demandent de ne pas trop prolonger. Qu'est-ce que vous vouliez encore demander ?

Adrian : Est-ce que je peux vous interviewer à nouveau ?

Professeur Heinrich : Oui. Quand vous voulez, demandez simplement à me voir. J'aime parler en général, et j'apprécie particulièrement de discuter avec vous. Préparez des questions sur ce que vous voulez, et je les répondrai.

Adrian : Alors au revoir pour l'instant, et merci.

Professeur Heinrich : Au revoir, Adrian. J'ai apprécié de discuter avec vous.

Le 10 décembre 1997, les extraterrestres ont de nouveau travaillé sur le patient atteint de maladie pulmonaire. Ils ont ouvert les poumons et les voies respiratoires afin d'implanter trois petites puces dans les parois intérieures des poumons. Deux puces ont été implantées dans des zones recevant une quantité insuffisante d'oxygène, et une à l'entrée des poumons. X3 et le professeur Heinrich étaient présents lors de l'opération.

Adrian : Quelle est la fonction des puces ?

Professeur Heinrich : Elles augmenteront la quantité d'oxygène dans les poumons.

Adrian : Comment fonctionnent-elles ?

Professeur Heinrich : La respiration du patient est superficielle et faible, de sorte qu'une partie de l'air qui devrait être expiré par les poumons, y compris le dioxyde de carbone, reste à l'intérieur. Les puces décomposent le dioxyde de carbone en carbone et en oxygène et ensuite le carbone est libéré et l'oxygène restant enrichit l'approvisionnement accessible aux poumons.

Adrian : Comment la puce sépare-t-elle les molécules de dioxyde de carbone en carbone et en oxygène ?

X3 : De manière similaire à la façon dont la puce dans le rein fonctionne. La puce contient un générateur de champ qui scanne les molécules et identifie le CO2. Elle envoie ensuite un champ spécial qui provoque la décomposition de la molécule.

La puce entière ne mesure qu'environ 1 millimètre de taille (0,0393 pouce). Sur une radiographie médicale, elle ressemblera à un petit caillot sanguin. La source d'énergie de la puce est un matériau cristallin qui suffit à la maintenir en fonctionnement pendant environ 5 ans. D'ici là, nous espérons que les poumons auront retrouvé un fonctionnement normal. La puce augmente la capacité des poumons et assure également des fonctions de surveillance, c'est un dispositif très sophistiqué.

Adrian : Quelle est la capacité productive de la puce ?

X3 : Environ 1 000 200 molécules par centilitre. Je vous suggère de parler au technicien qui a préparé la puce. Elles sont désignées sous les noms de Puce A et Puce B. Vous devez indiquer leurs noms, car il existe de nombreux types de puces. En tant que médecin, je n'ai pas toutes les informations techniques sur les puces. Nous les recevons simplement sous vide et nous les implantons dans le corps. Fondamentalement, la puce améliore l'exploitation de l'oxygène.

Adrian : La puce peut-elle être utilisée dans d'autres cas?

X3 : Oui, dans toutes les maladies respiratoires impliquant une capacité pulmonaire réduite, la puce peut être implantée et compenser ainsi le déficit en augmentant le niveau d'oxygène dans les poumons par la décomposition du dioxyde de carbone.

Adrian : Une telle solution peut-elle aider les gens à survivre dans des environnements où le niveau d'oxygène est insuffisant ?

X3 : Absolument.

Adrian : Utilisez-vous de tels implants pour permettre à certaines espèces d'exister dans des environnements pauvres en oxygène ?

X3 : Seulement pendant de courtes périodes, jusqu'à ce que les colons s'adaptent à leur nouvel environnement. Par exemple, ils sont utilisés dans des cas où il est nécessaire de déplacer une population d'une planète à une autre où les conditions sont moins idéales. En général, au bout de quelques générations, l'espèce s'est adaptée à son nouvel environnement et ces implants ne sont plus nécessaires.

Adrian : Les équipes médicales utilisent-elles de tels implants pour exister ici sur Terre ?

X3 : Ce n'est pas nécessaire.

Adrian : Ces implants peuvent-ils être utilisés pour protéger les gens contre les gaz toxiques ?

X3 : En principe, l'implant peut neutraliser les molécules de gaz toxiques, mais si les gaz proviennent d'une source extérieure, ils entreraient dans les poumons en quantités si importantes que la puce ne pourrait pas toutes les traiter. Elle n'est donc pas utilisée à cette fin.

J'ai essayé de contacter le technicien de la puce le 1er décembre 1997, via le Centre de Communication, comme X3 l'a suggéré.

Technicien : Oui, Adrian. C'est le technicien ici. Comment puis-je vous aider ?

Adrian : Hier, une puce qui transforme le dioxyde de carbone en oxygène et en carbone a été implantée chez un patient souffrant d'une maladie respiratoire. Pouvez-vous me donner une explication technique plus détaillée sur son fonctionnement ? J'espère pouvoir suivre, je suis ingénieur de profession.

Technicien : Oui, je comprends. Vos connaissances ne sont pas suffisantes pour une compréhension complète de notre technologie, mais vous pourrez en comprendre une partie. Attendez un instant, s'il vous plaît, nous organiserons une explication pour vous.

La puce fait partie de la même famille de composants bioniques ou de prothèses internes que la puce implantée dans le rein. Le composant est un générateur de champ minuscule qui scanne les molécules entrant dans son champ en écoutant leurs vibrations au niveau subatomique. Le composant peut détecter les mouvements atomiques à l'intérieur des molécules. Une fois une molécule identifiée positivement, un faisceau d'énergie est envoyé vers elle, ce qui la décompose. Nous parlons de la super-nano technologie. Le composant agit sur des molécules individuelles à une vitesse extrême et le faisceau est un faisceau de balayage.

Adrian : Combien de molécules sont traitées dans une unité de temps donnée ?

Technicien : Environ un million de molécules par seconde. Nous comptons avec différentes unités, mais c'est à peu près l'équivalent.

Adrian : X3 parlait en termes de centilitres.

Technicien : Oui, il se souvenait des spécifications techniques. La plage de balayage de la puce est d'environ un centilitre.

Adrian : Cette capacité est-elle suffisante pour enrichir l'environnement interne des poumons en oxygène ?

Technicien : Oui. Habituellement, si cela est nécessaire, plusieurs puces sont implantées, en fonction de la taille du patient et de l'étendue des lésions pulmonaires.

La puce mesure la quantité d'oxygène, si la quantité d'oxygène est suffisante, elle ne rompt pas les liaisons chimiques du dioxyde de carbone. Le composant a également une fonction de contrôle. Lorsque le système biologique récupère, le composant arrête son activité. Est-ce que je me fais comprendre ?

Adrian : Oui. J'ai quelques questions supplémentaires. Quelle est la source d'énergie de la puce ?

Technicien : Nous avons des cristaux d'énergie qui produisent une sorte de champ électronique. Certains champs sont exploités directement pour le balayage et la décomposition chimique. Ces cristaux n'existent pas ici sur Terre, ce sont des cristaux spéciaux chargés d'énergie.

Selon vos termes, vous pourriez dire que la puce a sa propre batterie interne.

Adrian : Comment les champs de balayage sont-ils créés ?

Technicien : Les cristaux créent des vibrations en permanence. Par des moyens spéciaux, les vibrations sont collectées puis libérées de manière contrôlée. C'est quelque chose de similaire au fonctionnement d'un faisceau laser, mais au lieu de photons, nous utilisons des particules plus élémentaires. Les vibrations se situent au niveau des particules subatomiques et permettent le balayage de la structure moléculaire et la création d'un nano-champ pour agir sur une seule molécule. Comprenez-vous ?

Adrian : Je pense que oui. Notre science reconnaît-elle ces particules subatomiques ?

Technicien : Certains de vos scientifiques ont peut-être rencontré ces particules, mais vous n'en avez pas entendu parler.

Adrian : Les quarks sont-ils impliqués ?

Technicien : Non, mais c'est quelque chose d'une échelle similaire, voire plus petit.

Adrian : Comment construisez-vous un équipement aussi petit qui peut manipuler des champs agissant sur des molécules individuelles ?

Technicien : C'est mon domaine de spécialité. Le dispositif est le résultat de milliers d'années de développement technologique. Vous atteindrez également ce niveau de technologie, dans environ 1 000 ans, avec un peu d'aide de notre part en cours de route. Nous avons une grande machine qui assemble ces puces, pièce par pièce, aussi simplement que cela puisse paraître. De la même manière dont vous produisez vos puces informatiques, nous produisons nos puces, mais nous travaillons à des échelles nanométriques et subatomiques.

Adrian : Pouvez-vous ajouter quelque chose à votre explication ?

Technicien : Non. Si vous avez d'autres questions, je serai ravi d'y répondre. N'hésitez pas à demander. Il n'y en a pas beaucoup comme vous, qui posent ce genre de questions. Au revoir maintenant.

Adrian : Merci.

Chapitre 19 : Traitement par les extraterrestres des troubles physiques

Tout comme nous n'avons pas de réponse ni de remède pour tous les maux dans notre médecine conventionnelle, il arrive parfois que les extraterrestres soient également désemparés, malgré leurs connaissances et leur technologie avancées. Il y a des maladies qu'ils peuvent guérir efficacement et d'autres pour lesquelles ils n'ont que des solutions partielles. Ils développent constamment de nouveaux traitements.

Les médecins extraterrestres de l'équipe médicale consacrent leur temps à soigner les humains et à effectuer des recherches médicales dans leur laboratoire, à trouver de nouvelles méthodes de traitement et de remèdes pour diverses maladies.

Recommandation aux patients

Comme il n'y a pas de chevauchement entre la médecine conventionnelle et le traitement médical fait par les extraterrestres, je recommande aux patients de profiter des deux. La meilleure façon de traiter les problèmes médicaux est de consulter d'abord des professionnels de la médecine conventionnelle et, s'ils ne peuvent pas fournir de solution satisfaisante, de combiner leurs efforts avec ceux d'une équipe médicale extraterrestre. Le contact avec le médecin conventionnel doit être maintenu tout au long du processus.

Les traitements décrits ici sont basés sur des cas réels. Pour des raisons évidentes, j'ai préservé l'anonymat des patients tout en mettant l'accent sur les procédures médicales.

Les vaisseaux sanguins

La capacité technique des extraterrestres à effectuer différents types de chirurgie sur le corps humain sans incisions visibles est particulièrement évidente dans leur traitement efficace des vaisseaux sanguins.

Cas 1 : Une jeune femme médecin est venue me voir pour un traitement. Elle se plaignait de douleurs aux jambes après des heures passées debout à l'unité de soins intensifs où elle travaille. Les extraterrestres ont suggéré de lui montrer la procédure de nettoyage des vaisseaux sanguins. Elle s'est allongée sur la table de traitement et a fermé les yeux pour éviter toute influence psychologique de l'autosuggestion en observant mes mouvements de mains.

Après seulement quelques minutes, elle a signalé des sensations dans ses jambes, comme des démangeaisons internes. Quelque chose bougeait à l'intérieur de ses veines.

Cas 2 : Une femme d'une cinquantaine d'années a également été traitée pour des douleurs aux jambes dues à une station debout prolongée. Après quelques traitements, elle a rapporté que les douleurs avaient disparu.

Cas 3 : Un homme de 65 ans souffrait d'un rétrécissement des vaisseaux sanguins dans ses jambes. Il avait des douleurs chroniques aux jambes et avait du mal à marcher. Une de ses jambes présentait une large zone bleue due à des saignements internes dus à la rupture d'une veine obstruée. Les extraterrestres ont nettoyé les dépôts divers et réhabilité les vaisseaux sanguins de ses jambes, pendant lesquels il a signalé avoir l'impression que quelque chose bougeait à l'intérieur de ses jambes. Une amélioration progressive de son état s'est produite au cours des traitements. À la fin de son traitement, le patient a rapporté qu'il pouvait même courir.

Diabète

Cas 1 : L'état d'une femme diabétique d'environ 75 ans s'est progressivement détérioré jusqu'à ce qu'elle marche avec beaucoup de difficulté et qu'elle ait du mal à fonctionner à la maison. Elle est venue pour un traitement, soutenue de chaque côté par deux membres de sa famille.

Extraterrestres : Nous ne pouvons pas la guérir complètement du diabète car des dommages irréversibles ont déjà été causés, mais nous pouvons atténuer certains symptômes. Après quelques traitements, qui comprenaient le nettoyage des vaisseaux sanguins, la femme a pu marcher seule et même monter les escaliers. Elle est maintenant capable d'être autonome et de s'occuper de sa maison.

Extraterrestres : En plus de traiter les effets secondaires du diabète, nous pouvons également réhabiliter le pancréas en introduisant une auto-implantation. Nous prélevons un échantillon des cellules saines du pancréas du patient - une biopsie - et nous les utilisons pour faire pousser un implant en laboratoire. Les cellules dupliquées sont ensuite implantées dans le pancréas du patient. Ce traitement s'est avéré efficace, cependant, la procédure et le processus de réhabilitation sont longs et le patient n'a pas toujours la patience d'attendre les résultats.

Fibrome utérin

L'apparition d'un fibrome utérin est un problème qui touche environ 20 % des femmes. Un fibrome utérin est une tumeur bénigne constituée de tissu musculaire, qui apparaît couramment dans l'utérus. Il peut atteindre la taille d'un pamplemousse, provoquant une pression interne et des douleurs. Au-delà d'une certaine taille, les médecins recommandent à juste titre son ablation chirurgicale. Cependant, certaines femmes préfèrent souffrir plutôt que de se soumettre à une intervention chirurgicale.

Extraterrestres : La cause des fibromes utérins réside dans une perturbation des mécanismes énergétiques du corps. Le corps féminin contient des pellets d'énergie dont la tâche, pendant la grossesse, est de soutenir le développement du fœtus. Pour des raisons inconnues, cette énergie favorise parfois la croissance d'une tumeur.

La première étape du traitement consiste à retirer le pellet d'énergie de la tumeur. La tumeur elle-même n'est pas entièrement enlevée à cette étape, afin de ne pas endommager les tissus environnants. La deuxième étape du traitement, qui peut durer plusieurs mois, comprend une série de procédures qui provoquent la dissolution progressive de la tumeur et son absorption par le corps.

Toutes les femmes traitées par l'équipe médicale extraterrestre ont signalé des sensations étranges dans la zone du fibrome pendant les séances de traitement, suivies d'une réduction de la sensation de pression et d'un soulagement de la douleur. Des examens échographiques réalisés plusieurs mois après le début du traitement, ainsi que des examens gynécologiques, ont confirmé le rétrécissement du fibrome. Au cours de la troisième étape du traitement, une fois que le fibrome utérin a suffisamment rétréci, il reste une sorte de sac contenant du liquide. À ce stade, il peut être retiré sans affecter les tissus environnants. Il convient de souligner que les fibromes utérins rétrécissent d'eux-mêmes à un âge avancé, cependant, les extraterrestres permettent que cette procédure se produise à tout âge.

Foie

L'un des domaines dans lesquels les extraterrestres ont un taux de réussite très élevé est le foie.

Cas 1 : Une femme âgée de 50 ans souffrait depuis des années d'un dysfonctionnement hépatique. Elle se sentait mal la plupart du temps, souffrant de nausées et de divers autres inconforts physiques. La médecine conventionnelle n'avait aucune solution à lui offrir.

L'équipe médicale extraterrestre lui a fait passer un examen complet et m'a transmis, par télépathie, une image de son foie. La moitié inférieure avait une couleur pâle, un peu comme de la chaux.

Extraterrestres : La moitié inférieure du foie est saturée de produits chimiques qui endommagent le foie et sa capacité à fonctionner. Nous allons nettoyer les produits chimiques du foie et réhabiliter les vaisseaux sanguins.

Pendant le traitement, le client ressentait de fortes sensations de picotement et d'autres sensations étranges dans la région du foie. Une fois que les produits chimiques ont été éliminés du foie, l'organe s'est progressivement guéri.

Le client a déclaré que son état général s'était beaucoup amélioré. Après quelques mois, les analyses sanguines ont révélé un fonctionnement hépatique normal et une échographie a montré un foie sain et homogène.

Extraterrestres : Le foie est un organe capable de s'auto-guérir tant que rien n'entrave son bon fonctionnement. Dans ce cas, l'accumulation de produits chimiques nocifs l'empêchait de se guérir lui-même. En éliminant les facteurs perturbateurs grâce à notre traitement chirurgical, le foie a pu se guérir lui-même.

Cœur

Cas 1 : Un homme de 40 ans souffrait d'insuffisance cardiaque. En raison de l'endommagement des valves cardiaques, elles étaient incapables de se fermer pour empêcher un reflux sanguin. Pendant le traitement des valves, il semblait que les médecins extraterrestres les aplanissaient ou les re modelaient.

Après quelques traitements, l'état du client s'est amélioré et le traitement s'est terminé. Plusieurs mois plus tard, il est revenu pour un traitement de suivi. Un excès d'activité cardiaque électrique a été diagnostiqué, ainsi qu'un souffle indiquant un fonctionnement moins qu'optimal.

Les extraterrestres ont également traité ce problème. Des examens médicaux conventionnels approfondis réalisés plusieurs mois plus tard ont montré une nette amélioration de son état.

Cas 2 : Un cas plus grave concernait un homme de 71 ans qui avait eu une crise cardiaque il y a 15 ans. L'attaque avait endommagé de manière permanente une partie du muscle cardiaque, et depuis lors, le cœur du patient n'avait pas retrouvé un fonctionnement normal complet. De plus, le patient souffrait de plusieurs autres maladies chroniques. Après avoir effectué un examen complet, le pronostic des extraterrestres n'était pas bon. Ils ont déclaré que son état était critique et qu'ils pensaient qu'il n'avait probablement pas longtemps à vivre.

Extraterrestres : Nous pouvons réhabiliter son cœur, mais dans les conditions ambulatoires actuelles, nous craignons que notre traitement et notre équipement puissent précipiter une crise cardiaque. Nous n'avons pas l'équipement de maintien des fonctions vitales approprié ici sur Terre. Si nous pouvions travailler avec lui dans un environnement hospitalier avec tout l'équipement d'urgence nécessaire aux soins intensifs, nous pourrions l'aider. Dans les circonstances actuelles, nous suggérons de traiter ses autres problèmes non liés à son état cardiaque. En améliorant les autres affections, nous pourrons contribuer à sa qualité de vie.

Hyperactivité

Les enfants caractérisés par l'hyperactivité souffrent d'une agitation constante. Ils semblent perturbés intérieurement. Un enfant de 12 ans amené par sa mère pour un traitement était incapable de rester immobile et se levait et se tortillait de manière intermittente. Les extraterrestres ont endormi le garçon, puis l'ont diagnostiqué et traité.

Extraterrestres : Son hyperactivité est due à un défaut génétique qui provoque un défaut dans la structure de la colonne vertébrale.

Nous vous avons montré les vertèbres perturbantes tout le long de la colonne vertébrale. Nous avons effectué une série de traitements sur la colonne vertébrale, l'arrière du cou et le crâne dans le but de libérer la pression sur ces zones.

Après trois traitements et une pause de deux semaines, un changement a été remarqué dans le comportement du garçon. Il était plus calme et son comportement général s'était amélioré. L'enfant lui-même a exprimé le sentiment que les traitements l'avaient aidé.

Dyslexie

Les personnes atteintes de dyslexie ont des difficultés à lire et à écrire, ce qui entraîne des problèmes d'apprentissage considérables. Les extraterrestres ont expliqué :

Extraterrestres : La dyslexie est le résultat d'un défaut génétique dans le cerveau droit. Une zone spécifique ne transmet pas les influx nerveux comme elle le devrait. Le but de notre traitement était de rétablir les influx nerveux sur leur bon chemin. Le client doit attendre que le cerveau intègre le changement.

Scoliose

Un garçon de 12 ans qui est venu pour un traitement avait un cas sévère de scoliose, une courbure de la colonne vertébrale de 30 %. Il était allé chez des médecins qui lui avaient fait un appareil orthopédique pour redresser son dos. Inutile de dire que porter une telle chose 24 heures sur 24 pendant plusieurs années n'est pas sans inconfort.

Les extraterrestres ont pris le problème très au sérieux car ils estimaient que la courbure sévère pourrait endommager la moelle épinière.

Pendant la séance de traitement, le garçon a exprimé la sensation que quelqu'un faisait quelque chose à son dos. À un moment donné pendant le traitement, nous avons observé un mouvement involontaire de ses bras vers le haut lorsque les extraterrestres ont étendu son dos. Au fil d'une série de traitements, le dos du garçon a commencé à se redresser.

Lors de l'examen orthopédique périodique suivant, le médecin s'est étonné du changement inattendu et très significatif pour le mieux en un temps relativement court. Cette amélioration a été documentée par des radiographies de la colonne vertébrale.

Obésité due à un déséquilibre hormonal
Une femme de 40 ans en surpoids sévère est venue me voir pour un traitement.

Extraterrestres : Notre examen a révélé qu'au cours de l'une de ses grossesses, le fœtus a exercé une pression sur une glande produisant des hormones, entraînant un déséquilibre. La cliente a subi cinq traitements au cours desquels elle a ressenti des vagues de chaleur et de froid. Après les traitements, elle a commencé à perdre du poids de manière régulière.

Prise de poids préprogrammée
Une femme de 45 ans m'a raconté qu'avant l'âge de 30 ans, elle était toujours mince, mais depuis lors, elle prend du poids régulièrement même si elle n'a pas changé ses habitudes alimentaires. Il s'est avéré que sa mère et sa grand-mère avaient connu une prise de poids similaire après l'âge de 30 ans.

Extraterrestres : Le corps dispose d'un mécanisme de contrôle qui régule la quantité de nourriture ingérée en fonction des besoins du corps.

Une fois la période de croissance terminée, ce mécanisme devrait réduire la consommation alimentaire du corps. Chez la patiente, ce mécanisme ne fonctionne pas pour des raisons génétiques. La consommation alimentaire n'a pas diminué lorsque la période de croissance a pris fin et l'accumulation de calories excédentaires a entraîné une obésité sévère.

Poumons

Une cliente, infirmière de profession, souffrait de problèmes respiratoires chroniques, de congestion et d'autres troubles respiratoires. Les médecins n'ont pas réussi à trouver la cause du problème, qui s'aggravait. Les radiographies des poumons n'ont révélé aucun problème inhabituel, et les antibiotiques n'ont pas aidé. Si elle attrapait la grippe, la maladie avait tendance à prendre des proportions dangereuses, et lorsqu'elle développait une pneumonie, cela devenait une menace pour sa vie.

Extraterrestres : Les poumons de la cliente sont dans un état grave de détérioration. Cela est causé par un élément étranger qui est entré dans son corps il y a de nombreuses années. Cet élément était dormant et le système immunitaire du corps s'y est adapté.

Cependant, une fois que le système immunitaire a appris à coexister avec cet élément, celui-ci a commencé à causer des dommages progressifs aux poumons et à d'autres parties du corps, comme les glandes produisant du mucus.Au cours de plusieurs traitements, les extraterrestres ont neutralisé l'élément étranger et ont commencé à réhabiliter les poumons endommagés. L'état de la cliente s'est nettement amélioré.

Perte de mémoire

J'ai été confronté à un cas d'une jeune fille qui avait développé une maladie auto-immune, qui perturbait plusieurs fonctions corporelles, dont la mémoire. Elle avait tellement de mal à se souvenir des choses qu'elle sentait qu'elle devait tout noter. Elle est venue pour un traitement et les extraterrestres lui ont fait un examen approfondi. Ils ont constaté que sa mémoire n'était pas réellement endommagée, mais seulement certaines cellules du cerveau responsables de la transmission des informations à la mémoire. Ils ont remplacé les cellules endommagées par des cellules saines provenant d'une autre zone du cerveau où les cellules n'étaient pas utilisées. Suite à ce traitement, la capacité de la fille à se souvenir a été restaurée.

Les extraterrestres ont souligné que la fille avait eu de la chance. Si des dommages avaient déjà été causés à la mémoire elle-même, comme c'est le cas dans la maladie d'Alzheimer, ils n'auraient pas pu aider.

Anomalie cérébrale congénitale

Une mère m'a amené sa petite fille qui souffrait d'un grave trouble du comportement, qui semblait se manifester par vagues. Pendant l'une de ces vagues, l'enfant était incapable de se concentrer ou d'accomplir une tâche jusqu'au bout. En raison de son état, son développement intellectuel était grandement entravé et elle avait été diagnostiquée comme légèrement retardée. Les médecins n'ont pas réussi à trouver la source du problème. Les radiographies crâniennes et une batterie de tests n'ont rien révélé d'anormal.

Extraterrestres : Le cerveau est composé de plusieurs types de cellules nerveuses qui se développent et se différencient à partir d'un type initial de cellule nerveuse pendant le développement fœtal.

Chez cet enfant, un groupe de cellules cérébrales dans le lobe droit s'est développé en un type de cellule incorrectes pour cette zone du cerveau, ce qui entraîne un dysfonctionnement de cette zone spécifique du cerveau. L'un des centres nerveux qui traverse cette zone transmet des impulsions nerveuses fortes et aléatoires, qui interfèrent avec le fonctionnement intellectuel. L'enfant se sent perturbé sans raison apparente.

Notre traitement consiste à implanter des cellules. La zone qui contient les mauvaises cellules nerveuses contient également de nombreuses cellules en état dormant, c'est-à-dire non utilisées (cellules de réserve). Par mesure préventive, ces cellules peuvent être neutralisées pour prévenir leur activité perturbatrice à l'avenir. Les fonctions qui devraient être remplies par ces cellules perturbatrices sont transférées à des cellules saines.

Déjà après le troisième traitement, des résultats positifs étaient visibles.

Extraterrestres : Si nous parvenons à réduire suffisamment le degré de perturbation causé par ces cellules, l'enfant pourra bientôt combler le retard dans son développement intellectuel. Son prétendu retard était dû à la perturbation interne qui bloquait le développement normal, et non à un manque de capacités. L'enfant est vif d'esprit et avide de stimulations, qui peuvent être fournies par un enseignant particulier approprié.

Infection cutanée des jambes

Un homme que je traitais depuis des années souffrait de démangeaisons récurrentes autour des muscles du mollet, d'eczéma et d'apparition de plaies étranges à intervalles aléatoires.

Les examens médicaux, y compris les tests allergiques et les biopsies, n'ont pas réussi à trouver la source du problème. Les dermatologues ont recommandé diverses crèmes, qui se sont toutes révélées inefficaces.

Le traitement par antibiotiques a entraîné un soulagement des symptômes, mais seulement temporairement, peu de temps après, les démangeaisons et les plaies réapparaissaient.

Extraterrestres : Le problème est causé par une infection bactérienne, similaire à la bactérie dévoreuse de chair, mais moins pernicieuse. Les bactéries attaquent les deux couches supérieures de la peau et la peau se détériore lorsque le système immunitaire du corps est affaibli. Les bactéries ont développé une immunité aux antibiotiques, rendant le traitement antibiotique inefficace pour détruire les bactéries ne provoquant qu'une période de dormance.

Les bactéries proviennent de zones tropicales et n'attaquent que certaines populations, en fonction de leur composition génétique.

Dans les zones tropicales, l'infection bactérienne entraîne des infections cutanées profondes, qui laissent des trous dans la peau. Nous traitons cela comme un problème génétique.

Notre traitement implique l'ingénierie génétique des bonnes bactéries couramment présentes dans l'intestin humain, que nous extrayons du patient. Nous modifions ces bactéries de manière à ce qu'elles attaquent et vainquent les bactéries infectieuses responsables du problème. Une fois qu'elles ont été modifiées, nous les reproduisons en grande quantité et les réintroduisons dans le corps du patient. De plus, nous recommandons au patient de prendre des bains de sels de la mer Morte. Ces sels détruisent les bactéries et les champignons, ils ne sont pas nocifs pour les cellules du corps. Au contraire, le corps a besoin des minéraux présents dans ces sels.

Troubles alimentaires

Une jeune femme est venue me consulter après une perte de poids importante due à des nausées récurrentes, des vomissements et, par conséquent, une perte d'appétit. De plus, elle se plaignait de douleurs intenses à la tête. Son état ressemblait à de l'anorexie, bien que certaines conditions psychologiques typiques soient absentes. Elle avait subi toute une batterie de tests médicaux, qui n'avaient révélé rien d'anormal.

Extraterrestres : Notre examen a révélé un problème neurologique dans le cerveau, apparemment dû à une blessure à la tête. La blessure a perturbé les fonctions liées à la digestion telles que l'alimentation et les sensations de faim ou de satiété. Le problème neurologique a été traité et la jeune fille s'est rétablie.

Douleurs aux articulations des mains

Un homme de 40 ans a développé des douleurs aux articulations de ses mains et plusieurs articulations ont montré une perte de mobilité. Malgré les efforts des médecins conventionnels, aucune cause n'a été trouvée, et ils n'ont pas pu trouver de moyen de guérir le problème. La douleur limitait son fonctionnement car il constatait qu'il ne pouvait pas utiliser ses mains aussi pleinement qu'auparavant.

Extraterrestres : La maladie provient d'un assèchement et d'une détérioration du cartilage causés par le stress exercé sur les mains par une frappe intensive sur un clavier d'ordinateur. Au cours d'une série de traitements, y compris des interventions chirurgicales, nous avons marqué le cartilage et reconstruit les zones problématiques qui limitaient la mobilité des articulations. Nous avons effectué le traitement sur toutes les articulations, y compris celles qui n'étaient pas indiquées comme douloureuses, comme mesure préventive.

Pendant le traitement, le patient a signalé ressentir une paralysie de ses épaules jusqu'aux pieds et ne pouvait pas bouger ses bras.

Il ressentait des sensations et de fortes douleurs qui se déplaçaient de doigt en doigt et d'une main à l'autre. Il a également mentionné ressentir une forte tension dans la paume de ses mains.

Les extraterrestres ont essayé de le tranquilliser ou de l'anesthésier, mais il a préféré rester éveillé et vivre l'expérience du traitement. Par perception extrasensorielle, j'ai pu voir ses mains s'étendre, avec des tiges métalliques et des équipements complexes attachés à elles. Le patient ressentait également de fortes sensations dans d'autres parties de son corps, notamment sous la plante de ses pieds.

Lorsque le traitement s'est terminé, ses mains ont été soudainement libérées et il a pu les bouger à nouveau. J'ai pu voir les extraterrestres retirer des vêtements de type robe blanche. Ensuite, ils ont commencé à démonter une sorte de tente carrée blanche qui entourait le lit de traitement. Elle était composée de nombreuses bandes de tissu qui tombaient par terre et l'un des extraterrestres les a balayées.

Extraterrestres : Le patient est prédisposé génétiquement aux lésions articulaires, qui est une affection courante chez les personnes qui travaillent sur un ordinateur. En raison d'une activité intensive, le cartilage des mains s'est asséché et a été endommagé. Sans traitement, ce trouble pourrait entraîner une invalidité permanente. Le corps d'un humain âgé de 40 ans ou plus n'est pas capable de s'auto-guérir de ce type de blessure.

Transfusion de sang synthétique

Les transfusions sanguines sont administrées pour traiter des cas graves d'anémie. Ces transfusions sont réalisées dans un cadre hospitalier, mais malgré des procédures de test de plus en plus strictes, le sang provenant d'un donneur peut être une source de bactéries ou d'infections.

J'ai été témoin de plusieurs cas où les extraterrestres ont réalisé des transfusions sanguines sur des patients humains pour traiter des anémies sévères.

En novembre 1997, j'ai demandé aux extraterrestres d'où provenait le sang utilisé dans les transfusions.

X3 : C'est du sang synthétique.

Adrian : Pourriez-vous expliquer ce que cela signifie, s'il vous plaît ?

X3 : Le sang n'a pas été prélevé sur un donneur, il a été développé dans un laboratoire médical. Il est identique au sang humain avec une différence, il est stérile.

Adrian : Y a-t-il des limitations dans la production de sang synthétique ?

X3 : Non. Le sang est produit sur demande en 2 heures et en quantités illimitées.

Adrian : Comment est-il produit ?

X3 : Je ne le sais pas. Vous devrez poser la question au Centre de Communication.

Quelques temps plus tard, j'ai contacté le Centre et ils m'ont mis en relation avec le Laboratoire pour les Matériaux Biologiques.

Laboratoire : Le sang est produit à travers plusieurs procédures et étapes. Il est composé de plusieurs composants, chacun étant produit par un processus différent. Les composants liquides sont produits par un processus chimique pur, comme toute production chimique. Les composants plus complexes, tels que les globules rouges, sont fabriqués par génie génétique. Ils sont fournis par le Laboratoire des Matériaux Biologiques, qui produit des tissus à des fins de transplantation et d'autres matériaux biologiques complexes. Leurs méthodes de production sont assez complexes. En général, il existe une petite installation de production qui produit les matériaux nécessaires.

Adrian : Pourriez-vous m'expliquer la production des globules rouges ?

Laboratoire : Veuillez patienter. Oui. Elles sont produites par un processus de génie génétique. Nous commençons avec un matériau biologique de base - un groupe de cellules tissulaires constamment nourries, dont la tâche est de produire le matériau requis. Dans ce cas, il s'agit de globules rouges, et nous avons donc un morceau de matériau biologique humain qui est conservé dans notre laboratoire à cette fin. Il s'agit du même tissu qui produit des globules rouges dans le corps humain vivant.

Un équipement spécial maintient ce morceau de tissu en vie en lui fournissant en permanence des nutriments qui maintiennent une production constante de globules rouges. Cela est la source des globules rouges qui sont mélangées avec le reste des composants pour créer une composition de sang naturelle, qui est utilisé à de nombreuses fins dans notre laboratoire biologique. Il est utilisé dans nos systèmes de soutien de vie pour d'autres tissus humains que nous entretenons, qui à leur tour sont utilisés pour produire d'autres matériaux biologiques, tels que des anticorps synthétiques spéciaux, et ainsi de suite.

Adrian : Donc, si je comprends bien, le sang, au moins en partie, est produit par du tissu vivant ?

Laboratoire : Oui. Les composants biologiques sont produits par du tissu vivant. Les composants chimiques simples sont produits en laboratoire.

Adrian : Donc, vous avez prélevé une biopsie sur quelqu'un, et c'est ce que vous utilisez pour produire du sang ?

Laboratoire : Exactement, et pas seulement du sang, mais toutes sortes de matériaux nécessaires aux traitements et à la recherche médicale. Notre laboratoire fournit tout le matériel biologique et les microorganismes pour les traitements médicaux et la recherche.

Adrian : Utilisez-vous également des bactéries pour produire du matériel biologique ?

Laboratoire : C'est l'une des méthodes que nous utilisons. La méthode utilisée dépend de ce qui doit être produit et dans quelles quantités. La méthode bactérienne est plus problématique, moins stérile et inadaptée à la production de globules rouges. Pour cela, il faut du tissu corporel provenant d'un donneur approprié, c'est la méthode préférable. Nous ne connaissons pas de bactéries capables de produire des globules rouges car ces cellules sont trop grandes.

Adrian : Eh bien, je vous remercie pour les informations.

Laboratoire : De rien. Vous pouvez poser autant de questions que vous le souhaitez. Nous serons heureux d'y répondre.

Adrian : Merci.

Le 16 avril 1998, les extraterrestres ont donné à l'un de mes patients quatre portions de sang. Je leur ai demandé comment ils transfèrent réellement le sang en pratique.

Aliens : Nous insérons une ampoule contenant du sang dans le corps. L'ampoule a une valve et une aiguille microscopique qui injecte le sang dans un vaisseau sanguin principal. Chaque ampoule contient une portion de sang, qui est introduite dans le flux sanguin sur une période de 5 heures. Dans les cas où plusieurs doses de sang sont nécessaires, plusieurs ampoules sont insérées et activées les unes après les autres. En d'autres termes, une perfusion de quatre ampoules de sang serait administrée sur une période de 20 heures.

Adrian : Que se passe-t-il avec les ampoules une fois qu'elles sont vides ?

Aliens : Les ampoules sont faites de matériau dégradable et, avec le temps, elles se désintègrent et disparaissent.

Adrian : Est-ce votre seule méthode pour les transfusions sanguines ?

Aliens : Dans le cas où quatre ampoules de sang sont nécessaires, il est important de les introduire très progressivement afin de ne pas provoquer de choc dans le corps. Jusqu'à deux ampoules du sang à composition complète peuvent être injectées très lentement directement dans un vaisseau sanguin dans le cou.

Nous avons également des ampoules contenant soit du sang, soit des médicaments que nous implantons généralement dans l'organe du patient. Ces ampoules se décomposent lentement, libérant progressivement leur contenu.

Chapitre 20 : Traitements dans l'hôpital du vaisseau spatial extraterrestre

Il semble que la nuit, pendant que je dors profondément, il se passe des choses étranges. Des dépêches extraordinaires d'informations me parviennent à travers des rêves bizarres et, à la lumière du jour, j'éprouve le besoin de chercher une sorte de confirmation de ces événements nocturnes nettement gravés dans ma mémoire. Et donc, je parle avec Chaya. Au cours de nos conversations, l'une des choses qui est devenue évidente pour nous est que les extraterrestres sont capables d'une journée de travail plutôt longue, de 36 heures d'affilée. Ils ont besoin de très peu de repos ou de sommeil. Pour eux, la nuit est simplement une continuation du travail de la journée.

La créature à la fenêtre

En documentant les événements comme je le fais toujours, c'est le 6 avril 1997 qu'une chose étrange s'est produite au moment où je me réveillais. C'était très tôt le matin et je venais de reprendre conscience, pas encore tout à fait réveillé. En fait, je n'avais pas encore ouvert les yeux quand j'ai "vu" une fenêtre rectangulaire à ma droite, et derrière elle, la tête d'une créature qui regardait à travers. J'ai réussi à concentrer mon attention sur la fenêtre et j'ai pu voir la créature assez clairement. C'était un homme blanc, avec un visage humanoïde, une apparence agréable et des cheveux noirs raides. Ce n'était pas quelqu'un que j'avais déjà vu. Il avait une expression fade sur le visage et je pouvais distinguer des bandes blanches sur la vitre émanant comme des rayons du centre vers les côtés de la fenêtre. Je présumais que c'était la fenêtre d'observation de ma chambre depuis la zone stérile des extraterrestres. J'ai essayé d'entrer en contact avec la figure de la fenêtre, mais je n'ai reçu aucune réponse.

Plus tard dans la journée, quand j'étais chez Chaya, j'ai demandé à l'équipe médicale de se renseigner sur l'identité de la créature qui avait un œil sur ma chambre. Les extraterrestres Maya et Gidon ont répondu ceci:

Maya : Lorsque vous êtes en train de vous réveiller et que vous n'êtes pas encore pleinement conscient, votre esprit inconscient est clair, il n'y a pas de pensées parasites. Dans cet état, il vous est plus facile de voir à travers votre troisième œil.

Gidon : Ce que vous avez vu est la fenêtre qui donne sur votre chambre depuis notre couloir stérile. Je ne sais pas qui était celui qui regardait par la fenêtre.

Introduction à une nouvelle équipe médicale extraterrestre

L'un des rêves les plus étranges que j'ai jamais eus s'est produit au début de mon travail avec les équipes médicales extraterrestres. Pendant que je dormais, j'ai senti que trois extraterrestres étaient entrés dans ma chambre et me regardaient. Parmi eux se trouvait une femme avec des cheveux courts, droits et blonds qui ressemblait à un humain. Une autre créature était loin d'être humaine : elle était immense, mesurant plus de 3 mètres de haut et devait se pencher pour passer la porte. Je l'ai regardé, de la tête aux pieds. Sa tête ressemblait assez à celle d'un humain, à l'exception de pommettes larges et saillantes, qui étaient proportionnelles à son corps. Lorsque j'ai regardé l'immensité de ses hanches, vêtues d'un short, j'ai soudainement pris conscience de sa taille impressionnante et j'ai été rempli d'une montée d'anxiété. J'ai arrêté de le regarder.

Quelques jours plus tard, j'ai appris que le rêve était basé sur la réalité. La femme blonde était une médecin extraterrestre, elle a participé à certains traitements que j'ai réalisés pour des patients, chez moi. La créature immense est apparue plusieurs fois chez Chaya. Elle devait s'asseoir par terre pour pouvoir rester un certain temps dans la pièce. Elle portait des sandales à ses pieds, je n'ai pas osé demander leur taille.

Traitement d'un genou douloureux

Mon sommeil a été perturbé une nuit lorsque je me suis réveillé avec une douleur aiguë au genou droit. Une inflammation s'était propagée et me causait une douleur si intense que je ne pouvais pas me rendormir. Après avoir essayé des analgésiques sans effet, j'ai décidé d'être audacieux et de demander l'aide des extraterrestres. Je les ai appelés mentalement, lançant un SOS télépathique, et avant même de m'en rendre compte, j'étais endormi.

Le lendemain matin, je me souvenais d'un étrange rêve : une extraterrestre examinait mon genou. On me poussait en fauteuil roulant à travers de longs couloirs jusqu'à une grande pièce où je voyais du matériel et des étagères. Une étagère avait un bras posé dessus - je présume que c'était une prothèse. L'extraterrestre a demandé à un médecin s'il était libre de me traiter, puis j'ai ressenti une étrange sensation. J'étais assis avec les jambes écartées sur le côté. Ma jambe droite apparaissait deux fois, la deuxième version étant légèrement estompée, pendant qu'un médecin extraterrestre traitait mon genou. Je voulais lui dire d'être prudent car c'était très sensible. Il n'a pas réagi à ma demande télépathique, mais je n'ai ressenti aucune douleur.

Je continuais à ne ressentir aucune douleur lorsque je me suis réveillé le lendemain matin. Mon premier réflexe a été d'appeler Chaya et d'obtenir une sorte de confirmation. Selon les contacts de Chaya, ce n'était pas un rêve ; les extraterrestres avaient répondu à ma demande d'aide.

Démonstration d'un nouvel équipement

J'ai un compte rendu écrit d'un rêve particulièrement inhabituel. La plupart du temps, mes rêves s'évaporent et sont oubliés une fois que je suis réveillé, mais ce rêve en particulier était extrêmement présent. Pendant que je rêvais encore, j'avais le sentiment qu'il était important de m'en souvenir et j'ai enregistré mentalement tous les détails. Dès que je me suis levé, j'ai tout écrit et j'ai appelé Chaya pour obtenir une confirmation.

Chaya : Les extraterrestres te font des traitements pendant la nuit, car tu es occupé toute la journée. Ils te convertissent dans leur dimension et te transportent de ton lit à leur laboratoire.

J'ai dit à Chaya que je pensais que les extraterrestres m'avaient montré un nouvel équipement : un appareil de numérisation, semblable à un scanner CT. L'appareil, qui semblait combiner le son et la lumière, comprenait des émetteurs et des capteurs lumineux comme des lampes de poche avec des surfaces perforées comme sur les haut-parleurs. Ces "lampes de poche" étaient installées dans les coins de la pièce. On m'a fait une démonstration de leur fonctionnement sur une personne qui se tenait en face de moi. Soudain, j'observais une image tridimensionnelle, colorée et nette avec les organes internes de la personne.

Chaya : Ils faisaient la démonstration d'un nouvel équipement qu'ils ont récemment reçu. Les extraterrestres disaient que tu étais aussi peu concentré et malléable qu'un morceau de viande qu'ils pouvaient te manipuler à leur guise.

Je me souvenais leur avoir demandé de me prendre en photo aussi. Les extraterrestres m'ont dit de me tenir dos à l'une des lampes de poche qui ressemblait cette fois-ci à un bec ou à un haut-parleur portatif. J'ai clairement vu mes organes internes, puis j'ai été allongé sur une table de traitement et traité par un extraterrestre utilisant un appareil vibrant sur mon front. J'ai ressenti l'appareil masser mon front et obscurcir ma conscience.

Chaya : Les extraterrestres ont fait la démonstration de leur nouvel équipement pour toi et ils t'ont fait un léger traitement sur ton troisième œil. Plus tard, lorsque je me suis levé de la table de traitement, j'ai eu l'impression d'être nu et j'ai eu besoin de m'habiller.

Chaya : Les extraterrestres ont enlevé tes vêtements pour leur examen.

Après cela, je suis passé devant une pièce où j'ai aperçu de la chair humaine, quelque chose comme un grand ventre, semblable à celui d'une femme enceinte de neuf mois. La vue m'a répugné et je me suis rapidement dirigé vers la pièce suivante où j'ai vu un extraterrestre étudier un morceau de chair qui ressemblait à un genou détaché. J'ai vu quatre boîtes transparentes carrées contenant un liquide rouge brunâtre. Apparemment, sur le chemin du retour, je passais devant des salles où des recherches médicales étaient menées. Ce n'est que des mois plus tard que j'ai commencé à comprendre ce que j'avais vu : les extraterrestres travaillaient sur des cadavres.

Adrian : D'où avez-vous obtenu les cadavres ?

X3 : Ce sont les corps de personnes récemment décédées. Leurs esprits nous ont donné la permission d'utiliser leurs corps après leur mort à des fins de recherche médicale.

Traitement médical dans le vaisseau spatial
Un membre de ma famille est tombé malade et a été hospitalisé pendant une période prolongée, alors j'ai demandé l'aide aux extraterrestres. Ils sont allés à l'hôpital pour l'examiner et, après consultation, en sont arrivés à la conclusion suivante :

X3 : Les équipements que nous avons ici sur Terre sont insuffisants pour la traiter. Elle a besoin de subir une série d'opérations compliquées qui ne sont possibles que dans une salle d'opération avancée comme celle que nous avons dans notre hôpital du vaisseau spatial.

Nous évitons généralement d'amener des humains dans le vaisseau spatial en raison du danger d'introduire des polluants infectieux, mais dans des cas spéciaux, sous réserve d'obtenir une autorisation spéciale, cela a été fait.

Adrian : Pouvez-vous demander une autorisation maintenant ?

X3 : Nous l'avons déjà demandé et la permission a été refusée ; mais nous allons redemander.

Si je pensais que la Terre seule était affligée par la bureaucratie et les formalités administratives, je me trompais. La demande a été transmise du sous-comité au comité supérieur, et elle a été refusée. La demande a été représentée et il a fallu encore quelques semaines avant que nous obtenions enfin une réponse indiquant que la permission avait été accordée. Le prochain obstacle était dû au besoin d'équipements spéciaux adaptés pour opérer sur des humains, qui devaient être commandés et livrés. Une préparation supplémentaire pour l'événement consistait à construire des couloirs stériles reliant le lit d'hôpital terrestre du patient à l'endroit de l'espace où l'hôpital spatial pourrait se poser.

X3 : Il nous a fallu une semaine pour construire les couloirs stériles ; nous espérons que le patient ne sera pas déplacé de sa chambre d'hôpital actuelle pendant nos traitements. Les traitements auront lieu la nuit pendant que le patient dort : son corps sera converti de votre dimension à la dimension des extraterrestres et transféré dans le vaisseau spatial. Pour cela, ils ont besoin d'un accès facile à elle et d'un environnement stérile du vaisseau spatial à son lit.

Adrian : Que faisiez-vous lors de votre examen initial d'elle, avant la construction des couloirs stériles ?

X3 : Nous portions des combinaisons de protection.

Adrian : Le patient était-il conscient d'être traité ou examiné ?

X3 : Nous avons communiqué télépathiquement avec son subconscient. Nous nous sommes présentés en tant que médecins venus pour l'aider. Nous pensons qu'elle nous a également vus car elle a demandé de quelle planète nous venions et a accepté de coopérer avec nous.

Adrian : Se souviendra-t-elle de sa conversation avec vous et du traitement ?

X3 : Si elle se souvient de quelque chose, cela lui semblera comme un rêve étrange. À notre grande surprise, lors de notre prochaine visite à la patiente, elle nous a parlé d'un étrange rêve qu'elle avait fait dans lequel des personnes vêtues d'uniformes étranges apparaissaient et elle a décrit d'autres détails remarquables à leur sujet. Juste pour information, personne ne lui avait jamais parlé d'extraterrestres.

Préparation pour le traitement dans le vaisseau spatial

Au crépuscule du 2 juin 1997, alors que j'étais assis chez moi en train de regarder la télévision, j'ai soudain ressenti une sensation forte et profonde dans la veine de mon bras gauche juste au-dessus du poignet.

La douleur, qui ressemblait à une pression contre la veine, a duré quelques minutes et j'ai eu l'intuition que les extraterrestres me faisaient une injection. Je me sentais extrêmement fatigué, ce qui renforçait mes soupçons. Je me suis levé, je suis allé dans la chambre à coucher et je me suis assis sur mon lit. Je me suis mis dans un état de méditation et j'ai immédiatement vu des corridors d'extraterrestres. Les murs brun orangé des corridors semblaient être faits d'un matériau mince et flexible, et les corridors étaient comme des tunnels mobiles. J'ai observé les extraterrestres les déplacer vers moi pour que mon lit et moi soyons à l'intérieur. J'ai vu ce qui ressemblait à deux petites bonbonnes de gaz sur le sol et j'ai demandé aux extraterrestres à quoi elles servaient.

Adrian : À quoi servent les bonbonnes de gaz ?

Extraterrestre : Elles contiennent du gaz réfrigérant. Pendant le processus de conversion du corps humain dans notre dimension, le corps se réchauffe et doit être refroidi. À ce moment-là, mes enfants sont entrés dans la pièce en faisant beaucoup de bruit, et j'ai été contraint d'interrompre la communication télépathique. Je me suis allongé sur le lit et je me suis endormi. Le lendemain matin, j'ai appelé Chaya pour obtenir une confirmation.

Chaya : La nuit dernière, vers 2 heures du matin, les extraterrestres t'ont emmené pour un traitement sur leur vaisseau spatial.

Ils ont testé tes reins et ont effectué un rééquilibrage général de tous les systèmes de ton corps. Ils sont satisfaits du résultat du traitement. Ils ont commencé à te préparer pour le traitement vers 22h30 en t'injectant une substance tranquillisante par voie intraveineuse.

Adrian : J'ai vu des corridors et des bonbonnes de gaz.

X3 : En effet, les corridors stériles et les bonbonnes de gaz réfrigérant étaient réels.

Adrian : Avec qui communiquais-je le soir ?

X3 : Il s'agissait des techniciens qui te préparaient.

Adrian : Quel genre de gaz était-ce ?

X3 : C'est un gaz similaire au gaz fréon et il était utilisé pour refroidir ton corps pendant que nous te "transportions" dans la tente que nous avons déployée autour de toi. La température corporelle augmente de 10 à 12°C pendant et après le processus de conversion en raison de l'accélération de la matière. Ensuite, nous t'avons placé dans une chambre de pression et transféré vers le haut dans la salle stérile du vaisseau spatial, puis dans une autre pièce.

Le 3 juin 1997, l'équipe médicale extraterrestre m'a traité dans la clinique de Chaya. L'équipe était composée de X3, Maya, Gidon et Miki (l'extraterrestre très grand).

Adrian : Comment expliquez-vous le fait que la partie de mon corps que vous emmenez dans le vaisseau spatial subit une chirurgie, tandis que la partie qui reste dans mon lit dort et se lève occasionnellement pour aller aux toilettes ?

X3 : Je suis désolé, je ne peux pas l'expliquer. Nous ne connaissons pas tout. Nous sommes juste des médecins qui utilisent la procédure de conversion.

Miki : D'une certaine manière, nous créons un duplicata de ton corps. Les deux corps sont capables de fonctionner normalement.

Adrian : Que se passe-t-il lorsque les deux parties du corps sont réunies ? Comment la partie qui a subi la chirurgie se combine-t-elle avec celle qui ne l'a pas fait ?

Miki : Les deux parties sont en réalité connectées en permanence. Lorsque le duplicata dans le vaisseau spatial subit une chirurgie, c'est comme si la copie qui est restée derrière était modifiée de la même manière. Disons que la division est la suivante : un quart reste à sa place et le reste est emmené dans le vaisseau spatial.

Adrian : Quel est le poids de la partie qui est restée à sa place ?

Miki : Le poids reste le même, mais malgré cela, la partie qui a été emmenée dans le vaisseau spatial est plus lourde en raison de l'écoulement accéléré du temps chez nous.

Adrian : Y a-t-il une limite à la distance à laquelle les deux parties peuvent être séparées l'une de l'autre ?

Miki : Il y a une limite à la distance, et il y a une limite à la durée pendant laquelle elles peuvent être séparées. Les deux parties du corps ne peuvent être séparées que pendant quelques heures à la fois.

Adrian : Que se passe-t-il si la limite de temps est dépassée ?

Miki : Le corps qui reste en bas pourrait être endommagé.

Adrian : Pourquoi ne convertissez-vous pas 100 % du corps et ne l'emportez-vous pas entièrement dans le vaisseau spatial ?

Miki : Nous ne pouvons pas le faire. Si nous le faisions, nous nous convertirions nous-mêmes dans votre dimension.

Adrian : Si j'arrivais sur votre vaisseau spatial avec mon corps physique actuel, en voyageant à bord d'un vaisseau spatial conventionnel fabriqué par l'homme, que verrais-je à travers ma vision physique normale?

Miki : Le vaisseau spatial apparaîtrait comme une vision floue.

Adrian : Y a-t-il des extraterrestres qui font des recherches sur les humains dans notre univers, dans la même dimension que nous ?

Miki : Dans la Corporation des Civilisations à laquelle nous appartenons, il y a aussi des extraterrestres qui existent dans la même dimension que les humains et qui sont impliqués dans divers projets de recherche sur la Terre. Cependant, ils ne travaillent pas directement avec nous ; seuls les extraterrestres de notre dimension travaillent directement avec nous.

Adrian : Il est difficile de travailler avec des extraterrestres que l'on ne peut pas voir. J'aimerais pouvoir voir des extraterrestres de mes propres yeux.

Miki : Je ne suis pas sûr que ce soit une bonne idée. Comment réagiriez-vous en voyant un extraterrestre mesurant 4 mètres de haut?

Adrian : Je me suis déjà habitué à travailler avec des extraterrestres et, avec le temps, j'ai développé une confiance en eux.

Miki : Je suis sûr qu'il y aura une opportunité pour vous et Chaya de rencontrer des extraterrestres qui existent dans votre dimension d'ici 4 à 5 ans.

Rééducation du foie

Ma mère a été hospitalisée dans un état grave. Elle avait une forte fièvre, des frissons et une terrible douleur dans la région du foie. Le diagnostic a révélé une infection bactérienne dans le sang et elle a été placée dans le service de médecine interne où elle a été traitée avec différents antibiotiques pendant un mois.

Son état s'est détérioré jusqu'à ce que finalement, les médecins m'ont dit qu'elle souffrait de cirrhose du foie à la suite d'une infection sévère. J'ai demandé aux extraterrestres de vérifier.

Ils ont répondu immédiatement et ont effectué des tests. Le lendemain, ils m'ont informé que son état était très grave. En plus de l'infection bactérienne, les trois quarts de son foie étaient gravement endommagés, donc ils ont décidé de lui donner un traitement intensif immédiat pendant son hospitalisation. Ils ont dit qu'ils avaient des méthodes éprouvées pour réhabiliter un foie endommagé et ont fait appel à une équipe spécialisée dans cette procédure.

J'ai continué à lui rendre visite tous les jours et de temps en temps, j'ai aperçu des extraterrestres qui la traitaient. Ma mère était assise dans son lit, et à la tête du lit, j'ai vu une créature qui ressemblait à un humain avec une table haute à côté de lui. Sur la table se trouvaient différents équipements, tels que des seringues et des tubes. J'ai vu deux tubes transparents fixés sur les côtés de l'estomac de ma mère, dans la région du foie.

Lors de ma visite suivante, j'ai vu une sorte de tente tout autour d'elle, apparemment pour assurer la stérilité, faite d'un matériau synthétique, blanc brillant. À côté de la région du foie se trouvait un oreiller fait du même tissu et l'extraterrestre qui la traitait était également vêtu du même tissu. Il portait des lunettes sans monture teintées en brun avec des verres qui n'étaient pas entièrement transparents et très épais. La moitié supérieure des lunettes était dissimulée derrière le tissu blanc brillant qui recouvrait sa tête. Il semblait occupé à faire quelque chose du côté droit de l'estomac de ma mère.

J'ai eu l'impression que quelque chose était ouvert dans la région du foie car j'ai ressenti une large incision et la chair était écartée par un moyen mécanique, je suppose, pour exposer le foie. L'extraterrestre utilisait un outil ressemblant à des petites pinces pour découper le foie et enlever quelque chose qu'il me montrait. J'ai compris que c'était une partie morte du foie.

Tout au long de ma visite, je l'ai observé opérer. Derrière les lunettes brun foncé, j'ai entrevu d'énormes yeux, clairs et de couleur brun clair, et au milieu, il y avait une ombre jaune, peut-être la pupille.

Apparemment, ses yeux étaient trop sensibles à l'intensité de la lumière et nécessitaient des lunettes de protection.

Je n'ai pas réussi à communiquer avec lui, mais il a fait des gestes qui me montraient qu'il était conscient de ma présence.

Le lendemain, lorsque je suis arrivé pour ma visite, la tente stérile n'était plus là. Ma mère était assise dans son lit, comme d'habitude. À la tête du lit, là où se trouvait le mur de la chambre d'hôpital, j'ai vu une petite armoire, apparemment pour du matériel médical, avec deux extraterrestres qui semblaient s'ennuyer assis derrière, regardant l'écran du matériel médical. J'avais l'impression qu'ils lisaient un journal.

Le jour suivant, lors de ma visite, je n'ai rien vu et j'ai eu l'impression que ma mère était seule. J'ai essayé d'établir un contact.

Extraterrestres : Il est très inconfortable pour nous de travailler dans votre hôpital. Nous n'avons pas notre environnement naturel et ce n'est pas stérile. Nous apportons du matériel portable que nous plaçons entre les lits et devons utiliser beaucoup d'équipement de protection. Nous étions impatients de revenir dans notre environnement protégé. Nous préférons traiter les gens chez eux car nous trouvons cela beaucoup plus confortable.

Je suis arrivé lors de ma prochaine visite et je me suis assis en face de ma mère. J'ai essayé de m'ouvrir à d'autres dimensions pour voir s'il y avait des extraterrestres là-bas. J'ai ressenti une femme qui ressemblait à une infirmière, marchant dans les airs à l'extérieur du bâtiment de l'hôpital, juste derrière le mur près de la tête du lit de ma mère. Il y avait une rambarde mince entre nous et l'infirmière. J'ai discuté avec ma mère et, pendant que nous parlions, j'ai vu l'infirmière s'appuyer sur la rambarde et nous observer.

Je n'étais pas vraiment sûr de ce que je voyais et je pensais que cela pouvait être le reflet d'infirmières réelles que j'avais vues, émanant de mon subconscient. Puis l'infirmière a été rejointe par une autre figure et toutes les deux se sont tenues debout et nous ont observés. J'avais l'impression qu'elles n'avaient pas grand-chose d'autre à faire que d'attendre et d'observer.

J'ai soudain réalisé que c'était l'équipe qui surveillait les progrès de ma mère. J'ai demandé des informations aux extraterrestres car je voulais comprendre et j'ai reçu une image mentale d'une petite soucoupe volante stationnée dans les airs à côté du mur de l'hôpital.

Un troisième extraterrestre, qui semblait être un homme, était assis au milieu du vaisseau spatial en face d'un panneau de contrôle. Apparemment, les extraterrestres surveillaient l'état de ma mère grâce à leurs équipements sur le vaisseau spatial.

J'ai essayé de me concentrer sur le panneau de contrôle et j'ai eu l'image d'un des boutons : c'était un bouton central noir, entouré de huit feuilles en plastique marron disposées en forme de fleur.

Au début, l'idée que trois extraterrestres et un vaisseau spatial soient employés pour surveiller constamment ma mère semblait déraisonnable, mais ensuite je me suis rappelé que leur présence ici avait pour but d'apprendre comment traiter médicalement les humains. J'ai supposé que le traitement et le suivi observationnel sur une longue période faisaient partie du processus d'apprentissage et du travail continu qu'ils effectuaient ici.

Malgré le traitement intensif à l'hôpital, l'état de ma mère continuait de se détériorer. Les systèmes de son corps ne fonctionnaient pas à plein régime et elle commençait à perdre rapidement du poids.

Les médecins humains m'ont préparé au pire. "Elle n'a aucune fonction hépatique", était leur message principal. Je me suis tourné vers les extraterrestres.

Adrian : Avez-vous réussi à réhabiliter son foie ?

X3 : Oui. Nous avons traité l'infection. Nous avons retiré les tissus endommagés du foie et nous avons implanté de nouvelles cellules hépatiques. Selon notre évaluation, le foie va guérir. Nous avons eu des expériences très réussies dans le traitement du foie.

Adrian : Alors pourquoi les médecins ici me disent-ils qu'elle est sur le point de mourir ?

X3 : Parce qu'elle souffre de malnutrition. Trop de cellules du corps sont mortes et le corps ne peut pas récupérer. Sa seule chance est une implantation massive de cellules fœtales dans tout le corps. Nous ne pouvons le faire que dans notre salle d'opération sur le vaisseau spatial.

Êtes-vous d'accord pour que nous procédions à cette intervention?

Adrian : Oui. Elle n'a pas d'autre option.

X3 : En raison de la gravité du cas, nous avons obtenu une autorisation immédiate des autorités pour l'amener à bord du vaisseau spatial pour un traitement.

Elle subira une série de traitements au cours desquels des cellules fœtales seront implantées dans tout le corps pour remplacer les cellules mortes. Dix-huit chirurgiens seront impliqués pendant plusieurs heures dans une procédure chirurgicale difficile à expliquer pour moi.

Adrian : Comment les cellules sont-elles implantées ?

X3 : Nous avons un appareil spécial qui implante de nouvelles cellules pour remplacer les cellules mortes.

Adrian : Les implantez-vous une cellule à la fois ?

X3 : Non. Elles sont implantées par groupe, par exemple, dix à la fois. L'appareil fonctionne rapidement et efficacement.

Je ne sais pas où j'ai trouvé la force émotionnelle pour traverser cette période. Les médecins humains comptaient ses jours, tandis que les extraterrestres s'occupaient d'implanter les cellules. Les jours passèrent et les médecins furent étonnés de voir que l'état de ma mère commençait à s'améliorer. Elle a commencé à prendre du poids progressivement et ses fonctions corporelles se sont stabilisées. Les extraterrestres avaient réussi.

X3 : Les résultats optimaux de l'implantation de nouvelles cellules sont obtenus sur une période de 6 mois.

Comme prévu, un an après l'événement, ma mère s'épanouit. Inutile de dire que les fonctions de son foie sont parfaitement normales.

Chapitre 21 : Au-delà de la vitesse de la lumière

Chaque fois quand je rentre en contact avec les extraterrestres, je mets un point d'honneur en leur demandant d'où ils viennent et combien de temps ils ont mis pour arriver ici, sur Terre. La réponse la plus fréquente est qu'ils viennent d'une galaxie lointaine et que le voyage vers la Terre a pris plusieurs semaines. Vous n'avez pas besoin d'être Einstein pour comprendre que cela est en complète contradiction avec ce que nous savons sur la vitesse de la lumière et sa limite maximale. Même s'ils avaient voyagé près de la vitesse de la lumière, le voyage aurait pris des milliers d'années. Leur réponse ne pouvait être logique que si seulement ils avaient voyagé plus vite que la vitesse de la lumière.

C'était au début de l'année 1996 que j'ai reçu ma première explication à ce sujet d'un extraterrestre. Vers la fin de 1997, j'ai posé ma question à nouveau, cette fois-ci au Centre de Communication et j'ai reçu une réponse plus détaillée.

Explications initiales

Adrian : Comment voyagez-vous plus vite que la vitesse de la lumière ?

Extraterrestre : Nous voyageons à une vitesse proche de la vitesse de la lumière, puis nous effectuons une déviation de 90 degrés, également à une vitesse se rapprochant de celle de lumière, en nous séparant de l'espace qui est autour de nous. Quiconque a observé des OVNIS, a vu que juste avant que le vaisseau spatial ne disparaisse de vue, il se déplace très vite, fait un virage à 90 degrés et disparaît ensuite. En réalité nous ne rapprochons pas de la vitesse de la lumière, nous restons au même endroit et l'espace voyage autour de nous. Les extraterrestres peuvent réaliser cette technique sans l'utilisation d'un équipement, en employant une glande de la cavité crânienne qui est activée. Cette glande existe aussi chez les humains, bien qu'elle soit inconnue et non exploitée sur Terre. En complément de l'activité de cette glande, nous avons besoin du vaisseau spatial qui nous entoure pour protéger nos corps.

Adrian : Comment vous vous séparez de l'espace autour de vous?

Extraterrestre : La matière et l'énergie, telles que nous les connaissons, existent par rapport à l'espace. L'espace peut être comparé à une gelée ou à un réseau dans lequel les vibrations à travers lui constituent l'énergie dont toute la matière est composée. En faisant un virage à 90 degrés, nous nous détachons de ce réseau.

Une fois détachés, les contraintes de vitesse de la lumière ne s'appliquent plus et nous sommes libres de nous déplacer vers n'importe quel point sans aucune limitation.

Adrian : Le frottement avec l'espace mène à deux phénomènes : l'un est l'accélération / décélération et l'autre est la relativité. La loi de l'inertie dit qu'un corps en mouvement aura une vitesse constante à moins d'agir sur lui. Si la vitesse d'un corps en mouvement change, cela doit impliquer une énergie supplémentaire.

Extraterrestre : Cette loi est basée sur le fait qu'un corps, ou une masse, est impliqué dans une interaction réciproque avec l'espace. L'espace permet un mouvement ondulatoire en le traversent, comme le mouvement constant des ondes électromagnétiques. Le mouvement de la masse à travers l'espace prend également la forme de mouvements lents, ondulatoires. Un changement de la vitesse nécessite un changement des niveaux d'énergie parce que l'interaction avec l'espace se modifie. Le mouvement ondulatoire a besoin d'énergie, par exemple une onde plus rapide a besoin de plus d'énergie qu'une onde lente. Chaque changement de vitesse implique un changement dans la quantité d'énergie dépensée.

Adrian : Quelle est la source des phénomènes de la relativité ?

Extraterrestre : À mesure que nous nous déplaçons plus vite par rapport à l'espace, nous créons des frottements avec lui, ce qui conduit au phénomène de relativité. Le terme frottement n'est pas tout à fait approprié pour bien expliquer le phénomène réel, mais il est correct pour le moment jusqu'à ce que vous receviez des informations plus détaillées.

Adrian : Pourquoi y a-t-il une limite à la vitesse de la lumière?

Extraterrestre : La vitesse de la lumière est perçue en fonction de l'espace, c'est-à-dire que c'est la plus grande vitesse que l'espace puisse supporter le mouvement de la matière à travers lui, ce qui est la raison de la limite pour la propagation des ondes électromagnétiques. Cette valeur est en fonction des vibrations de l'espace.

Adrian : Comment se fait le voyage des extraterrestres après qu'ils se sont détachés de l'espace ?

Extraterrestre : Après s'être détachés eux-mêmes du réseau vibratoire de l'espace, ils voyagent encore à travers l'espace, mais maintenant sans aucun frottement, ni résistance. C'est pourquoi ils peuvent voyager à n'importe quelle vitesse, à une valeur qu'ils choisissent.

Adrian : Comment gèrent-ils l'accélération et la décélération ? Les passagers des vaisseaux spatiaux ne sentent-ils pas des effets au moment du déplacement ?

Extraterrestre : Une fois le détachement du réseau spatial accompli, le problème de l'accélération et de la décélération disparaît.

Les passagers ne se font pas écraser avec une accélération trop élevée, à des valeurs de plusieurs milliers de fois supérieures à la vitesse de la lumière, car les effets de l'accélération et de la décélération sur une masse sont des effets secondaires des propriétés du réseau spatial. Si vous quittez le réseau pour qu'il n'y ait pas de frottement, il n'y a plus de tels phénomènes.

Adrian : Un vaisseau spatial se détache lui-même du réseau spatial, comment est-ce possible ? L'énergie et la matière dont le vaisseau est constitué sont des éléments de l'espace vibratoire.

Extraterrestre : Ce phénomène s'explique, si vous voulez, comme si nous découpions un morceau de l'espace et le prenions avec nous - une sorte de bulle d'espace. Ce n'est pas une explication précise, mais cela vous donne une sorte d'idée pour le moment. Nous créons un micro-cosmos dans le vaisseau spatial qui est totalement détaché du cosmos extérieur. Le système qui est créé ainsi est autonome et il n'a pas besoin d'énergie extérieure. Parce qu'il n'a pas besoin à consommer de l'énergie, seulement des niveaux faibles d'énergie sont nécessaires pour atteindre des vitesses très élevées.

Adrian : Comment équilibrez-vous l'interaction réciproque entre l'espace et le vaisseau spatial ?

Extraterrestre : Chaque quantum est une onde de l'espace. Un ensemble de quanta constitue une particule. Les quanta dans une particule s'annulent partiellement un avec l'autre, tandis que le reste interagit avec d'autres particules ou avec l'espace. Dans notre vaisseau spatial, nous parvenons à faire une annulation presque parfaite de l'interaction entre la matière et l'espace. Ainsi, le mouvement dans l'espace est possible sans aucun frottement et sans aucun phénomène d'accélération ou décélération.

C'est la principale règle. La mise en œuvre de cette technique implique une énergie nucléaire : chaque vaisseau spatial contient un type spécial de réacteur nucléaire. De plus, nous utilisons des cristaux spéciaux caractérisés par un système ordonné de particules et une interactivité réciproque avec l'espace bien définie, qui représente précisément ce que nous exploitons. Certaines manipulations de la structure des cristaux leur permettent d'annuler l'interaction avec l'espace et réduire le frottement à zéro. Le même mécanisme est utilisé pour créer du mouvement. Dans nos termes, l'annulation des interactions réciproques avec l'espace est équivalent à la perte de masse du vaisseau spatial.

Adrian : Votre vaisseau spatial perd sa masse ?

Extraterrestre : Les humains supposent que la masse provient de la masse des protons et des neutrons qui constituent le noyau d'un atome. Plus il y a des atomes, plus la masse est grande. En fait, chaque atome crée un frottement identique avec l'espace.

Si vous étiez capable de comprendre exactement ce qu'est le frottement et comment l'annuler, vous pouviez neutraliser l'effet de masse, c'est-à-dire la gravitation, l'accélération et la décélération. Pour faire cela, vous devez comprendre la structure de la matière et comprendre la masse comme un phénomène ondulatoire à plusieurs dimensions. Une fois que vous pourriez décrire la masse en ces termes, vous pourriez appliquer le concept de son annulation et de le mettre effectivement en œuvre.

Adrian : Pouvez-vous expliquer le concept de bulle d'espace ?

Extraterrestre : Mon explication n'est que sur les principes généraux. Nous savons que la mise en œuvre de l'une de ces idées est bien au-delà des capacités humaines à l'heure actuelle.

Une structure ordonnée des cristaux dans laquelle tous les atomes sont disposés dans une direction uniforme crée une interaction spécifique et définie avec l'espace. Certains types de cristaux avec une structure particulière se transforment dans des types particuliers de fonctions d'onde qui peuvent être calculés avec précision.

Si nous créons des vibrations au long de plusieurs plans à l'intérieur du cristal et aussi au long des lignes du mouvement mécanique et de l'activité électrique dans le cristal, alors nous influençons l'interaction du cristal avec l'espace. Il est important de refroidir le cristal à très basse température afin de minimiser le mouvement aléatoire des atomes.

Une autre caractéristique importante est la supraconductivité qui permet une grande vitesse de déplacement des particules sans montée en température. L'induction de champs forts dans la structure du cristal provoque aux atomes un comportement différent. Sans se détacher du système cristallin, les atomes développent des caractéristiques particulières appelées vibrations spatiales. Ce genre de vibrations et d'énergie est encore inconnue de l'homme. Au niveau atomique, ces vibrations sont exploitées pour produire des champs et activer certains systèmes spatiaux interactifs. Le mécanisme global crée une bulle d'énergie dans l'espace qui perturbe le continuum spatial et crée un trou. Le trou peut alors traverser l'espace avec une résistance nulle et la bulle (et tout ce qu'elle contient, comme le vaisseau spatial) peut se déplacer dans l'espace comme le mouvement d'une onde électromagnétique, mais à une vitesse légèrement plus lente. Sous l'influence de la bulle et à l'aide d'une poussée à 90 degrés, nous pouvons réussir à devenir complètement détachés de l'espace.

Une seconde explication

En septembre 1997, je suis revenu à la question de savoir comment les extraterrestres voyagent plus vite que la vitesse de la lumière.

La théorie de la relativité d'Einstein décrète clairement que rien ne peut se déplacer plus vite que la vitesse de la lumière.

Même à des vitesses proches de la vitesse de la lumière, des phénomènes étranges apparaissent, comme la décélération du temps. Un vol vers la planète Sirius, à des années-lumière de la Terre, et le retour dans le même vaisseau spatial, contredit de manière flagrante les lois de la relativité - des lois qui ont résisté à l'épreuve d'innombrables expériences scientifiques.

Un autre problème concerne l'accélération et la décélération. Supposons que les extraterrestres aient la capacité technologique d'atteindre des vitesses astronomiques. Comment fonctionne le vaisseau spatial pour résister à l'accélération et à la décélération résultant de tels vols? De mon expérience personnelle en volant avec des extraterrestres vers Sirius (informations auxquelles j'ai accédé via un processus de régression par la méditation) il n'y avait aucune sensation d'accélération ou de décélération.

Une chose importante doit être rappelée. Les extraterrestres dont nous parlons existent dans une dimension complètement différente que nous et dans un autre univers. Peut-être les contraintes physiques dans leur univers ne sont pas les même que chez nous. Je pensais que la question valait la peine de la poser, ainsi qu'une autre question connexe - à savoir si les caractéristiques de la vitesse de la lumière sont universelles et si elles appartiennent à l'espace universel ou sont propres aux caractéristiques de la matière uniquement dans notre univers ?

Le 3 septembre 1997, je leur ai posé mes questions.

Adrian : Contact, s'il vous plaît, Centre de Communication. C'est Adrian ici. Suis-je entendu ?

Centre de communication : Avec difficulté.

Adrian : Vous m'entendez mieux maintenant ?

Centre de communication : Oui. Parle clairement.

Adrian : J'aimerais demander des informations techniques au Centre.

Centre de communication : Un instant, s'il vous plaît, nous allons vous mettre en contact avec un informaticien (IT). Il est là.

IT : Oui, Adrian. Que voudriez-vous savoir ?

Adrian : Je voulais savoir plus sur votre mode de voyage dans l'espace. Comment voyagez-vous à travers de si grandes distances à des vitesses supérieures à la vitesse de lumière ? Selon nos théories et notre compréhension, ce n'est pas possible. Est-ce que vous voyagez plus vite que la vitesse de la lumière ?

IT : Selon vos termes, oui, c'est ce qu'il semble être comme ça.

Adrian : Que se passe-t-il réellement, alors ? Le passager d'un de vos engins spatiaux ne ressent aucun mouvement. C'est comme si le vaisseau spatial se tenait au même endroit tout au long du trajet. Comment vous faites ça ?

IT : Nous avons des systèmes d'induction de mouvements multi dimensionnels, difficiles à expliquer en termes physiques. La masse entière du vaisseau spatial se déplace dans une autre dimension équivalente et revient dans la dimension initiale à la destination.

Adrian : Il n'y a pas du tout d'accélération ou de décélération ?

IT : Non, aucune. Il y a une sortie et une entrée et c'est tout.

Adrian : Qu'en est-il des problèmes posés par la théorie de la relativité ?

IT : Nous les avons résolus en entrant dans une autre dimension. Les limitations qui existent dans votre environnement sont aussi pour nous.

Adrian : La vitesse de la lumière est-elle aussi un facteur limitant pour vous, les problèmes d'accélération, de décélération et les limitations de la vitesse de la lumière, dans les termes de la relativité ?

IT : Ces limitations ne s'appliquent qu'à l'énergie et à la matière qui reste dans un seul plan spatial. Si elle se déplace vers une autre dimension de l'espace, elle n'est plus concernée par ces limitations.

Adrian : Dans cet autre espace équivalent, ces limitations n'existent pas ?

IT : Il y a d'autres limitations que je n'aborderai pas maintenant, mais la vitesse de la lumière n'en fait pas partie.

Adrian : Alors, que se passe-t-il ? Vous entrez dans un vaisseau spatial, vous décidez d'un point de destination et vous appuyez sur ON. Alors que se passe-t-il ensuite ?

IT : Le vaisseau spatial chauffe et passe d'une dimension à une autre dimension équivalente, se détachant de l'espace d'origine. Une fois qu'il s'est détaché, il peut se déplacer à n'importe quelle vitesse sans aucun des effets connus.

Adrian : Est-ce que le vaisseau spatial disparaît de l'espace ou de la dimension d'origine ?

IT : Oui.

Adrian : Que voit-on à travers les fenêtres du vaisseau spatial dans cet espace alternatif ?

IT : Vous ne voyez rien avec un œil ordinaire, simplement le vide absolu - pas d'étoiles, pas de masse de toute nature. Il y a quelque chose, mais ce n'est pas important de vous en parler pour le moment.

Pensez juste en termes de vacuité absolue. Avec l'aide de nos équipements nous rentrons dans le vrai espace à travers lequel nous voyageons, à faible niveau d'énergie. En absence de tout frottement ou résistance de l'espace, le plus petit impulse vers une direction particulière nous propulse à des niveaux de vitesses astronomiques, mais on ne sent rien.

Adrian : Vous dites donc que vous êtes soumis aux mêmes contraintes physiques que nous ?

IT : Oui.

Adrian : Mais vous avez découvert un espace alternatif et comment voyager à travers lui ?

IT : Oui.

Adrian : Mon amie Chaya a mentionné que des extraterrestres avaient un problème pour atteindre la Terre à cause d'un trou noir sur le chemin. Est-ce vrai ?

IT : Oui, ça l'est. Il existe de forts champs gravitationnels à cause des trous noirs et ils déforment l'espace alternatif. Des solutions supplémentaires ont dû être trouvées.

Adrian : Alors il y a quelque chose dans l'espace alternatif.

IT : Il y en a.

Adrian : Ce que vous faites, c'est de convertir tout le vaisseau spatial dans une dimension spatiale vibratoire différente ?

IT : Oui.

Adrian : Cet espace alternatif a des caractéristiques différentes?

IT : Exactement.

Adrian : Je suppose que vous pouvez le comparer à un sous-marin qui va du mouvement dans l'eau au vol dans l'air ?

IT : Exactement. Dans l'air, il y a moins de résistance que le mouvement que dans l'eau.

Adrian : Quelle est la vitesse de la lumière dans la dimension des extraterrestres par rapport à sa vitesse dans notre dimension ?

IT : Tous les paramètres sont différents. Je ne peux pas traduire les unités pour vous en ce moment. La vitesse de la lumière a des valeurs différentes dans la dimension des extraterrestres, mais néanmoins, la vitesse de la lumière ne représente pas une barrière. Nous convertissons le vaisseau spatial dans une dimension dans laquelle il n'est pas de barrières, où les contraintes sont négligeables.

Adrian : Selon vous, les limitations de la vitesse de la lumière sont basées sur les caractéristiques de l'énergie, des vibrations au long des cordes ou de réseaux localisés ?

IT : Vous comprenez bien. Il y a des positions spécifiques dans l'espace dans lesquelles les limitations sont différentes.

Adrian : La conversion d'une dimension à une autre est-elle une technologie de base dans votre monde ?

IT : Oui, et elle sera aussi pour vous, à l'avenir.

Adrian : Chaya parle d'une transformation numérique mais il s'agit en fait de conversions des systèmes depuis d'autres dimensions.

IT : Quelque chose comme ça.

Adrian : Que pouvez-vous me dire d'autre ?

IT : Quoi que vous demandiez, je vous le dirai.

Adrian : Si un vaisseau spatial entier est converti dans une autre dimension, reste-il dans un état stable ?

IT : Non. Beaucoup d'énergie, en fait la plupart de l'énergie utilisée, est nécessaire pour accomplir la conversion. La difficulté est de convertir l'ensemble du vaisseau spatial en une seule fois sans dommage, de maintenir son état converti tout au long du vol, et puis le ramener à la dimension initiale lorsque le voyage est terminé. L'équipage du vaisseau spatial ne doit rien sentir.

Adrian : Quelle quantité d'énergie est nécessaire pour convertir un gros vaisseau spatial de la taille d'un gros porteur ?

IT : Une quantité équivalente à la production moyenne d'énergie de 50 réacteurs nucléaires selon les normes terrestres régulières.

Adrian : Afin de subir une conversion, le vaisseau spatial a besoin d'une source d'énergie nucléaire ?

IT : Oui. La source d'énergie nucléaire fait partie du système de déplacement régulier de l'engin. C'est un système d'énergie nucléaire avancé au-delà de tout ce qui existe sur Terre. Il produit de la fission nucléaire.

Adrian : Et toute cette énergie est consacrée à la réalisation de cet objectif de conversion ?

IT : Oui, presque toute. La quantité d'énergie requise pour le déplacement réel est négligeable.

Adrian : Pouvez-vous me donner plus de détails sur les caractéristiques de l'espace alternatif ?

IT : L'espace alternatif n'en est qu'une théorique dimension spatiale possible, il y en a beaucoup comme cela. Le vaisseau spatial est converti dans un espace alternatif.

Adrian : Quelles sont les caractéristiques du vaisseau spatial dans cet espace alternatif ?

IT : A peu près les mêmes que la matière physique dans votre espace, à l'exception que les caractéristiques de l'espace sont différentes. C'est un espace à travers lequel on peut se déplacer sans frottement ni résistance, c'est pourquoi nous nous y convertissons, c'est une dimension pratique pour voyager. Nous l'appelons la dimension « autoroute » ou la dimension « transit rapide ».

Adrian : Votre explication est différente de la précédente que j'ai reçue qui impliquait le détachement de la dimension spatiale.

IT : Les explications ne sont pas contradictoires. La conversion vers une dimension différente consiste essentiellement dans le processus de détachement de la dimension spatiale d'origine.

Adrian : L'explication précédente impliquait une poussée à 90 degrés. Est-ce exact ?

IT : Pas exactement. C'est une explication qui a été conçue pour s'adapter à votre niveau de compréhension. Un terme plus précis serait *une dimension de transfert*. Nous n'avons pas expliqué comment ceci est réalisé.

Adrian : Les caractéristiques de l'espace dans lequel vous vivez sont différentes de celles de notre espace physique ?

IT : Certainement.

Adrian : Est-ce la raison de la vitesse à laquelle vous arrivez ?

IT : Oui. Je suggère que nous faisions une pause maintenant, vous êtes fatigué. Reposez-vous et nous pourrons continuer notre discussion quand vous le souhaitez.

Adrian : Alors, au revoir et merci.

Suite à cette communication, une question s'est formée dans mon esprit : comment les extraterrestres convertissent-ils leur vaisseau spatial dans une autre dimension sans endommager sa structure matérielle, moléculaire ? J'ai reçu une réponse verbale.

Extraterrestre : Les vibrations, ou l'énergie résiduelle responsable de l'appartenance de la masse à son espace, sont faibles en comparaison avec l'énergie intramoléculaire. Le processus de modification des énergies résiduelles par des moyens artificiels afin de convertir la masse dans une autre instance de l'espace, n'influence pas la structure moléculaire. Vous pouvez comparer par exemple l'activation de l'induction magnétique dans une pièce en fer en créant un champ électrique : on modifie les caractéristiques magnétiques du fer sans avoir de l'influence sur sa structure moléculaire. Le lendemain, communiquant via Chaya, j'ai essayé d'obtenir la confirmation de l'équipe médicale qui travaillait avec elle, des informations que j'avais reçues.

Adrian : Comment parvenez-vous à voyager à des vitesses plus rapides que la vitesse de la lumière ?

Gidon : La physique n'est pas mon fort, je suis médecin. Si vous me posez des questions sur un organe, je pourrai répondre, mais pas sur les voyages interstellaires.

Adrian : Quand vous regardez de l'extérieur un vaisseau spatial décoller pour une autre planète, que voyez-vous ?

Gidon : Le vaisseau spatial disparaît.

Chapitre 22 : Communication extraterrestre

Communication Interplanétaire et intergalactique

Toutes les communications sans fil sur Terre, la radio, la télévision, et même les téléphones portables, utilisent des ondes radio ou, pour utiliser le terme professionnel, des ondes électromagnétiques.

La vitesse de dispersion de ces ondes est identique à la vitesse de la lumière. Le temps que prenne une communication sans fil pour traverser d'un point à un autre sur Terre est négligeable, mais lorsque des plus grandes distances sont impliquées, la durée devient plus significative. Par exemple, une communication de la Terre à un vaisseau spatial de la NASA qui se trouve sur Mars prend plusieurs minutes pour y arriver.

Réfléchissant à tout cela, une question a commencé à se former dans mon esprit. Si X3 envoie un message à sa femme Pavlova sur la planète Sirius, disant qu'il arrivera pour une visite la semaine suivante, un tel message communiqué par ondes radio arrivera à destination plusieurs années après sa visite. Je suppose donc que, tout comme les extraterrestres ont des moyens de transport plus rapides que la vitesse de la lumière, de même, ils doivent avoir des moyens de communication basés sur d'autres technologies, beaucoup plus avancées que les ondes radio.

Une fois, quand j'ai demandé des informations qui n'étaient pas dans l'ordinateur du Centre de Communication, X3 leur a demandé qu'ils m'envoient du matériel depuis l'ordinateur central, ce qui, selon lui, prendrait environ une semaine.

À une autre occasion, nous cherchions des informations dans un ancien fichier et X3 a déclaré que les informations du fichier avaient déjà été envoyées à l'ordinateur central sur Les Pléiades, une opération qui, semble-t-il, c'était effectuée dans un certain nombre de jours. Comme indication supplémentaire, lorsque l'article sur les extraterrestres écrit par David Ronen est paru dans le quotidien Ma'ariv (X Files, 6.6.97), X3 avait envoyé une traduction au Conseil et il avait attendu leur réaction, qu'il espérait recevoir sur quelques jours.

Sur la base de tels extraits d'informations, je supposais que la communication entre Les Pléiades et la Terre prenaient quelques jours - un fait remarquable quand on considère que la distance entre les deux planètes est de 400 années-lumière !

D'autres extraterrestres que j'avais interviewé ont dit qu'ils étaient arrivés sur Terre des galaxies lointaines. Notre galaxie voisine la plus proche, Andromède, est à 2 millions d'années-lumière de la Terre. Comment font ces extraterrestres pour maintenir le contact avec leurs planètes d'origine ?

Le 8 septembre 1997, j'ai vu un extraterrestre installant une sorte d'équipement dans la salle de soins, dans ma maison. J'ai télépathiquement transmis une question à l'extraterrestre, demandant s'ils utilisent des ondes électromagnétiques (radio). Dans la réponse, l'extraterrestre a dit qu'il n'était pas familier avec les ondes électromagnétiques. J'ai alors demandé comment ils transmettent les communications d'un point à un autre. La réponse était qu'ils utilisaient des ondes de communication. Je n'ai pas poursuivi l'affaire, j'ai réalisé que je demandais au mauvais extraterrestre.

Le 9 septembre 1997, j'ai eu une autre occasion de poser ma question quand une équipe d'extraterrestres est arrivée pour mon traitement. J'ai répété mes questions concernant les modes de communication et cette fois, ils semblaient préparés et m'ont donné une explication.

Extraterrestres : Notre mode de communication n'est pas basé sur des ondes électromagnétiques parce que, voyageant à la vitesse de la lumière, elles sont trop lentes pour être pratiques pour les communications interplanétaires et intergalactiques.

Pour de telles communications à longue distance, nous utilisons des ondes plus rapides qui se déplacent à travers une instance différente de l'espace (une dimension différente, si vous voulez). Il existe des équipements spatiaux spéciaux pour les communications qui servent de stations de transmission des informations transmises par ces ondes rapides.

Les stations de transmission sont de grandes structures abritant du matériel et des techniciens pour son entretien. Elles comprennent un groupe électrogène similaire à un réacteur nucléaire conventionnel, dont la sortie est utilisée pour alimenter des antennes spéciales converties dans la dimension spatiale particulière utilisée pour communiquer. Les antennes sont directionnelles, un peu semblable à vos antennes paraboliques, et elles sont en contact permanent avec d'autres stations de transmission ou de relais opérant dans la même dimension spatiale. Il existe tout un réseau de stations de ce type couvrant les distances astronomiques. Via ce réseau, il est possible de transmettre des communications entre des planètes et des galaxies avec un décalage temporel de plusieurs heures à plusieurs jours, par opposition à plusieurs milliers d'années-lumière.

Le 15 septembre 1997, j'ai parlé avec Chaya alors qu'elle était en contact télépathique avec Haim (un médecin extraterrestre, dont une de ses passions était la physique).

Adrian : Combien de temps faut-il pour qu'une communication puisse parcourir de grandes distances ?

Haim : Cela dépend de la distance.

Adrian : Par exemple, combien de temps faut-il pour qu'une communication arrive des Pléiades ?

Haim : 4 à 5 heures, dans chaque direction.

Adrian : Et de Sirius ?

Haim : Un message peut atteindre Sirius en moins de 2 heures.

Adrian : Utilisez-vous des ondes électromagnétiques ?

Haim : Non.

Adrian : Quel type d'ondes utilisez-vous pour communiquer ?

Haim : Nous utilisons des ondes sonores basées sur le principe de la télépathie. C'est difficile pour moi de vous expliquer exactement comment, ce serait mieux si vous demandez au Centre.

Adrian : Combien de temps durent les vols vers Sirius et Les Pleiades ?

Haim : Le vol vers Sirius est de 2 heures et vers Les Pléiades est de 6 heures dans le temps extraterrestre.

Adrian : A quelle vitesse voyagez-vous par rapport à la vitesse de la lumière ?

Haim : Je pense que nous voyageons trois fois plus vite que la vitesse de la lumière, mais je ne suis pas sûr.

Adrian : En raison de cette vitesse, y a-t-il des problèmes tels que ceux prédits par notre théorie de la relativité ?

Haim : Non.

Adrien : Merci. Au revoir.

J'ai essayé de faire quelques calculs. La distance de la Terre aux Pléiades est de 400 années-lumière. Si c représente la vitesse de la lumière et les extraterrestres parcourent la distance en 6 heures, la vitesse de leur vaisseau spatial devrait être 584 000 c, soit un demi-million de fois plus rapide que la vitesse de la lumière ! Où se trouve la vérité, trois fois la vitesse de la lumière, ou un demi-million ?

Le 19 septembre 1997, j'ai pris contact avec le Centre de communication et j'ai parlé avec une agréable technicienne en formation.

Adrian : À quelle vitesse votre vaisseau spatial se déplace-t-il et pourriez-vous exprimer la vitesse en termes de vitesse de la lumière ?

IT : Laissez-moi faire le calcul par l'ordinateur, cela ne prendra qu'une seconde.

Adrian : Laisse-moi t'aider. Haim, qui travaille avec Chaya, dit qu'un vol des Pléiades à la Terre prend 6 heures. La distance est de 400 années-lumière. Selon mes calculs, il faudrait voyager à un demi-million de fois plus vite que la vitesse de la lumière.

IT : C'est à peu près exact. Je n'arrive pas à obtenir des bons calculs de l'ordinateur. Nous reviendrons avec des chiffres plus précis.

Adrian : Pour autant que je sache, il s'agit également de la rapidité de vos communications.

IT : Oui, c'est vrai.

Adrian : Haim a dit que vous n'utilisiez pas des ondes électromagnétiques, mais plutôt des ondes sonores basées sur le principe de la télépathie. Je ne suis pas sûr de comprendre ce que cela signifie. Pourriez-vous me donner une meilleure explication ?

IT : Les ondes électromagnétiques dont vous êtes familier ne sont qu'un exemple d'ondes qui se dispersent dans l'univers. Il y a d'autres sortes d'ondes qui se dispersent à des vitesses très variables. La vitesse de propagation dépend de la structure de la particule dispersée et de l'énergie de son spin interne par rapport à l'espace absolu.

Il existe des cas particuliers d'instances de l'espace contenant des particules rapides qui se dispersent à des vitesses comme les chiffres que vous avez cité - environ un demi-million de fois plus vite que la vitesse de la lumière. Ces particules sont beaucoup plus petites et leur spin quantique interne est beaucoup plus rapide que ceux des photons dans le cas particulier de l'espace dans lequel les humains vivent.

Il existe de nombreux types d'ondes, certaines plus rapides et d'autres plus lentes. Nous utilisons une gamme large d'ondes dans nos communications longue distance et des particules super rapides. Ai-je répondu à votre question ?

Adrian : Pourquoi Haim a-t-il qualifié ses ondes comme ondes de son basées sur le principe de la télépathie ?

IT : Il a apparemment utilisé le concept d'ondes de son parce-que c'est un terme bien connu des humains et c'est le terme que le traducteur lui a donné. En réalité, ce sont des ondes rapides, mais parce que vous n'avez pas un tel concept, le traducteur lui a donné la chose la plus proche, qui était les ondes sonores. C'est vrai que la télépathie utilise des ondes similaires. Même chez les humains, la télépathie utilise des particules rapides. Les humains ne les ont tout simplement pas encore identifiés.

Adrian : Notre cerveau crée-t-il ces particules ?

IT : Pas le cerveau physique. Elles sont créées par un cerveau formé d'une autre matière. Ce cerveau utilise des ondes rapides de la même manière que vos cordes vocales produisent des ondes sonores. Ce cerveau crée des ondes de nature différente qui ne peuvent pas être détectées par l'oreille humaine, appelées des *ondes de télépathie*. Le terme n'est pas vraiment précis, cependant, c'est une traduction. Est-ce que l'explication est satisfaisante ?

Adrian : Oui, je pense que oui. Puis-je vous recontacter ?

IT : Quand tu veux. Nous sommes à votre service. Ton livre est très important pour nous.

Adrian : Qu'est-ce qu'on entend par « un cas particulier d'espace »?

IT : L'univers est fait d'espace absolu et d'énergie. L'espace absolu est infini et il se compose d'une infinité de dimensions, sans préférence.

Dans l'espace absolu, deux droites parallèles ne se rencontreront jamais et ni l'énergie, ni la masse, ne peuvent les perturber. L'espace absolu est un cadre de passage énergétique.

L'énergie a de nombreux modes d'expression. Elle crée plusieurs variétés de systèmes symétriques de particules ayant des forces résiduelles qui œuvrent entre ces particules. Chaque système de particules, ainsi que les forces résiduelles, créent une position particulière de l'espace géométrique avec son propre ensemble de lois. Parce qu'il existe plusieurs systèmes avec des forces résiduelles qui n'interagissent pas les unes avec les autres, un certain nombre de positions correspondantes de l'espace qui sont créées font de même, elles ne sont pas en interaction. Cela forme une géométrie spatiale, des espaces superposés. Chacune de ces instances particulières de l'espace a sa propre géométrie et son propre ensemble de lois. Par exemple, les trois, quatre, ou plus, dimensions de l'espace, chacune a des lois différentes (comme des valeurs différentes pour la vitesse de la lumière, le rythme du temps et d'autres constantes de la physique).

Erreur cosmique

Dans le cas particulier de l'espace dans lequel les humains habitent - nous l'appellerons notre espace local - nous avons une géométrie et un temps tridimensionnels.

Nous avons également découvert dans notre espace local, quatre forces majeures de la nature : la gravité, l'électromagnétisme et les forces atomiques faibles et fortes. Nous avons également découvert que la gravité déforme l'espace local et le temps. Dans notre espace local, la vitesse de la lumière a une valeur particulière et il existe des lois physiques caractéristiques.

Au cours d'une conversation avec le Centre extraterrestre, un technicien de l'information a fait remarquer que, parce que notre espace est le seul espace connu par les humains, nous présumons, faussement, que c'est le seul espace qui existe dans tout l'univers.

Le 14 septembre 1997, j'ai posé au technicien du Centre de communication, quelques questions. Ses réponses m'ont surpris.

Adrian : Qu'est-ce qui définit une instance d'espace ? Quels sont les paramètres ou les forces qui différencient une instance d'espace d'une autre ? Sont-elles absolues, les quatre forces de la nature connues de notre science— la gravité, l'électromagnétisme, les forces atomiques faibles et fortes ?

IT : C'est une question importante. Je vais essayer d'expliquer brièvement. Le mouvement des lunes de Saturne tout comme le mouvement des électrons autour d'un noyau, n'est pas aléatoire, c'est le résultat d'un mouvement atomique interne. Il y a un mouvement de révolution à l'intérieur de l'atome. Chaque atome a des composants internes, en mouvement perpétuel. Les vibrations des quanta dont nous avons parlé sont en fait circulaires. Les électrons qui entourent le noyau et le noyau lui-même sont caractérisés par un mouvement circulaire où les énergies internes tournent constamment. C'est la base des forces qui définissent une dimension ou une instance de l'espace, comme vous l'appelez.

Adrian : Les forces résiduelles qui définissent une instance de l'espace sont le résultat de la rotation des particules à l'intérieur de l'atome?

IT : Oui. C'est le spin des particules de base que vous appelez quanta. Les quanta tournent autour d'eux à une vitesse fulgurante ; en effet, ce sont les cordes dont vous avez parlé. La direction et la vitesse de rotation créent et définissent l'instance particulière de l'espace.

Tout tourne - c'est le secret de tout - et le spin est parallèle aux fréquences ou aux vibrations. Au niveau atomique, la direction du spin est la fréquence. Deux particules en rotation s'influenceront mutuellement : lorsqu'elles tournent dans des directions opposées, elles seront attirées l'une vers l'autre. Quand elles tournent dans le même sens, elles se repoussent. Chaque spin de particules subatomiques, y compris ceux que vous ne pouvez pas détecter ou mesurer, se comporte comme une collection de minuscules engrenages en rotation. Tout est dans un état constant de mouvement circulaire, comme des mini tornades. Cette explication en fait répond aux questions que vous avez posées il y a quelque temps sur le mouvement des cordes.

Qui contrôle les cordes ? Qui contrôle les tornades ?

La réponse est qu'aucune force extérieure n'est responsable. Le moindre espace intérieur tourne et cette rotation est la source de toute énergie, avec la direction et la vitesse de rotation définissant l'instance particulière de l'espace. Plus vite est le spin des particules, plus il y a de l'énergie et rapidité en la matière. La matière dans l'espace humain est caractérisée par une rotation plus lente que la matière dans l'espace des extraterrestres, ce qui explique pourquoi le temps passe plus vite pour les extraterrestres que pour les humains. La vitesse de rotation des particules de base détermine toutes les autres caractéristiques de la matière.

Lorsque nous effectuons des conversions à partir d'une dimension à une autre, nous modifions la vitesse de rotation des particules par des moyens artificiels, en accélérant ou en ralentissant la vitesse. La variation de la vitesse de rotation de ces particules fait que la matière passe dans une autre dimension.

Pour convertir de la matière de l'espace humain à notre espace, il faut introduire de l'énergie qui accélère la vitesse de rotation car ce n'est pas possible pour inverser le sens de la rotation, cela crée un surplus d'énergie excédentaire. Si nous essayons de ralentir la vitesse de rotation de la matière extraterrestre, cela nécessiterait quelque chose qui pourrait absorber l'énergie excédentaire, ce qui est techniquement difficile à mettre en œuvre. Il est plus facile d'ajouter de l'énergie à un système temporairement, puis la libérer, que de soustraire l'énergie d'un système et puis le remplacer. C'est pourquoi les extraterrestres sont capables de convertir la masse de la dimension humaine à la dimension extraterrestre, mais pas l'inverse.

Adrian : Qu'est-ce que l'accélération selon vous ?

IT : Pour augmenter la vitesse d'une masse, plus il faut introduire de l'énergie, c'est-à-dire que la vitesse du spin doit être augmentée. L'accélération vient à la fois de ça et elle est absorbée dans la matière elle-même. En fin de compte, la masse est, en fait, de l'énergie.

Adrian : Qu'est-ce qui limite la vitesse de la lumière ?

IT : La couche externe ou l'enveloppe des photons est constituée d'une grande panoplie de particules en rotation. Le photon peut être comparé à une masse constituée de centaines de roulements à billes en rotation. Si nous placions une telle masse sur une table, elle bougerait. La couche externe du photon se déplace à grande vitesse, et donc en situation stable, le photon se déplace par rapport à l'espace.

Les particules statiques équilibrent les structures spin de surface, de telle sorte qu'on ne crée pas un mouvement extérieur. La vitesse du spin des particules est ce qui détermine la vitesse de la lumière. Dans d'autres cas particuliers d'instances de l'espace où les particules ont un spin avec des différentes vitesses, la vitesse de la lumière est différente, en conséquence. C'est tout un monde mécanique, en miniature. Les particules sont si minuscules, absolument incroyablement, et tout tourne, Adrian, c'est le secret de l'univers et de la création.

Adrian : Merci.

IT : À tout moment ; nous sommes toujours heureux de vous aider. Continuez avec votre travail. Vous progressez bien.

La taille et l'âge de l'univers

Adrian : La taille et l'âge de l'univers .est l'une des questions qui occupe nos scientifiques ici, sur Terre. Sur la base de diverses observations astronomiques, les scientifiques estiment l'âge de l'univers à environ 15 milliards d'années. Son âge et sa taille sont liés car, selon la théorie, il a commencé comme une unité qui a explosé et n'a cessé de s'étendre depuis.

Les scientifiques ont mesuré le taux de cette expansion observée et ont calculé le temps à rebours pour arriver au moment du Big Bang.

Extraterrestres : La taille de l'univers est infinie. Le Big Bang n'est pas un incident isolé où tout a commencé. Il y a eu une explosion localisée comme cela se produit dans d'autres endroits.

Adrian : Un autre mystère non résolu est lié à la dispersion de la matière noire dans l'univers. Le rythme de sa dispersion et le mouvement des galaxies ne correspondent pas aux masses observées, qui ne représentent que 1% des prévisions de masse. Où est la masse manquante?

Le 19 septembre 1997, j'ai eu une conversation avec une technicienne de l'information du Centre des communications. Elle était très agréable.

Centre : Oui, Adrian. Nous vous entendons haut et fort.

Adrian : Puis-je parler au technicien de l'information ? Je travaille sur mon livre et il y a quelques questions que j'aimerais poser.

Centre : Veuillez patienter, quelqu'un est appelé. Il sera ici sous peu. Que vouliez-vous demander ?

Adrian : Mes questions d'aujourd'hui concernent la cosmologie, l'univers, des questions que nos scientifiques sur La Terre n'ont pas été en mesure de répondre.

Centre : Demandez et nous vous répondrons.

Adrian : Quelle est la taille et l'âge de l'univers ?

IT : La question de la taille est simple, l'univers n'a ni commencement, ni fin. Il a toujours existé, nos scientifiques ont en effet réussi à découvrir des traces très anciennes. L'univers est dynamique, il est toujours actif. Les vieilles étoiles se désintègrent et leurs débris forment la base pour des nouvelles étoiles. Dans nos recherches sur les profondeurs de l'espace, nous avons trouvé des anciennes particules de matière qui peuvent être datées d'il y a des milliards d'années et nous continuons à trouver des masses de matière de plus en plus anciennes. Basés sur ces observations, nos scientifiques ont conclu que l'univers a toujours existé, ou il est si ancien qu'à toutes fins utiles, on peut dire qu'il est infini.

En raison de la nature hautement dynamique de l'univers, on peut dire que l'énergie et la matière se développent, bouillonnent et mijotent tout le temps. Il y a des régions plus jeunes et des régions plus âgées, mais partout l'univers est excessivement ancien. C'est presque au-delà de la science, c'est plus une approche philosophique, si vous voulez.

Le Big Bang dans votre région s'est effectivement produit et l'explosion a détruit la zone telle qu'elle existait auparavant. L'univers local que vous êtes capable de voir est d'environ 15 milliards d'années.

Avant le Big Bang, il y avait simplement quelque chose d'autre. On peut trouver des résidus de ce qui était ici avant, dans des régions lointaines de l'espace, parce qu'ils ont été propulsés à grandes distances par l'explosion.

Les humains vont trouver ces résidus à l'avenir et vont les appeler quelque chose comme de la matière pré-Big Bang. Tout ce qu'on vous dit est vrai, des explosions similaires se sont produites à d'autres endroits et à d'autres moments de temps, cette explosion particulière n'a pas été le début de tout.

Adrian : Ai-je raison de penser que la personne qui répond à ma question est une femme ?

IT : Oui, je suis une femme. Je suis disponible pour répondre à vos questions. Avez-vous des objections ?

Adrian : Pas du tout. Comment t'appelles-tu, si tu as un nom ?

IT : Non, je n'ai pas de nom. Un nom est-il important pour toi? Quelqu'un de différent répondra à chaque fois que vous allez appeler, un homme ou une femme, des techniciens. Est-ce bon pour vous ?

Adrian : D'accord. On se contentera de l'étiquette «technicienne en information». Je passe à la question suivante. Qu'est-ce la matière noire que nos scientifiques ne savent pas comment définir ?

IT : Faites-vous référence à l'espace interplanétaire ?

Adrian : Ceci est une expression de langage pour nos systèmes (matière noire = elle ne se voit pas, elle ne se mesure pas).

IT : La matière noire. . . laissez-moi réfléchir s'il vous plaît. Ce n'est pas une question simple car la matière noire est très complexe et c'est un effet secondaire de plusieurs facteurs. Voulez-vous faire référence à la matière qui provoque un mouvement planétaire spécifique et qui ne correspond pas à vos observations ?

Adrian : Oui.

IT : L'espace est un énorme réservoir de déchets et de débris, il est plein d'astéroïdes, de morceaux d'étoiles explosées, de gaz et de diverses particules, grandes et petites. L'espace qui vous semble noir est en fait sombre à cause des émissions d'énergies. Toute masse contribue aux effets gravitationnels que vous observez.

Adrian : Qu'en est-il de la matière venant des autres dimensions ? Participe-t-elle aussi aux mêmes effets gravitationnels ?

IT : Non. La matière des autres instances de l'espace est tout à fait autre chose. Elle ne participe pas aux mêmes effets gravitationnels parce qu'il n'y a pas d'interaction entre les dimensions, au moins pas à grande échelle. La matière noire peut être vue simplement comme un déchet cosmique. Les différentes instances de l'espace, ou des dimensions, représentant des univers indépendants, chacun avec ses propres problématiques, similaires aux votre.

Chapitre 23 : Les extraterrestres s'interfacent avec le Temps

Le 17 novembre 1997, j'ai montré à l'équipe médicale extraterrestre une photographie d'un OVNI rond planant au-dessus de la mer, parue dans le bulletin de l'Association pour UFO Research, et je leur ai demandé de me commenter. Leurs explications m'ont fourni des informations fascinantes.

X3 : Le vaisseau spatial sur la photo est une petite embarcation transportée généralement à l'intérieur d'un plus grand vaisseau spatial, pour des trajets courts. Sa taille est celle d'un camion. Pour les voyages interplanétaires, des engins spatiaux plus grands sont utilisés.

Adrian : Est-ce que les petites embarcations ont la capacité de se déplacer d'une dimension à l'autre ?

X3 : Oui. L'engin peut se déplacer entre des instances différentes de l'espace et du temps.

Adrian : J'ai entendu déjà le concept de déplacement entre des instances de l'espace, des univers de différentes dimensions, mais le concept de mouvement dans le temps est nouveau pour moi. Pouvez-vous m'expliquer ? Pouvez-vous voyager dans le temps ? Je veux dire, pouvez-vous, par exemple, disparaître d'aujourd'hui et revenir à hier ? Et n'y a-t-il pas un problème de paradoxe temporel ?

X3 : Il n'y a pas de problème de paradoxe temporel. Le temps, comme il est compris par les humains, est un phénomène local de votre instance particulière de l'espace. Dans l'espace absolu, le concept de temps n'existe pas.

Toujours, dans l'espace local il y a une structure de l'espace absolu. Donc en fait, les extraterrestres ne voyagent pas en avant et en arrière dans le temps, mais plutôt ils entrent dans l'espace local à partir d'un point arbitraire de l'espace absolu.

Le 21 novembre 1997, j'interroge à nouveau X3 sur la notion de temps. Il semble que le temps tel que nous le comprenons, n'est qu'un phénomène local de notre dimension et notre instance d'espace.

D'après X3, dans l'exemple de l'espace d'où viennent les extraterrestres, il n'y a pas de concept comprenant le jour d'hier, d'aujourd'hui et de demain. Ils ont apparemment un ensemble de lois physiques totalement différentes. J'ai demandé à X3 s'ils pouvaient visiter la Terre à une autre époque, et si leur arrivée en ce moment, maintenant, était entièrement arbitraire. X3 a répondu que c'était une décision arbitraire, l'équipe pourrait tout aussi bien arriver dans 10 ans.

X3 : Cette arrivée maintenant était la décision du Conseil et des autorités en charge de nos activités. Le sujet qui traite des concepts et des lois du temps est intéressant et je vous suggère de vous renseigner au Centre. Ils vous fourniront du matériel intéressant.

Le 25 novembre 1997, j'ai pris contact avec le Centre.

Adrian : Contact avec le centre de communication, s'il vous plaît. Adrian, ici.

Centre de communication : Oui, Adrian. Nous vous entendons fort et clair. Que désirez-vous ?

Adrian : Je parlais du concept de temps avec X3. Il a indiqué que le temps tel que nous le connaissons sur Terre n'existe pas parmi vous parce que les extraterrestres ont un ensemble de lois complètement différentes du temps. Il m'a suggéré de contacter le Centre pour plus d'informations.

Centre de communication : Nous comprenons. Attendez svp pendant que nous préparons une petite synthèse adaptée à votre niveau de compréhension, cela prendra quelques instants. Votre profil sur la capacité de compréhension est déjà dans l'ordinateur.

Adrian : Adaptez-vous toujours la réponse au niveau de la personne qui demande ?

Centre de communication : Oui. Chaque personne qui nous contacte a une capacité de compréhension différente et un dictionnaire personnel de mots utilisés qui lui est propre. C'est particulièrement pertinent lorsque nous donnons des explications aux humains, mais cela entre en jeu également pour répondre aux questions d'autres extraterrestres. Chaque extraterrestre vient d'un milieu différent avec un ensemble différent de concepts et d'informations. Afin de rendre les informations du Centre efficaces, nous créons un modèle de chaque personne, ce qui nous aide à fournir des réponses compréhensibles. On gagne du temps et on évite les malentendus.

Adrian : Donc ça veut dire que vous ne me donnerez pas des informations dont vous pensez qu'elles sont au-delà de mes capacités de compréhension.

Centre de communication : Ce que nous essayons de faire, c'est de traduire les informations en termes qui vous sont familiers.

Adrian : Je vois. C'est une approche intéressante.

Centre de communication : Vous devez comprendre, la quantité d'informations dans nos banques de données est énorme. Pour chaque question que vous posez, l'ordinateur pourrait vous noyer dans une mer de données. Une méthode de rationaliser la procédure est nécessaire pour permettre à l'ordinateur de choisir et d'organiser les données brutes et les adapter au niveau du demandeur.

Par exemple, lorsque X3 pose une question, il reçoit une réponse dans sa langue maternelle, qu'il comprend le mieux, et à un niveau adapté à sa formation de médecin spécialiste.

Adrian : Je comprends. Le processus pourrait être défini comme un *filtrage des informations*, ou *traitement des informations*, pour être compatible avec le demandeur - nous devons trouver un terme approprié pour cela dans notre langue.

Centre de communication : Dans la langue des extraterrestres, il y a un terme spécifique pour la procédure.

Adrian : Je vois. Les informations que vous préparez pour moi sur le concept du temps, sont-elles prêtes maintenant ?

Centre de communication : Pas encore. Elles sont encore en préparation. . . juste quelques secondes de plus. L'ordinateur compile la réponse pour vous. Apparemment, il y a beaucoup de données, ou l'ordinateur a du mal à vous expliquer certaines choses. L'ordinateur consulte les opérateurs, il doit être arrivé à une impasse, certains points nécessitant une consultation. Attendez, svp. Oui, il y a un problème. L'ordinateur affirme que les connaissances de base des concepts apparaissant dans votre profile ne lui permet pas de compiler un dossier d'information. Il vous manque des notions de base sans lesquelles l'ordinateur ne peut pas expliquer l'information et répondre à votre question.

Adrian : Dites-lui d'essayer.

Centre de communication : D'accord Adrian, mais nous vous prévenons à l'avance que vous ne pourrez peut-être pas tout comprendre.

Adrian : D'accord, je vais prendre le risque.

Centre de communications : Le temps dans votre l'univers est le résultat des mouvements ou de vibrations au niveau atomique ou moléculaire — mouvement qui influence ces processus. Comme vous le savez déjà, il existe d'autres dimensions de la matière caractérisées par des vibrations aux plus petits niveaux atomiques, ce qui crée d'autres « temps ». Il n'y a pas de relation entre les « temps » dans différentes dimensions, ils sont simplement des systèmes différents de temps sans point de contact direct. Tout comme il n'y a pas d'influence de la matière, d'un objet sur un autre existants dans des dimensions différentes, il n'y a pas d'interaction entre les systèmes de temps différents.

Adrian : Et malgré cela, vous êtes arrivés dans notre monde depuis une dimension différente.

Centre de communication : Oui, c'est vrai. Comme on vous a expliqué, certains aménagements des « temps » ont être faits. C'est-à-dire qu'il fallait créer un pont depuis notre temps au vôtre. C'est sur ce « pont » que nous nous rencontrons.

Nous n'entrerons pas dans tous les complexités de la technologie qui nous permet de faire cela, mais nous pouvons dire que nous sommes capables d'établir ce pont en n'importe quel point arbitraire de temps. C'est-à-dire, la même équipe médicale qui travaille avec vous maintenant - X3, Maya et les autres - aurait pu facilement arriver à un moment différent - par exemple dans 1 000 ans. La décision quant à l'endroit où placer le pont est arbitraire.

Adrian : Donc, le « temps » humain est étalé devant vous, et vous pouvez choisir d'y entrer où vous voulez ?

Centre de communication : C'est exact. Techniquement, c'est difficile, mais nous le faisons. Parce qu'il n'y a pas d'interaction naturelle entre les deux temps, nous sommes libres de mettre en place une *interface*. *L'interface* est en fait un mot plus précis que le *pont*. C'est une interface entre deux systèmes de temps connectés à n'importe quel point spécifique dans votre « temps ».

Adrian : Les extraterrestres peuvent-ils choisir n'importe quel moment de leur « temps » ?

Centre de communication : Non. Dans notre système, nous pouvons fonctionner qu'à partir du *moment présent*. Le paramètre variable est le point d'entrée vers l'autre système de temps. Le point de sortie de notre système est toujours le temps *présent*. Nous pouvons, bien sûr, choisir d'attendre, mais nous ne pouvons pas revenir en arrière dans notre temps.

Adrian : Je comprends aussi que la vitesse du temps est différente dans nos deux systèmes de temps et elle peut être modifiée.

Centre de communication : C'est exact, également. C'est un des avantages de créer une interface entre deux systèmes de temps indépendants : nous pouvons déterminer la vitesse relative du temps. Ce fait est particulièrement utile et il est utilisé pendant les opérations de chirurgie que nous pratiquons sur les patients. Pendant que des patients humains sont sur la table d'opération pendant une heure dans le temps terrestre, nous pouvons le modifier ainsi que notre « temps » soit différent et que les chirurgiens qui y travaillent une heure (dans votre temps), en réalité ils le font aussi longtemps qu'il le faut, voire plusieurs heures, si nécessaire. C'est pourquoi parfois vous êtes impressionné par notre rapidité de travail et la rapidité d'exécution des opérations complexes.

Adrian : Vous avez donc la capacité de contrôler la vitesse relative des deux systèmes temporels via l'interface.

Centre de communication : Exactement.

Adrian : De quels d'autres phénomènes intéressants pouvez-vous me parler ?

Centre de communication : Pour chaque opération chirurgicale que nous effectuons cela implique une interface temporelle, qui est directement liée à l'interface matérielle.

Cette procédure nous permet d'effectuer un traitement médical, y compris chirurgical, le corps humain étant traité dans une autre dimension, celle des extraterrestres. Nous créons une interface localisée de la matière et du temps.

Pour vous donner une idée de ce qu'une interface matérielle implique, imaginez que les éléments de base de la matière sont des cordes qui vibrent le long d'un certain plan. Les cordes dans la dimension des extraterrestres vibrent sur un plan différent. Dans l'interface, les extraterrestres, peu à peu, déforment les vibrations des cordes dans les deux dimensions jusqu'à ce que leurs plans de vibrations se rencontrent. C'est ainsi que les extraterrestres parviennent à traiter les humains. Ceci est une explication abstraite et métaphorique qui est loin d'être une explication complète, mais cela vous donnera une première idée de compréhension de ce qui se passe.

Adrian : Pourquoi le patient ne ressent-il aucune incision lorsque vous effectuez une intervention chirurgicale ?

Centre de communications : La raison est simple : vos sens vous trompent. Ils sont habitués à recevoir des stimuli des « cordes » de votre plan dimensionnel. Si ce plan est plié ou tourné, les sens ne captent plus les stimuli à partir de cela, vous n'êtes pas capables de ressentir les choses qui se produisent en dehors de votre plan dimensionnel.

Adrian : Mais ces choses peuvent être ressenties par le troisième œil.

Centre de communication : Le troisième œil est sensible à de tels changements et il peut capter les plans dimensionnels voisins, y compris pour voir les extraterrestres, leurs l'équipements et la procédure chirurgicale.

Adrian : Donc, ce que vous faites, c'est de créer un plan qui déforme le plan vibratoire d'un espace particulier.

Centre de communication : Oui. Vous pourriez dire que dans la salle d'opération, entourant le patient, nous créons un plan qui déforme les vibrations pour votre monde matériel et le nôtre, jusqu'à ce qu'ils se rencontrent. C'est une interface qui se crée entre eux avec le point focal sur le lieu de la chirurgie. C'est une procédure graduelle menée dans plusieurs étapes. L'ensemble du bloc opératoire est dans un état de distorsion dans une certaine mesure. La table d'opération est la dernière étape, c'est là que la distorsion finale est mise en œuvre pour créer l'interface dans l'espace et dans le temps.

Adrien : Très bien. Maintenant, j'ai une explication pour le problème de dualité. J'aimerais poser une question de plus : j'ai remarqué que les extraterrestres peuvent transférer du matériel physique dans leur propre dimension, alors que dans le même temps, le même objet physique n'a pas disparu de notre dimension. Comment est-ce fait ?

Centre de communication : C'est très compliqué de vous expliquer ça. Vous parlez d'une conversion permanente ou semi-permanente de matière. La matière qui est extraite de votre dimension et ensuite convertie dans notre dimension a une tendance naturelle de revenir à son état d'origine, rendant difficile la conversion irréversible de la matière. Utilisant le modèle de vibration des cordes dans une instance particulière de l'espace, nous changeons la fréquence de vibration provoquant la conversion de l'objet dans notre dimension. Il apparaîtra comme un objet solide dans notre dimension, tout en restant comme un objet solide dans votre dimension. Il est difficile de vous expliquer pourquoi, c'est le résultat des vibrations secondaires de la matière. Le modèle des cordes vibrantes ne peut pas vraiment expliquer cette partie du processus. Il y a assez de vibrations qui restent dans la matière pour lui permettre d'apparaitre toujours comme un objet solide dans votre dimension.

Adrian : Comment se font les implants, les transfusions sanguines et d'autres actes médicaux qui sont convertis dans notre dimension ?

Centre de communications : C'est relativement simple : alors que le corps du patient est sous l'influence d'une distorsion de fréquence créée par l'interface, nous n'avons aucun problème à le traiter, ou introduire des médicaments, des implants, des transfusions et tout ce qui est nécessaire. Par exemple, le corps accepte le sang comme s'il était naturel. Lorsque le corps est ramené à son propre système de temps et d'espace, après la suppression de l'interface, le sang devient identique à n'importe quel autre sang humain.

Adrian : C'est pourquoi tu n'as pas pu me donner une goutte de sang sur mon doigt ?

Centre de communication : C'est exact. Une interface temporelle est nécessaire pour transférer de la matière et nous en créons une uniquement lorsque nous traitons le corps.

Adrian : Comment créez-vous l'interface temporelle dans la salle d'opération ?

Centre de communication : Il existe des générateurs spéciaux entourant la table d'opération qui créent un champ graduel avec son point focal sur l'emplacement de la chirurgie, par exemple dans la tête ou tout autre organe.

Adrian : Comment gérez-vous notre rythme de parole car vous, par comparaison, vous avez un rythme beaucoup plus rapide, sept fois plus rapide ? Les questions humaines doivent vous sembler terriblement lentes.

Centre de communication : Nous nous y sommes habitués. Nous avons également des moyens spéciaux qui nous aident à comprendre les humains, donc ce n'est pas un problème.

Adrian : Est-ce que c'est comme un enregistrement lent et une lecture accélérée ensuite ou l'inverse ?

Centre de communication : Oui. L'ordinateur le fait de manière transparente et nous le remarquons à peine.

Adrian : Il me semble, et à Chaya aussi, que nous parlons à la même vitesse, qui est notre vitesse de parole, en temps réel.

Centre de communication : Nous créons cette impression pour la commodité humaine, pour la facilité de la communication.

Adrian : Avez-vous des concepts tels qu'hier, aujourd'hui, et demain ?

Centre de communication : Oui, nous avons de telles notions du temps.

Adrian : X3 a dit que votre temps est différent du nôtre.

Centre de communication : Il faisait allusion au fait qu'il n'y a pas d'interaction entre les deux systèmes temporels et qu'une interface peut être créée à tout moment, à toute vitesse relative. Cependant, les extraterrestres ont aussi un système de temps propre.

Adrian : Pouvez-vous faire en sorte qu'une masse modifie sa vitesse, ou son système temporel, pour qu'elle reste absolument immobile ?

Centre de communication : Oui et non. A travers certains champs d'énergie, il est possible d'influencer la direction des vibrations pour se rapprocher d'un arrêt dans le sens du temps. Un arrêt absolu n'est pas possible, mais nous avons atteint une approximation qui, à toutes fins utiles, est la valeur zéro. Je suis sûr que vous avez déjà deviné que cela s'applique à la « congélation » d'échantillons biologiques.

Adrian : Qu'appelez-vous « *stasis* » ?

Centre de communication : C'est la technique que nous utilisons parce que c'est plus efficace que la congélation. Dans le système complexe de vibrations à l'intérieur de la matière, il y a certaines vibrations qui affectent principalement le mouvement vers l'avant du temps. Si la matière est dans le plan ou les vibrations sont déformées et la capacité à vibrer est diminuée, on peut dire que, pour ce morceau de matière, le temps a pratiquement cessé.

Adrian : Pouvez-vous également faire cela dans le sens opposé ?

Centre de communications : Nous l'avons essayé en laboratoire, mais il n'a pas d'applications pratiques et en plus, une quantité énorme d'énergie est nécessaire.

L'apport d'énergie qui est obligatoire rend la matière instable et en danger de désagrégation. Il est plus facile de ralentir le cours du temps de la matière que de l'accélérer. Le ralentir a des applications pratiques ; l'accélération, non, bien que des expériences avaient été faites dans cette direction. Il y a des rapports intéressants et du matériel sur le sujet, c'est un domaine fascinant de la recherche. Il y a des résultats intrigants quand l'écoulement temporel de certains types de matière est accéléré. Ce phénomène est étudié dans des laboratoires spécialisés, mais nous nous sommes détournés de notre sujet d'origine. Avez-vous d'autres questions, ou peut-être voudriez-vous d'abord digérer les informations que vous venez de recevoir ?

Adrian : Je vais accepter votre suggestion et faire une pause ici. Je vous remercie de votre patience et de vos explications. Je pense que j'ai réussi à comprendre dans une certaine mesure, malgré le fait qu'il me manque des concepts de base.

Centre de communication : Oui, je pense que vous vous êtes bien débrouillé.

Adrian : Shalom pour l'instant, et merci.

J'ai eu l'occasion plus tard de découvrir que les extraterrestres font une utilisation pratique de l'accélération du temps. Par exemple, X3 a indiqué qu'ils cultivent des organes, des tissus et d'autres matériaux biologiques à des fins d'implantation à une vitesse extraordinaire. Je lui ai demandé comment ils parviennent à faire cela et il a répondu qu'ils placent le matériel biologique dans une chambre qui génère l'accélération du temps. Donc au lieu d'attendre des mois pour la croissance d'un organe, celle-ci peut se faire en quelques jours.

Chapitre 24 : Les extraterrestres expliquent la structure de la matière

Je dois admettre que j'étais gêné par l'idée de la présence d'extraterrestres invisibles dans une dimension parallèle. Je ne l'ai pas compris au début, alors je me suis tourné vers eux pour une explication de la physique sous-jacente. L'équipe médicale qui travaillait avec moi ne savait pas vraiment comment m'expliquer, soulignant qu'ils étaient des médecins et non des physiciens. Heureusement, à cette époque, un nouvel extraterrestre a rejoint l'équipe. Il était étudiant et touriste et, contrairement aux autres médecins, il s'était spécialisé en physique. Les extraterrestres l'ont envoyé me parler et répondre à mes questions. Il est apparu un jour dans ma chambre et s'est assis sur une chaise. J'avais l'impression qu'il ressemblait à un humain, à part quelques traits étranges : la peau de son visage semblait être bronzé et ses cheveux ressemblaient à une pelote de laine de couleur claire. Il paraissait content de pouvoir répondre à mes questions et j'ai appris plus tard des extraterrestres avec qui je travaillais qu'il parlait 17 langues.

Adrian : J'aimerais que vous m'expliquiez, s'il vous plaît, la structure de la matière telle que vous la comprenez.

Extraterrestre : Avant de discuter de la structure de la matière, il faut que vous comprendriez, l'espace dans lequel la matière existe. Dans l'espace vide, il y a un nombre infini de dimensions. L'espace est l'endroit où l'énergie et la matière existent - la matière étant une forme d'énergie.

L'espace dans lequel il n'y a aucune matière et aucune énergie est incommensurable, indétectable et, par conséquent, équivalent à l'inexistant. Toute matière qui existe dans toutes les dimensions spatiales est composée de quantas d'énergie, représentés par des particules, les plus petites et les plus élémentaires qui existent. Le quantum est une petite perturbation infime dans l'espace, un point de mouvement. Si vous comparez l'espace à un champ de gelée, le quantum est comme la perturbation faite par une piqûre d'épingle dans la gelée. Il est comme une ondulation à la surface de l'eau ou comme les vibrations d'une corde. Parce qu'il n'y a pas de frottement dans l'espace, ces vibrations ou ces ondulations continuent à l'infini. Il y a des quanta d'énergie isolés qui se déplacent librement à travers l'espace dans un nombre infini de dimensions. Quand deux quanta se rencontrent, ou se rapprochent, ils établissent des relations réciproques et co-vibrent sur place ou se déplacent vers un espace commun.

Pour qu'il y ait des relations réciproques entre les quanta qui se rencontrent, leur mouvement ou leurs vibrations doivent être dans la même dimension ou dimensions proximales, ou, il doit y avoir une interaction réciproque entre les deux dimensions.

Trois quanta créent une sorte de danse interactive, et ainsi de suite. L'espace n'a pas de tendances préférentielles. Il existe une infinité de dimensions. Les quanta dans l'espace interagissent les uns avec les autres et ils créent un système comme un cristal vibrant ou se déplacent comme un corps unifié. C'est ainsi qu'un système est créé et il est composé de particules incorporant un ensemble de vibrations de dimensions variées. Ces systèmes de cristaux ont des dimensions mesurées en quanta - par exemple, 100 unités, 84 unités, 133 unités, et ainsi de suite - et leur disposition leur donne une stabilité maximale. Un système instable se désintégrera de suite. Seuls les systèmes stables, ou au moins partiellement stables, continuent à exister.

Ces systèmes sont caractérisés par des vibrations dans certaines dimensions. Les relations réciproques entre les systèmes dépendent de leurs relations vibratoires communes. S'ils n'ont rien en commun, il n'y aura pas de relations réciproques entre eux. S'ils ont des vibrations communes, les systèmes quantiques vont se rejoindre ensemble ou l'un d'entre eux tournera autour de l'autre, dans une interaction complexe. Il existe de nombreuses possibilités d'interaction. En fin de compte, les structures hiérarchiques se forment à partir des systèmes aux dimensions vibratoires communes. La matière physique tridimensionnelle existant sur la Terre est un exemple d'un ensemble de tels systèmes plus ou moins stables. Systèmes quantiques à cristaux avec des plans de vibrations communs se rejoignent pour créer des particules élémentaires que nous connaissons, comme les quarks, à partir desquels se forment les protons, des électrons, des atomes, des molécules, ainsi que des composés chimiques et de la matière complexe - à partir de structures biologiques qui existent dans les cellules vivantes, aux formes de vie hautement développées.

Plus le sujet est complexe, plus le lien est faible entre les grands composants de la matière car il y a moins de force ou d'énergie excédentaire. Le surplus d'énergie des systèmes quantiques forme des forces résiduelles qui ne s'équilibrent pas au sein du système. Dans de tels cas, des connexions faibles sont créées avec d'autres systèmes. On peut dire que la force des connexions augmente quand le nombre des quanta dans le système diminue. Certains systèmes réalisent ainsi un équilibrage de leurs différentes vibrations pour qu'il n'y ait aucun résidu. Ces systèmes caractérisent la matière inerte.

Adrian : Connaissons-nous une telle particule ?

Extraterrestre : Un exemple connu par les humains est le neutrino.

Adrian : Et qu'en est-il de la matière pas connue ?

Extraterrestre : D'autres types de matière sont créés de la même façon, mais elles vibrent sur un plan différent. La matière qui n'a pas de vibrations en commun ne va pas détecter la présence d'une autre. Deux matières peuvent même passer à travers une de l'autre sans la moindre perturbation de l'une à l'autre. Dans les matières stables, il y a des systèmes de trois, quatre et jusqu'à sept dimensions. Nous, les extraterrestres, appartenons aux systèmes de dimension cinq, mais il y a aussi des formes de vie qui existent dans des systèmes à sept dimensions, aussi difficile que cela peut-être pour vous de saisir.

Adrian : Comment la matière se différencie-t-elle ?

Extraterrestre : Dans une zone donnée et définie de l'univers, il y a généralement de la matière d'un seul type particulier. Cela se produit à la suite de la distribution initiale d'une explosion ou sur la base d'un processus historique. Il y a une tendance, avec le temps, pour qu'un type de matière domine dans une zone particulière. C'est un processus qui s'étale sur du très long terme et il est rare que deux systèmes soient totalement ou même semi-étrangers l'un à l'autre pour exister dans la même région de l'espace.

La matière de l'univers des extraterrestres est étrangère à la matière de l'univers des humains, il n'aurait donc jamais été formé ici ou il existait ici naturellement. Pour un certain nombre de raisons, il existe des relations réciproques entre systèmes énergétiques plus ou moins homogènes, les systèmes physiques étant créés dans certains environnements par un processus long et complexe qui dure environ un milliard d'années. En tout état de cause, votre environnement immédiat, c'est-à-dire votre système et votre planète - se compose exclusivement de la matière que vous connaissez. Cette matière physique domine environ 99 pour cent de la masse existante dans votre environnement.

Dans d'autres environnements, même dans la galaxie La Voie Lactée il y a des régions dans lesquelles la distribution de la matière est tout à fait différente. Et c'est de là que nous venons, nous, les extraterrestres qui étudient la planète Terre.

Adrian : Comprenez-vous la structure quantique de la matière ?

Extraterrestre : Oui, bien sûr. La structure est basée sur des principes simples. Si vous les connaissez, vous savez tout ce qu'il y a à savoir sur la matière, comme un Jeu de Lego. Les complexités mathématiques proposées par les scientifiques sur la Terre concernant la structure de la matière sont basées sur un manque de connaissances des formules de base qui simplifient considérablement la structure de la matière physique.

Adrian : Et la gravitation ?

Extraterrestre : La gravitation est aussi le résultat des caractéristiques de la matière au niveau quantique.

Deux quantas vibrant selon un plan identique, sont attirés l'un vers l'autre parce qu'ainsi ils créent un champ d'énergie potentielle minimal, qui définit les caractéristiques de l'espace. Cette traction est votre gravité.

Adrian : Peut-il y avoir de la gravité entre les types de matière extraterrestre ?

Extraterrestre : Non, car il n'y a pas d'attraction gravitationnelle entre les vibrations dans les différentes dimensions. Cependant, la matière n'est généralement pas homogène et une masse n'est pas entièrement commune ou étrangère à l'autre, de sorte qu'il peut y avoir une certaine traction, bien que très faible.

Adrien : Qu'est-ce qu'un photon ?

Extraterrestre : Les particules en mouvement sont des perturbations stables qui se déplacent dans l'espace. Il existe des systèmes quantiques stables et statiques, c'est-à-dire vibrant à une vitesse moyenne nulle, et il existe des systèmes quantiques dont la vitesse de vibration n'est pas nulle. Ce deuxième type de systèmes quantiques sont des perturbations se déplaçant à travers l'espace, qui est l'état normal des choses. Lorsqu'un photon frappe la matière et s'arrête, il se désintègre dans une structure différente. Sa structure quantique se transforme en d'autres types de particules.

Adrian : Pourquoi y a-t-il une limite à la vitesse de la lumière?

Extraterrestre : Cette limite de la vitesse est à cause des caractéristiques de l'espace. L'état naturel d'une particule est de se déplacer à travers l'espace. Ceci est lié à sa masse quantique : les particules avec moins de masse quantique se déplacent plus rapidement que les particules plus lourdes. Un photon (la particule dont la lumière est faite) incorpore environ 100 000 quanta de base. Il y a des particules plus légères qui se déplacent plus vite que la vitesse de lumière, mais vous ne pouvez pas les mesurer.

Adrian : Pourquoi le photon est-il considéré comme une onde ?

Extraterrestre : Comme je l'ai dit, le mouvement d'un quantum provoque une perturbation dans l'espace, comme des ondulations à la surface de l'eau ou comme des ondes sonores.

La lumière voyage à vitesse constante grâce aux caractéristiques de l'espace qui permettent la dispersion de la lumière à vitesse fixe. La gravité est différente à cause de la distorsion dans l'espace créée par l'attraction de l'énergie par les objets de masses très grandes.

Adrian : Pourquoi la masse agit-elle sur les photons ?

Extraterrestre : Il y a une influence gravitationnelle de masses grandes sur la masse du photon. Les humains supposent que les photons n'ont pas de masse, mais tout ce qui est fait de quanta a une masse. L'espace tend vers un état statique ; introduire de l'énergie dans l'espace crée des vibrations quantiques.

Adrian : Comment l'énergie a-t-elle été créée pour la première fois dans l'Univers ?

Extraterrestre : Même nous, les extraterrestres, nous n'avons pas de réponse satisfaisante à cette question. L'énergie, la matière et les quanta ont toujours existé et ils changent de forme. Même pour nous, c'est une question philosophique.

Adrian : Un type de matière peut-il être converti en un autre type?

Extraterrestre : Tout peut être fait, même votre matière physique peut être convertie dans notre matière ou la nôtre pour la vôtre. Tout se résume à convertir des vibrations quantiques d'un plan à l'autre, ce qui, bien sûr, n'est pas une mince affaire. La conversion demande beaucoup d'énergie et donc un équipement sophistiqué, mais théoriquement, tout peut être fait. Ce n'est que de l'énergie, une perturbation dans l'espace.

Adrian : L'espace interplanétaire est-il rempli d'hydrogène ?

Extraterrestre : Oui, il y a de l'hydrogène dedans. L'espace est également rempli avec des quanta libres qui fournissent une source d'énergie infinie. Ce sont des quanta qui ne s'attachent pas les uns aux autres et dans ce cas il est possible de les utiliser comme source de carburant sans fin lorsqu'ils sont aspirés. Dans certaines circonstances, des structures se forment et de la matière de base est créée, cela étant accompagné d'un fort rayonnement d'ondes qui peut être converti en diverses formes d'énergies utiles. C'est notre source d'énergie sur Terre.

Adrian : La quantité d'énergie est-elle limitée ?

Extraterrestre : Il n'y a rien de tel. L'espace est rempli de quantas gratuits qui se forment tout le temps à la suite du rayonnement des ondes lumineuses et de la gravitation. L'espace est une entité bouillonnante.

Adrian : Quel est le dénominateur commun entre la tri-dimensionnalité, la septi-dimensionnalité, et un univers parallèle ?

Extraterrestre : Ce sont des choses différentes. Par exemple, vous pouvez avoir plusieurs systèmes de matière qui sont en trois dimensions, sans interaction entre eux.

Adrian : Qu'est-ce que la masse ?

Extraterrestre : La masse est l'énergie nécessaire pour influencer les vibrations ; autrement dit, c'est le mouvement à travers l'espace des quanta de matière.

Adrian : Quelle est la courbure de l'espace près d'un trou noir ?

Extraterrestre : A proximité d'un trou noir ou de toute masse très grande, il existe des forces inter quanta de très forte intensité. L'espace lui-même ne se plie pas parce qu'il est constant, mais les quanta se déplacent à travers la constante de l'espace. Sous l'influence de forces extérieures telles que les ondes résiduelles (c'est-à-dire les quanta qui ne se sont pas équilibrés), il y a un effet sur les quanta dans l'espace et, de là, un effet sur la masse et, par conséquent, sur le temps.

Chapitre 25 : Formes de vie dans les Univers Parallèles

Je suis assez fasciné, comme je suppose, la plupart des gens, par l'idée de formes de vie inimaginables dans une gamme infinie de variantes. J'ai demandé aux extraterrestres de me parler de formes de vie différentes qui existent dans des univers parallèles. Le dialogue suivant est une reproduction des informations télépathiques que j'ai reçues en réponse. Au début, il m'a semblé qu'ils ne répondaient pas à la question que j'avais posée, mais il est apparu plus tard qu'ils voulaient que je comprenne d'abord certains principes de base.

Adrian : Parlez-moi des formes de vie existantes qui sont créées de matière différente à la nôtre.

Extraterrestre : Votre Lune est faite d'une matière différente de celle de votre Terre. A certains égards, la matière physique qui compose la Lune est faite des mêmes composants de base comme la matière terrestre, mais sur le Lune, ils sont reliés dans des combinaisons différentes. Parce que le noyau de la Lune n'est pas une masse en fusion comme celle de la Terre et sa température est beaucoup plus basse, des éléments étrangers dans d'autres dimensions se sont combinés avec la matière physique de la Lune.

Il y a un type d'Êtres d'une autre dimension vivant très bien sur le Lune, les conditions climatiques étant compatibles avec leurs besoins. Ces Êtres ne sont pas constitués de matière physique que vous connaissez. En ce qui concerne cette matière, elle est faite d'une forme de vie hostile (c'est-à-dire incompatible avec votre type de vie). Ils ne pourraient pas survivre sur votre Terre à cause de sa composition.

Comme résultat du tri de plusieurs types de matières qui se produit à travers divers processus atomiques, la Terre ne contient pas tous les éléments d'autres types de matière. L'activité nucléaire en son épicentre nécessite une homogénéité de matière physique. Chaque fois qu'il y a une activité énergétique à un niveau subatomique, il n'y a qu'un seul type de matière qui est durable, il y a donc une tendance à la séparation en formes similaires pour obtenir un type de matière.

C'est pourquoi votre planète, comme beaucoup d'autres, est constituée d'un type homogène de matière. En conséquence, comme dans la cuisine, les gaz et d'autres corps étrangers sont libérés.

La prolifération de la matière, telle celle qui existe sur la Lune, est rendue possible depuis des millénaires d'années grâce au bombardement de météorites introduisant d'autres types de matière.

La matière sur la Lune n'est pas homogène et elle prend naissance grâce à de nombreux systèmes différents. Tu peux imaginer la Lune comme un dépotoir pour toutes sortes de matières à partir d'une grande variété de cas qui tombent dessus.

Votre soleil, du fait de son activité atomique, est fait principalement de matière homogène, connue dans votre dimension physique. Les éléments étrangers sont des particules isolées uniquement, pas de grandes quantités.

Il est important que vous sachiez pour comprendre qu'il n'y a pas de séparation absolue entre les systèmes de matière - la séparation n'existe qu'au niveau des grandes masses. Il peut y avoir certaines combinaisons de matière, comme sur votre Lune ou sur d'autres objets dans l'espace, qui ont recueillis sur des millions d'années des poussières cosmiques et des astéroïdes. Seules les planètes avec des noyaux en fusion, ou activité atomique, constituent un environnement de matériel homogène.

Les objets froids dans l'espace, comme votre Lune, intègrent différents types de matière de dimensions ou de plans vibratoires différents.

Les forces gravitationnelles, communes à la plupart des systèmes de matière dans l'univers, existent dans ces systèmes. De telles structures permettent l'existence de plusieurs formes de vie parallèles appartenant à différents systèmes de matière sur la même planète dans l'espace, avec souvent, une forme de vie ignorant l'existence des autres.

En conséquence, il existe une prolifération de formes de vie dans plusieurs dimensions sur une même planète ; ces formes de vie peuvent être intégrées les unes aux autres sur plusieurs plans. Il est important de comprendre cela pour appréhender l'explication qui suit. Ces formes de vie se chevauchent, pour dire ainsi, dans le sens que leur existence dépend des mêmes ressources. Si une forme de vie provoque la destruction de cette ressource, il nuira à toutes les formes de vie dans toutes les dimensions.

Un exemple en est l'activité atomique artificielle causée par l'homme, par les armes nucléaires. Une catastrophe nucléaire dans votre dimension nuirait gravement aux formes de vie dans d'autres dimensions, c'est pourquoi nous sommes intervenus. De plus, il y a des citoyens de dimensions parallèles vivant aujourd'hui sur votre Terre. Ils sont venus pour un certain nombre de raisons, y compris pour aider et pour étudier, et nous ne voudrions pas qu'il leur arrive quelque chose.

Le système moléculaire dans lequel les humains existent n'est pas le seul système qui peut soutenir la vie - il y en a des centaines, voire des milliers de systèmes moléculaires qui peuvent avoir de la vie dans toute la galaxie et au-delà.

Un système moléculaire est un système constitué de matière homogène dans des dimensions visibles. La prolifération des systèmes moléculaires a provoqué la prolifération des formes de vie et les environnements vitaux.

De plus, il y a des migrations d'un système à un autre. Il est important de comprendre que la vie existe depuis bien plus longtemps que les humains ne l'imaginent. Les millions d'années de vie attribuées à la Terre n'est qu'un tout petit point par rapport à l'existence de la vie dans tout l'Univers. Globalement ce sont des transitions entre les systèmes moléculaires en fonction de l'évolution des conditions de vie. Une race particulière d'Êtres peut passer d'un système à un autre s'il offre un meilleur environnement de maintien de la vie avec plus de potentiel de développement. Ça arrive à travers un processus évolutif à long terme prenant des milliards d'années. C'est une transition progressive, semblable au développement de mutations parmi les humains.

Au cours de ce long processus de transition, les formes de vie évoluent et elles peuvent exister à la fois dans deux systèmes. Autrement dit, elles ont des corps dans les deux systèmes et ces corps sont connectés les uns aux autres d'une manière qui sera expliquée sous peu.

Les races d'Êtres qui se déplacent d'un système moléculaire à un autre garde les acquis développés, tels que la connaissance et la sagesse. Rien ne se perd. Pour assurer cela, les Êtres portent avec eux plusieurs corps de plusieurs systèmes moléculaires ; une partie de ces corps sont en mode dormant.

Le corps du système moléculaire secondaire est plus utilisé comme une archive historique, qu'une comme une entité vivante active. Avec la mort du corps principal, comme cela arrive avec les humains sur la Terre, les archives historiques du corps doivent être attachées à un nouveau corps de sorte qu'il puisse poursuivre ses activités de développement qui ont été momentanément interrompues. Il peut aussi se déplacer vers un autre environnement de maintien de la vie qui permet un développement continu. Il arrive aussi que des humains de la Terre se déplacent vers d'autres planètes où ils s'adaptent à un autre type de corps principal adapté à cet environnement.

Grâce à un processus évolutif sur chaque planète ou environnement supportant la vie, une forme de vie constituée d'un corps principal organique se développe, adaptée aux conditions particulières de ses alentours.

Pour survivre et se développer sur une planète, le corps doit s'adapter aux conditions. C'est un processus long et difficile, mais tout au long du processus évolutif, la plupart des Êtres vivants apprennent à s'adapter aux conditions qui varient d'une planète à l'autre. Alors qu'ils se déplacent d'un endroit à l'autre, ils acquièrent et emportent avec eux les corps qui étaient adaptés à l'environnement précédent, les reliant tous ensemble dans une configuration incroyablement complexe.

Nous essayons de vous expliquer la nature multimoléculaire de la vie. L'homme ne connaît que le corps physique, avec peut-être une conscience partielle de ce que vous appelez l'âme ou l'esprit. Des créatures vivantes sont en effet très anciennes, et elles sont capables de passer d'un système moléculaire à un autre dans leur recherche d'un environnement propice à la vie qui leur permettra une vie raisonnable pour leur développement. Vous, Êtres du la Terre, n'êtes pas conscients que d'une petite partie de l'histoire de la vie.

Adrian : Pourquoi ne sommes-nous pas au courant de tout cela ?

Extraterrestre : Sur chaque planète, un corps physique développe ce qui convient à cet environnement moléculaire particulier. Au cours de ce processus, les civilisations naissent à partir de rien. Même les esprits avancés qui viennent s'installer là-dessus sur la planète doivent s'adapter aux conditions qui prévalent.

Par exemple, si l'âme d'Einstein était arrivée aux temps primitifs sur la Terre, il n'aurait pas atteint la théorie de la relativité. Au maximum, il développerait des méthodes de chasse plus avancées - c'est ce que l'on entend par adaptation au milieu.

Adrian : Est-ce qu'un Être a déjà essayé de régler un problème pour une civilisation développée sur une autre planète ?

Extraterrestre : Quelques tentatives ont été faites, mais elles réussissent rarement. Il y a un problème d'adaptation au nouvel environnement, qui n'est pas facile à surmonter, même avec l'aide de technologies avancées. Seul un développement lent et indigène dans le nouvel environnement conduit à une civilisation stable - et même cela ne suffit pas toujours pour réussir.

Il existe également des lois qui interdisent des interventions dans des nouvelles civilisations en développement. L'intervention est réalisée avec le plus grand soin et elle se fait sur la base d'une longue réflexion parce que la mauvaise intervention peut détruire toute civilisation et culture, c'est comme à blesser un enfant qui vient juste de naître.

Il est important de comprendre la structure de l'Univers en ce qui concerne la multitude des dimensions en relation avec les êtres vivants.

Pour des raisons historiques remontant à des milliards d'années à travers le long processus d'évolution, aujourd'hui les êtres vivants sont constitués de plusieurs corps, dont chacun existe dans un système moléculaire différent. Ce qui a été développé grâce au long processus évolutif est la capacité de se connecter avec le fœtus physique - dans votre cas, un fœtus humain – et de créer une relation symbiotique impliquant plusieurs corps, tous fonctionnant au sein de systèmes moléculaires différents, avec une système moléculaire principal dans lequel la vie sera réellement vécue. C'est l'expression d'un besoin évolutif. Tout comme le caméléon change de couleur pour s'adapter à son environnement, les êtres vivants avancés ont appris à s'adapter à un nouvel environnement et à s'attacher à un nouveau corps.

Les systèmes s'enchaînent et s'étendent dans le corps physique en se connectant aux systèmes corporels existants dans différentes dimensions moléculaires structurées.

Le système nerveux est envoyé par le corps plus âgé au nouveau corps, en s'y connectant absolument et de manière optimale pour lui permettre de vivre dans la nouvelle dimension. Lorsque le corps physique meurt, l'esprit continue sa quête à la recherche d'options pour exister sur la même planète ou sur une planète différente.

Adrian : C'est une relation parasitaire ?

Extraterrestre : Ce n'est pas une relation parasitaire. Essayez de comprendre : le corps humain ne peut pas exister par lui-même sans « l'ajout » d'un être spirituel, c'est le résultat d'un long processus évolutif.

Le corps humain s'est développé de la même façon que les animaux se sont développés. À un certain point dans l'évolution, dans le temps, il a atteint un stade de son développement qui permettait la symbiose avec un être spirituel extérieur. A partir de ce moment, le développement de l'homme moderne a commencé, tel que nous le connaissons. On peut dire que ce qui élève les humains au-dessus des animaux, c'est le lien avec cet autre être, ou c'est ce que vous appelez l'âme. Sans âme, les humains ne sont pas différents des animaux. Un humain dont l'âme est partie devient un légume ou se comporte sans raison.

Adrian : D'où viennent les esprits qui se sont adaptés à la vie physique sur Terre ?

Extraterrestre : Il existe de nombreuses formes de vie dans tout l'Univers. Certains d'entre eux ont une planète mère dont ils sont originaires et ils ont commencé leur long voyage évolutif (parfois des millions d'années ou plus) dans tout le cosmos, à chercher des endroits où ils peuvent vivre et se développer davantage.

Les formes de vie nées sur les planètes mères sont multimoléculaires. De leur planète d'origine, ils continuent vers d'autres planètes et d'autres systèmes moléculaires. Pendant leurs voyages, ils accumulent connaissances et sagesses. Il y a des formes de vie qui retournent à leur lieu d'origine. Apparemment les êtres supérieurs qui existent chez les humains sont de cette catégorie.

Le codage de base de leur système provoque qu'ils retournent à un moment donné à leur lieu de d'origine afin de partager la somme totale de connaissances et de sagesses qu'ils ont accumulées. Cette sorte de forme de vie qui partage son expérience et connaissance avec le groupe collectif a un avantage évolutif. Sur la planète mère, il y a un foyer pour des enfants, pour des jeunes, des êtres confirmés, un foyer pour des adultes, pour des êtres plus âgés, plus expérimentés.

Adrian : Existe-t-il des formes de vie qui ne se réincarnent pas ?

Extraterrestre : Il existe des formes de vie qui vivent dans un seul système moléculaire, ou sur une seule planète, mais les chances qu'ils développent leur civilisation sont limitées. Tôt ou tard, ils sont frappés par une catastrophe cosmique ou écologique qui les force soit à mourir, soit à chercher refuge sur une autre planète. Il y a un net avantage aux formes de vie capables de se déplacer d'un endroit à l'autre et pouvant exister dans plusieurs environnements moléculaires et planétaires. Telles formes de vie peuvent survivre à presque toutes les catastrophes.

Les êtres qui appliquent leurs connaissances accumulées, rassemblées à travers plusieurs corps dans des systèmes moléculaires parallèles, sont les meilleurs survivants et « la survie » est le nom du « jeu de la vie ». Des blessures à l'un des corps dans son environnement moléculaire particulier ne met pas fin à la forme de vie, ses connaissances accumulées ne sont pas non plus perdues.

Adrian : Puis-je savoir avec qui je parle ?

Extraterrestre : Nous vous ressemblons assez, mais pas entièrement. C'est la raison pour laquelle nous sommes venus vous aider. Il y a des extraterrestres qui sont entièrement différents de vous et de nous, c'est pourquoi ils ne sont pas là. On ne les intéresse pas, s'ils sont au courant de notre existence.

Adrian : Alors toi et moi sommes, à bien des égards, des cousins?

Extraterrestre : On pourrait le dire. Nous avons une partie génétique commune - la génétique multimoléculaire, mais nous sommes différents sur le plan physique. Les êtres spirituels sont composés de plusieurs corps. Les êtres réincarnés sont un peu particuliers, à la fois étranges et variés.

Il y a des êtres locaux qui n'ont pas de corps physique et ils se réincarnent tout le temps. Ces êtres immigrent aussi vers d'autres planètes. La population locale reste fixe, généralement, et elle passe de corps en corps. Cette population, dépourvue de corps physique, a sa propre civilisation. Dans le passé, ils étaient comme des barbares, mais plus récemment, ils ont formé une civilisation assez avancée. Le plan physique donne plus d'options d'existence que les plans non physiques.

Une forme de vie locale avec un corps physique et plusieurs corps étrangers concentrera sa conscience dans le corps principal adapté à la vie dans l'environnement physique dans lequel il se trouve. Le reste des capacités et des souvenirs des autres corps ne sont pas pertinents. La capacité de voir et d'entendre des choses à partir de dimensions autre que la dimension physique, repose sur l'activation de ces autres corps qui sont généralement dans un état dormant par rapport au corps physique principal.

Le centre de la conscience est concentré autour du corps physique et de l'environnement physique pour des raisons évidentes de survie. Les autres corps sont dans un état dormant – ils ne sont pas en cours d'utilisation.

La capacité de fonctionner dans plusieurs plans moléculaires implique l'activation de ces autres corps et le transfert de la conscience de corps à corps, qui est une fonction multi-corps - pas une chose facile à comprendre ou à accomplir, mais cela peut être fait.

Chapitre 26 : Le problème de dualité : les extraterrestres et la matière

L'un des phénomènes les plus intrigants et les moins expliqués concernant le processus de traitement médical avec des extraterrestres est la dualité avec laquelle ils se rapportent à la matière physique terrestre. Peut-être sont-ils constitués d'une autre forme de matière, provenant de la quatrième, cinquième et sixième dimension ? Mais comment nous traitent-ils dans la première, deuxième et troisième dimension ?

Ce qui est si déconcertant, c'est que pendant les interventions chirurgicales pratiquées par les extraterrestres sur les humains, nos yeux ordinaires ne voient rien, comme si rien ne se passait, et pourtant la perception extrasensorielle révèle une opération réelle. Les patients ressentent d'étranges sensations dans la zone de l'opération et même le sentiment d'être recousus par la suite. Le plus important de tout c'est que l'opération résout réellement le problème médical !

Un squelette dans le lit

Pendant l'un des traitements effectués sur une femme atteinte d'un cancer, les extraterrestres s'occupaient de petites tumeurs infiltrées dans l'os. À un moment donné du traitement, j'ai vu un squelette allongé sur le lit où se trouvait la patiente.

Extraterrestres : Le corps humain physique n'existe pas dans notre dimension, donc nous ne pouvons pas le voir sans l'aide d'un équipement spécial, c'est pourquoi nous portons des lunettes spéciales. Pendant certains traitements, nous utilisons des processus mécaniques similaires à vos scanners pour cartographier l'ensemble du corps et tous ses composants. Un modèle informatisé est alors créé de toutes les couches et de divers organes. Dans ce modèle, le système projette un hologramme de l'organe traité sur le corps lui-même en temps réel et montre le bon déroulement du traitement. Dans le cas du traitement du système squelettique, un hologramme du squelette est projeté. Avec votre perception extrasensorielle, vous avez pu voir cet hologramme.

Quel côté est en haut ?

Un patient qui avait des capacités de perception extrasensorielle était traité pour un défaut de la pellicule protectrice d'un nerf dans la partie inférieure de la moelle épinière. Pendant l'opération, il se voyait lui-même allongé sur le ventre, le dos ouvert pour traiter la colonne vertébrale, une image qui contredisait le fait qu'il était en réalité allongé sur le dos.

Néanmoins, il voyait sa colonne vertébrale exposée comme si la peau de son dos avait disparu. Physiquement, son dos semblait parfaitement intact et normal, à l'exception d'une sensation occasionnelle et forte de piqûre et de courants étranges dans la zone du traitement.

La dualité d'une tasse de café

Pendant une séance de traitement, l'un des extraterrestres a demandé à Chaya une tasse de café. Avec son troisième œil, Chaya a vu l'extraterrestre boire le café et a vu le café disparaître de la tasse. Avec ses yeux ordinaires, elle a vu que le café restait dans la tasse, inchangé, et en fait, elle l'a bu elle-même plus tard.

Chaya : J'ai vu avec mon troisième œil que les extraterrestres utilisent également d'autres choses dans la maison, par exemple de l'eau pour se laver, de la nourriture, et ainsi de suite - j'ai même vu des extraterrestres utiliser mon maquillage - mais dans tous les cas, rien n'a réellement été utilisé.

Adrian : Pouvez-vous expliquer la dualité de la manière dont vous traitez la matière pendant vos traitements ?

X3 : Je devrais d'abord étudier le sujet. Il vaudrait mieux laisser notre physicien répondre à votre question.

Le 23 avril 1996, j'ai demandé un physicien. Bientôt, une figure visuellement floue était assise en face de moi. J'ai pu distinguer qu'il semblait être un homme mince à la soixantaine. Ses cheveux étaient étranges : d'abord, ils semblaient blancs, puis ils semblaient jaunes. Ils avaient l'air d'une masse solide. Il semblait avoir une petite barbe et son teint était sombre et ridé.

Adrian : Comment allez-vous ? Pourriez-vous m'expliquer le sujet de la dualité de la matière ?

Extraterrestre : Nos systèmes dimensionnels nous permettent d'accomplir des choses qui vous semblent merveilleuses, mais qui sont en fait des événements ordinaires pour nous. Une fois que vous comprenez les principes de physique qui régissent notre monde, tout devient tout à fait naturel et banal, pas du tout merveilleux. Vous devez donc essayer de considérer les choses avec un regard objectif et comprendre qu'elles ne sont que des phénomènes naturels.

Les éléments de base de la matière (les deux, la matière physique et d'autres types de matière étrangère) sont ses vibrations multidimensionnelles. En termes généraux, différentes vibrations signifient différents types de matière.

Cependant, si l'on examine de plus près, on constate que chaque type de matière a plus d'un type de vibration à l'intérieur. Elle possède également des vibrations résiduelles dans d'autres dimensions.

Autrement dit, ce que vous appelez la matière physique vibre dans le plan physique ainsi que dans d'autres plans dimensionnels. En d'autres termes, la matière physique produit des vibrations qui ne sont ni détectées ni connues des humains.

Vos scientifiques sont perplexes devant le fait que des particules disparaissent parfois et réapparaissent - par exemple, lorsqu'une particule (comme un photon) doit passer un obstacle - mais bien entendu, la matière ne disparaît pas ! Du point de vue de l'énergie, cela serait impossible.

La matière se convertit dans un plan vibratoire voisin et revient au plan initial après avoir franchi l'obstacle. Le passage à travers un obstacle ou la collision avec l'obstacle, fournit l'énergie pour détourner les vibrations vers un autre plan. Étant donné que cette condition est instable dans votre monde, la matière reviendra à sa vibration originale dans votre dimension dès que l'obstacle aura été franchi. La rencontre avec l'obstacle perturbe la vibration de la matière dans votre dimension. Le changement résultant dans la vibration se manifeste par sa diversion vers une dimension voisine. La collision est mécanique, mais les particules ne se touchent pas. Ce sont plutôt les champs autour de chaque particule qui interagissent et s'influencent mutuellement. Étant donné que deux champs ne peuvent pas se croiser, le champ le plus fort, composé de nombreuses particules, influence le champ le plus faible de la particule unique et le fait changer. La propulsion résultante pousse la particule sur son chemin, tandis que ses vibrations variables lui permettent de passer à travers un obstacle.

Vous pouvez comparer la particule à une corde vibrant rapidement : vous ne voyez que les contours de la vibration, ressemblant à un sac allongé. En réalité, il y a de nombreuses cordes créant une structure complexe vibrant dans de nombreuses directions et dimensions, comme de nombreux sacs entrelacés les uns avec les autres pour former un sac complexe.

Lorsque la particule passe à travers un obstacle approprié, son sac vibratoire se déforme pour lui permettre de passer à travers. La déformation est flexible, et une fois que le sac a traversé, il retrouve sa forme originale.

Adrian : Je comprends que vous essayez de m'expliquer la nature de la matière et des particules.

Extraterrestre : Oui. La particule ou la matière est en réalité une enveloppe de vibrations, une poche flexible de vibrations qui peut être pliée, déformée et revenue à sa forme originale. On peut dire que la poche est hautement malléable - toute force extérieure peut changer sa forme - et ses vibrations peuvent être agies. Tant que la force extérieure n'est pas trop forte, elle peut être déformée sans se briser en particules séparées comme cela se produit dans vos accélérateurs.

Grâce à des moyens que je n'expliquerai pas pour le moment, des champs d'énergie spéciaux peuvent être créés qui représentent une barrière pour la poche vibratoire de la particule. Le champ artificiel externe provoque une perturbation dans certaines vibrations de la particule, et ainsi la forme de la vibration change - la poche change temporairement de forme.

Par le biais d'une force extérieure, nous changeons temporairement l'enveloppe des vibrations autour de la particule. Cette poche vibratoire entourant les particules de base est plus petite que les plus petites choses connues de l'homme. Elle est plus grande que l'énergie quantique, mais plus petite que les particules élémentaires que vous connaissez ; c'est le niveau sur lequel nous opérons. Toute la matière et la structure de la matière sont basées sur ces particules - il y a plusieurs niveaux de particules intermédiaires. Ce sont des structures comme vos pièces de Lego. Nous avons une influence presque uniforme sur l'ensemble du système atomique et moléculaire, entièrement composé de ces particules intermédiaires, qui sont des structures stables d'énergie quantique.

Adrian : Combien de quanta composent l'une de ces particules intermédiaires, et quels sont les caractéristiques des particules intermédiaires par rapport aux particules que nous connaissons ?

Extraterrestre : Je ne peux pas vous l'expliquer pour le moment car les chiffres sont trop complexes et ils ne contribueraient pas à votre compréhension. Pour l'instant, il sera plus facile pour vous d'accepter une explication abstraite plutôt qu'une explication mathématique. À une étape ultérieure, si vous le souhaitez, je vous donnerai des chiffres, si j'obtiens l'autorisation de le faire.

À l'aide de champs d'énergie externes, nous sommes capables de créer des changements temporaires dans certaines caractéristiques de la matière sans changer réellement sa composition. Parce que toutes les particules intermédiaires de la matière subissent un changement imposé dans leurs vibrations, une partie de ces vibrations se déplace vers un plan différent. Les atomes ou les molécules subissant ce processus sont presque entièrement épargnés ; la matière conserve sa structure d'origine.

Parce qu'un bloc entier de matière change ses vibrations en même temps, il aura une apparence externe différente. Par exemple, il peut commencer à réfléchir la lumière, cesser de réfléchir la lumière, ou il peut devenir possible de faire passer d'autres matières à travers lui.

Nous avons expliqué jusqu'à présent la source du changement temporaire des vibrations de la matière au niveau des particules intermédiaires. Ce processus peut amener la matière, par exemple une pomme, à disparaître de votre monde physique, à traverser un mur et à réapparaître de l'autre côté.

Adrian : Est-ce que c'est cette technologie que vous utilisez pour effectuer des opérations sur les corps physiques humains sans apparemment couper les vêtements ou la peau ?

Extraterrestre : Exactement, vous commencez à comprendre. Nous influençons le mode de vibration des particules intermédiaires. Il faut sortir des concepts physiques et voir les choses en termes de vibrations.

Revenons à l'image de la pomme et du mur : s'ils vibrent tous les deux à la même fréquence, ils ne pourront pas se traverser en raison de l'interaction forte entre chaque atome du mur et chaque atome de la pomme vibrant sur un plan identique.

Maintenant, si nous changeons la fréquence vibratoire de la pomme, disons de 100 à 200, il n'y aura aucune interaction entre la pomme et le mur, ce qui signifie que la pomme pourra passer à travers en toute sécurité, facilement. Et si chaque atome de la pomme était changé simultanément de la même manière, la pomme resterait entière.

Adrian : Je comprends. Tout se résume aux vibrations.

Extraterrestre : Absolument.

Adrian : Comment effectuez-vous les opérations ?

Extraterrestre : Notre équipement comprend de puissants générateurs de champs qui envoient des ondes à travers des tuyaux jusqu'à l'emplacement de la chirurgie. À l'extrémité de l'appareil, les ondes sont piégées et concentrées, formant un champ d'action puissant, en créant un point localisé. La force de l'onde concentrée sur ce point est telle qu'elle peut influencer votre matière physique.

Un bon exemple de fonctionnement est le principe sur lequel repose votre échographie conventionnelle pour désintégrer les calculs rénaux. Des ondes sonores sont transmises à partir de plusieurs sources et convergent toutes vers un point précis. La force des vibrations mécaniques sur ce point brise les calculs rénaux, tandis que la force des ondes sonores individuelles est suffisamment faible pour passer à travers la peau sans laisser de trace.

De la même manière, les ondes que nous utilisons, parfois transmises à travers des tubes et parfois directement, traversent le corps sans causer de dommages.

Au point focal, les ondes sont très puissantes, non seulement en raison de leur concentration, mais aussi en raison de l'antagonisme, ou ce que vous appelez les ondes statiques. Des ondes fortes sont créées au point focal, capables d'influencer les tissus vivants de différentes manières. C'est essentiellement ce que fait notre équipement chirurgical. Les tubes et les têtes qui sont fixées aux extrémités sont composés d'une matière étrangère à votre matière physique, c'est pourquoi ils peuvent pénétrer dans votre corps physique sans problème. À l'intérieur des tubes se trouvent les ondes spéciales qui influencent les vibrations de votre matière.

Adrian : Comment retirez-vous la matière physique du corps ?

Extraterrestre : À l'extrémité du tube spécial se trouve un convertisseur. La matière qui le traverse est convertie en modifiant ses fréquences vibratoires, ce qui lui permet de traverser votre matière et de descendre dans les tubes. C'est un processus bidirectionnel, c'est-à-dire que nous pouvons extraire les liquides corporels des zones infectées ou des petites excroissances, tant qu'il n'en reste rien. Les grandes excroissances qui ne peuvent pas être entièrement enlevées, nous préférons ne pas les enlever du tout pour éviter le danger de laisser des cellules libres derrière elles. Le même danger existe avec votre chirurgie conventionnelle. Pour traiter les grandes excroissances, nous préférons injecter des substances toxiques dans la masse tumorale et la tuer, comme dans la chimiothérapie localisée. Lorsqu'il est possible d'extraire toute la tumeur, nous le faisons.

Adrian : Donc, vous pouvez enlever de la matière et en introduire?

Extraterrestre : Oui, sans problème.

Adrian : Tous les tubes que vous utilisez pendant la chirurgie transmettent-ils des ondes ?

Extraterrestre : Oui, et l'énergie actionne notre équipement chirurgical.

Adrian : Je comprends que certains extraterrestres qui traitent les humains sont constitués d'une matière visible pour nous, et donc, vous les camouflez. Est-ce exact ?

Extraterrestre : Oui, c'est exact. Nous devons rester sous couverture car il a été décidé que toutes les activités sur Terre sont entièrement couvertes. C'est une loi !

Adrian : Comment traitez-vous les extraterrestres qui ne se conforment pas naturellement à cette exigence ?

Extraterrestre : Nous les convertissons. Contrairement à la conversion temporaire, que je vous ai expliquée, il existe également une procédure de conversion permanente qui implique les mêmes particules intermédiaires. On peut changer de manière permanente le mode de vibration afin que la matière se trouve sur un plan différent, sans nuire ni changer la structure de base au niveau atomique et moléculaire.

Tous les êtres extraterrestres, l'équipement et les vaisseaux spatiaux subissent une telle conversion. Les extraterrestres qui ne peuvent pas être convertis descendent sur Terre avec des générateurs de conversion actifs sous la forme d'une combinaison. Ce n'est pas seulement pour se camoufler, mais aussi pour protéger leurs corps. Il y a des extraterrestres qui ne subissent ni conversion, ni moyen de camouflage, en fonction de la structure de leur matière. Certains extraterrestres sont constitués d'une matière étrangère exotique qui ne se prête pas à la conversion.

Adrian : Pouvez-vous m'en dire plus sur les particules intermédiaires ?

Extraterrestre : Les particules intermédiaires sont composées de nombreux quanta d'énergie élémentaire, où chaque quantum est une minuscule vibration spatiale. La structure générale des particules intermédiaires, généralement assez stable, leur confère un certain degré de liberté. Il serait peut-être plus facile si je les présentais dans un tableau.

Modes de vibration	*Caractéristiques*
Modes vibratoires qui sont autonomes au sein de la particule intermédiaire.	Les vibrations s'annulent mutuellement, agissant comme une sorte de colle qui maintient tous les quanta vibrants ensemble.
Modes vibratoires avec des vibrations résiduelles externes à court terme.	Ces vibrations permettent l'interaction avec d'autres particules intermédiaires pour créer des particules intermédiaires plus grandes.
Modes vibratoires avec des vibrations résiduelles externes qui influencent les niveaux interatomiques.	Ces forces agissent sur les niveaux d'énergie interatomiques et les composent. Les vibrations à longue portée (dont l'influence s'étend sur de longues distances) sont caractérisées par plusieurs états stables. Tous les états sont caractérisés par un niveau d'énergie uniforme.
Modes vibratoires avec des vibrations résiduelles externe ayant une influence à long terme.	Effet gravitationnel

Extraterrestre : La tendance est toujours vers la symétrie. Supposons que nous ayons 8 types de symétrie : la transition de la symétrie 1 à la symétrie 2 ne nécessite pas beaucoup d'énergie. L'énergie investie dans le transfert du plan vibratoire est libérée lorsque la particule intermédiaire arrive sur le nouveau plan, car le niveau d'énergie sur le nouveau plan est le même que sur le plan d'origine. C'est pourquoi l'influence sur la masse de la matière est semblable à celle d'une chaîne de dominos.

Les vibrations modifiées influencent les vibrations originales dans une réaction en chaîne de particule en particule. La réaction se produit à grande vitesse, donc aucun dommage n'est causé à la matière.

La raison pour laquelle la plupart de la matière sur Terre est caractérisée par un mode de vibration uniforme est due à cette influence mutuelle ; toute la matière tend vers l'uniformité dans un plan vibratoire. Je ne parle pas de la matière avec des structures de base différentes, des matières qui sont étrangères les unes aux autres ; je parle du mode de vibration interne - la symétrie de la vibration interne.

Adrian : Si nous prenons deux horloges réglées à la même heure, convertissons les particules intermédiaires d'une seule horloge vers un plan vibratoire différent, puis, une heure plus tard, nous allons les convertir de nouveau vers le plan d'origine, est-ce que les horloges indiqueront toujours la même heure ?

Extraterrestre : Oui, car les modes de vibration sont symétriques et basés sur des quantités égales d'énergie, alors le temps, qui n'est qu'un sous-produit des vibrations, restera identique.

Adrian : La masse va-t-elle changer ?

Extraterrestre : Non. Les caractéristiques physiques ne changent pas, à l'exception de l'interaction changeante avec d'autres matières.

Adrian : Est-ce que la gravité change ?

Extraterrestre : Il y a toutes sortes d'influences à la fois à court terme et à long terme. La gravité est un type d'influence à long terme. Elle ne change pas en raison de conversions symétriques.

Cependant, il existe d'autres types de conversions qui influencent la gravité. En principe, des conversions symétriques peuvent être effectuées qui n'influencent que la gravité. Il est intéressant de noter que les conversions influençant la gravité ne font pas disparaître la matière et ne permettraient pas à une pomme de passer à travers un mur, pour revenir à notre exemple. Ce sont des conversions symétriques d'un autre type. Il y a de nombreux niveaux de vibrations à l'intérieur des particules intermédiaires, dont certains sont responsables des forces à court terme et d'autres des forces à long terme, comme la gravité. Chacun peut être influencé séparément, c'est-à-dire qu'il n'y a pas de lien entre eux, tout comme différents types de vibrations sont responsables de différents types d'événements.

Les forces entre les atomes provoquent une vibration différente des vibrations produites par la force de la gravité. On peut les comparer à des ondes courtes et à des ondes longues. Les ondes longues créent ce que vous connaissez sous le nom de force gravitationnelle, tandis que les ondes plus courtes constituent la force entre les atomes. Nos vaisseaux spatiaux surmontent la force de gravité grâce à la conversion des vibrations des ondes longues. Ceux d'entre nous (extraterrestres) qui travaillent en tant que guérisseurs convertissent les ondes courtes qui dominent les forces interatomiques.

Adrian : Dans le passé (dans l'histoire ancienne de l'humanité), de grandes pierres étaient déplacées à des fins de construction et certains l'ont attribué à des changements dans la force de gravité. Y a-t-il une logique à cela ?

Alien : Oui, il y en a. Notre technologie nous permet de convertir les vibrations des longues ondes à l'intérieur de la masse de la pierre et de neutraliser partiellement la force gravitationnelle, seulement partiellement, car sinon, la pierre s'envolerait dans l'espace à cause de la force centrifuge. Cependant, une telle conversion nécessite un équipement sophistiqué.

Vous devez vous rappeler que la conversion des longues ondes implique avant tout de surmonter l'énergie de la gravité. Une quantité importante d'énergie est nécessaire pour rediriger le plan vibratoire des longues ondes lorsque la masse est interconnectée ou suffisamment proche pour interagir avec une masse importante. En revanche, une telle conversion nécessite peu d'énergie lorsqu'elle est appliquée à un vaisseau spatial, par exemple, qui est loin de toute planète. C'est pourquoi, avant qu'un vaisseau spatial n'approche une planète, les navigateurs convertissent les vibrations de leur masse vers un plan vibratoire différent de celui de la planète qu'ils approchent, ce qui n'est pas toujours possible, afin de pouvoir approcher la planète avec une consommation d'énergie beaucoup plus faible pour surmonter la force gravitationnelle.

Au niveau macro, les exemples quotidiens d'ondes, tels que les ondulations à la surface de l'eau, les ondes sonores, les ondes radio et les ondes lumineuses, présentent tous les micro-caractéristiques de l'espace. Vous devriez en apprendre davantage sur les ondes.

Adrian : Je comprends ce qu'est une onde progressive, mais qu'est-ce qu'une onde statique, une onde qui reste immobile ? Une seule particule quantique statique ?

Alien : Imaginez que vous preniez un grand bol de gelée et que vous y laissiez tomber une graine de fruit d'en haut. La gelée ondulera en cercles concentriques à partir de l'endroit où la graine a touché la surface. La graine représente l'énergie et les ondulations dans la gelée représentent les ondes qui se propagent suite à cette perturbation externe. En raison de la friction, la perturbation s'affaiblit dans l'espace et le temps et finit par disparaître.

Au niveau microscopique, nous obtenons une image différente. La perturbation ne s'affaiblit pas avec le temps, car il n'y a pas de friction. Les vibrations dans l'espace sont totalement sans résistance. Dans le vide total, une onde droite (comme un faisceau laser) continue indéfiniment. De même, dans le vide total, les vibrations de l'énergie quantique isolée qui ne rencontrent aucune influence environnementale continueront à vibrer éternellement.

Adrian : Pouvez-vous me présenter un modèle de l'espace ?

Alien : On va comparer avec de la gelée car je crois qu'elle a une sorte de caractère élastique. Par exemple, un ressort cherche un état stable avec une dépense minimale d'énergie, c'est-à-dire un ressort relâché. Maintenant, imaginez le ressort tendu, c'est de l'énergie. Le ressort cherche à retourner à son état stable en libérant de l'énergie. Cette énergie sera transmise à un ressort voisin, puis reviendra, etc.

Vous pouvez imaginer les vibrations d'une masse comme si elle était suspendue à un ressort : en l'absence de toute résistance, la masse vibrera éternellement. L'espace joue à la fois le rôle de ressort et de masse. À ce niveau, la gelée a des caractéristiques doubles : celle du ressort, c'est-à-dire de l'énergie, et celle de la masse. Cela est similaire à l'espace, sauf qu'il y a de la friction dans la gelée et aucune dans l'espace, c'est pourquoi il y a des vibrations stables sans résistance.

Les vibrations peuvent également être assimilées à des mouvements de volume. La tendance de l'espace n'est pas de changer, par conséquent, les mouvements sont confinés à un volume donné, ils dépendent de la fréquence de la vibration et de son intensité. L'énergie quantique est la plus petite et la plus minimale des vibrations de mouvement.

Chaque plus petit saut peut être une sorte de tremblement de mouvement, tous sur le même plan énergétique en termes de direction, de vitesse, de révolution, etc.

Adrian : Comment expliquez-vous le paradoxe du café ? [Chaya a vu un extraterrestre dans une dimension différente le boire, et pourtant, il est resté dans la tasse dans notre dimension]

Alien : C'est compliqué et difficile à comprendre, mais nous allons essayer de vous l'expliquer. Cela a à voir avec l'existence simultanée de la matière dans deux dimensions différentes. Une particule intermédiaire a plusieurs types de vibrations, dont certaines s'expriment dans une dimension et d'autres dans une autre. On peut dire que la matière existe simultanément dans deux dimensions différentes.

Adrian : Jusqu'ici, c'est clair. Nous voyons un aspect de la matière et vous voyez son autre aspect.

Alien : C'est exact. Chacun de nous voit un aspect différent. En d'autres termes, nous voyons chacun des vibrations différentes de la même matière.

Adrian : Et que se passe-t-il avec la tasse de café ? Disons que A est la dimension humaine et B est la dimension des extraterrestres. Si un extraterrestre boit le café dans la dimension B, que lui arrive-t-il dans la dimension A ?

Alien : La dimension A reste inchangée.

Adrian : Mais le paradoxe demeure toujours ; cela me perturbe. La dimension B a bu les vibrations B et dans la dimension A, les vibrations restent inchangées ? Mais dans B, une partie de la matière a été soustraite ou consommée.

Alien : Oui. Une partie manque dans la dimension A, mais cela ne sera pas perçu comme une absence.

Adrian : Parle-t-on de la séparation de la matière en deux parties?

Alien : Oui.

Adrian : Mais nous parlons de vibrations différentes au sein de la même matière. Est-ce que cela ne détruit pas l'intégrité de la matière de séparer les vibrations ?

Alien : Apparemment non. Dans le cadre de cette explication, nous disons des choses qui ne sont pas entièrement précises. Vous comprendrez mieux avec le temps, mais pour l'instant, essayez simplement de suivre l'explication. Supposons que la séparation n'endommage pas l'intégrité de la matière, il s'agit d'une séparation des mouvements et des vibrations. Imaginez qu'il est possible de séparer les différentes sortes de vibrations afin de faire quelque chose à l'objet dans la dimension *B*, puis de le ramener dans la dimension *A*, c'est-à-dire de réintégrer les dimensions *A* et *B* sans aucun dommage pour la matière. C'est ce qui se passe.

Adrian : Vous séparez donc les choses dans leurs différentes dimensions ?

Alien : Oui, dans certaines circonstances, nous séparons des parties entières. Nous séparons les parties les unes des autres (c'est-à-dire la dimension *A* de la dimension *B*). Nous travaillons dessus dans la dimension *B* et le renvoyons à la dimension *A*, les réunissant en un tout.

Adrian : Supposons que cela soit possible. Que se passe-t-il avec les parties qui ne sont pas renvoyées ? L'extraterrestre a bu le café de la dimension *B*, et Chaya a bu le café de la dimension *A*. Ont-ils chacun bu deux parties du même café ?

Alien : Les caractéristiques et la masse des deux parties ne changent pas. Le poids de la partie *A* du café est égal à la somme de la partie *A* et de la partie *B*, mesuré dans la dimension *A*. Il en va de même pour la partie *B* et la dimension *B*, car dans chaque dimension, seul le poids de la partie appartenant à cette dimension est mesuré.

Adrian : Donc en d'autres termes, toute matière physique a deux faces, c'est-à-dire qu'elle existe dans plus d'une dimension ?

Alien : Oui.

Adrian : Pourquoi cela ?

Alien : A cause de la symétrie. Toutes les particules se dispersent de manière symétrique.

Adrian : Donc toute matière physique a une ombre symétrique dans la dimension *B* ?

Alien : Oui.

Adrian : Prenons par exemple une pomme.

Alien : D'accord.

Adrian : La pomme contient en elle-même les deux côtés, *A* et *B*?

Alien : Oui, habituellement.

Adrian : Si vous prenez une bouchée de la pomme dans la dimension *B*, que se passe-t-il avec la pomme ?

Alien : Au début, rien. Cependant, avec le temps, elle commencera à se décomposer dans la zone de la bouchée.

Adrian : Donc il y a une certaine influence ?

Alien : Oui, il y en a.

Adrian : Lors des traitements de guérison, vous effectuez des opérations dans la dimension *B* ?

Alien : Parfois, oui. Il y a parfois besoin de ce type de traitement.

Adrian : Vous faites une incision et vous la recousez ensuite. Ensuite, vous retournez la matière à *A* et réunissez les deux côtés ?

Alien : Oui.

Adrian : Comment le patient se sent pendant la séparation des deux parties ?

Alien : Pendant la séparation, il n'y a pas de sensation de manque, la zone traitée se sent entière. L'influence se fait à long terme : si la matière n'est pas retournée à sa place d'origine, un déséquilibre énergétique se crée, ce qui peut causer des problèmes.

Dans un premier temps, rien ne se passe initialement, la matière maintient sa stabilité. Parfois, il peut y avoir des sensations inconfortables dues à la sensibilité des nerfs, cependant, nous traitons ce problème de manière similaire à votre médecine conventionnelle, avec des analgésiques.

Adrian : Donc vous opérez dans le côté *B* de notre matière ?

Alien : Oui. Nous ne nous attendons pas à ce que vous compreniez complètement. Réfléchissez simplement à cela.

Adrian : Comment une opération sur le côté *B* a-t-elle un effet sur le côté *A*, ou sur l'ensemble ?

Alien : Cela a un effet, mais parfois nous traitons le tout. Le traitement du côté *B* n'est réalisé que dans certains cas. L'influence qu'une opération dans *B* peut avoir dans *A* est progressive. La matière cherche la symétrie, donc chaque côté affecte l'autre en cherchant à atteindre l'homogénéité.

Adrian : Chaya s'est plainte que lorsque vous avez construit la clinique chez elle, vous avez beaucoup frappé sur les murs.

Alien : C'est vrai. Nous avons enlevé le côté *B* des murs afin d'avoir plus d'espace dégagé. Nous avons fait de même chez vous.

Adrian : Et cela ne perturbe pas la matière solide ?

Alien : Non, cela ne la perturbe pas. Il y a certains effets à long terme sur la matière biologique vivante, mais il n'y a aucun effet sur la matière inanimée et solide. Toute matière dans votre dimension a une existence symétrique. Si ses parties sont séparées, la matière cherche à atteindre un état symétrique, c'est-à-dire deux côtés adjacents.

Adrian : Chaque particule dans une pomme peut être séparée en deux types différents de vibrations ?

Alien : Exactement ! Ici aussi, tout se passe au niveau du mouvement et des vibrations.

En réalité, nous convertissons partiellement la matière biologique de votre dimension en vibrations qui sont davantage dans la dimension *B*, et nous effectuons l'opération pendant que le patient ressent toujours le côté *A* de la matière et ne ressent donc aucun changement. Le patient ne ressent qu'une petite partie des sensations qui accompagneraient normalement la chirurgie, et lorsque la procédure est terminée, nous reconvertissons tout en vibrations de la dimension *A*.

Adrian : Tant que tout reste en place, cela me semble très logique. Mais vous retirez également temporairement des parties du corps. Comment cela se fait-il ?

Alien : Par une séparation partielle. Nous séparons la matière avec les vibrations de la dimension *B* de la matière avec les vibrations de la dimension *A*, ce qui nous permet de retirer des organes entiers et de les traiter pendant que l'ombre (la dimension *A*) reste en place. Nous décomposons la matière en ses deux axes de vibration et parce que la matière, la masse ou la sensation de quelque chose de solide est de toute façon une simple illusion pour vous, vous percevez également la matière partiellement vibrante, comme solide.

Adrian : Lorsque vous ouvrez l'estomac d'une personne, vous devez avoir converti une proportion assez importante de la matière du patient en vibrations de votre dimension, tandis qu'une petite partie de la matière reste en place chez le patient. Est-ce le cas ?

Alien : Oui, c'est exact. C'est difficile pour vous de comprendre, mais c'est ce qui se passe. Votre ami a vu son genou, qui était en cours de traitement, devenir transparent. C'est exactement ce qui se passe, nous changeons la fréquence des ondes de la matière dans la direction de notre dimension, ce qui nous permet de la traiter. Ce n'est pas une conversion totale, seulement partielle, ce qui crée la dualité. Le patient dont nous avons traité l'œil a vu un tunnel, car toute la structure de son œil a subi une conversion partielle vers notre dimension, et il a donc pu nous voir.

En résumé, nous sommes capables de réaliser une conversion partielle des caractéristiques du mouvement vibratoire de la matière biologique de manière à ce qu'elle semble rester inchangée dans son état d'origine - dans la dimension humaine - tandis que dans notre dimension, nous pouvons la déplacer de sa place et réaliser une chirurgie. 7Du point de vue énergétique-vibratoire, la matière déplacée est toujours connectée à la matière qui est restée en place. Après tout, il s'agit de la même matière ; nous répartissons simplement ses vibrations en deux dimensions. C'est un mécanisme difficile à comprendre pour vous en ce moment, mais c'est bien que vous essayiez. La manipulation de la matière au niveau vibratoire nous permet de réaliser des actions qui vous semblent illogiques. Laissez l'information s'imprégner pendant un certain temps et nous y reviendrons ultérieurement.

Adrian : Quel est le rôle du guérisseur dans tout cela ?

Alien : Le guérisseur est une source d'énergie et de matière similaire à celle du patient. Nous prenons ce dont nous avons besoin pour le traitement chez le guérisseur : parfois, il s'agit de fluides corporels provenant du corps physique, et parfois de la matière provenant des autres corps, non physiques. Cette matière nous permet de traiter efficacement la matière appartenant au patient. Fabriquer artificiellement tous les matériaux nécessaires au traitement nécessiterait un investissement important dans l'équipement, et certains matériaux ne sont tout simplement pas possibles à fabriquer. Par conséquent, pour traiter le corps du patient, nous devons être assistés par le corps parallèle du guérisseur.

Adrian : Les esprits locaux travaillent-ils également de cette manière, avec les guérisseurs ?

Alien : Oui. On peut travailler de cette manière avec très peu d'équipement. Vous devez vous rappeler que l'esprit intérieur, qui est bien plus complexe que le corps physique, a des capacités étendues pour influencer les fonctions du corps physique. Nous utilisons ces capacités pour nous aider. Maintenant, nous entrons dans le domaine de la biologie multi-corps et multidimensionnelle, qui ne sont pas des sujets simples.

Adrian : Travailler à travers, ou en collaboration avec le guérisseur, n'est donc pas simple.

Alien : Non, ce n'est pas simple, c'est une procédure complexe qui implique de se connecter et de coopérer avec le guérisseur à tous les niveaux, dans toutes les dimensions, tant en ce qui concerne l'activité physique que spirituelle, la communication télépathique, et ainsi de suite. C'est un processus délicat et complexe de travailler en coopération avec un guérisseur, c'est pourquoi tout le monde n'est pas adapté à cela. Notre formation est longue et compliquée. Le guérisseur représente un pont à tous égards. Que ce soit via un guérisseur ou sans, nos méthodes de travail sont complexes et variées.

Conclusion

La barrière psychologique

Chacun aime sentir que son environnement est un lieu familier et structuré. Connaissance et compréhension de ce qu'il entoure est une condition première de l'existence. Toute information qui ne coïncide pas avec « le connu » et « le familier » représente une menace parce qu'elle ébranle les fondements mêmes sur lesquels nous sommes construits. Plus que ça, des informations provenant de l'environnement qui contredisent ce qui est connu et familier, qui nient les fondements de notre existence, est réprimé et supposé comme intolérable. Même quand ces informations viennent via des expériences personnelles, si elles ne coïncident pas avec ce que nous pensons savoir des lois fondamentales de notre environnement, c'est difficile de se fier à de telles expériences et d'accepter certains faits comme réels.

Consensus général

Une personne qui n'a pas eu l'expérience personnelle de quelque chose se fie sur un consensus général pour la connaissance et la compréhension. Par exemple, les hommes qui atterrissent sur la Lune sont un fait bien documenté et généralement accepté, même si les seules quelques personnes sélectionnées aient réellement expérimenté cette aventure.

Des phénomènes tels que la réincarnation, cependant, ne jouissent pas d'une acceptation générale, malgré le fait que de nombreux individus ont rapporté des expériences étranges qui leurs sont liées. Il est plus facile d'accepter le fait qu'un homme a été sur la Lune parce qu'il est scientifiquement documenté et expliqué et que ça ne représente aucune menace pour notre structure projetée de l'environnement. La question de l'existence des esprits et de la réincarnation constitue potentiellement une menace pour tout le monde en termes de compréhension du monde dans lequel nous vivons. Par conséquent, il est beaucoup plus confortable de supprimer toute la question sur ce sujet, que de l'étudier ou d'envisager la possibilité que notre environnement soit beaucoup moins compris et hors notre contrôle, que nous voudrions le penser.

OVNIS, extraterrestres et religion

Au fil des ans, malgré d'innombrables rapports de témoins oculaires, la communauté scientifique et politique a rejeté unilatéralement la possibilité de l'existence des ovnis ou des extraterrestres. L'existence de telles choses est une question problématique pour les organes politiques et elle représente une contradiction fondamentale avec la philosophie des religions.

Le monde accepté, généralement égocentrique, voit la Terre comme le point focal de toute l'existence et l'homme comme l'accomplissement suprême d'un Dieu tout-puissant. Des nombreuses religions ont une identité bien définie et une hiérarchie structurée des relations entre Dieu et l'homme, citant une longue liste de médiateurs, d'enseignants spirituels ou de personnes saintes classées selon l'importance et la proximité de Dieu. L'existence de planètes peuplées par d'autres formes de vie, certaines beaucoup plus développées que nous, avec des histoires bien plus anciennes que celle de la Terre, renversent ces hiérarchies pleinement développées et la compréhension de l'univers développée par des religions vénérées au fil des milliers d'années.

Développement personnel

Une personne doit subir un processus psychologique difficile pour s'ouvrir à de nouvelles idées, telles que les ovnis et les extraterrestres, et de les digérer comme des possibilités réelles. C'est principalement pour les raisons décrites ci-dessus - le sujet est complexe, peu compris, et représente une menace pour toute notre structure de la connaissance et de la compréhension du milieu dans lequel nous vivons. Au cours de plusieurs années, j'ai vécu ce processus psychologique difficile. Je me suis progressivement exposé à un monde étonnant peuplé d'esprits humains, à des possibilités de guérison, à un monde encore plus étonnant peuplé d'extraterrestres qui existent dans des dimensions parallèles. J'ai été obligé de rassembler pas mal de dextérité émotionnelle et d'ouverture d'esprit, accompagnées d'un courage à toute épreuve, pour plonger dans ces mondes. Ce n'est pas facile de naviguer dans un monde dans lequel la plupart de ses composants sont cachés et le public nie son existence. La majorité des scientifiques et des organisations grand public préfèrent marcher sur un terrain solide, ignorant tout ce qui est étrange, du moins publiquement.

J'ai fait de mon mieux pour documenter tout ce qui s'est passé et tout ce que j'ai vécu. J'ai mené ma propre enquête au mieux de mes connaissances et capacités. Malgré mes efforts, j'admets volontiers que les quantités inconnues d'informations éclipsent le peu sur ce que j'ai réussi à jeter un peu de lumière. Si les scientifiques d'aujourd'hui essayaient d'expliquer les principes de l'aérospatial et des voyages dans l'espace aux habitants de la Terre du XVe siècle, ils ne pouvaient rien de plus que de décrire un château construit en plaques de cuivre ultra-mince avec un feu brûlant à son rez-de-chaussée, l'amenant à s'envoler dans le ciel.

Je crois que les extraterrestres qui ont travaillé avec moi ont fait de leur mieux pour répondre à mes questions.

Ce faisant, ils ont dû surmonter les barrières de la langue, de la mentalité et un énorme fossé dans les connaissances scientifiques et technologiques basées sur des milliers d'années de développement.

Je suis convaincu que le contact avec les humains est important pour les extraterrestres et il est important pour eux que nous les comprenions. Il est également important pour eux que nous connaissions leur existence, mais ils évitent d'apparaître ouvertement de peur de nous alarmer. J'ai rencontré une grande variété d'extraterrestres, chacun avec son propre caractère. À cet égard, ils sont comme nous. J'ai l'impression qu'ils sont bien organisés et qu'ils travaillent ensemble, partageant un intérêt positif commun. Les différents extraterrestres qui travaillent sur Terre sont ici de leur propre gré, parce qu'ils ont choisi de l'être. Ils voient la Terre comme un environnement de travail intéressant et confortable. Les extraterrestres n'ont jamais rien fait de mal non plus à moi-même ou à quelqu'un d'autre que je connais. Au contraire, ils ont toujours fait de leur mieux pour aider et guérir. Les équipes médicales ont investi sans relâche leur temps et leurs efforts pour trouver des remèdes et des traitements pour diverses maladies humaines. Ils n'ont jamais baissé les bras, ni abandonné, mais ils étaient toujours prêts à essayer et à réessayer. Je suis arrivé à la conclusion que les extraterrestres fondent leur travail sur la confiance mutuelle. Une fois qu'une personne a exprimé sa volonté de travailler avec les extraterrestres, qu'elle a subi leur « test de sécurité » – qui comprend la cartographie d'un profil personnel et psychologique – et qu'elle est jugée apte à travailler avec eux, cet individu devient membre de l'équipe. Cette adhésion s'accompagne de certains privilèges et responsabilités nécessaires à l'entraide et à la coopération dans le travail. Les extraterrestres m'ont expliqué qu'ils sont venus avec le but d'aider l'humanité et ils m'ont demandé si j'étais intéressé dans le partage de cet objectif. Au moment où j'ai exprimé mon accord, j'ai senti qu'ils faisaient tout ce qu'ils pouvaient pour m'aider, et j'ai à mon tour senti qu'il était de ma responsabilité de faire tout ce que je pouvais pour les aider. Dans notre travail ensemble, nous avons résolu de graves problèmes médicaux et des problèmes psychologiques pour de nombreuses personnes. J'ai documenté notre travail ensemble et j'ai approfondi, au mieux de mes capacité, tout ce qui se passait, ainsi que le comment et le pourquoi.

Je profite de l'occasion pour remercier les esprits et les extraterrestres impliqués dans le travail de guérison - les médecins, les techniciens, le personnel de laboratoire, les scientifiques et tous ceux engagés dans le travail d'aider la Terre de diverses manières. Je tiens également à remercier toutes les personnes visionnaires qui étaient prêts à tendre la main et à toucher l'inconnu.

Si je vous ai apporté quelque chose, lecteur, alors mon travail est justifié et j'ai atteint ce que je me suis fixé à faire.

Table des matières

.

Autres livres d'Adrian Dvir

« Guéri par des extraterrestres » - La version originale en hébreu a été publiée en Israël en 2001.

Suite de « X3, Healing, Entities, and Aliens » (titre de ce livre dans sa version en anglais), ce deuxième livre décrit la prolifération des activités des équipes médicales extraterrestres en Israël, documentant également l'intérêt des médias et la réaction du public. En 2002, le nombre de cliniques pour extraterrestres connues dans Israël avait atteint 50.

L'auteur et certains des guérisseurs mentionnés dans les livres d'Adrian Dvir sont apparus à la télévision, à la radio et dans la presse, une documentation détaillée était publiée sur le site web de l'auteur, (le site n'est plus disponible en ligne en 2023).

Adrian Dvir

Né en Roumanie en 1958, Adrian Dvir était titulaire d'un baccalauréat ès sciences en ingénierie et un Master of Science en génie informatique, spécialisé dans les architectures informatiques. Marié, père de deux enfants et vivant en Israël depuis 1965, Dvir développait des systèmes informatiques dans une importante société de communication israélienne. Il a d'abord reconnu et il a commencé à utiliser ses capacités de médium en 1992. Il est devenu conscient des êtres extraterrestres dans d'autres dimensions en 1994. Il est décédé en 2004, à la suite d'une longue maladie rénale.

Made in the USA
Columbia, SC
15 April 2024